邂逅晚清

中美的对望与凝视

陈卿美 著

郑州大学出版社

图书在版编目（CIP）数据

邂逅晚清 / 陈卿美著 . — 郑州：郑州大学出版社，
2023.12

ISBN 978-7-5645-9968-3

Ⅰ.①邂… Ⅱ.①陈… Ⅲ.①中美关系—国际关系史
—清后期 Ⅳ.① D829.712

中国国家版本馆 CIP 数据核字 (2023) 第 189058 号

邂逅晚清
XIEHOU WANQING

策划编辑	郜　毅	封面设计	东合社—安宁　李爱雪
责任编辑	郜　静	版式设计	刘　艳
责任校对	樊建伟	责任监制	李瑞卿

出版发行	郑州大学出版社	地　　址	郑州市大学路 40 号（450052）
出 版 人	孙保营	网　　址	http:// www. zzup. cn
经　销	全国新华书店	发行电话	0371-66966070
印　刷	中煤（北京）印务有限公司		
开　本	710 mm×960 mm　1/16		
印　张	28	字　　数	455 千字
版　次	2023 年 12 月第 1 版	印　　次	2023 年 12 月第 1 次印刷

| 书　号 | ISBN 978-7-5645-9968-3 | 定　价 | 88.00 元 |

自　序

近些年，网上流传着一个趣味冷知识，说中国的乾隆皇帝与美国华盛顿总统竟然是同一个时代的人。这样的对比，让很多人陷入了思考。

乾隆生于1711年9月，华盛顿生于1732年2月，乾隆大华盛顿21岁，华盛顿3岁时，乾隆继位成为皇帝。

乾隆死于1799年2月，华盛顿死于1799年12月，二人同一年去世。

在人们的传统印象里，乾隆是中国古代的封建皇帝，风流逸事流传甚广。华盛顿则是美国的国父，是美国现代民主制度的奠基者，备受后人敬仰。

乾隆与华盛顿本属于同一个世界、同一片天空，却让人们产生了时空交错的感觉。

为什么会这样呢？

乾隆是中国古代封建帝制的皇帝代表，华盛顿是美国现代民主制度的总统代表，中国从封建帝制走到今天，经历了多次制度变革，改天换地。相反，美国的民主制度一直延续到现在，二白多年来基本没有多大变化。

如此一来，我们便有了一种错觉，华盛顿那么近，乾隆那么远。

也正是乾隆与华盛顿共处的时代，中国与美国开始了交往。虽然当时的中国人根本不知道美国，乾隆也不知道华盛顿，但并不影响东西方两个大国相识。

1784年，"中国皇后"号轮船从美国开往中国。这本是一艘普通的商船，但却在无意间让中国与美国走入了历史的交会点。

1792年，81周岁的乾隆志得意满，总结了自己的"十全武功"，自诩为"十全老人"。同一年，美国纽约证券交易所成立。

在历史的车轮进入19世纪的前夜，中国与美国未来的发展轨迹正在朝着不同的方向飞奔。中国向左，美国向右，背向而行的两种制度、两种价值观，决定了两个大国未来截然不同的国家命运。

19世纪的美国同其他列强一样，喜欢在中国面前"秀肌肉"，并眼馋于中国这块巨大的"肥肉"。当开启工业文明的美国遇到农业文明下的中国，一场文明的冲突不可避免。

在天朝上国的美梦中，总有睁眼看世界的人。中国的魏源写出了《海国图志》，他提出，中国要抛弃"夷夏之防"的观念；徐继畬写出了《瀛寰志略》，他预测，美国是世界的未来。在他们的著作中，美国开始在极少数中国人的脑中有了模糊的轮廓。

中国在注视着美国，美国也在审视着中国。

美国的卫三畏著就了《中国总论》一书，在美国人面前揭开了古老中国的神秘面纱。他指出，过分自负、傲慢是当时中国问题的根源。

不同的是，魏源、徐继畬的著作在中国没人重视，而卫三畏的著作在美国大受欢迎。在中国人不清楚美国的时候，美国人已经开始熟悉中国。

2018年春节前，我走进上下颜色不同的华盛顿纪念碑参观。在第10层的位置，有一块1853年中国赠送给美国的石碑，上面镌刻着徐继畬对美国的赞颂之辞。

站在石碑前，我伫立良久，心情久久不能平静。这显然是一块见证中美友谊的纪念碑，但遗憾的是，那时中国对美国的认识，还停留在有识之士的"口头表扬"阶段。

从那时起，我决定写这本书。

天朝梦未醒，灵魂已出窍。在经历了两次鸦片战争后，中国的夷夏观念破防。传统价值观的崩塌，引发了思想观念的剧烈震荡。

向西方学习，向美国学习。当"留美幼童"远渡重洋，踏上美国土地时，中国第一次将美国视为求索的对象。

美国著名高校耶鲁大学是"中国留学生之父"容闳的母校，也是"留美幼童"詹天佑等人求学的地方。漫步耶鲁大学校园，我在微信朋友圈发出了百感交集的感叹。

穿行在耶鲁大学各种古典建筑间，我仿佛在与容闳、詹天佑对话，我很喜欢这种时空穿越的感觉。时隔一个半世纪，我隐约看到了他们在校园里探索求知的身影，他们年轻的脸庞上写满了对科学知识的渴望。

意识形态的转变是痛苦的，经济制度的变革也是艰难的。轰轰烈烈的洋务运动拉开了中国近代改革的序幕，求强求富终于成为主旋律。中国进入了正确的历史发展轨道，尽管有些跟跟跄跄。

中国转身向美国，美国展眸望中国。美国耶鲁大学、哈佛大学纷纷效仿欧洲，陆续开展汉学教育，中国人戈鲲化赴哈佛大学教授中文。中美文化的交流，是一种无形的碰撞，不仅使戈鲲化的心变得骚动，也撞击了美国人的心灵。

哈佛大学至今还保留着戈鲲化的照片。在哈佛大学燕京图书馆阅览室的门口，我有幸见到了这张照片。照片中的戈鲲化一身清朝官服，头戴花翎，不知道的还以为是一个清朝官员（未在中国做过官）。

在哈佛校园的僻静处，我坐了下来，望着许多二三百年的建筑，内心颇生感慨。我在想，美国的大学为何历史如此悠久？我很想穿越过去，跟戈鲲化聊聊天。

我相信，当年的戈鲲化一定也会有相同的疑问。在哈佛大学教书，戈鲲化肯定是孤独的，或许还有些煎熬。每天在异国的现代教育高级殿堂里穿梭，戈鲲化的内心不生波澜是不可能的。

甲午战败，让中国人再次猛醒，只改革经济制度，不改革政治制度是不行的。

1896年，73岁老态龙钟的李鸿章访问美国，这是中国最高级别官员首次访美。繁华的纽约大都会，高楼鳞次栉比，火车往来穿梭，李鸿章的视觉受到强烈冲击，内心饱受震撼。

此时的美国刚刚超越英国，成为世界第一经济大国。

一个仅仅成立了两个甲子的新生国家，不仅繁华异常，而且活力十足，这让许多正在艰难探索、苦寻出路的中国人倍感困惑。

2019年，我两次赴纽约，多次抽出时间去追寻李鸿章的足迹。从纽约港到百老汇大街，再到第五大道，这是当年李鸿章初到纽约的进城路线。我在这些街道反复走了多次，每次都有不一样的感受。

街道还是那个街道，繁华依旧，两旁的建筑很多也没有变。走在这些高大宏伟的建筑下，我相信当年的李鸿章会有很大的压迫感，甚至是窒息感。

要知道，当时的北京真的是"北平"，因为绝大多数地方没有高楼。即使上海、天津也没有多少高楼，而纽约已经出现二十多层的摩天大楼。

摩天大楼是工业文明的象征，代表着一种经济活力，而经济活力的背后又是一种先进的政治制度保障。从农业文明走出的李鸿章，显然无法很快适应这种剧烈的转变。

我选择在李鸿章当年下榻的华尔道夫酒店住了一晚。百年过后，酒店虽然改换了装修，但很多古朴的风格仍有所保留。有些百年的美国酒店，甚至还保留着厨房的功能。我猜想，住在10楼的李鸿章必会在窗前长久俯瞰纽约街景，他一边抽着烟，一边沉思着。他一定在思考着中国的未来，纠结着中国的现状。年逾古稀的李鸿章，涌上心头的更多的应该是无力感，毕竟留给他的时间不多了。

曼哈顿的下城，坐落着著名的唐人街。19世纪中叶，大量华工赴美淘金、修建铁路，其中很多人迁居纽约，聚居生存，抱团取暖，逐渐形成了唐人街。

晚清时的中美交往，凡是中国人到纽约，必离不开唐人街华人的支持。这些华人身在美国，仍心系中国，脑后长长的辫子就是最好的证明。

在曼哈顿唐人街，我除了要慰劳一下自己的中国胃以外，还喜欢和饭店的工作人员闲聊。他们有些人是非洲人后裔，有些人是华人后裔。聊到晚清华工的凄惨历史，一位广东华工后裔向我讲述了很多祖辈在美国艰辛奋斗的往事。他大发感慨，说中国的强大才是硬道理。

有时，我也会在唐人街的中餐饭馆里坐上很长时间，点上一盘宫保鸡丁、一瓶啤酒，或是一碗拉面、一盘凉拌土豆丝。望着街上行色匆匆的人们与川流不息的车辆，我会独自发呆。

有时，我也会突发奇想，把唐人街权看作中国在美国的"租界"。如今，这样的"租界"在纽约已经从曼哈顿扩大到了法拉盛。

1905年，端方、戴鸿慈一行赴美国考察宪政，为中国的政治改革探寻出路。虽然考察团对美国进行了全方位的考察，但美国人还是认为，民主共和制度并不适合中国。

美国人固执地相信，两千年封建帝制的土壤根本结不出民主宪政之花。在美国人看来，康有为的保皇会明显比孙中山的革命党更靠谱。在清朝灭亡的前夜，美国选择支持袁世凯，而拒绝支持孙中山。

历史具有巨大的惯性，晚清中国的各种努力最终还是付诸东流。

如果非要责怪谁，那就是所谓"康乾盛世"并没有给中国留下好的政治遗产。"十全老人"乾隆自我封闭，留给后世的除了文字狱和大贪官和珅以外，还有一个中央集权达到顶峰的统治制度。反观华盛顿，他不仅领导美国人独立建国，还把权力关进了笼子里。

不同的国家价值观决定了不同的国家命运。

晚清时期的中国是大陆国家，美国是海洋国家，国家性质不同，面临的选择自然也不同。虽然清朝灭亡了，但也为后来的中国锚定了一个正确方向，那就是开放。

如今，美国仍然是世界第一经济强国，且是全球唯一的超级大国。而中国在改革开放四十多年后，已经跃升为世界第二大经济体，大有赶超美国之势。

中美关系当前面临着许多复杂的挑战。我相信，这是两国人民都不愿意看到的。

再浩瀚的太平洋，也无法阻隔中国与美国的彼此交往，因为全球化的浪潮无人能阻挡。

游历过美国的大学后，你会发现，美国的大学都没有围墙，也没有像样的大门。大学即城市，城市即大学，我想，这正是开放包容的表现。

美国大学如此，本人参观过的英国牛津大学、剑桥大学也是如此。我相信，这就是世界应该有的样子。

作为专注晚清史多年，且一直提倡"睁眼看晚清"的我，学识非常有限，书中内容必有不当之处，恳请读者能够包容、谅解。如果您能够提出宝贵的建议和意见，那本人更是求之不得。在此，先向您表示由衷的感谢。

著者

2023年7月

目 录
contents

第一章

相识：朦胧窥探

一、美国商人的中国梦

历史的巨变，总是发生在不经意间。

1783年9月3日，星期一，18世纪末期一个普通的秋日。法国巴黎郊外的小城凡尔赛宁静祥和，古典的凡尔赛宫宏伟壮观，静谧的园林难掩怡人的秋色。

上午10时许，几辆马车先后驶进凡尔赛宫，打破了早晨的安静。马车上走下来的人没有一个是法国人，分别是英国人与美国人。一向傲慢的英国人表情严肃，昂首阔步，威风犹存。略显低调的美国人则意气风发，精神振奋。英国人与美国人没有交流，彼此无视对方的存在，因为两个国家刚刚干了一架，英国输了。现在，他们要在法国的地盘上握手言和，英国人有些不情愿。

1775年4月19日，在英国北美殖民地莱克星顿，殖民地革命党打响了反抗英国统治的第一枪，独立战争由此爆发。美国人是任性的，次年7月便发表了《独立宣言》，不管英国是否承认，美国都要宣布独立。英国人是蛮横的，继续强硬镇压，坚决要把美国扼杀在襁褓中。

弱小的美国拉来了法国、西班牙、荷兰，经过艰苦的抗争，强大的英国终于被击败，不得不投降。独立战争结束，美国人终于松了一口气，腰杆也硬了许多。

此番坐到法国谈判桌上的英国人与美国人，不再剑拔弩张。双方代表象征性地将和约文件交换，就合约的问题逐一进行再次确认。氛围谈不上融洽，但在法国人看来，英国人与美国人没有语言隔阂，基本价值观相同，双方沟通效率更快、更强，且更容易达成一致。

在双方互相勉强向对方挤出一丝笑容后，英国代表与美国代表分别签字，影响深远的《巴黎条约》正式诞生。英国被迫承认，由十三个州组成的美利坚合众国是一个自由、自主和独立的国家。作为世界最强大的帝国，英国的承认，便意味着世界的承认。此时的美国，面积大约为223万平方千米，人口约300万人。

美国人民翻身做主人，这在当时并不是一件大事。但谁也不会想到，一个未来世界的超级帝国已经悄然诞生。

不过，此时的世界仍然在按照以往的历史惯性继续静静运转。

在遥远的东方，中国已经进入清乾隆四十八年。在"康乾盛世"的滋润下，大清帝国进入了一个巅峰时期，国势稳定，国力强盛。

1780年，刚刚过完七十大寿的乾隆皇帝发表了《古稀说》，对全国形势做出总结：

> 三代以上弗论矣，三代以下，为天子而寿登古稀者，才得六人，已见之近作矣。至乎得国之正，扩土之广，臣服之普，民庶之安，虽非大当，可谓小康。且前代所以亡国者，曰强藩，曰外患，曰权臣，曰外戚，曰女谒，曰宦寺，曰奸臣，曰佞幸，今皆无一仿佛者。即所谓得古稀之六帝，元、明二祖，为创业之君，礼乐政刑有未遑焉。其余四帝，予所不足为法，而其时其政，亦岂有若今日哉，是诚古稀而已矣。夫值此古稀者，非上天所赐乎。

看得出来，乾隆很得意。乾隆得意自己的长寿，得意自己的文治武功，得意在自己的治理之下，国泰民安，古今罕有。因此，乾隆自诩有"十全武功"，是旷世未有的"十全老人"。

巴黎与北京有7小时时差。就在英国人与美国人签约的时候，北京已经进入傍晚。

秋日傍晚的北京，凉爽无比，白天的暑气已经散去。偌大的京城即将结束一天的喧嚣，店铺开始打烊，人们期待早早回到家里，卸下一天的疲惫，享受与家人在一起的温馨时光。

威严的紫禁城内，华灯初上，72岁的乾隆也迎来了一天的轻松时刻。

虽是帝国全盛时期，但要处理的事情一点也不少。在这个古老的东方帝国，皇帝就是国家的神经中枢，整个国家的运转都要依靠皇帝发号施令。大量的奏折每天耗费着乾隆的心血和精力，即使深谙保健之道的乾隆，仍然感到了少有的疲倦。

刚刚忙完工作的乾隆，打了一个哈欠，又伸了一个懒腰，然后慢步走了几圈，活动了一下腰腿。紫禁城内没有晚饭的习惯，乾隆径直走进养心殿三希堂，开启自己每天的夜生活。

皇帝个个是古玩专家，乾隆自然也不例外。把玩古玩犹如与祖宗对话，乾隆痴痴的眼神，好似在向祖先致以深深的敬意。他把古玩抱在怀里，又仿佛在向列祖列宗诉说着天朝上国的荣耀。

与书法家交流，临摹古代书法家的字帖是乾隆的又一大爱好。王羲之的行书是乾隆的最爱，挥毫泼墨，气定神闲，每一次下笔乾隆都充满了感情。

没有大臣，不用思考政务，此时的乾隆感到了真正的放松，甚至还找回了青年时的激情。自信无比的乾隆自然要提笔作诗，只需略加思索，便能很快写成一首。乾隆是作诗高产户，每天都能写几首，有些诗基本就是流水账，记录着他的日常点滴。每次写诗，乾隆似乎都深情款款，但他根本不知道，自己的作品单就诗歌艺术来讲，根本没有多少价值。

当美国人带着胜利的喜悦，兴高采烈地走出凡尔赛宫的时候，或许乾隆已经坐在漱芳斋内，安静地看戏。舞台上，戏曲高潮不断。乾隆嘴角洋溢着笑容，嘴里跟随戏曲节奏哼着小曲，内心的欢愉让他感觉到了少有的活力。

美国人迫不及待地要赶回自己的祖国，向祖国人民传达胜利的喜悦。51岁的美国大陆军总司令乔治·华盛顿（George Washington）将军正在美国新泽西州等待着巴黎签约的消息。

乾隆感觉有些累了，在太监的搀扶下，坐轿回到养心殿东暖阁就寝。

紫禁城内，一片沉寂。北京也睡在了黑夜里。

美国的正式独立，鼓舞了美国人民，全国上下一片欢欣鼓舞。但华盛顿并没有太多兴奋，他的内心没有掀起多少涟漪。作为独立战争的领导者，华盛顿早已经厌倦了战乱，厌倦了统帅的生活。此时的华盛顿声望日隆，当选总统的呼声非常高，但他没有丝毫兴趣。

冬季来临，寒风萧瑟，每个美国人都期待着战争结束后的第一个圣诞节。华盛顿比普通人的心情更为迫切，他离家九年，始终坚持在战场上冲杀，如今思乡心切，盼望早日与夫人一起回家过个平静又欢乐的圣诞节。

1783年12月23日，圣诞节的气氛日益浓郁。午饭过后，华盛顿来到位于安那波利斯的马里兰州议会大厦。当他走进议会大厅时，全体人员全部起立，向他致以热烈的掌声。

面对昔日与自己征战的将士、家人与朋友，华盛顿眼圈微红，他用略微颤抖的语气，缓慢地向大家说："战事终于结束，是时候交还国会赋予我的权力了。此时此刻，我非常荣幸地向国会表达我的衷心祝愿，并荣请国会接受我的辞呈，批准我终止为国效力的请求。"

台下寂静无声，人们一齐注视着华盛顿。由于多年征战，华盛顿的面容更显苍老。他回忆了与广大将士为国家浴血奋战的经历，谈到出生入死的悲壮时，华盛顿一度哽咽无语，眼角湿润。

华盛顿擦了擦泪，稳住情绪后，继续说："现在，我已经完成了历史赋予我的光荣使命，我将退出这个伟大的舞台，并向庄严的邦联国会告别。我领命奋战已久，谨在此交出委任状，并辞去所有公职。"

在众人的见证下，华盛顿正式交出委任状，并向大家鞠躬致谢。议会大厅内响起经久不息的掌声，人们向英雄道别。或许大家都不会想到，五年后，华盛顿将就任美国第一任总统，成为美国国父。

回到家乡弗吉尼亚的华盛顿，享受着难得的清闲与放松。每天与家人或是修理弗农山庄的葡萄藤和无花果树，或是牵手漫步在波托马可河岸，欣赏自然风光，华盛顿感到无比的惬意。

尽管战争已经结束，但美国并没有太平，处于内忧外患中。国内各州各自为政，外国与美国联合政府签署的协议无法得到各州的承认，货物运输自然也就无法畅通。

更为可怕的是，美国想向西印度群岛出口木材与食品，但通道被英国彻底封锁。西班牙将密西西比河的航运死死控制住，禁止阿巴拉契亚山脉以西的农产品销往外地。造船企业大量倒闭，捕鱼产业大幅度萎缩，烟草、大米都因为英国的高关税导致出口锐减。新生的美国面临重重困难。

对外贸易的瘫痪，导致美国国内经济不断恶化。联合政府财政收入锐减，控制力大为削弱，国内动乱加剧。内外交困之际，美国急需对外寻找一条贸易之路。

美国人将目光瞄向了东方，锁定在遥远的中国。

企业家的嗅觉总是最敏锐的。

1783年6月的一天，费城下起了蒙蒙细雨，一位做皮货生意的老板悄悄走进了美国银行家罗伯特·莫里斯（Robert Morris）的办公室。

莫里斯不仅是一位大富豪，还是《独立宣言》的签署人之一，擅长革命筹款，被华盛顿称为"革命财政家"。1781年，美国邦联政府成立后，莫里斯任第一任财政部部长。

皮货老板谦恭地向莫里斯递上了自己的名片，莫里斯接过后，微笑着问他："莱迪亚德先生，听说你要去遥远而又富裕的中国做生意？"

皮货老板名叫约翰·莱迪亚德（John Ledyard），是康涅狄格州人，多年从事皮货生意，且喜欢冒险。

"正是。"莱迪亚德向莫里斯点头致意，"七年前，我曾经跟随英国皇家海军军官库克的'革命'号、'发现'号探险。在温哥华的努特卡湾，我们发现，当地的印第安人经常向我们推销各式皮货。他们的皮货丰富多样，至少有14种之多，每件皮货只要6便士，实在是物美价廉。"

莫里斯又问："你准备向中国销售皮货吗？"

"是的。我们大量购买了印第安人的皮货后，远航到澳门，那里的中国人竟然愿意用100个西班牙银元来购买一件皮货。我觉得，这是一笔惊人的利润。"莱迪亚德兴奋地说。

莫里斯听得入了迷，眼睛散发出了一丝光芒。莱迪亚德及时捕捉到了这个细节，立即又说："我的商业计划是，向印第安人收购皮货，然后卖到中国广州。用皮货利润购买中国的茶叶，再运回美国销售。我们一定能大赚。"

莫里斯确实也有些激动，他又故作镇定地问："如此远航，风险很高，你有经验吗？"

莱迪亚德立即向莫里斯保证，说："我有多年远航探险的经历，而且在各地都有情报支持，这不是问题。"

莫里斯非常高兴，当即表示支持莱迪亚德，莱迪亚德内心狂喜。二人随即对远航的船只、船员配备及给养等具体问题进行商谈。

说服莫里斯后，莱迪亚德继续寻找其他投资商。大陆军军官丹尼尔·帕克（Daniel Parker）被游说成功，帕克邀请了自己的生意伙伴威廉·杜尔（William Duer）加盟。他们还不满足，继续携手在帕克的老家波士顿游说商人。很多商人对这个商业计划非常感兴趣，纷纷入股投资。大家商定，中国广州之旅定于1784年1月22日启航。如果顺利，正好赶上初秋前在广州收购茶叶。否则，错过这个时间，还要等到来年。

到富裕的中国去做生意，必定能赚大钱。这对莫里斯与莱迪亚德等美国人来说，既是一个"中国梦"，也是一个"美国梦"。

就在莱迪亚德憧憬着到中国发财的时候，由于国内的动乱，一些波士顿商人退出了投资，也有人在冷静下来后，对莱迪亚德在澳门卖皮货的计划产生了怀疑。

眼看启航日期临近，莫里斯紧急召集莱迪亚德、帕克、杜尔等人商议。莫里斯决定调整航线，将努特卡湾一段去除。莱迪亚德坚决反对，因为去除此段航线，也就意味着无法做皮货生意。莫里斯等人不为所动，最终，莱迪亚德决定退出。

没有皮货，总不能空船去中国。大家集思广益，四处搜寻物资。帕克听欧洲的朋友说，中国人比较喜欢人参，认为人参是一种高级滋补药材。人参（西洋参）恰巧在美国阿巴拉契亚山脉的山脚下大量种植。帕克大喜，立即派随船的内科医生去弗吉尼亚、宾夕法尼亚采购。

在采购物资的同时，船只的订购、改装，船长、船员的雇佣也同时展开。船只向美国最具造船实力的约翰·贝克（John Beck）老板采购，贝克建议，利用战船进行改装。贝克选中了一艘360吨载重的私掠帆船，根据商船要求进行改装。

曾参加过独立战争的海军上尉约翰·格林（John Green）因具备丰富的航海经验被雇为船长，炮兵少校山茂召（Samuel Shaw，也被译为塞缪尔·肖）不仅熟悉会计业务，还精通拉丁文，喜爱诗歌与历史，他最终被聘为商务代理。正是有了擅长观察且喜欢记日记的山茂召，后人才得以更详细地了解中美交往初期的历史。

由于是第一次美中贸易，为了向中国致敬，莫里斯等人将此艘商船命名为"中国皇后"（The Empress of China）号。皇后，是皇帝的妻子，是最有权威的女人。或许莫里斯希望，以这次的贸易开启一段浪漫的中国之旅。

1781年11月，莫里斯激动地写信给邦联政府外长约翰·杰伊（John Jay）说："我正要派遣几只船到中国去，以便鼓励其他人从事商业上的冒险。"

1784年新年刚过，纽约港码头已经一派繁忙。此时的纽约正是美国首都，人口只有3万多人。虽是隆冬季节，但码头工人的工作却热火朝天。改装一新的"中国皇后"号早已停泊在港口内，工人将一箱箱的货物装进轮船底舱。重物放下，轻物放上。大量的水与食物等给养也陆续被运送上船。

作为船长，格林要对商船的安全负责。他亲临码头现场，并登上货船进行例行检查。他不仅要监督工人装货，还要对商船的设备进行调试。

此次贸易计划也得到了国会的支持，国会还希望"中国皇后"号担当起外交使命。国会特意向船长格林寄去一封盖有国会印鉴的公函。公函是专门致信中国的外交公文，抬头写道：

> 最最宁静、最最强大、高贵、杰出、高尚、令人尊敬、令人敬仰、贤明而审慎的皇帝、国王、共和国、公爵、伯爵、男爵、领主、市长、议员，以及基督教国家或世俗国家的各城各地的法官、行政官、司法官和摄政官：阁下读到或听到公函上授权的内容时，我们美利坚合众国国会知会阁下，"中国皇后"号的船长约翰·格林乃我国公民，他驾驶的船乃我国公民的财产，我们希望看到，约翰·格林从事合法的商务活动时，我们祈愿，他及其货船货物平安抵达，阁下予以垂顾，以合乎贵国礼仪的方式接待，允许他以通常的缴费通关、航行和造访港口、关口和领地，以便完成交易，允许他以恰当的方式通商。我们为此而深表谢忱。

从公函的行文看，美国对中国非常谦卑，表现出了一个小国对大国的敬仰。美国刚刚独立不久，不仅国力弱小，且对遥远的中国也不熟悉。如此看重这次商贸之旅，显然，美国政府将"中国皇后"号的处女航视为开启美中外交的第一步。美国就像一个怀春的少女，对古老的东方帝国充满向往，又心怀忐忑。

1月的纽约异常寒冷，一场大的冰封将"中国皇后"号封冻在港口内。原计划1月22日的启航日期不得不推迟。经过商讨，启航日期定于2月22日，这一天正是华盛顿的生日。格林与山茂召及全部34名船员并没有闲着，每天都要登船进行演练，大家都期待着这次史无前例的远航。

公元1784年2月22日，星期日。这天注定是载入美国史册的一天。

清晨，凛冽的寒风吹过帆墙林立的纽约港。码头紧张忙碌，"中国皇后"号商船盛装待发。

莫里斯、帕克等人冒着寒风亲临现场，几位投资人掩饰不住内心的激动。在一场简短的启航仪式过后，汽笛一声长鸣，"中国皇后"号缓缓驶出纽约港。格林与船员站在甲板上，向岸上欢送的人群挥手致意。莫里斯等人一直目送着"中国皇后"号出港后才离去。

承载着"美国梦"与"中国梦"的一艘美国商船正式驶向东方。

驶入大西洋后，目视远方的格林，望着波涛翻滚的海面，心潮澎湃。一本英国出版的航海指南被放在驾驶舱最显眼的位置，他知道，此次中国远航是完全陌生的，是一个最年轻的国家与一个最古老国家的对话，历史意义非凡。到了中国会发生什么，格林不知道。不仅格林不知道，所有美国人都不清楚。此时，美国人对中国的了解，与中国人对美国的了解一样——知之甚少。

此时，堆积如山的货物静静地躺在商船的货舱里，随着海波一起颠簸，沉重的货物压得船板不时发出"嘎吱、嘎吱"的响声。

货物中有人参、皮货、毛衣、棉花……不知道中途退出的皮货老板莱迪亚德是否后悔。货物类别与重量分别为：人参473担、皮货2600件、棉花361担、铅476担、胡椒26担、羽纱1270匹，另外还有价值2万美元的西班牙银元装在木桶里。西班牙银元是当时世界通用货币，妥妥的硬通货。

当"中国皇后"号向中国广州驶来时，在遥远的中国，人们正忙着剃头修面，喜迎"龙抬头"。

纽约与北京有13小时时差，纽约的1784年2月22日，正是中国的2月23日。换算成阴历，2月23日是乾隆四十九年的二月初二，正是中国传统节日"龙抬头"，也叫"龙头节"。

有意思的是，在同一时刻，华盛顿在弗农山庄庆祝着自己52岁生日，"中国皇后"号商船开启处女航，远航中国。中国"龙抬头"，大地回春，一年中的春耕开始。

中美同时空，天涯共此时。

此时的乾隆皇帝并不在北京的紫禁城内。在"中国皇后"号启航的前十天，即2月12日，乾隆开启了第六次南巡。

乾隆自然也不知道，此时，一艘来自美国的商船拉开了中美贸易及中美交往的序幕。

尽管格林和船员都具有丰富的航海经验，但他们也不知道"中国皇后"号具体多久才能抵达中国广州。他们预计需要半年。

茫茫的大西洋上，每天看日落日出，偶尔还会有狂风暴雨、巨浪翻滚的惊险。航行的日子异常枯燥、单调，船员们面临着身体与精神的双重考验。

所幸的是，食物与水准备充足。船上储备了大量腌制的猪肉、牛肉，土豆、面包。另外还有可供五个月饮用的淡水及装满48桶的各种美酒，如特内里费白葡萄酒、马德烈拉酒、白兰地酒、牙买加老酒。为了预防坏血病（维生素C缺乏病），还带了大量的醋。

枯燥的航行，让船员们非常寂寞。闲暇之余，大家聚在一起，喝酒、跳舞，或是到甲板上，喂喂猪、羊、鸡。为了让船员吃到新鲜的肉食，甲板上围起了猪圈、羊圈，还放置了大量的鸡笼。每天听着禽畜的叫声，对船员来说，也是一种享受。

经过一个月的航行后，"中国皇后"号抵达非洲佛得角群岛。这里是国际中转站，停靠着众多国际商船。看到久违的陆地，所有人都兴奋不已。

商船靠岸休整。

"船长阁下，你知不知道我们的船出现了裂缝？"山茂召问格林。

格林笑了笑，拍着山茂召的肩膀说："我当然知道，不过还是要像其他船员保密。我们这两天就要修好。"

山茂召也笑了笑说："但日常饮食无法保密啊，官员可以喝白兰地，船员只能喝烧喉咙的牙买加老酒。官员们每顿都是新鲜、松软的面包，还有豌豆汤、烤肉、煮土豆、奶酪、白菜、苹果，而船员的面包又冷又硬，有的甚至还发了霉。他们每顿只有一块腌肉、几块土豆和饼干，船员们意见很大啊。"

格林收起了笑容，尴尬地摇了摇头。他指着远处法国贩运非洲奴隶的船只对山茂召说："你看那些蜷缩在甲板上的非洲黑人，只能吃发霉的面包，喝脏脏的水，他们更可怜啊。"山茂召一愣，暗自佩服船长真是转移话题的高手。

几天后，"中国皇后"号继续踏上征程，经过好望角，驶入印度洋。航行的孤独感再次袭来，用山茂召的形容是"荒芜沉闷的天空和大海"。不过，偶尔海面上会有海鸟陪伴，无聊之际，山茂召偶尔会以捕捉海鸟为乐。捉到海鸟，就炖吃掉，但味道很差。

船上没有女人，男人们谈论的话题永远离不开女人。尤其是黑夜降临时，船员们经常讨论起中国女人。听说中国女人都裹小脚时，船员们都充满了好奇。

7月中旬，"中国皇后"号抵达爪哇岛猫湾。当地穆斯林原住民想找美国人换点钱，便用木船给美国人带来了鸡、鱼、龟肉，还有椰子。最惊奇的是，猫湾里还停泊着两艘法国商船，其中一艘名叫"法螺"号的商船，同样要驶往中国。

法国人很热情，邀请格林与山茂召等人登上"法螺"号一起喝酒。双方都很开心，彼此谈论着未来的航行及对中国的贸易。

酒宴结束后，法国船长对格林说："从爪哇岛到中国广州，沿途有很多岛屿与浅滩，我们经验比较丰富，不如你们跟我们走。"格林愉快地接受了。

格林也提议说："我们在临走前，不如找一座小岛，种些玉米、燕麦、豌豆、蚕豆、土豆，等我们返航时，正好收获。"法国船长点头赞同。

美国人与法国人在爪哇岛结下了友谊，他们继续向中国广州驶去。距离中国越来越近，关于中国的消息也越来越多，格林与山茂召等人既紧张又兴奋。

神秘又古老的中国究竟是什么样子，美国人迫切想看到。

1784年8月23日，海面风平浪静，微风拂面的感觉很好。

格林发现，前方出现了大陆。他拿起望远镜，努力探寻着目标。

"我们马上要到中国啦！"格林兴奋地拍着桌子，船员的心情也开始激动起来。格林看到珠江上有一艘中国渔船，便靠近过去。格林知道，瘦削却精神的渔夫一定是中国人。这是美国人第一次见到中国人。格林让船员给渔夫10美元，希望渔夫引路，带着商船安全绕过众多岩石岛屿。

经过整整六个月的航行，行程2万余千米，"中国皇后"号终于抵达珠江口西岸的澳门。"中国皇后"号停靠码头，鸣放礼炮，向中国致敬。澳门的炮台随后也鸣响炮声，以作还礼与欢迎。

格林立即命令船员升起美国国旗，绣有十三颗星的星条旗（也叫大陆旗）第一次在中国升起。望着迎风飘扬的国旗，格林与全体船员集体敬礼。激动之余，格林眼角泛起了泪花。

中国海关官员登上"中国皇后"号，进行查验与登记，并给予盖章放行。格林与船员对中国官员的打扮很好奇，原来这就是用中国丝绸做成的官服，真的很漂亮。山茂召注意到，海关官员将"中国皇后"号登记为英国船，他立即进行解释："我们是美国人，美国是自由、独立的主权国家，与英国无关，也不效忠英国。"

停泊期间，当地小渔船纷纷靠近"中国皇后"号，不断向美国人兜售鸡蛋、糖、面包果。船员们用好奇的目光打量着这群黝黑又瘦削的中国人。当地人把洋人一律称为"番鬼"，即外国鬼子，含有蔑视之意，看着美国人花花的国旗，便俗称美国为"花旗国"。当然，这些美国人似乎也听不懂。

8月26日，"中国皇后"号正式向广州黄埔港驶去。根据中国航运的规章制度，为了安全起见，外国船只必须由中国引航员带领，才能进入珠江内河。

船经过虎门时，需要停船接受检查。两岸多座炮台威严雄壮，炮位上漆有老虎与恶魔，黑洞洞的炮口直对着江心。格林下意识地有些紧张。山茂召嘲笑他不像一个参加过独立战争的海军上尉。

过虎门后，江面骤然收窄，珠江上的大小战船、商船、渔船也逐渐多了起来。中国的战船与渔船似乎没有统一的样式，各种奇异的形态让格林感到奇怪。船员们最感兴趣的是，中国渔船上捕鱼的鱼鹰。看鱼鹰捕鱼，成为美国人的一大乐趣。

8月28日，穿过一片竹林、香蕉林与稻田后，"中国皇后"号抵达广州黄埔港，正式到达最终目的地。格林终于松了一口气。

从纽约出发时，还是寒冷的冬季，到广州时，已是炎热的夏季。从小城纽约到国际大港口广州，从美国到中国，景象大异，仿佛换了人间。

依照惯例，"中国皇后"号鸣放礼炮13响，各国船只也鸣炮还礼。当美国人再次升起国旗时，引来了各国官员的围观，很多人还没有见过美国国旗。弱小的美国在国际上实在太没有存在感，第一次到中国，被人围观也是正常的现象。

深知自己肩负着外交重任的格林，携带美国与欧洲列强签订的安全保障条款和条约，向英国、法国、丹麦、荷兰等国进行登船拜访。格林的目的只有一个，他们赢了英国，为自己的祖国刷存在感是格林的主要任务。

作为商务代理，山茂召负责与中国的税务官河泊官与行商潘启官（潘振承）接洽。河泊官带领税务人员丈量船只尺寸，以计算港务费、关税。有税务人员私下向山茂召讨要"进贡"的小礼物，如钟表、机器玩偶等西方玩意儿，说是要进贡给皇帝。山茂召根本不明白中国的潜规则，一脸茫然。场面非常尴尬，幸亏潘启官及时出面解围，嘱咐山茂召下次注意。

其实潘启官就是广州的代理商，他要全面负责美国货物的押运、销售。潘启官当面向河泊官签署担保书，对"中国皇后"号在广州的一切事务负责。

潘启官毕竟是个商人，比官员更和蔼可亲。看着眼前这个满脸赔笑的中国商人，格林与山茂召觉得踏实了很多。

炎热的天气，加上肆虐的蚊子，让格林与山茂召很不适应，晚上经常失眠，他们更担心的是货物。美国的土特产是否得到中国人的认可，他们一直心里没底。

二、中美"贸易战"

"中国皇后"号到了广州黄埔港，但无法进入广州，这是清政府严格禁止的。美国人只能雇佣舢板船将货物转运到位于广州"十三行"处潘启官的商行。由于货物太多，卸货成了大工程，持续了几个星期。

广州十三行，是清政府的一个"杰作"。1757年，乾隆二十二年，清政府规定，对外贸易只限广州一个口岸。"十三行"其实不止有13家商行，这里只是一个统称。

所有的广州人都没有注意到，中国与美国的贸易就这样拉开了序幕。

1784年8月30日，山茂召等人跟随中国官船进入广州，一个英文名为Canton的城市。这一路，得以让美国人近距离观察中国。

没来广州前，美国人对广州的印象都来自中国瓷器和通草画上的形象，即美好的田园牧歌式广州。

江上的船只非常密集，大多漆成了火红色。船只互相打招呼，彼此用锣鼓或铙钹。美国人似乎第一次见这种乐器，中国官员向他们一一做了介绍。

沿途两岸上，除稻田外，分布着各类宝塔、庙宇及低矮、密集的单层屋舍。格林等人以为这就是广州城的模样，其实他们根本进不了城。

在广州城墙的西南角码头，山茂召等人被带到了一处大约12亩的沿江围场内。中国官员告诉格林，外国人只能居住在此，且只能住男人，不能住女人，所有人一概禁止进城。

山茂召等人似乎都没有理解，一边耸肩一边摊开双臂，向中国官员问道："Why? Why?"中国官员一脸冷漠，没有再说话。

美国人无奈登上围场，四处转悠起来。围场呈狭长形，大多数是一字排开的两层白色小楼。各国国旗飘扬，多是欧式建筑，各式商行、货栈云集。最显眼的是位于正中央的英国东印度公司，大英帝国的国旗格外引人注目。

美国人看到的这块地方就是"十三行"，美国人原以为能进入广州城内观光，没想到被隔离在了"十三行"。山茂召发现，"十三行"通往城内的各个街道均有人24小时把守，没有官方许可及汉语翻译陪同，休想进城。他后来感慨："在这里住了十来年的欧洲人所见到的广州不会超过他们在第一个月里见到的广州。"

初来乍到的美国人选择暂时寄居在法国的公行里，这座小楼也是两层，一楼做仓库、会计室、金库，二楼做宿舍。法国房东找来了几名中国人为美国人服务。

作为"中国皇后"号的商务代理，行商潘启官是山茂召唯一需要对接的人。潘启官盛情邀请他到自己家做客，山茂召跨过珠江，来到对岸南沙岛的潘启官私邸。这里俨然是另一个世界，多位像潘启官一样的行商在这里营建了一处世外桃源。在美国人看来，完全是一派中国园林的景象，是融合了假山、瀑布、池塘、竹林的一幅美丽画卷。

说是潘启官的家，但山茂召并没有看到潘启官的家人。山茂召更想看看中国人的家庭生活，潘启官却只带着他与其他外国客人在园林里转。陪同翻译是个中国人，所说英文词语少、语法简单，只限于商业基本交流，一旦扩大到其他领域，时常让山茂召摸不着头脑。

在等待"中国皇后"号销售美国土特产的日子里，山茂召参加了各种宴请。奇怪的是，英国的宴会是欧洲菜，都是中国厨师一手烹饪而成。而潘启官的家宴却是大家自带酒菜与餐具，因为外国人根本吃不惯中餐。中餐里的葱姜蒜味道太重，甚至他们感觉，中国人的体臭也是这种油腻的味道。尤其是中国人用自己的筷子给客人夹菜的习惯，让他们难以接受。

初到中国，美国人遇到了一个最大的困扰，很多中国人常常认为他们是英国人，因为他们都说英语，都长着同一幅模样的面孔。

打交道多了，潘启官也不讳言。在一次日常聊天中，潘启官笑着说："你刚来广州时，说着英语，我分辨不出你与英国人的区别。"

山茂召尴尬一笑说："英国在欧洲，我们在北美洲，美国曾经是英国的殖民地，但现在不是了，我们是美国，还有星条旗。"

"那只是地理与文化概念，但你们站在中国人面前，实在难以区分。"潘启官说，"不过，凭借我多年与英国人打交道的经验，还是发现了你们的区别。"

"我们与英国人有什么区别？"山茂召迫不及待地追问。

潘启官不紧不慢地说："英国人大多傲慢无礼，甚至粗鲁，而你们比较谦卑有礼，这就是最大的区别。"

山茂召刚要感谢，潘启官又说："不过你们的礼貌估计也不会太长久，再来广州两三次，就会和那些英国人没什么区别了，因为所有人刚来中国时都表现得很礼貌。"

山茂召尴尬地笑了笑，没有再回话。

美国人不知道，早在乾隆初年，中国的朝廷官员就编著了一本《皇清职贡图》。在这本书中，将中国以外的国家视为藩属国，把外国人到中国来的性质定为纳贡。书中对欧洲人有如下描述：皮肤白得晃眼，鼻梁高挺，头发呈红色，喜欢穿紧身衣，性情好斗，敬重女人胜过男人，而且一心只想着贸易。总之，中国人将欧洲人视为野蛮人。这本书对欧洲人的长相描述得很细，但却对欧洲各国的位置没有兴趣。英国在哪儿？法国在哪儿？这些根本说不清。以至于后来发生鸦片战争时，道光皇帝还不知道英国在哪里。

山茂召不关心这些，他更关心的是，"中国皇后"号的销售与采购情况。他根本无法确定以后还会不会到广州来，更不知道美国人会不会变成无礼的英国人。

夏季的广州，湿热难熬，四千里以外的北京，紫禁城内的乾隆同样难熬，甚至开始失眠。乾隆失眠显然不是因为暑热。

1784年（乾隆四十九年）正月，乾隆第六次下江南，一路春游，遍览江南美景，阅尽江南美人。5月14日，乾隆返回北京。此次南巡的美好印象已经大不如从前，大清帝国似乎与皇帝一样，都有明显的衰老迹象。

一直勤奋的乾隆皇帝明显感觉已经力不从心、精力不济，"昨日之事，今日辄忘；早间所行，晚或不省"，"寅初已懒睡，寅正无不醒"，"年高少寐，每当丑寅之际，即垂衣待旦，是以为常"。乾隆真的老了。

每天面对堆积如山的奏折，乾隆倍感头疼。松懈、懒惰慢慢成了乾隆的习惯。乾隆的做事态度层层向下传导，整个国家的政务系统运作逐渐松弛，各种腐败开始慢慢滋生，民生凋敗的现象大量出现。

老年的乾隆睡眠少了，但私欲越来越盛。无论是过寿还是南巡，抑或是平常过节，各地督抚都要向皇帝进贡珍贵贺礼。广州的贺礼中，大多是西洋玩意儿，如西洋钟表、八音匣等。"中国皇后"号刚刚抵达黄埔港时，税务官索要"进贡"物品便是这个原因。

仅仅六年后，1790年（乾隆五十五年），乾隆热烈庆祝自己八十大寿。内阁学士尹壮图来了个扫兴之举，他上奏说："各督抚声名狼藉，吏治废弛……臣经过地方体察官史贤否，但见商民半皆蹙额兴叹，而各省风气大概都这样。"

乾隆大为不悦，认为这是给自己治下的盛世抹黑，他说："若尹壮图所奏，则大小臣工等皆系虚词贡谀，面为欺罔，而朕五十余年以来，竟系被人蒙蔽，于外间一切情形，全无察觉，终于不知者。"

尽管乾隆不敢承认、不愿相信，但他仍然在尹壮图的奏折旁批注道："竟似居今之世，民不堪命矣！"

大清帝国发生的这些变化，在广州的外国人很难观察到。但美国人清楚，自己的国家已经在起草《宪法公约》，《宪法公约》是政府执政的基本准则，是约束政府、约束总统的国家根本大法。

巨大的无聊感每天包围着在广州的美国人，他们还不是很习惯这种圈禁的生活，犹如苍蝇落进了油缸。每天见到的人都是一种面孔，连给家人写信都没有什么可说的。

有英国游客认为，或许圈禁有种好处，那就是让外国人更专注做业务，做完业务后迅速离开广州。

山茂召开始想念家人，他也想早点回国。没想到，他在广州一待就是三个多月。

"中国皇后"号的美国土特产销售不错，每磅人参卖出了30美元的高价，且30吨人参被一抢而空。这完全出乎美国人的意料，巨大的喜悦冲淡了他们的无聊。

卖货的同时，中国的货物又源源不断装满了"中国皇后"号。其中，有2460担中国红茶、562担绿茶、864匹棉布、962担瓷器、490匹丝织品，21担肉桂。包括武夷茶、熙春茶在内的茶叶自然是重头戏，达到92.10%。

来中国之前，美国人是没底的，这次回去，美国人则信心满满，他们知道，中国货物一定能够在美国大卖。在美国人看来，"中国皇后"号已成功开启了美中贸易。

1784年12月28日，经过中国海关许可，"中国皇后"号从黄埔港起锚返航，踏上了返回美国的漫漫航程。美国人心情非常放松，海上飞翔的信天翁仿佛都听到了他们快乐的歌声。

还没等格林、山茂召等人回国将好消息告诉美国人，敏锐且极富冒险精神的美国商人已经纷纷开始行动，多艘满载货物的商船正行驶在赴中国的途中。就在"中国皇后"号抵达中国的时候，美国国会已经制定了一个扩大出口的目标，计划与其他国家签署贸易协定，打开美国商船和货物进入外国市场的通道。中国被列为远东重点市场。

1785年5月10日，"中国皇后"号返回纽约。早已等待在港口的货物代理商异常兴奋，因为这是中国货物第一次直达美国，以前都是从英国等地转口。

正如美国人预料的那样，中国货物在美国非常畅销。莫里斯等人经过计算后发现，此次贸易之旅，共获得纯利润30 727美元，占投资额的25%。莫里斯等人大赚了一笔。

"中国皇后"号的首航成功在美国东海岸引起了轰动。纽约的报纸对此次中美贸易之旅专门做了长期报道，《独立日报》赞扬山茂召的中国之行："是具有远见卓识的行动，取得了巨大成功。"纽约媒体甚至希望在纽约全城的教堂一起敲钟，向上帝感恩。

"中国梦"点燃了每一个美国商人，到中国去发财，成为最流行的话题。从纽约到费城，再到新英格兰的城镇，就连沿海的一些小村落也在热议如何出海去中国。

美国人激动是有原因的。长期遭受英国殖民统治且又被贸易封锁的美国，终于打开了远东市场，成功开启了对外贸易。这对刚刚独立不久且财政状况糟糕的美国来说，无疑是救命之举。

美国人不会想到，三个月后的8月30日，中国福建侯官诞生了一个婴儿，他就是林则徐。

同一年，联邦众议员、后来的美国总统詹姆斯·麦迪逊（James Madison）还在抱怨："革命让我们失去了同西印度群岛的贸易，那是我们唯一有盈余的贸易往来，而没有开辟其他任何能补偿的渠道……从各种角度看，这个国家的贸易都处于凄惨的状态。"

山茂召没有忘记自己担任的外交使命，立即向美国国会提交了报告。美国国会在复函中称赞道："中国贸易可能开辟一条美国财富的巨大发展道路。"

"中国皇后"号被戴上了无限的光环，但山茂召想发大财，他抛弃了"中国皇后"号，另寻了一条更大的船——"马萨诸塞"号。

或许是嫌"中国皇后"号吨位太小，1785年，莫里斯等投资人以6250美元将其卖给了其他商人。第二年，"中国皇后"号带着梦想继续驶向中国，船长依然是格林。1787年，当美国商人期待她第三次起航时，这艘饱经风霜的改装帆船再也经不住风浪的拍打，至此，"中国皇后"号再也没能踏入中国。曾经风光一时的"中国皇后"号几经转手后，迅速衰败，成了一条破船。

1791年2月22日，因意外事故，"中国皇后"号在爱尔兰都柏林的外海沉没。这一天正是她纽约首航的七周年纪念日。冥冥之中，似乎有一种天意。

"中国皇后"号并不算惨，毕竟还享受过无上的荣誉。相比之下，最"悲催"的是"哈里特"号。在"中国皇后"号首航前三个月，波士顿商人投资的"哈里特"号满载着人参已经启航驶向中国。按说，"哈里特"号才是开启美中贸易的第一艘商船。

当"哈里特"号行驶至好望角时，正好遇到英国东印度公司的商船。英国人听说美国人要去中国做生意，便以各种理由忽悠美国人，说什么中国人比较野蛮，没有经验肯定会受骗云云。经英国人一吓唬，美国人犹豫了。英国人愿意用自己的两磅新茶来换美国人的一磅人参，美国人乐着答应了。英国人暗自坏笑，载着人参乘风破浪开往中国。当错失历史机遇的"哈里特"号返回美国时，"中国皇后"号义无反顾地驶向了中国。

"哈里特"号没有赶上第一波美中贸易，似乎后来再也没有出现过这艘船的身影。1785年，在"中国皇后"号第二次开往中国时，同年，美国各地先后有多艘商船加入两国贸易中。"实验"号和"希望"号从纽约港扬帆启航，"广州"号从费城出发，"土耳其皇帝"号从马萨诸塞的塞勒姆踏上征程。

山茂召的"马萨诸塞"号计划也在加紧筹备中。"马萨诸塞"号是一艘新型巨轮，在昆西造船厂打造。该艘商船的设计来自山茂召在广州看见的一艘英国东印度公司的商船。"马萨诸塞"号吨位达820吨，是"中国皇后"号的两倍多。如此吨位的商船在美国尚属首屈一指，超大的载货量就意味超多的利润。

山茂召抱定决心，要干就干大的，要让超级巨轮震慑住一切贸易竞争者。美国邦联政府（1878年转为联邦制）也看中了他，聘他为美国驻广州第一任领事。

经过四年的精心打造，1789年底，"马萨诸塞"号终于成功下水。当山茂召登上这艘巨轮时，瞬间就点燃了他的雄心。

"马萨诸塞"号的贸易计划引来了大批求职者，众多年轻人都想参与这次伟大的航行，亲身见证历史。一个擅长占卜术的女人不知出于何种目的，竟然预言"马萨诸塞"号会有大灾难。消息一出，吓退了很多求职的年轻人。但这些困难都没有难住山茂召。

1790年3月，在丝丝春风的沐浴下，"马萨诸塞"号顺利启航，欢送的队伍挤满了港口。山茂召获得了前所未有的心理满足，这样的荣誉在"中国皇后"号首航时已经体验过一次，但那时他是打工者，这次是老板，感受明显不同。

谁知，"马萨诸塞"号驶入大洋后，各种质量问题彻底暴露。海水通过劣质的木材渗透进底舱，木材开始逐渐腐烂。勉强行驶到广州时，货舱里长了半英寸的绿毛，大量货物被毁。外表华丽无比的"马萨诸塞"号竟然是一艘劣质船。在外界的一片嘲笑声中，山茂召将这艘引以为傲的巨轮低价转给了丹麦亚洲公司。

生意虽然赔了，但山茂召抵达广州后，便正式出任美国驻广州第一任领事，成为美国政府的一名官员，美中贸易正是他负责的主要内容。

美国人都想着到中国发财，似乎没有想过，美国产品在中国过剩而导致价格暴跌的问题。

1786年，"实验"号抵达广州，人参价格竟然狂跌至每磅1美元，押运员彻底崩溃。由于通讯不发达，很多装载人参的商船已经在途中，正源源不断向中国驶来。

1788年2月，满载着黄油、朗姆酒、鲸油蜡烛、鳕鱼、铁条和人参的"阿斯特里亚"号再次驶向中国，波士顿商人托马斯·珀金斯（Thomas Perkins）担任押运员。珀金斯不顾家人劝阻，放弃了到哈佛大学读书的机会，毅然要去中国发财。

9月，"阿斯特里亚"号抵达广州。满心欢喜的珀金斯被兜头浇了一盆冷水，人参根本卖不动，"中国皇后"号的人参还没有卖完。更恐怖的是，在港口还停泊着11

艘美国商船，其中3艘竟然与珀金斯的"阿斯特里亚"号同属一个老板，可见老板发财心切。美国人参在中国市场供大于求，大幅贬值，成了不值钱的货。至1790年，人参价格跌到谷底，每磅只有32美分。

相反，由于美国采购中国茶叶的需求暴增，茶叶价格反而大涨。

为了防止中国茶叶大量涌入美国后贬值，珀金斯联手其他三艘商船押运员商议，将另外两条船卖掉，四艘船的60万磅茶叶集中到两条船上。返回美国塞勒姆后，珀金斯建议老板，为了不引发市场波动，茶叶只能逐步投放且每次投放必须是小批量，其余茶叶先存储起来。此营销手法果然拯救了老板，但也给很多梦想去中国的老板提了醒，到中国赚钱并不容易。

不甘于给别人打工的珀金斯自然有着更大的野心。1792年，他与哥哥共同成立了珀金斯兄弟公司，组建了自己的船队，并让自己的外甥约翰·珀金斯·库欣（John Perkins Cushing）常驻广州。珀金斯的目标与早期莱迪亚德的设想差不多，在西印度群岛地区、美洲西北部地区和广州之间来回贸易，皮货则是重要商品。

珀金斯的计划迅速引发其他贸易商跟风，大量的皮货需求导致美洲西北部的努特卡湾捕猎海獭严重，甚至一度资源枯竭。当地部落首长一怒之下，劫掠商船，屠杀船员。尽管如此，珀金斯还是大赚了一笔。

珀金斯的贸易帝国逐渐崛起，从波士顿到广州的航线上，总能看到珀金斯兄弟公司商船的身影。不仅如此，珀金斯还从世界各地调运货物，源源不断驶往中国。

1793年夏，英国第一个外交使团——马戛尔尼使团访问中国北京。马戛尔尼的表面目的是给乾隆皇帝祝寿，实则希望中国开放通商口岸，不再局限于广州一处。因为礼仪问题，马戛尔尼坚持不下跪，双方闹了很多不愉快。最终，马戛尔尼无功而返。

为此，乾隆特别致信英国女王，称天朝物产丰富，无需他国物产，故不需要开放。

无论是中国还是英国，似乎都没有注意到珀金斯兄弟公司的壮大。1803年，波及欧洲、北美、北非、大西洋、印度洋的拿破仑战争爆发，美国宣布保持中立，这为美国贸易商提供了绝佳的机会，珀金斯的商船可以任意进出欧洲各大港口，珀金斯大发其财。此次战争持续了12年，珀金斯甚至不希望战争结束。

拿破仑战争时期，珀金斯兄弟公司奠定了其在对华贸易中称霸的基础，成为美国对华贸易最赚钱的公司。同时，美国与中国的贸易也获得迅猛发展，美国成为仅次于英国的第二大对华贸易伙伴。

美国对华贸易的频繁自然出现在了中国的官方记录中，据《粤海关志》记载："米利坚国，俗称'花旗'……近年来舶甚多，几与英吉利相埒。其舶较他国差小，随时可至，非如他国必八九月始能抵口，所以来舶较多。"

美国人做生意明显不同于英国人。英国人奉行集体主义，东印度公司以实体开路，有强大的皇家海军护航。美国人奉行个人主义，喜欢单打独斗。有人建议美国人学习英国模式，成立美国版的东印度公司，但美国个人主义至上，喜欢竞争冒险。美国人的优势是，推行实用主义，灵活变通，效率更高。

1803年，在珀金斯兄弟公司一跃成为对华贸易龙头企业的同时，作为对华贸易第二大伙伴，美国对华贸易总值成功超过欧洲大陆各国对华贸易额的总和。美国贸易大国地位初显。此时，距离"中国皇后"号首航刚刚过去九年，距离美国GDP领先世界还有不到一百年的时间。

此时，中美贸易的商品主要是各自国家的土特产，中国的是茶叶、丝绸、棉布、瓷器，美国的是人参、毛皮、檀香木。据统计，在"中国皇后"号首航后的十年时间内，中国每年向美国输入茶叶1.7万余担。中国布物美价廉，经久耐用，如黄色的南京土布。瓷器更不用说，历史更为悠久，早已在欧美人的心中扎根。

在中美贸易初启的年代，英国旅行家克劳德·罗宾曾在美国发现，"没有一个人喝茶不用中国的茶杯与茶碟"。由于英国"柳树图案瓷"仿制品的大量出现，迫使中国瓷器制造商不得不创新生产方法，以降低生产成本。受益的则是美国底层百姓，让他们也能用上廉价、美观的瓷器。

喝茶同样渗入美国每一个家庭。曾担任驻广州押运员的罗伯特·沃恩观察到，美国人将茶叶与面包等同，无论多么寒酸的家庭，都喜欢这种提神饮料。

为了避免贸易逆差，美国人也是拼了全力，拼命寻找有竞争力的商品。

中国人喜欢人参，但只有富裕人家才有消费能力，市场并没有想象得大。美国人瞄上了毛皮，如海獭皮、海豹皮。他们或是用物品与印第安人交换毛皮，或是自己捕猎。据统计，从1793年至1807年，从马卡罗夫岛运往广州的海豹皮就高达350万张。美国人疯狂的举动，导致了当地海豹的绝迹，也让广州市场的毛皮价格暴跌至无利可图。

与毛皮贸易遭遇类似的还有檀香木。1791年，"希望"号途径夏威夷时发现檀香木，运到广州后大受欢迎。美国人故伎重演，用各种廉价商品与朴实的当地人交换檀香木，并以高于夏威夷14倍的价格在广州出售。疯狂的逐利行为导致竭泽而渔，檀香木被砍伐殆尽。

聪明的美国人又迅速寻找到两样中国人喜爱的商品，海参与燕窝。中国人认为，海参、燕窝与人参一样具有滋补功效。美国商船在途经汤加、萨摩亚、斐济等地时，便用枪支、弹药、短斧等商品与当地人交换海参。海参经剔除内脏并烟熏干燥后，装箱运往广州。一箱重125磅的上等海参可卖到115块西班牙银元。

燕窝的产地同样在印度至东南亚的热带海岸，美国人雇佣当地人举着火把，爬上高高的洞穴寻找燕窝。燕窝比海参还贵重，一箱重136磅的上等燕窝在广州可以卖到3500块西班牙银元。

人参贸易大概只维持了十年左右，到1830年代，毛皮、檀香木的贸易又基本停止。美国商品大多是初加工的农产品，而中国商品除茶叶外，都是手工业品，这种贸易注定不会持续，也不会对等。美国对华贸易一直以巨大的逆差形式存在，据统计，1805年，中国出口美国商品额为512万元，而美国出口中国商品额仅115万元。中国的王牌商品是茶叶，仅仅茶叶一项，就可打败所有美国商品。

美国"白银"大量流入中国，美国很尴尬，对中国各种羡慕嫉妒恨。

1799年，在18世纪最后一年，中国与美国各发生了一件大事：乾隆驾崩，华盛顿去世。

在人们的传统印象中，中国的乾隆与美国的华盛顿根本不是一个时代的人，貌似一个生活在遥远的古代，一个生活在不远的近代。巧合的是，这两位影响中西方的巨人，却生活在同一时空下。在两种不同文明的照耀下，给我们提供了错觉。

乾隆生于1711年9月，华盛顿生于1732年2月，乾隆的年龄比华盛顿大21岁。在华盛顿3岁时，24岁的乾隆正式登基。从此，乾隆实际统治中国长达63年零4个月。

1792年（乾隆五十七年），81岁的乾隆撰写《十全记》，高度评价了自己一生中的"十全武功"。所谓"十全武功"，就是十大军事战役，分别为：1747年、1749年平定大小金川之战（为两大军事战役），1755年平定准噶尔达瓦齐部之战，

1755年至1757年平定准噶尔阿穆尔撒纳之战，1758年平定南疆大小和卓叛乱，1765年至1769年清缅战争，1771至1776年再平大小金川，1786年至1788年平定台湾林爽文叛乱，1788年至1789年安南之役，1790年至1792年两次平定廓尔喀（即今尼泊尔）。晚年的乾隆有点飘，陶醉在自己的"十全武功"中不能自拔。

乾隆治下的中国，疆域面积达到1453万平方千米（1759年），人口达到2.97亿（1795年），年财政收入达到8000万两（1790年）。据《大国的兴衰》一书统计，当时中国的GDP达到世界三分之一，中国制造业总额是英国的八倍、是俄国的六倍、是日本的九倍。

相比乾隆对自己国家的影响，华盛顿也不逊色。1775年，43岁的华盛顿担任美国独立战争殖民地军总司令。1789年，67岁的华盛顿全票当选为美国第一任总统。被美国人尊为"美国国父"。

乾隆志得意满，不能容忍民间妄议朝廷，屡兴文字狱。华盛顿却告诉全体国民："在每个国家，知识都是公共幸福的最可靠的基础。"乾隆大力查禁民间书籍，华盛顿让知识武装国民头脑。

1787年，美国在费城召开制宪会议，颁布《美利坚合众国宪法》，明确立法、行政、司法互不干预且互相制约，即奉行三权分立原则。此时的乾隆，仍沉迷在天朝上国的幻境中。

1792年，乾隆五十七年，纽约24名证券交易商在华尔街的一颗梧桐树下签订协议，纽约证券交易所成立。当乾隆致信英国女王，说天朝上国不需要对外开放时，美国工业化革命已经开始露头。

1796年，老态龙钟的乾隆不得不将皇位传给嘉庆。同一年，华盛顿总统任满两期，为了民主制度的顺利传承，不顾美国人民的挽留，毅然辞任。乾隆虽然过上了太上皇生活，但仍操控着权力。华盛顿则是回到老家，成为一个真正的平民。两种道路选择，代表了两种文明的价值取向。

乾隆与华盛顿死去后，美国工业化革命正式开始，嘉庆统治下的大清帝国已经露出各种衰败迹象，国力也开始迅速下滑。

鸦片，就是在这种环境下悄然登陆中国。

三、鸦片贸易始末

　　1805年3月的一天傍晚，珀金斯兄弟公司广州办事处收到一封美国包裹，由于负责人不在，办事处工作人员将包裹放在了负责人的办公桌上。

　　办事处的负责人不是别人，正是珀金斯的外甥库欣。此时，他正与朋友坐在珠江边豪饮。珠江夜色撩人，但库欣似乎没有一点兴趣。库欣与朋友聊起家乡波士顿，聊起自己前两年去世的妈妈。他对妈妈有着深深的眷恋，说起妈妈，他的情绪开始有些低沉。

　　饭局持续了约三小时，库欣明显喝醉了，被人送回了办事处。库欣意识非常清醒，他看到了办公桌上的包裹。库欣知道，这又是舅舅寄来的。舅舅经常在信中训斥自己，让库欣心情很不爽。

　　罕见的包裹引起了库欣的好奇，他立即拆下层层包装，里边是一套书与一封信。整套书都是莎士比亚的戏剧，库欣不明白舅舅的用意。再打开信，库欣顿时明白了。

　　珀金斯在信中继续以以往的教育口吻，提醒库欣要提高文学修养，拓宽视野，拒绝幼稚的追求，抵制年轻人的放荡。库欣不耐烦之际，读到珀金斯在信中说："让你伟大的外婆那贤明的忠告响彻你的耳边，深入你的灵魂。"

　　一番教导后，珀金斯询问了几个问题，如土耳其鸦片在广州的情况如何，是否可以在广州做鸦片的生意，如果可以会面临哪些风险，中国官员会收取多少好处费，等等。

　　库欣没有兴趣再看下去，一头躺下便呼呼大睡起来。

　　身在波士顿的珀金斯比较急迫，虽然珀金斯兄弟公司在对华贸易中领先其他美国公司，实现了贸易额最大、利润最多的"双赢"，但珀金斯凭借敏锐的嗅觉还是发现了危机，公司盈利增长有些乏力。

首先是美国商品的不可持续性，拳头商品人参、海参、皮货、紫檀木的销售都遇到了各种瓶颈，不是市场饱和就是产量锐减，有些商品如人参的质量甚至还竞争不过中国人参。

另外，英国人开始向中国人大量销售印度鸦片，且呈垄断状态，其他国家根本无从插手。奉行实用主义，一心想发大财的美国商人只能干瞪眼，看着英国人赚大钱，珀金斯颇为不甘。

偶然之间，一份贸易报告引起了珀金斯的兴趣。这份报告写于1803年，是美国驻土耳其士麦那的领事威廉·斯图尔特（William Stewart）离任时写的。这位领事在报告中提醒，土耳其正在大面积种植鸦片，急于拓展海外市场。

珀金斯询问库欣土耳其鸦片在中国的情况，正是有意要从土耳其贩卖鸦片到中国，但如何打破英国人的垄断则是困扰珀金斯最头疼的问题。

英国人之所以能垄断中国的鸦片贸易，一是靠强大的军事实力，二是进入鸦片领域非常早，至少远远早于美国人。

英国对华贸易最初与美国有着同样的尴尬经历。英国面对地大物博的中国，一样没有拿得出手的商品，开始是呢绒、哔叽（一种斜纹的毛织品），后来又是印度棉花。但这些商品在中国根本没有太大的竞争力，中国既是产棉大国，又是手工纺织品大国。相反，中国的茶叶对英国商品呈碾压之势，英国大量"白银"外流至中国，巨大的逆差让英国人喘不过气来。

大约在18世纪70年代，鸦片使用方法发生革命性改变，由吞服变为吸食后，印度鸦片传入中国的数量开始增多。当美国人发现鸦片的"神奇"后，英国人基本已经垄断了鸦片贸易。

珀金斯明显晚了，在美国商人中也是迟到一步。当珀金斯还在做市场调查的时候，有些美国商人已经开始行动了。

1806年6月的一天清晨，天还没有亮。一艘名为"尤塔"号的美国小型商船缓慢驶进了黄埔港。"尤塔"号的到来没有引起任何人的注意，没有任何人知道，这是美国第一艘向中国走私鸦片的商船。

为了不引起中国官员的注意，"尤塔"号进行了必要的伪装。在底舱的夹层里，船员们夹带了26箱，共53盒土耳其鸦片。趁着朦胧夜色，在中国税务官员的惺忪的睡眠下，船员将26箱土耳其鸦片成功运往商行。

土耳其鸦片与印度鸦片不同，质量略差，由于价格非常便宜，在中国广受底层群体欢迎。中国人称印度鸦片为"大土"，称土耳其鸦片为"小土"或"金花土"。

一个月后，又一艘走私土耳其鸦片的美国商船"风情"号登陆广州。这次夹带的鸦片比"尤塔"号更多，美国人的胆子越来越大。

美国人自以为做得很隐蔽，但最终难逃英国人眼睛。1807年，英国东印度公司广州商馆向母公司提交了一份报告。在报告中，对美国人走私土耳其鸦片一事做了说明："第一批从地中海直接装载鸦片到中国的船，是去年6月和7月到达的，也有几袋是在不同的时间里绕道美国运来的。"但英国人自认为，美国人的小打小闹不会构成威胁。英国押运员向英国东印度公司主管汇报道："我们不认为，美国人的投机能对我们产生长期的干扰。"

英国人垄断了印度鸦片，但对土耳其鸦片却无能为力，因为根据东印度公司章程，不准去土耳其装运鸦片。事实上，英国人对土耳其鸦片非常熟悉。英国国内消费的鸦片主要来自土耳其，因吗啡含量高达10%~13%，英国人只将其视为治病良药。

一个偶然的机会坚定了珀金斯的信心。1812年6月，美国向英国宣战，爆发第二次英美战争。珀金斯兄弟公司的一艘"雅各布·琼斯"号商船在航行途中截获了一艘英国鸦片商船。珀金斯兄弟公司将鸦片据为己有，运到广州销售。

鸦片很快销售一空，库欣向舅舅写信报告喜讯，珀金斯大喜过望。从此，珀金斯兄弟公司将对华贸易业务转型到走私鸦片上来。

为了躲避海关检查，珀金斯与库欣想了一个绝妙的办法。凡是走私鸦片的商船一律不准靠岸，也不过虎门，全部停留在珠江口处的伶仃洋上。鸦片商船在海面上停留，只作为浮动的仓库，中国客户需要派小型运输船到伶仃洋上提货。无论是书信，还是提货单中，都规避掉了"鸦片"两字，取而代之的是"口香糖"。

珀金斯兄弟公司的土耳其鸦片在中国销售得非常不错，这自然离不开中国行商的配合，其中广州十三行的著名行商伍秉鉴的"怡和行"就是库欣最大的合作客户。伍秉鉴很早就在广州见过珀金斯，对他的印象非常好，正是因为这层关系，伍秉鉴与库欣的合作也很顺利。

1815年，美国人逼英国人和谈，历时三年的第二次英美战争结束。此次战役，美国人打出了巨大的国际声誉，美国人的腰杆又硬了一次。美国对华鸦片贸易实力也随之大幅增长，更多美国商人加入对华走私鸦片的队伍中。

声称要垄断对华鸦片贸易的珀金斯兄弟公司与怡和行一起走私鸦片都是秘密进行的，但总有露馅的一天。

随着鸦片流入中国加剧，清政府加紧了对鸦片走私的打击力度。1818年5月的一天，一艘走私鸦片的美国"瓦巴世"号商船像往常一样，照例停在伶仃洋水面上，正在交易时，突然被海关的缉私船包围，鸦片被全部查抄，涉案人员被抓。

广州众商行急于撇清关系，联名致信美国驻广州领事威科克司（Benjamin Wilcocks），希望他上报美国总统，告知鸦片在中国属于违禁品，不要再向中国销售鸦片。威科克司果真照办，美国国务卿收信后，将内容在报纸上公布于众，以显示美国政府的决心。

此事引发两广总督阮元震怒。经查，怡和行负责担保此次交易，伍秉鉴牵涉其中。伍秉鉴上下活动，希望能减免处罚，但阮元坚持上奏，"请皇上准予拿掉伍秉鉴的三品顶戴，试看行商谁敢继续密谋鸦片走私"。最终，伍秉鉴被罚16万两白银，其他商行也被罚了5000两白银。伍秉鉴被罚得肉疼，因为处罚金额达到了该船鸦片价值的50倍。伍秉鉴花钱捐来的三品顶戴荣誉也被夺走。

虽然经此重罚，但伍秉鉴并没有改过。

1818年，经自己的干儿子约翰·福布斯（John Murray Forbes）介绍，伍秉鉴认识了美国商人塞缪尔·罗素（Samul Russell）。罗素向伍秉鉴阐述了自己打算创建旗昌洋行的想法，伍秉鉴没有丝毫犹豫，当即决定支持。听说干儿子福布斯要加入成为合伙人，伍秉鉴马上资助50万两白银。

似乎在悄声无息中，旗昌洋行在广州成立，成为第一家在中国成立的美资银行。没人注意到，旗昌洋行慢慢成了缩小版的英国东印度公司，逐渐成为向中国走私鸦片的最大美商公司。后来的美国总统富兰克林·罗斯福（Franklin Roosevelt）的外祖父小沃伦·德拉诺（Warren Delano Jr.）也是高级合伙人之一。

人们习惯认为鸦片就是毒品，但德拉诺却认为，鸦片并不比美国进口白酒、白兰地和酒精更有危害。在很多美国商人看来，相比美国人喝烈酒，鸦片的危害微不足道。

伍秉鉴本人也在与英商、美商的四处勾连中暴富，1834年，其个人财富达到2600万两。当时清政府的年财政收入只有4000万两，伍秉鉴的个人资产达到政府收入的65%，完全是富可敌国。财富太多也是祸，这也为他后来的不幸埋下了隐患。

鸦片走私虽属于地下活动，但据统计，1807年前，美国输入中国的鸦片大概在105~150箱，价值5~10万元；1811—1820年，平均每年输入鸦片473箱；1821—1827年，平均每年输入579箱；从1828—1833年，平均每年达到了1081箱。

尽管美国人走私鸦片在加剧，但相比英国人，仍然是小巫见大巫。据统计，从1818年到1833年，英国对华贸易总额为30 441万元，其中鸦片贸易额为10 430万元。同时期，美国对华贸易总额为9760万元，其中鸦片贸易额为492万元。也就是说，美国对华的鸦片贸易额只有英国的4.7%。

但据英国东印度公司统计，1817年，美国输入中国鸦片至少1900箱，因为美国已经将采购鸦片范围拓展到波斯湾，成本比土耳其鸦片更便宜，利润也超过土耳其鸦片25%。英国东印度公司甚至认为，美国的鸦片贸易大有赶超英国之势。

走私鸦片输入中国势不可当，清政府无力阻止，广东官府压力巨大，很多地方官员也憋着一口气。

1821年，美国"仇敌"号商船在停泊时，发生了一起人命官司。一位叫德兰诺瓦（Francis Terranova）的水手在船舷处向中国女商贩郭梁氏购买水果，德兰诺瓦耍了一下花招儿，少给钱。等郭梁氏转身细数钱时发现被骗，便找德兰诺瓦交涉。德兰诺瓦死不承认，双方发生言语争执，激动之下，德兰诺瓦随手抄起一个瓷瓶砸向郭梁氏，瓷瓶正中其头部，郭梁氏落水溺死。

郭梁氏家属得知后，立即到官府告状，要求严惩美国作恶的船员。广州官方逮住机会，立即与美方交涉，要求交出凶手。美国片面则拒不交人。

美国人有个担心。1784年12月，英国"休斯女士"号商船在黄埔港鸣放礼炮时，误伤平民，导致一人死亡。炮手恐惧逃亡，押运员被诱捕作为人质。两广总督派出40艘兵船，封锁了外国商馆，并对各国一一展开分化瓦解。

最终，失去各国支持的英国迫于压力，交出了炮手。炮手经中国官方审理后，被处死。英国人对此一直耿耿于怀。

美国人正是担心步英国人后尘。

经过再三交涉，美国人提出折中方案，交出嫌犯可以，但必须在"仇敌"号上审理。中国官方答应了，官方早已怀疑此船是鸦片走私船，正好借机以办案为由进行搜查。

美国人因为走私，多少有些心虚，在宣布德兰诺瓦被判有罪后，不得不将其交出。很快，德兰诺瓦被处死。

这个事件恰恰也验证了当年行商潘启官对美国人的评价。"中国皇后"号来中国时，行商潘启官曾对美国人说，别看你们现在比较有礼貌，但你们来广州两三次以后，就会像英国人一样傲慢无礼。

伴随美国对华走私鸦片数量的大幅增加，美国的国家实力也在迅速增长。

《独立宣言》的起草人托马斯·杰斐逊（Thomas Jefferson）主张，美国要成为自由帝国，需要进行大规模领土扩张。同时，他也提出野心勃勃的计划，要通过贸易的方式，将遥远的中国一同纳入自由帝国的版图内。

1804年，杰斐逊利用英国与法国的矛盾，威胁并联合英国进攻法国，只用了1500万美元，便将新奥尔良与密西西比河以西的路易斯安那等地区纳入美国版图。顿时，美国领土增加了一倍，一个北美大国腾空而起。

美国的野心并没有停止。1819年2月，美国又拿下了西班牙所属的东佛罗里达、西佛罗里达等地区，美国的版图迅速扩展至太平洋沿岸，成为横贯北美大陆，连接太平洋、大西洋的大国。向东亚扩张，开始成为美国的国家战略。

据统计，自1786—1833年，美国赴广州的商船数量为1104艘，占英国来华商船数量的44%，是其他欧洲所有国家来华商船总数量的四倍。美国逐渐成为中国第二大贸易伙伴，随着实力的增长，礼貌、谦恭的美国人开始染上了英国人傲慢的习气。

1838年12月3日傍晚，一队清兵正在十三行附近的珠江上懒散地巡逻。岸边有两名搬运工引起了巡逻清兵的注意。两个人正在匆忙装卸着几个箱子，行迹有些不对劲。清兵立即靠近盘查，两名搬运工眼神游离，起初什么也不说。在一顿吓唬后，二人跪地求饶，招供说是受人所雇，来此购买鸦片。清兵立即上船搜查，果然搜出大量鸦片。

经查，此船鸦片收货人是美国人查尔斯·塔尔波特（Charles Talbot），中间人为苏格兰商人詹姆斯·伊尼斯（James Innes）、中国行商彭霍峨（音译）。两广总督邓廷桢亲自审理此案，彭霍峨被处以枷刑，而塔尔波特和伊尼斯则藏了起来，拒不出庭，也拒不认罪。塔尔波特辩解说，自己是基督徒，一直反对鸦片贸易。

邓廷桢震怒，痛斥两名外国人罪恶滔天。为了震慑美国人，邓廷桢更有硬招儿，抓来一名鸦片贩子，要公开在美国商馆门前处死，杀鸡给猴看。

1839年2月26日，一个比较温暖的下午，很多外国人去外面散步游玩。突然，人群一阵骚乱，一队清兵跑步至美国商馆门前，迅速将绞刑架立好，并把鸦片贩子押上刑场。就在清兵将绞索绳子套在囚犯脖子上时，一帮外国船员愤怒地冲过来，不顾阻拦，破坏刑场，嚷嚷着不要在美国商馆门前行刑。有胆子大的英国船员，甚至用棍子直接袭击刽子手。

外国人打了中国人，这消息迅速在城内传开。近千名广州人涌向外国商馆前的广场，他们义愤填膺，大骂着"打死鬼佬"。鬼佬，是当时广州人对外国人的俗称。他们或用木桩撞击商馆大门，或是推倒旗杆、扯下国旗，或用砖头石块攻击外国商人。现场一片混乱，清兵早已趁乱离开。

美国商人亨特尔（William C. Hunter）也被惊到了，立即找到伍秉鉴，希望他尽快禀报官府。伍秉鉴也吓得有些发抖，还好冷静下来后，立即派人向巡抚求助。最终，清兵赶到，及时制止了骚乱。

风波平息后，经过再调查发现，塔尔波特和伊尼斯确实都是冤枉的。此次中国官方的强硬表现，让各国商人都刮目相看。大家逐渐意识到，官方对鸦片的态度似乎正在发生着微妙的变化。

1838年12月27日的早晨，北京的天空飘起了小雪，漫天的雪花染白了大地。道光皇帝在紫禁城召见湖广总督林则徐，双方畅谈了三个多小时，话题自然围绕着禁烟问题展开。林则徐将自己在湖北的禁烟经验与主张如实道来，道光频频点头。皇帝感觉这个福建人很不简单。

令林则徐没想到的是，道光皇帝与他连续谈了八天。皇帝连续八天召见同一个大臣，极为罕见。第五次召见时，道光皇帝即任命林则徐为钦差大臣，赴广东禁烟，"颁给钦差大臣关防，驰驿前往广东查办海口事件，该省水师兼归节制"。

1839年3月10日，林则徐抵达广州，受到了两广总督邓廷桢、广东巡抚怡良、广东提督关天培等人的热情迎接。在欢迎的队伍中，两个美国人异常显眼，他们分别是查尔斯·金（Charles W. King）、卫三畏（Samuel Wells Williams）、裨治文（Elijah Coleman Bridgman）。显然，这两个美国人选择支持林则徐禁烟。

初到广东的林则徐遇到的首个难题便是翻译，裨治文主动推荐自己的干儿子梁进德为林则徐服务。林则徐打算致信英国女王，就中国禁烟做出解释，同样是美国人的伯驾（Peter Parker）承担了这个重任。这封信虽然无法送给英国女王，但这几个美国人还是想办法在英国发行量较大的《中国丛报》上进行了发布。

3月18日，林则徐将十三行的行商召集到一起。他严厉斥责行商勾结外国烟贩，要求他们向洋人递交《谕各国夷人呈缴烟土》谕贴，命洋人三天内交出全部鸦片。然而，外国商人只是象征性地交出了1000箱鸦片。林则徐大怒，要求外国烟贩不要敷衍了事。

外国商人仍不为所动。3月24日，林则徐下令，将十三行的商馆全部包围。林则徐要求，停止一切贸易，并要求外商写下"具结"，就是做出保证，永远不再走私鸦片。同时，令外国商馆的中国雇员全部撤出，否则格杀勿论。重兵包围、长枪林立之下，外国烟贩开始慌了。

面对断粮断水的威胁，外国商人最终只好妥协。3月26日，英国驻广州商务监督义律（Charles Elliot）将鸦片全部收集交出。这次共查获20 283箱，其中美国最大的鸦片贸易商——旗昌洋行的数量居第三。

虽然交出了鸦片，但英国人拒绝写保证书。义律希望美国人与英国人一起出走香港，美国人没有同意。关键时候，美国人写下了两份保证书，其中一份含有"中国人有权处死外国人"的条款也被迫接受。英国人指责美国人不够意思，是投机分子。

旗昌洋行高级合伙人罗伯特·本尼特·福布斯（Robert Bennet Forbes）则道出了理由："我不是来中国休养或取乐的，只要我能卖出一码布或是买进一磅茶，我就必须留在自己的岗位上，我们美国人没有女王来保证我们的损失。"说到底，美国人是实用主义者。

美国人表现比较"乖"，林则徐非常欣赏，他要将英国人与美国人进行区分对待。6月3日，虎门销烟开始，一直持续到20日。林则徐没有邀请英国人，而是特别邀请了裨治文等人携夫人一起观看销烟盛况。销烟现场，林则徐还与美国人亲切交流。

中国人禁烟的决心感染了裨治文，他在《中国丛报》上发表了自己的销烟观感："我们反复检查过销烟程序的每一个环节。他们在整个工作中所体现的细心和忠实程度，远远超乎我们的预料，我不能想象有比执行这个工作更为忠实的了。"

随后，裨治文又在《中国丛报》上公开批评英国："它是第一位和几乎独占鸦片生产的国家。英国号称开明的、基督教的国家，竟然种植一种罪恶的媒介物，甚至以此牟利。……她不屑以鸦片的收入来充实她的国库。这真是最奇怪的道德对比的展览。"

美国人在这次禁烟中的表现也得到了广东百姓的认可，他们经常以美国人来对比英国人，并批评英国人无礼。

鉴于美国人的配合，在虎门销烟期间，林则徐频繁与美国人接触。

6月10日，三个清朝官员模样的人来到新豆栏街的眼科医院。这家眼科医院正是美国医学传教士伯驾所开，也是中国近代第一家眼科医院。

伯驾不知来者何意，还以为是看病的。

"三位大人，是否为医眼疾而来？"伯驾不解地问道。

"非也非也，我们乃是钦差林大人的特使。今日前来拜访，实乃有要事相商，希望与您单独商谈。"一个官员面带笑容，表明来意。

伯驾带三人到了一间比较安静的房间。

一位比较儒雅的官员问道："钦差林大人奉旨禁烟，想征求一下您的意见。"

"林大人南下禁烟，我是非常支持的。一些瘾君子常到我们这里就诊，看到他们堕落的样子，我非常痛心。"伯驾当即表明了态度。

三位官员哈哈大笑。另一位官员问道："不知贵国人民是否也有吸食鸦片的习惯？"

伯驾说："鸦片本是一种镇痛剂，具有缓解疼痛的作用，在我国主要以药用为主，少有人吸食。"

三位官员略显尴尬，一位官员又问道："听闻伯驾先生来自美利坚，不知与英吉利有何区别？"

伯驾尴尬笑了笑说："美国建国不足六十年，我们虽然与英国人同说英语，但实属两个国家。"

说罢，伯驾拿出一个地球仪，向三位官员指认美国与英国的位置。三人很好奇，摆弄个不停。伯驾随即又拿出一本地图集、一套地理学书籍，表示可赠予他们。

三人更加尴尬了，其中一位官员说："赠送仪式应该按我朝礼仪来，并提交一份申请书。"

赠送个小礼物还这么麻烦，伯驾顿时感到哭笑不得。在伯驾的再三坚持下，三人收下了礼物。

最后，三位官员透露了真实来意，说林则徐想要见见伯驾，并递给他一张通行证，伯驾点头表示感谢。

林则徐要见伯驾的事传到了伍秉鉴的耳朵里，伍秉鉴很是不满。伍秉鉴是两人相识的介绍人，且伯驾的医院在扩容时，伍秉鉴专门将部分房产赠送给了他。伍秉鉴向伯驾建议：你既不懂贸易，也不懂鸦片船，如果去见林则徐，最好只谈医学或西方文化。伍秉鉴主要是担心伯驾说漏了嘴。

最终，林则徐与伯驾没有见面成功。林则徐多次写信向伯驾请教。7月，林则徐派人给伯驾送来英文资料，请求伯驾帮忙翻译。伯驾一看，原来是摘抄的《万国律例》（即瓦泰尔的《国际法》）。摘抄的段落明显与当下禁烟有关，涉及战事及应对措施，如封锁、禁运等内容。伯驾欣然答应，他也不希望中英爆发战争。

后来事实证明，伯驾是把《国际法》译成中文的第一人，对林则徐禁烟帮助甚大。林则徐的禁烟令就是根据伯驾所译"各国皆有当禁外国货物之列"做出的。

林则徐还向伯驾请教一些具体问题，比如"是否有可以治疗所有吸食鸦片者的药方""对所有吸食者都适用的特效药"。伯驾感到无能为力，他向林则徐解释，唯一的方法只有通过减少吸食量来降低毒瘾，时间大概需要2~6个月。

伯驾在信中还不忘表明自己的态度："自从首次闻知有此大员即将到来，我的内心便极为喜悦，……求上帝引领和指导钦差大臣圆满完成这项困难的任务。"

美国鸦片商虽然写下了保证书，也交出了鸦片，但他们的鸦片走私并没有停止，只是转移到了其他沿海地区。

美国鸦片商的胆子源于美国的实力。随着美国对华贸易结构的改变，美国人简单通商的诉求发生了巨大改变，开始逐渐向中国索取特权。美国政府明确要求，对华贸易政策，要积极插手。

美国商人只注重利益，其他在华的美国人对鸦片的态度则与商人有极大不同。

据伯驾估算，在1834年，中国人口已达4亿，其中吸食鸦片者或超过1000万人。伯驾在给林则徐的信中称："鸦片之祸已有摧毁贵国财富和幸福的危险……鉴于如此频繁地目睹鸦片的巨大破坏，以致使我怀着痛苦的心情问道：阻遏鸦片泛滥的力量在何处？我对自己说，也许会来自西方国家。为此，我们已经发表实际的声明，呼吁西方国家的权贵和善良之士，高声抗议罪恶的鸦片贸易。"

鸦片之祸，没有药方，没有解决之道，林则徐也很无奈。伯驾则向林则徐建议，要根治鸦片贸易之害，首先要了解西方国家的贸易法律，并建立相关的条约关系。

1839年5月25日，美国商人联名致信美国国会，要求派遣一支适当的海军到中国海面保护美国人的生命财产。有人甚至鼓动美国政府，联合英国武装侵略中国。

1840年6月，英军对华发动战争。

美国人决定尽量看热闹。11月2日，美国政府派遣海军准将劳伦斯·加尼（Lawrence Kearny）率领东印度舰队前往中国。美国海军部长特别指示，派军的目的是"禁止美国人或其他国家的人民利用美国的旗帜向中国走私鸦片"，绝对不要卷入中英冲突。

美国人或许不会想到，英国打败中国后，取得了丰厚的收益。1842年8月29日，英国迫使中国签署了《南京条约》，开放广州、福州、厦门、宁波、上海为通商口岸，同时将香港岛割让给英国。

不过，美军虽未与英军联合侵略中国，但在某种程度上起到了为美国人走私鸦片壮胆的作用。不仅美国商人走私鸦片，美国的驻华领事与众多官员也逐渐加入走私鸦片的队伍中来，就连加尼也看不过去了。

1843年5月19日，加尼致信海军部长称："这种可耻的贸易已众目昭彰，因此我们国家的国格天天在降落中。而且只要公共的领事职务仍由商人担任，将会继续降落下去，因为他们的利益是和上述鸦片贸易密切地结合在一起的。"

美国众多在华传教士几乎与伯驾的态度一样，反对美国走私鸦片。他们纷纷向美国国会发出声音，称走私鸦片是"一种丝毫不亚于奴隶制和纵欲的罪恶，甚至比二者加起来还有过之"，"使得这一现代罪孽显得尤其罪大恶极的臭名昭著的事实是，外国人、开化民族、基督徒，已成为生产和贩售这种毒品的主犯"。

说归说，做归做。作为中国的第二大贸易伙伴，美国明显受到了英国的刺激，美国真心不甘让英国独吞蛋糕。

四、第一个条约的签署

鸦片战争爆发后，广州局势紧张，伯驾被迫关闭医院，回到了美国。作为一个暂时失业的医学传教士，他把更多精力放在了游说美国政客上。

1841年1月22日，新年刚过，伯驾再次走进总统大厦（白宫），拜访新任国务卿韦伯斯特（Daniel Webster）。伯驾已经不是第一次来到总统大厦，只有这次找对了人。

韦伯斯特非常热情，两人握手、拥抱，犹如多年未见的老朋友。

"听说阁下在广州开了一家眼科医院，效果如何？"韦伯斯特关心地问。

伯驾笑了笑说："广州人对我的医院适应很快，他们需求很大，经常需要我做其他外科手术。"

几句寒暄过后，两人谈到了当前的焦点问题。韦伯斯特问伯驾说："阁下如何看当下英国对华发动战争？"

伯驾说："双方无法对等贸易，战争是必然发生的。英国是海洋国家，一直将自由贸易视为自由权利。其实，我们不也是这样嘛。"

"对。美国同样是海洋国家，也非常认同英国的理念。前总统亚当斯也曾反复说，自由地进行商业贸易是天然的权力和职责，因此他就支持英国发动战争。"韦伯斯特说。

"英国发动战争，势必是夺取更多的利益。美国人要有紧迫感，要尽量争取到相同的利益。"伯驾呷了一口咖啡，严肃地说道："我希望是，美国能尽快派出一位特命全权公使，毫不延误，直通中国皇帝的宫廷。"

韦伯斯特听得入了神。伯驾继续说道："我们的公使扮演的是道德权威的角色，因为中国人对我们的信任超过了其他国家。我们除了可以调和中英矛盾外，还可以为自己争取更大的利益，最好是与英国等同。"

韦伯斯特乐了，他说："巧了，我最近正构想着一个太平洋链条战略，正好可以将中国纳入第二链条。"

韦伯斯特饶有兴致地向伯驾介绍起来。在他的构想中，美国把环太平洋国家视为一个大链条，夏威夷为第一链环，日本则为最后一环。如今，韦伯斯特可以将中国纳入最后一环中。

二人相谈甚欢，最后，韦伯斯特嘱咐伯驾，希望他将自己的想法形成文字，以书面的形式向联邦政府提交一份报告。

一周后，伯驾的报告正式提交给联邦政府。

此时，美国总统正在新旧交接，无人顾及此报告。趁此之机，韦伯斯特让伯驾去欧洲活动一番，主要到英国、法国去宣讲下美国对华政策。

9月，伯驾再次走进白宫，拜访新任总统约翰·泰勒（John Tyler）与韦伯斯特。泰勒对伯驾的建议也非常感兴趣，但此时美国与英国也在闹矛盾，两国为争夺俄勒冈问题大动干戈，双方都在气头上。泰勒担心时机不对，经与韦伯斯特商议后，暂将出使中国一事搁置下来。

幸好，美国与英国很快达成了和解。正在美国轻松缓一口气的时候，英国在中国取得战争胜利，不仅获得了香港岛，还成功迫使中国开放了更多口岸。

美国人危机感加剧，泰勒立即召集韦伯斯特商讨出使中国一事，事不宜迟，但究竟派谁去呢？

就在泰勒与韦伯斯特愁眉不展之时，国会议员顾盛（Caleb Cushing）突然来了一封信。顾盛同样很焦急，他在信中提醒泰勒，英国在战胜中国后，很可能会以同样的手段逼迫日本开放。如果日本也被英国抢去，那夏威夷就非常危险，他们的美国大链条就会变成英国的堡垒带，将会严重挤压美国的对外贸易生存空间。

刚刚上任的泰勒总统急欲展示自己的能力，收到顾盛的信函后，多日坐立不安。四天后，他再也等不及了，立即敦促国会拨款，抓紧派人出使中国。

伯驾热心推荐出使人选，诸如前总统亚当斯（John Q. Adams）。泰勒否定了亚当斯，认为亚当斯对华过于不友好，且充满争议。亚当斯曾称中国妄自尊大。韦伯斯特认为美国驻英国大使埃弗雷特比较合适，但埃弗雷特说自己干得好好的，不想去中国。

1842年12月30日，当美国人沉浸在迎接新年的喜悦中时，泰勒向国会提交了年度咨文。在这篇报告中，泰勒提到，出使中国刻不容缓。

"目前对于和中国有关的美国商业利益集团需要有一定程度的注意，但美国政府却没有人员在中国负责其事，因而特咨请国会拨出专款，以便派遣驻华专员，使其专心照料赴华美侨的利益，保护其生命财产安全。该专员应有权与中国政府交往，并在美国政府认为有必要时，可随时饬令他致函中国高级官员，或通过中国高级官员上书中国皇帝。"

亚当斯也为泰勒点赞。1843年1月24日，亚当斯在众议院中发表演说："严格地说，她（英国）或许无权代表别国制定同样的原则，……我们独立以来，便任命了驻广州的领事。但是他们却从未被允许进入广州的大门，他们被当作化外之夷……帝国君主的奴仆，其职务从未被对方接受和承认。外交委员会认为，目前的时机对以下事情是有利的，即双方签订条约，使未来的中美关系建立在民族平等和互惠的基础上。"

亚当斯不仅赞成出使，同时还建议，专门拨款4万美元。3月3日，拨款方案在议会获得通过。至此，在出使中国的问题上，美国政府高层已经达成一致。

韦伯斯特还没忘向波士顿、纽约的美国商人征求意见。他们纷纷提出自己的建议。有人提出，中国人以为美国只有两艘战舰，这次要派出4~5艘，给中国人施加一点影响。最重要的是，战舰是军事实力的体现，派出战舰不是炫耀武力，但可以做到让中国人屈服。

展示军事实力的建议是很多人的共识。美国商人希望，要给中国送一些科技含量较高的汽船、铁路、大炮、碉堡的模型及各种科技绘图，千万不要赠送常规的礼品，这样很容易被中国认为是贡品，会把美国降格为进贡的藩属国。

经过反复遴选，顾盛成为出使中国的最佳人选。43岁的顾盛与泰勒和韦伯斯特关系良好，对中国问题熟悉，且也曾建议出使中国。顾盛的亲属中，有两位都在从事对华贸易，且有较大影响。顾盛主张激进的扩张主义，反对英国对华政策，他曾说："驻广州的美国人对中华帝国的法律表现出应有的尊重，和英国人形成体面的反差。"似乎没有人比顾盛更合适。

5月8日，韦伯斯特向顾盛颁发了训令。训令中讲得很委婉："你应该使中国政府和人民从内心产生这样一种信念，相信你的使命完全是和平的；你绝没有怀着敌意或有意找麻烦的目的而来；你是从美洲最伟大的国家派到亚洲最伟大帝国的一个和平使者，前来表示敬意和好感，并创立友好往来的途径。"

韦伯斯特将顾盛定义为和平使者，希望将这次出使塑造为良好的亲善行为。但真实目的则是，"确保美国船舶和货物能进入这些口岸（广州、厦门、福州、宁波、上海），并获得英国商人享有的同样优惠的条件"。

7月17日晚，盛夏之夜，微风拂过，难得一丝的清凉。波士顿法尼尔厅内，一场盛大的宴会正在举行，泰勒、韦伯斯特都在，顾盛也在。此次晚宴主要讨论的是筹建邦克山纪念碑的问题，但顾盛还是提到了出使中国的焦点问题。

顾盛在致辞中称，文明起源自东方，一直是从东方向西方流动。但随着英国的兴盛与美国国力的提升，这种流动将改变方向，从此会是从西方流向东方。原来中国是老师，现在我们美国是老师，美国是"做了老师的老师"。

顾盛的讲话得到众多嘉宾的赞赏，兴奋的顾盛看看泰勒又说："如果我可以这样说的话，先生，我是代表文明去中国。"泰勒为其鼓掌，台下顿时响起了热烈的掌声。

顾盛出使中国的消息传开后，许多美国人积极投信自荐，希望能加入出使队伍中，一起见证伟大的历史。有军火商希望向中国展示自己强大的产品，有造船商希望向中国售卖铁甲船，还特意给中国皇帝写了一封信："陛下一望而知我们这一发明的巨大优势，它能使陛下的水兵对付海军战术和战船结构先进的国家的海军，它将成为您手中战无不胜的力量。您掌握的工具无疑将摧毁最强大的军舰，而您的水兵则安然无虞。"

此时的中国还没有重视海防的意识，距离组建北洋水师和向外国购买军舰还有几十年的差距。如果此时能接纳美国人的建议，或许后来的甲午战争也不至于惨败。

向中国展示美国最新的科技，成为上下的共识。

此时的美国工业革命如火如荼，新英格兰地区的上千村庄里运转着无数纺织机，大量的纺织品被生产出来。顾盛的家乡马萨诸塞州，已经出现了水动力纺织机。另外，蒸汽机也成了最被看好的科技产品。

顾盛最终选中了两名副手。一位是年轻的土木工程师小约翰·彼得斯（John R. Peters Jr.），一位是绘图员乔治·韦斯特（George R. West）。彼得斯负责展示美国的科技模式，韦斯特负责绘制出访图片，相当于摄影师。

高规格的使团还需要高档次的装备。美国政府特别为顾盛制作了一套适合男爵地位的高级礼服，刺绣的上装、带翎毛的礼帽和贴有金线的紧身长裤。不过，考虑还是不周到，礼服只有冬天款式，没有夏季款式。

美国政府还为顾盛配备了四艘战舰，其中头舰为采用最新蒸汽驱动技术的"密苏里"号军舰。美国人认为，重要的是威慑，要让中国人看到，美国的军事力量不弱于英国。

为此，泰勒专门给中国皇帝写了一封亲笔信："我希望皇帝强健。中国是一个伟大的帝国，幅员辽阔，人口众多，你有千百万臣民。美国的26个州和贵国一样大，但我们的人口较少。旭日东升时，照耀中国的山山水水；夕阳下沉时，照耀着同样大小的美国山山水水。"

泰勒在信中强调，要开展和平与友好的中美外交关系。

1843年7月31日，在万般期待中，"密苏里"号鸣放礼炮，与另外一艘军舰一起启航赴中国。其他两艘军舰因要运输机器模型而延后出发。

顾盛万万没想到，强大的美国军舰还没有到中国，没来得及威慑中国便因意外烧毁。8月31日，"密苏里"号上一名士兵不慎将松油桶点燃，扑救不及引发大火，最终整艘军舰被烧成空架子，沉没于汪洋中。顾盛在狼狈中，眼看着军舰烧毁，他那套豪华的礼服也早已化为灰烬。

虽经此劫难，但没能摧毁顾盛的意志，他毅然继续向中国进发。

秋去冬来，经历近七个月的艰苦航行，1844年2月24日，顾盛终于抵达澳门，载有44门大炮的"布兰迪维因"号护卫舰神气威武地停靠在岸边。

顾盛一身军装，头顶鸵翎海军军帽，身着布满金色纽扣的蓝色军装，下穿金色条纹的白色紧身军裤，脚蹬马刺高筒军靴。在人们的簇拥下登岸，葡萄牙驻澳门炮台鸣放礼炮欢迎。

刚上岸不久，顾盛就听到一个坏消息。中英之间又签订了《虎门条约》，条约中明确规定："向来各外国商人只准在广州一港口贸易，上年在江南议明，如蒙大皇帝恩准西洋各外国商人一体赴福州、厦门、宁波、上海四港口贸易，英国人毫不吝惜，但各国既与英国人无异，设将来大皇帝有新恩施及各国，亦应准英国人一体均沾，用示平允。"也就是说，美国人已经享有与英国人同等的待遇，而这正是顾盛使团的使命，还没等争取，就从天下掉下来了。

顾盛没有一点兴奋，反倒有点郁闷，因为这意味着他将空跑一趟。英国人与中国签约，为何美国人不能签约？再进一步，是不是还可以争取更多权益。顾盛及时调整了谈判方案。

初来乍到的顾盛对中国两眼一抹黑，照样离不开美国传教士裨治文、伯驾、卫三畏等人的支持。翻译中文、写资料、充当顾问，三人成了顾盛的帮手。三人都是中国通，深知清政府权贵的心理，于是提出一个策略：进京威胁。

第三天，顾盛即致信署理两广总督的程矞采，要求北上京城，面见皇帝递交国书。洋人动不动就要进京，这是中国官方最忌讳的。三个星期后，程矞采回复顾盛，鉴于中国礼仪与法律原因，未被邀请的使节不能北上。程矞采还举例说，英国公使璞鼎查始终也没有进京。再者，通商章程也已经明确，美国人亦可同沾其利，根本没有必要再另签条约。

第一次碰了钉子，顾盛有点懊恼。程矞采立即上奏皇帝，称美国人一向平和，不会出大乱子。

在反复周旋下，顾盛没有取得任何进展。在伯驾等人的强硬态度下，顾盛再次致信，强烈要求进京，并语带威胁。顾盛称，拒绝使节不仅有辱国体，且是发动战争的正当理由。顾盛还威胁说，美军两艘军舰正向中国驶来。气恼之下，顾盛调军舰北上黄埔港，用鸣炮的方式进行武力恫吓。

最终，清政府服软。耆英作为钦差大臣，紧急南下广州。其实，耆英早就听说美国人要来广州，但等了几个月没等到，便先回京了。5月上旬，已经进入夏季，67岁的耆英被迫水陆兼程、奔波四千里南下。

6月中旬，耆英一行抵达澳门，下榻于澳门城外的望厦寺。耆英来不及休整，立即派人送信给顾盛，第二天主动去拜访。

次日，天气炎热又潮湿。耆英在仪仗引领下进城见顾盛。钦差大臣的出行派头不小，两名分别手持利斧、皮鞭的军官负责开路，耆英的轿子在中间，后面还有一队士兵跟随。队伍一路锣鼓，非常威风。

美国海军士兵鸣炮三响欢迎耆英到访。双方初次见面，场面非常尴尬，主要是语言不通。作为翻译，伯驾等人只会粤语，且还不是很流利，而耆英只会北方官话。幸好耆英的一名亲信熟悉粤语，方才解了围。

美国人第一次见中国的高官，还是很紧张。炎热的六月，美国人没有夏装，身着羊毛制服正装，个个汗流浃背，满脸通红流汗。

双方在交流时，伯驾的夫人出现在现场，这让中国人很尴尬，因为按中国的规矩，女人是不应该在陌生人面前出现的。耆英因此认定，美国蛮夷是野蛮、愚蠢无知的。

在反复磋商中，美方始终以不惜武力进京相威胁。后来，中方看透了美国人的伎俩，无非是想和英国人竞争，多要点权益罢了。耆英不无得意地向皇帝炫耀自己的洞察力。经过多轮谈判，中国同意与美国签订条约。顾盛大悦，说明武力威胁有效，终于取得了突破性进展。

7月3日，望厦寺犹如往常一样不起眼儿，这次将见证一段历史。

在望厦寺后面的一处平房内，耆英与顾盛又坐到了一起。不知道是不是要让美国人故意难堪，房间内密不透风，像蒸笼一样。耆英穿着夏季丝制官服，凉爽舒适，而顾盛照样羊毛制服套在身，差点中暑倒地。

协议条款早已拟好，一阵简短仪式过后，双方正式盖章，签署中美《望厦条约》（又称《中美五口通商章程》）。文件中英文各4份，一共8份。

中美《望厦条约》共34款，涉及通商、外交等多个方面。其实总结起来就是一句话，除割地、赔款外，美国享受与英国同等的待遇。条约明确，美国有权到中国任一通商港口巡查通商情况，也有权在中国各通商口岸设立教堂与医院。

这是清政府与美国的第一个不平等条约。

条约签署完毕，中方以满汉全席来宴请美国人。耆英不忘让美国人脱下羊毛制服，以方便享受中国大餐。美国人入乡随俗，尽管很不习惯中国人用筷子给别人夹菜，但也强忍着接受。

当时的美国人回忆道："瞪大眼睛，张开嘴巴，然后假意傻笑，再无奈地将菜吞进肚子里。"让美国人最难以忍受的是，中国人喜欢夹菜往对方嘴里塞食物。后来美国人学聪明了，也学着中国人的样子，用自己的刀叉往中国人嘴里塞食物。美国人认为，这是一种报复。我吃了你的口水，你也要吃我的口水。

而美国人在回到城里后，感到阵阵恶心，他们认为"吃的全是一堆恶心恐怖的东西"。

《望厦条约》的签署，耆英与顾盛都非常满意。耆英满意的是，成功阻止了美国人进京，消除了美国的武力威胁。顾盛满意的是，美国人不仅取得了与英国人同等权利，甚至在某些方面，还超出了英国人。重要的是，条约的签署，证明了美国的崛起与强大，让美国政治影响力成功渗透进东亚。相比之下，顾盛更满意，美国人收获更大。

1845年1月16日，《望厦条约》获得美国参议院全体通过。第二天，泰勒总统还兴高采烈地在条约上签了字。

美国人不费一枪一弹就超过了英国人，诸如美国人有权在中国土地上修建房屋，如教堂、医院、公墓，但首先要取得房屋拥有者的租赁权，且房屋拥有者有权拒绝。另外，美国人可以自由请中国老师教授汉语，中国老师则不受政府处罚。这些看似普通的条款非同一般。

在顾盛初到澳门时，就曾暗中请中国人教授汉语，但中国人要求上课时，必须紧锁房门，即使这样，中国人仍害怕得不行，甚至中途退了学费。因为按照当时的法律，教授外国人学习汉语要治以死罪。

关于法外治权的一个条款非常引人关注，如美国人在中国犯罪，可根据美国法律来审判，由美国驻广州领事馆进行处罚，中国当局不能干涉。但耆英要求，涉及鸦片走私的犯罪必须排除在外，美国人也欣然同意。

这个条款生效前，正好发生了类似的案例。美国驻广州领事保罗·福布斯（Paul Forbes）在屋顶上安装了一个风向标。此举引发广州人的强烈不满，因为此时正值旱季，广州人认为，此风向标不吉利，可能带来噩运。部分激动的广州人蜂拥而至，以暴力手段冲进商馆，大肆进行破坏。美国人开枪还击，一名中国人被打死。广东官方要求美国人交出凶手，最终，顾盛引用美国法律，裁定为正当防卫。

12月31日，在浓郁的新年气氛中，顾盛回到纽约。顾盛的凯旋受到了美国人英雄般的礼遇，他瞬间成为美国东海岸家喻户晓的政治明星。

顾盛回到美国后，在东海岸各城市四处巡回演讲，讲述自己在中国的所见所闻。

顾盛讲述的故事，从中国奇异的服装、音乐、习俗到中国的制度、政治、军事、历史，包罗万象。

顾盛的演讲对中国总体是充满尊敬的，比如称赞中国人勤劳、勇敢、聪明。

但顾盛对中国人不时流露出的优越感还是有些不爽。顾盛认为，中国要想融入世界大家庭，必须接受三样东西，基督教、现代技术与自由贸易。

顾盛的副手彼得斯与韦斯特没有随顾盛一同回国。彼得斯因为要组装机器模型，直到1844年4月才到广州，但他根本没有机会向中国人展示自己的机器模型，更别提跟中国人讲解了。彼得斯曾致信耆英，希望可以帮助中国制造轮船、汽船、火炮，但耆英似乎没有兴趣。扫兴之余，彼得斯留在中国四处收藏中国文物，后来回国开了一个中国文物博物馆。

韦斯特是个画匠，在各通商口岸游走，边观光边绘画。后来回国后，办了一个大型画展——中国全景图。

彼得斯与韦斯特将中国文化带到了美国，持续引发了中国热，无形中促进了美国人对中国的了解。

顾盛与彼得斯、韦斯特几乎都成了中国迷。顾盛更是从战略高度认为，中国在欧洲国家眼中应享受更高级的地位。但也有人对顾盛的观点不屑一顾，政治观察家威廉·亨特尔（Willam Hunter）评论道："被人刀架脖子的中国成了所谓'四海之内皆兄弟'民族之林的成员，岂不滑稽。"

福布斯也做出了如下评论："除非被一次又一次鞭打，中国人绝不会进入那个文明国家的名单。既然中国是被迫进入，西方观察家就应考虑中国入门时的地位：与欧洲国家平起平坐呢，抑或接受低下的地位呢？"

五、反响差异巨大的三本书

从"中国皇后"号到广州起,直至鸦片战争前,美国在中国的存在感并不强,也很少引起有识之士的关注。走私鸦片的主力是英国人,发动鸦片战争的也是英国人,强迫签订《南京条约》、割地赔款的还是英国人。美国人的尴尬就是,同样说英语的他们经常被认为是英国人。

1839年3月,林则徐到达广州,开展禁烟运动。欲禁烟,须知己知彼。林则徐对英国并不熟悉,对美国更是知之甚少,只是偶尔听闻,美国似乎只是一个没有国主的酋长国,"设十二酋长以理事,一酋死,复公举之"。也有传闻说,美国只是一个面积狭小的海中孤岛。

为了尽快了解世界形势,林则徐聘请了多个翻译与顾问,并四处搜集资料。在调阅广东海防书局的资料时,林则徐认识了梁廷楠,二人多次交流。后来,梁廷楠专门写了一本介绍美国的书籍——《合省国说》。

在林则徐的幕僚中,裨治文推荐的梁进德便是非常重要的一个人。

在翻译外文资料时,一个叫慕瑞(Hugh Murray)的英国人所著的《世界地理大全》引起了林则徐的兴趣。经过梁进德翻译后,林则徐如获至宝。

"英咭唎国、弥利坚国,他们果然不是一个国。"林则徐大为感叹。

"两个国家距离遥远,隔着一个大西洋呢。"梁进德指着地图向林则徐解释道。

"为什么弥利坚国也叫育奈士迭国?"林则徐不解地问道。

"美国的英文不光是America,还有United States,所以翻译成'育奈士迭国'啊。"梁进德解释道。

林则徐点了点头,思考了片刻后,又对梁进德说道:"我们最好做一本中国本土的《世界地理大全》，以利于国人开智。"梁进德表示同意。

在林则徐的授意下，梁进德将《世界地理大全》进行了部分摘译，并重新编辑，形成中国版新书《四洲志》。

1841年6月，清军被英军打败，林则徐成为替罪羊，被发配新疆。7月，林则徐踏上流放的路途，"睁眼看世界"的他没有忘记《四洲志》，将其随身携带。在到达京口（今江苏镇江）时，他遇到了朋友魏源，魏源此时是两江总督裕谦的幕僚。

两人其实是老相识，魏源得知林则徐南下广东禁烟时，还写信鼓励好友。在林则徐任江苏巡抚时，两人交往更是频繁。转眼六年未见，政局急转直下，两人百感交集。

在江口的月色下，魏源与林则徐举杯对饮，借酒浇愁。双方互诉衷肠，一吐心中不快，两人都对当下时局有着共同的忧虑。在畅谈间，林则徐打开行李，拿出一摞资料。

"这是我在广东时主持编纂的资料，根据《世界地理大全》编译整理的。"林则徐将资料拿给魏源看。

魏源边浏览边问："元抚兄这是何意？"

林则徐仰望着夜幕，不无叹息地说："我华夏自认为是世界的中心，从来不屑与番邦合作。世界大势，浑然不知，如此岂能长久？知己知彼，百战不殆，我们也要了解世界啊！"

魏源认真阅览发现，这是一本关于世界各国地理、社会、经济、制度、民族的大百科全书。国内真的没有见过这么详细的资料。

"我给这本书命名为《四洲志》，只有九万字，过于简单。如今，我要远走边疆，恐再无办法编纂此书。我希望你能在此基础上，编纂出一套更为详尽的丛书，以助我朝启蒙。"林则徐叮嘱魏源。魏源毫不犹豫地就答应了，因为魏源也正有此意。

第二天，魏源送别老友，二人依依不舍。林则徐感叹"患无已时，且他国效尤"。魏源则赠诗相送。

与林则徐分别时的一幕幕让此时沉沦的魏源心绪难平，对于国家民族命运的忧虑让魏源立志要著书立说，魏源将自己的草堂命名为"湖子草堂"，开始了专心创作。

在魏源著书的同时，一本梁进德曾参与审校、裨治文撰写的《美理哥国志略》开始在中国流传。裨治文写此书的目的很简单，就是希望向"不好远游"，且对"西国之光彩规模，杳无闻见，竟不知海外更有九州。或者上帝之启予心乎"的中国人介绍美国的先进文明。

裨治文将美国称为"美理哥国"，"予生于美理哥国之马沙诸些部中，以地球格之，则与中华上下相对焉，可谓一天一渊也。"裨治文口气不小，开篇中就将美国与中国并列。

既然认为美国是先进的文明，裨治文自然会将美国宪法与三权分立制度进行重点介绍。

"美理哥国有都城（联邦）之官，有各部落（州）之官。各部落为一首领、一副领，议拟人员无定数，公选议事者或十余人或数十人无定，各省设一公堂，为首领、副领及士人议事之所。事无大小必经各官合议，然后推行，即不咸允，亦须十人中有六人合意后可行。本省之官，由本省之民选择公举。"

用中国人的眼光看，裨治文就是在悠久、灿烂的中华文明面前班门弄斧。他所谓的令人骄傲的美国文明，在中国面前似乎还只是一个襁褓中的婴儿。

但裨治文的这本书引起了魏源的兴趣。魏源根据林则徐的思路，开始大量搜集有关国外的资料，《美理哥国志略》自然也成为重要的参考资料。魏源将自己的书命名为《海国图志》，在开篇中，他写道："是书何以作？曰：为以夷攻夷而作，为以夷款夷而作，为师夷长技以制夷而作。"魏源在此书中第一次提到"师夷长技以制夷"的理念。

魏源奋笔疾书，用五个月时间，在1843年1月编纂完成《海国图志》50卷本。这本书后来又经过多次增补修订，长达百卷。全书对西方各国的地理、历史、文化、物产等进行了详细介绍，贯穿全书的中心思想便是"师夷长技以制夷"。

魏源首先分析了鸦片战争的成败，第一次提出了"五大洲"概念，并对各国的历史等情况做了详述。魏源还专门介绍了欧洲各国的制度、海军、火器，同时否定了中国传统的天圆地方的认识，他认为，中国位于亚欧大陆的最东端。这也就是"远东"说法的来历。

魏源主张抛弃"夷夏之辩"的传统观念，不要再视西方的科技为"奇技淫巧"，而是要虚心向西方学习，尤其是要聘请美国、法国的工程师来华传授技艺。在感情上，魏源无法接受深深伤害中国的英国。

魏源在书中对美国大加赞赏，在《外大西洋墨利加洲总叙》中介绍美国时说："呜呼，弥利坚国，非有雄才枭杰之王也，涣散二十七部落，涣散数十万黔首，愤于无道之虎狼英吉利，同仇一倡，不约成城，坚壁清野，绝其饷道，遂走强敌，尽复故疆，可不谓武乎！"美国战胜英国，获得独立，魏源用了六个字来形容，"武""智""公""周""富""谊"。

对于美国的民主制度，魏源写道："一变古今官家之局，而人心翕然，可不谓公乎！议事、听讼、选官、举贤，皆自下始；众可可之，众否否之；三占从二，舍独同……可不谓周乎！"

如果对比会发现，《海图国志》一书中关于美国的绝大部分内容引自《美理哥国志略》，且将后者作为第一参考资料。魏源的理由是："志例当先原本，次重辑，惟美理哥志出其本国，实较原志尤提纲挈领，故先之。"

《海国图志》一书出版后，在国内并没有引起任何反响。几年后，该书传到日本，被日本奉为圭臬，造成极大震动。日本渴望了解世界、融入世界，经此启蒙后，促进了日本明治维新的开始。

魏源也被国人称为"睁眼看世界"之人，自然也属于"睁眼看美国"最早的人之一。

"睁眼看世界"的自然不只林则徐、魏源两人。当魏源在南京著书之时，一个官员走进了紫禁城，并得到道光皇帝的接见。道光皇帝饶有兴致地向他询问了世界形势及各国风土人情。此人便是徐继畬。

在皇帝接见前，徐继畬曾在福建任汀漳龙道员，负责漳州、海澄、铜山等重点防御地区的防御工作。他指挥官兵众志成城，抵御侵略者。人们每天都能见到徐继畬登城的身影，他与守城将官"垂泣告语，勉其敌忾"。

皇帝的接见，基本就意味着升职加薪。随后，徐继畬被派至广东，后又调回福建，任福建布政使，负责厦门与福州两个口岸的通商工作，开始频繁与洋人打交道，让他有了重新思考国家未来的机会。

1844年1月27日，英国驻厦门领事记里布（H. Gribble）会晤徐继畬，美国人雅裨理（Abeel David）作为翻译。除了谈英国事务之外，其他话题基本围绕着世界地理谈论个不停。雅裨理竟然会说闽南话。徐继畬是山西人，虽然听不懂闽南话，但仍感到了亲切。

雅裨理赠送给徐继畬一本世界地图册，他对徐继畬说："今后徐大人想了解各国的情况，只需看此地图册便可。"

徐继畬接过后，仔细翻阅着，并问道："英咭利国在哪里？你们国家又在哪里？"雅裨理笑了笑，便在地图册上指给徐继畬看。

"这里是哪个国家？"徐继畬指着中国北方偌大的一块版图问。雅裨理告诉他，那是俄国。

徐继畬若有所思，又说"俄国疆土如此恢廓，但国力为何不如英咭利国、佛兰西国？"

"俄国领土虽广袤，但在中国北方大多是穷荒之土。"雅裨理解释道，"相比英咭利国、佛兰西国来说，俄国的国力并不强。"

徐继畬仍是不解，又问道："领土大难道就不能强吗？"

雅裨理接着说："国之强盛，主要在于舟楫之利、火器之精、心计之密，然而这些他们又远逊于诸国。另外，现在已经进入海洋文明，俄国水战究非所长，逐鹿海隅，往往瞠乎其后，故不能在大海中与诸国角胜。"

看到徐继畬如此有兴趣，雅裨理答应帮他寻找更多的书籍。

渐渐地，徐继畬与雅裨理成了朋友。二人多次会面，就世界地理、历史等方面进行交流。雅裨理自然也不忘向徐继畬传教，在向他赠书的同时，还把有关基督教的书籍，包括《圣经》《新约全书》等书一并打包。

雅裨理本是一个美国传教士，他更关心的是在中国传教布道。但后来雅裨理发现，徐继畬好像对基督教根本没有多大兴趣，他送的宗教类书都没有看。相反，那些世界地理方面的书籍，徐继畬研究起来津津有味。徐继畬向他请教《圣经》中关于世界史地方面的信息，雅裨理都耐心一一解答，这些都被徐继畬记录到了本子上。

时间一长，雅裨理提供的书籍已经不能满足徐继畬的需求。徐继畬开始大量搜集外国的书籍、资料，甚至还会将雅裨理的口述内容也记录下来。

徐继畬求知若渴，这在雅裨理的日记中也有记载："他（徐继畬）既不拘束，又很友好，表现得恰如其分。显而易见，他已经获得了相当多的知识。他对了解世界各国状况，要远远比倾听各国的真理急切得多……更把目标放在搜集各国版图的大小、重大的政治事件和商务关系，特别是同中国的商务关系上。相比其他国家，给予了英国、美国和法国更为详尽的考察。"

此时，凡与徐继畬交往的外国人，都被他学习的热情所感染，这与其他中国官员形成了鲜明的对比。一位叫施美夫的英国传教士说："有时，他会一连几个小时谈论地理，把中国字贴在一本豪华的地图册上。"当领事夫人送他一幅标注好的世界地图时，徐继畬竟然问出了"阿富汗为何被省略，是否被波斯吞并，或是一个独立的王国"的专业问题。

徐继畬，是山西五台（今忻州）人，本来自内陆封闭地区，到福建任职后，对海洋文明产生了浓厚的兴趣。他常望着一望无际的大海发呆，下属都知道，学霸徐大人非常渴望了解世界。

1844年，徐继畬开始动笔写书。他根据搜集到的资料，反复求证，用时五年，写就《瀛寰志略》一书。该书共10卷，15万字，绘图44幅，地图38幅，其中涉及美国的内容多达22页。此书几易其稿，反复锤炼，是徐继畬的呕心沥血之作。书中内容涉及世界各国的疆域、民族、人口、沿革、风俗、宗教、政治等多个领域。1848年，该书最终在福建抚署刊刻完成。

著书的这五年，徐继畬几乎每晚都没有早睡过。在福建署衙内，当别人进入梦乡时，徐继畬的房间仍然亮着灯。月夜星空下，一盏油灯陪伴了徐继畬无数个日日夜夜。徐继畬的书也犹如点亮中国夜空的一盏闪亮灯火，是中国探索未来的指路明灯。

徐继畬否认中国是世界强国，并指出了英法等国的优势，如"长于制器，金木之工，精巧不可思议"。徐继畬在《瀛寰志略》中首次提到了美国的政治制度及国父华盛顿。

他这样描述美国及议员选举制度，"米利坚合众国以为国，幅员万里，不设王侯之号，不循世及之规，公器付之公论""各部同心，号令齐一，故诸大国与之辑睦，无敢凌侮之者""每二年，于四万七千七百人之中，选才识出众者一人，居于京城，参议国政"。

对于总统选举，徐继畬是这样说的："以四年为任满，集部众议之，众皆曰贤，则再留四年，否则推其副者为正。副或不协人望，则别性推择。乡邑之长，各以所推书姓名投匦中，毕则启匦，视所推独多者立之。或官吏、或庶民，不拘资格。推位之统领，依然与齐民齿，无所异也。各国正统领之中，推一总统领，专主会盟战伐之事，各国皆听命。其推择之法，与推择各国统领同。亦以四年为任满。再任则八年。"

对于华盛顿，徐继畬也不吝赞美之词，"华盛顿，异人也。起事勇于胜广，割据雄于曹刘。既已提三尺剑，开疆万里，乃不僭位号，不传子孙，而创为推举之法，几于天下为公，骎骎乎三代之遗意。其治国崇让善俗，不尚武功，亦迥与诸国异。余尝见其画像，气貌雄毅绝伦。呜呼！可不谓人杰矣哉"，"不循世袭之规，公器付之公论。创古今未有之局，一何奇也，泰西古今人物能不以华盛顿为称首哉"。

徐继畬称赞"令英国雄狮变成一只纸老虎"的华盛顿堪比中国的尧、舜、禹，不贪恋权位的华盛顿认为"得国而传子孙，是私也，牧民之任，宜择有德者为之"。颇有中国"传贤不传子"的政治美德。

徐继畬最看好美国的民主制度，称赞美国是世界的未来。徐继畬主张，中国不应以天朝自居，对内要民主，对外进行贸易平等、外交平等。他还提出，要"以商制夷"，实行工商富国。

对美国都市波士顿，《瀛寰志略》中也有相关介绍："城内万室云连，市廛盘匜，百货阗溢……其商船、火轮船无所不到。陆地有铁路，马车与火轮车并用。火轮车行甚速，每日可三四百里。"

就在徐继畬完成《瀛寰志略》的1848年，美国华盛顿正在修建一座纪念碑，美国方面向国内外征集纪念物。在华的美国传教士得知后，劝说宁波府从《瀛寰志略》中选取一段文字给美国。1853年，宁波府将徐继畬对华盛顿的赞美镌刻于大理石上，赠予美国。美国人将其镶嵌在了华盛顿纪念碑第10层的内壁上。

徐继畬从未出过国，但他却成为晚清中国了解美国的第一人，就连外国人也承认，徐继畬"睁眼看世界"的水平远在魏源、林则徐等人之上。《纽约时报》称徐继畬为"东方伽利略"。

魏源与徐继畬，各有一个心中的美国。魏源生于1794年4月，徐继畬生于1795年12月。《海国图志》第一版完成于1843年，《瀛寰志略》第一版完成于1848年。两人并不认识，在官场上也没有交集，但他们处于同时代，而且还先后写出了同类型的作品，难免会让人对比一番。

《海国图志》的参考资料主要来自《四洲志》与《美理哥国志略》，而《四洲志》的资料主要搜集于广州、澳门、东南亚等地的外国报刊。其中裨治文的《美理哥国志略》起到了至关重要的作用。

相比之下，《瀛寰志略》受到美国人的影响更大。裨治文的《美理哥国志略》后来改名为《亚美利格合省国志略》，是徐继畬的主要参考资料。另外，雅裨理赠送给徐继畬的各种资料也成了《瀛寰志略》的参考书。裨治文与魏源没有见过面，没有交流，而徐继畬与雅裨理成了好友，多次面对面交流，雅裨理还曾帮助绘制地图。这种结果，相信让徐继畬受益匪浅。

徐继畬自然也不避讳，他特别谈到了这点："道光癸卯（1844），因公厦门，晤米利坚人雅裨理，西国多闻之士也，能作闽语，携有地图册子，绘刻极细，苦不能识其字，因钩摹十余幅，就雅裨理询译之，粗知各国之名，然匆，卒不能详也。明年，再至厦门，郡司马霍君蓉生购得地图二册，一大二尺，余一尺许，较雅裨理册子尤为详密，并觅得泰西人汉字杂书数种，余复搜求得若干种，其书俚不文，淹雅者不能入目。余则荟萃采择，得片纸亦存录勿弃，每晤泰西人，辄披册子考证之。于域外诸国地形势，稍稍得其涯略，乃依图立说，采诸书之可信者，衍之为篇，久之，积成卷。"

由此可以看出，徐继畬对美国的认识比魏源更深入，更全面。《瀛寰志略》中的美国内容比《海国图志》更丰富，尤其是政治制度方面。

事实也确实如此，《海图国志》增补时，魏源又将《瀛寰志略》作为重要的参考资料，加以引用或修改原有内容，引用多达33处，篇幅为4万字，占《瀛寰志略》的五分之二。1847年，《海国图志》刻本增至60卷，1852年，又扩大到100卷。

魏源引用徐继畬的文章，并没有照搬。关于华盛顿的内容，魏源只引用了极少的部分，或许魏源不想搞个人崇拜，也或许是对徐继畬的资料来源表示怀疑。

中国人普遍认为，越往南越热，南极则是极热之地。但写作过程中，徐继畬经过与雅裨理沟通后发现，这是个错误的认识。类似这样的帮助，雅裨理还提供了不少。如徐继畬原来认为，赤道以南仅有岛屿，再往南则是汪洋一片，南极则无一片土地。经过雅裨理的纠正后，徐继畬改变了观念。这些科学常识都被一一写进《瀛寰志略》中。

还有一位名叫甘明（William H. Cumming）的美国传教士也曾为徐继畬提供过资料，并有过当面交流。比如书中写到瑞士国时："花旗人甘明者，尝游其地，极言其山水奇秀，风俗之淳古，惜乎远在荒裔，无由渐以礼乐车书之雅化耳。"

魏源没有做过高官，相比徐继畬，政治高度似乎欠缺很多。另外，徐继畬在福建主持通商工作，长期与外国人打交道，视野更开阔。

魏源推崇美国的是，远交近攻，希望中国能以人民为主，效仿美国的独立精神。同样是面对强敌英国，弱小的美国联合法国等国，顽强实现了独立，而偌大的中国竟然饱受欺凌。徐继畬更推崇华盛顿个人及美国的选举制度，徐继畬希望中国能依法治国，并能出一位华盛顿这样的伟人。

既生瑜何生亮。同时代的两个人，必然也会有恩怨。徐继畬其实也看过《海国图志》，他还委婉提出了多次批评，比如："近刻有将巴社（今伊朗）、阿丹（泛指阿拉伯国家）两回国称为西印度，并极西之如德亚（今犹太国）亦隶之西印度者……其说甚奇，不知何所本？为此说者，当代博雅名流，或其别有所本而非予之所及知也。书之以质所疑。"《海国图志》中确有此介绍，这里的"博雅名流"显然是指魏源。魏源反应平淡，只是委婉做了辩解。

值得注意的是，比魏源小2岁，比徐继畬小1岁的梁廷楠在1844年写出的《合省国说》，同样受到了裨治文的影响。《合省国说》在裨治文的《合省志略》的基础上补充修改而成，后来又参考了裨治文的《美理哥国志略》的第二版，即《亚美利格合省国志略》。《合省国说》全书只有3卷，共4万字。这本书后来自然也成了魏源、徐继畬写作的参考书目。

不过，梁廷楠与《合省国说》的影响力远远不如魏源与徐继畬。

魏源写完《海国图志》，并没有引起外界关注。无聊时，魏源只能自己欣赏。而徐继畬还在自己的署衙里埋头书海查找资料，或是奋笔疾书。此时，一个在中国生活了11年的美国人悄悄离开了中国。

1844年底，美国传教士卫三畏回到了美国家乡纽约州尤蒂卡。与家人的长久分离，让他格外思念家乡、家人。踏上家乡的土地，32岁的卫三畏激动地流下了眼泪。父亲因马车意外事故造成了颅脑损伤，他首先拥抱了父亲，关心地询问着他的身体情况。

卫三畏于1833年6月到广州传教，熟读自然历史的他因为父亲开印刷厂的缘故，负责教会在广东的印刷工作。从此，在枯燥又艰苦的工作中，卫三畏坚持学习中文，尤其是为裨治文创办的《中国丛报》长期撰稿经历，让他逐渐成为"中国通"。

回到家乡后，在享受家庭团聚的温馨生活后，他开始酝酿演讲赚钱，向美国人介绍中国。卫三畏的想法很简单："我希望，人们获取的有关中国信息不以产生纯粹的好奇心为结尾，而是要在美国人的道德生活中产生更多的同情心。"

卫三畏的演讲引起了美国人的好奇，从家乡尤蒂卡开始，遍及周围城镇，直到覆盖纽约州、宾夕法尼亚州、俄亥俄州，甚至一直巡回演讲到纽约、费城。

虽然卫三畏的演讲很受欢迎，但他发现美国人对中国的认识存在很多问题。鸦片战争后，中国人在美国人的心中发生了巨大逆转，中国人成了衣着滑稽、迷信、狡猾又残忍的代名词，中国是一个贪官遍地，改革停滞不前的国度。卫三畏感觉，一向自豪的美国人或许也像中国人一样陷入了封闭、落后的状态。

其实，卫三畏在中国时的态度还不是这样。在中国传教屡屡受挫的卫三畏认为，中国人的过分傲慢是大多数问题的祸根。中国人往往对自己的文明成就沾沾自喜，对一切外来的思想均置之不理，甚至目空一切。有时卫三畏在想，如此自负傲慢的中国应该受到羞辱。

英国发动侵略战争后，卫三畏给兄弟写信说："这个民族不可思议地自负而傲慢，炮弹是使他们醒悟的手段，可以除掉支撑他们特质的一些支柱。在上帝的手里，惩罚也许对这个邪恶民族大有好处。"

然而，卫三畏发现，美国人同样自负傲慢，与中国人并无本质不同。于是，卫三畏想写本介绍中国的书。

1846年，卫三畏专心在家写作，凭借自己多年的功底，下笔堪称神速。对于写作动机，卫三畏强调，"动机之一是提高基督徒中国人民福祉的兴趣，并告诉他们福音传道的努力是多么有价值，他们可以帮助中国人从混乱的治理状态中解脱出来"，"剥离中国人和中国文明所被给予的那种奇特而无名的可笑的印象"。

一写起来，卫三畏就刹不住车了。经过两年奋战，一部鸿篇巨制《中国总论》诞生，该书分为两卷，23章，共1250页，对中国的政治、经济、社会、文化均有比较全面的介绍，完全是一部大百科全书。《瀛寰志略》也是卫三畏的参考书之一。

在第11章"经学"中，卫三畏评价了孔子学说："从子女对父母的责任、荣誉和服从出发，孔子进而向人们灌输妻子对丈夫、臣民对君主、大臣对国王的责任，以及其他社会责任……毋庸置疑，他的许多思想是值得赞扬的。就是与希腊和罗马圣人的学说相比，他的作品也毫不逊色。"

《中国总论》出版后，大受美国人欢迎。30年后，卫三畏又对此书做了修订，增加了太平天国、第二次鸦片战争等章节。

不知道魏源、徐继畬等人是否看过《中国总论》，但他们或许没有想到，在他们渴望了解美国的时候，美国人也在向世界介绍着中国。或许这就是中美同时空，天涯共此时。

六、僭越的卸任驻华公使蒲安臣

1867年10月21日，北京总理事务衙门来了一群客人，各大臣忙热情迎接，此时已任职同文馆事务大臣的徐继畬也在欢迎队伍中。来人正是美国驻华公使蒲安臣（Anson Burlingame），他来此是专门为徐继畬赠送礼品的。

原来，为了表彰徐继畬为推广美国所做出的贡献，美国总统安德鲁·约翰逊（Andrew Johnson）与国务卿西沃德（William H. Seward）决定，邀请著名画家普拉特制作了一幅斯图尔特的华盛顿画像的复制品，特别赠送给徐继畬。

在赠送仪式上，蒲安臣致辞，高度赞扬了徐继畬与《瀛寰志略》。数月后，1868年3月9日，《纽约日报》刊登了致辞全文，照录如下：

自从阁下编写一部专讲中国域外的世界各国的地理历史以来，已经过了近20年，阁下带给这部著述的，是艰辛的工作、正确的判断与令人惊叹的渊博学识。阁下详述了各国的伟人，推崇华盛顿为许多伟人之首。阁下不仅做到了这一点，而且还把华盛顿放在贵国的政治家与军事家的前面，并宣称他恢复了贵国三代尧、舜、禹的遗意。他们三人的宁静美德曾经照亮了贵国四千年的历史。

阁下这些赞美华盛顿的言辞曾经被他的同胞们翻译过来加以利用，为了表达他们对这些赞辞的感激心情，敝国总统要求国务卿聘请一位著名画家画了这幅画像，经过浩瀚无际的海陆，将这幅画像送给阁下。

当阁下看到这幅画像的慈祥面容时，请不要伤心地回想起阁下为了努力使贵国人民熟知华盛顿和西方国家而受到十八年之久的辛酸后果，而要和我们一道为一个开明政府，由于同样的原因，又把阁下安排在接近皇帝的职位上而感到欣慰。而且由于某种理想的因果报应，发生了一桩更美好的事情，就是阁下又被任命为同文馆管理大臣，而这个教育机构的目的就是提倡一些阁下为之而受到弹劾的观点，并使贵国人民学习华盛顿的语言和原则。

阁下这样办学，将会使世界各国感到欣喜。华盛顿的生平和性格很适合于特别推荐给贵国人民。像贵国人民一样，他重视农业，他也主张和平，只有捍卫国家时才拿起武器。像贵国人民一样，他支持孔夫子两千多年前讲过的'己所不欲，勿施于人'这个原则。这个真理是从上帝那里降临到华盛顿身上作为对他的一道命令：你想要别人对你做的事，你要做给别人。

我们中美两国人民为什么不应该相互交流我们的思想呢？我们美国人为什么不该了解孔夫子与孟夫子的箴言呢？贵国人民为什么不该接受耶稣教的崇高教旨呢？我们美国人民为什么不该了解贵国的优秀礼仪、自我克制、对学问的爱好、农业上的改进方法以及高度文化呢？贵国为什么不该了解敝国的科学、铁路、电报以及火轮船呢？伟大的中国曾经发明过纸张、印刷、瓷器、罗盘、火药以及民为邦本这个学说，为什么不该把这些发明原则贯彻到底，并去享受它们全面发展的成果呢？贵国人民曾经发现了煤炭，为什么不该利用它来获取财富与力量呢？贵国人民也曾创造过第一条使用罗盘指导的不透水的木船，现在为什么不利用敝国的火轮船呢？要知道这些火轮船使敝国成为贵国的近邻，而一条船可载千人之多。

敝人以美国人民的名义，诚心诚意将这幅画像赠给阁下，希望这幅画像可以永远使阁下和贵国人民回忆起美国人民对贵国的悠久友谊，以及他们对贵国的道德高尚的代表的阁下所表示的热爱与敬重。

蒲安臣的致辞很长，在座的官员表情严肃，估计心里五味杂陈。

徐继畬自然也要答谢一番，他说："当我一遍又一遍地端详着这件精美赠品的时候，华盛顿仿佛出现在我的面前，我的喜悦和感激之情一时难以言表。在奠定贵国的基础方面，华盛顿显示出惊人的能力。他已成为全人类的典范和导师，他的贤德已经成为连接古代圣贤和他以后的各代伟人的一条纽带，因此他必将永远活在人们心中。"

徐继畲当然要感激，他还要感激蒲安臣。他在写作《瀛寰志略》时，遭到林则徐的弹劾而被革职，而正是蒲安臣从中调解，让他得以重新被起用。

奇怪的是，如此重要的一个仪式，在中文的记载中丝毫不见踪影，徐继畲也没有提及。或许蒲安臣的致辞中，无意透露了一个事实，即中国不思进取，已经落后。被外国人如此评价，中国人是无法接受的。如果不是美国的媒体，这件事或许就完全消失在了历史中。

如果单从"蒲安臣"的名字来看，很多人误以为他是中国人，其实他是一个地道的美国人。1820年11月，蒲安臣诞生在纽约州新柏林市的一个拓荒者家庭，父亲是卫理公会派教徒。蒲安臣毕业于哈佛大学法学院，后在波士顿做律师，但他不是一个甘于只做律师的人。

在火热的废奴运动影响下，蒲安臣成为一个坚定的废奴主义者，因此成为共和党的创始人之一。同是律师的亚伯拉罕·林肯（Abraham Lincoln）也一直坚持抨击黑奴制，不断呼吁废除黑奴，后林肯加入共和党，蒲安臣与林肯成为惺惺相惜的好朋友。蒲安臣放下自己的工作，全力帮助林肯竞选，让林肯大为感动。

此时的美国已经真正开始陷入"水深火热"之中，因为奴隶制的问题，南北之间出现严重矛盾。主张奴隶制的南方各州种植园主受到英国支持，另起炉灶，成立"美利坚联盟国"，美国第一次面临大分裂的危险。在国家危难之际，林肯当选为美国第16任总统。

萨姆特堡的持续炮击引爆了美国南北战争。双方都没有想到，在炮声隆隆中，美国爆发了自独立以来最大的一次内战。美国进入"最困难时期"。

巧合的是，同时期的大清帝国也进入了"最困难时期"。

英国不仅插手美国，还侵略中国，与法国联合发动对华第二次鸦片战争，联军从广东一路北上，攻陷天津大沽口，直逼北京。咸丰皇帝仓皇逃往热河避暑山庄，英法联军乘虚而入，火烧圆明园。

1861年8月22日，当美国南北双方鏖战之际，在惊吓中避暑的咸丰帝死于承德。慈禧与慈安联手恭亲王奕䜣发动政变，打掉了以肃顺为首的赞襄政务八大臣。

相比外忧，清廷更害怕的是内患。太平军势如破竹，横扫了半个中国。曾国藩的湘军经过多年平叛，依然没有取得决定性的胜利。盘踞江南的太平天国成为清廷最大的心头之患。

大清帝国运行到此时，发生了一个显著变化。在英法联军的逼迫下，清廷与英国、法国等国相继签订了《天津条约》，其中就包括美国。根据《天津条约》规定，外国使节可以常驻北京，并设立大使馆。清政府也被迫做出改革，成立临时外交机构——总理各国事务衙门。

美国因为国家内战，外交开始趋向保守，中国却开始走向开放，虽然步伐并不大。

1862年2月，寒冷的巴黎，蒲安臣此时愁眉不展。身负美国驻奥匈帝国公使的他，因为发表过同情匈牙利革命的演讲而被奥匈帝国拒绝入境。正在蒲安臣不知所措之际，他突然接到一封任命书。蒲安臣打开一看大喜，原来是林肯任命蒲安臣为第一任驻华使节。

与林肯任命书发出的同时，国务卿西沃德还向他发出了训令，摘录如下：

革命在短期内可能会有突发状况，这种状况很可能带来严重的变化。届时，不管发生什么情况，总统先生势必会示意你千万要小心谨慎，任何可能影响清朝中央政府信任或令其惶恐的方式都不得采取，但是你也切忌绝对地服从，尤其是对中国从上到下的各种特殊性和习惯要考虑周全，出手灵活。

我认为你该做的是，对待中国要同像我们对待其他一切友好国家那样的态度与之进行交往，切不可站错立场，反而去帮衬清帝国的反动派以对抗清朝中央政府。英法两国在中国不仅有长期驻华的外交代表，更重要的是，他们有海陆军力量作为后盾，而我们没有这个条件。

在我看来，美国与英法两国的在华利益是完全一致的。英法两国公使一定会采取尽可能照顾到所有西方国家的利益的方式而行动的。因此，你应该尽量与其协商合作，除非有例外情况，否则不到万不得已切不可单独行动，并且要随时将相关事宜知会给我。

美国国力虽在迅速崛起，但美国人还很有自知之明。对华态度显然与英国、法国等"霸道总裁"不同，美国人奉行低调，更期望与中国展开协商合作。

蒲安臣没有犹豫，决定启程赶赴中国上任。

1862年7月20日，蒲安臣经上海到达北京。夏日的京城，炎热中带着一丝宁静。年轻的同治皇帝刚刚登基，三个年龄均不到30岁的统治者慈禧、慈安、奕䜣牢牢控制着帝国政权，古老的帝国似乎又要重新焕发生机。

北京远离江南，也没有太平天国的战火干扰。事实上，"同治中兴"正是从此起步，躲开了美国南北内战的蒲安臣又在中国赶上了一个好时候。

蒲安臣正式成了一名"客卿"。客卿，是当时对在华外国官员的一种书面称谓。相对广东人称呼外国人的"番鬼""鬼佬"，"客卿"更文雅、文明。

中国人爱扎堆，外国人同样如此。在工作之余，外国各使节常到蒲安臣的住处玩耍。外国大使首先也是人，大家凑在一起打牌、抽雪茄、喝葡萄酒，是最快乐的休闲方式。英国公使卜鲁斯（Brule）、法国公使柏尔德密（Berthemy）、俄国公使巴留杰克（Balluzek）是蒲安臣家的常客。由于他们与蒲安臣的英文名字中都带有一个"B"字，四人又称"4B"。

在北京的四合院内，葡萄架下，时常传来几个外国人的嬉笑声。自从清政府允许外国使节常驻北京后，这就成了北京日常的一景。蒲安臣等人在一起打牌之余，自然也会聊天。聊天内容自然少不了谈论外交。如何对待中国，如何看中国人，如何与清廷打交道，自然是他们最热议的话题。

当各国主张对中国使用武力时，蒲安臣则想法不同。他在回忆录中说："1861年，在我刚到北京时，那个时候各国对华政策还是以'武力'至上的。按当时西方人的普遍看法是，要想将野蛮的中国人纳入西方文明，就得掐住他们的咽喉。"蒲安臣联想到了自己国家的黑奴制度，认为西方对华与美国对待黑奴没有区别。

在一次酒会上，总理衙门大臣文祥问起蒲安臣："听说与外国打交道需要用到国际法？"

"确实是啊，这是国际惯例，是处理各国外交事务的基本准则。"蒲安臣答道。

"那这国际法是谁制定的呢？"文祥不解地问。

蒲安臣有点憋着没笑，他说："国际法并非某一国制定，而是基于长期的外交工作经验总结而来，是各国都认同的一部公法。"

"公法有强制性吗？"文祥又好奇地问道。

"公法不是公约，没有强制性，但这是大家普遍认同的国际外交准则，还是需要遵守的。"

文祥点点头，貌似明白了，他又向蒲安臣说："阁下能否向我们推荐一部最权威著作，让我们学习学习。"

"依我看，还是我们美国人惠顿写的《国际法原理》比较靠谱。"蒲安臣有些得意地说道。

《国际法原理》只有英文版，还需要翻译。后来，蒲安臣听说丁韪良（William Alexander Parsons Martin）正巧在翻译此书，他非常高兴，致信丁韪良表示会鼎力相助。奕䜣、文祥获悉后，也表示会大力支持。

1863年9月，《国际法原理》中文初稿译成，定名《万国公法》。蒲安臣立即安排丁韪良与文祥等人见面商讨。文祥等人看后，皱起了眉，看得有点云里雾里，主要原因是语句不通顺。文祥立即指示手下章京，协助丁韪良修改润色。

半年后，《万国公法》定稿，奕䜣批示，拨出专款刊刻此书。奕䜣等人对蒲安臣非常欣赏。

蒲安臣能赢得如此口碑，是始终牢记国务卿的嘱托，坚决贯彻落实协商合作外交方针的结果。其中最能体现此外交策略的一件事，便是奕䜣与文祥购买英国军舰一事。

因为需要镇压太平天国，奕䜣与文祥决定派大清海关总务司长、英国人李泰国（Horatia Nelson Lay）赴英国采购军舰。李泰国私心很重，欲借机利用此舰巡逻长江。李泰国雇佣英国水师总兵阿斯本（Sherard Osborne）为舰长，粗心的奕䜣等人在与李泰国签署协议时，最初并没有考虑到舰队的指挥权问题。

后来，奕䜣、文祥发现不妙，拒绝接收这批军舰。就在他们难以收场之时，蒲安臣居中调解，多次劝说英国公使卜鲁斯，并致信国务卿西沃德，希望他们出面致函英国政府。最终，清政府拒绝接收军舰，军舰被退回英国。蒲安臣多次向英国交涉，帮助催要购舰款。美国人其实也有点私心，蒲安臣不希望军舰在中国拍卖，这样一来，军舰很可能会被美国南部同盟的海军购得。

蒲安臣的表现赢得了清政府的尊重，奕䜣等人对他的好感与日俱增。

在中国的日子，蒲安臣逐渐对中国文化产生了感情，但难耐思乡之情，尤其是想念妻子孩子。1864年，蒲安臣开始向西沃德请假，希望能回国探亲。

得知蒲安臣要回国后，奕䜣非常不舍，没事就往美国公使馆跑，劝蒲安臣留下。在一次酒会中，奕䜣吐露了真实想法。

奕䜣惋惜地对蒲安臣说道："听闻阁下要告假回国，我们要与真诚的朋友告别，深表遗憾。"

蒲安臣微笑回道："感谢大人对我们的关照。"

"你离开我们，这是必须的吗？"奕䜣追问。

"只是暂时告辞。"蒲安臣含糊其词地说。

奕䜣急忙又说："你们总统有第二个任期，按说你也应该有第二个任期，不是吗？"

蒲安臣没有说话，似乎不想表态。

奕䜣紧接着又说："我们不接受你的否定回答，你要保证回来。"

说着，奕䜣举起酒杯，目不转睛地盯着蒲安臣说道："如果你愿意再回来担任公使，请与我一道干杯！"

蒲安臣没想到奕䜣会用这种方式，他迟疑了一下，然后慢慢举起酒杯。奕䜣露出了笑容，说道："君子协定，朋友的保证不能忘，干杯！"说罢，奕䜣仰头一饮而尽。看奕䜣如此认真，蒲安臣略微有些感动，也喝光了酒。

谈到如何解决外交纠纷时，蒲安臣最后给奕䜣两条建议。一是确认自己立场后，立即向外国使节发出清晰的照会，同时要求使节在自己国家的媒体上发布。二是中国要走出去，向外国派出使团。

奕䜣沉思了一会儿说："以各国至中华，通商传教，有事可办，故当遣使。我中国并无赴外国应办之事，无须遣使。"蒲安臣苦笑了两下，摇了摇头。

蒲安臣还是决定回国了。1865年4月初，蒲安臣从上海乘船回国。归心似箭的他时刻关注着国内局势，南北战争已经结束，饱受战争创伤的祖国将迎来久违的和平。望着大海，蒲安臣对未来充满了美好的憧憬。

轮船停靠新加坡，一个消息犹如晴天霹雳袭来，林肯遇刺而亡。蒲安臣大惊，仰天大哭。

1865年4月14日22点15分，已经再次当选总统的林肯在华盛顿福特剧院观看演出时，一个名叫威尔克斯的戏剧演员趁保镖喝得酩酊大醉时，突然闯进包厢，向林肯头部开枪。第二天，林肯不治而亡。

美国政局大变，是否还要继续回国，蒲安臣犹豫了，他决定先待在新加坡。

经过长久的内心挣扎与深入思考，蒲安臣在新加坡停留大约一年后，决心返回中国。

在蒲安臣离开的日子，中国也发生了很多变化。

1866年3月14日，斌椿率领的清政府官方考察团正式从天津出发，拉开了近代中国走向世界的第一步。

英国公使卜鲁斯与法国公使柏尔德密相继离任，继任者否定了与中国合作的态度，再次开始霸道起来。

1868年，将是《天津条约》签订十周年，也正是修约的时候。眼看日期临近，清政府又开始紧张，担心英法美等国继续找碴儿，拿武力威胁。奕䜣经常为这个事发愁，遣使问题再次被提起，但一直没有合适的人选。

对于蒲安臣的返回，总理衙门大臣们是非常欢迎的。但大家也都知道，蒲安臣的任期很快就要到期了，这位友好的大使不久仍要告别中国。

1867年10月，眼看修约日期逐渐临近，奕䜣上奏称："查自各国换约以来，洋人往来中国，于各省一切情形，日臻熟悉。而外国情形，中国未能周知，于办理交涉事件，终虞隔膜……"

1867年11月，蒲安臣六年任期已满，即将卸任。一天，文祥与蒲安臣一起吃早餐。文祥向蒲安臣抱怨，说中国被误解太深，希望蒲安臣作为美国人，又是各国的友人，能当好中间人，为解决纠纷发挥积极的力量。蒲安臣礼貌地附和着，文祥突然说："不如你来当我们的大使，或许一定能为中国创造出奇迹。"

蒲安臣永远忘不了文祥专注的眼神。

几天后，蒲安臣来到总理衙门，与奕䜣辞行。奕䜣与这位老朋友畅聊了许久。

奕䜣问蒲安臣："阁下是否愿意为我们做翻译？"

"翻译？贵国同文馆的学生不是可以做翻译嘛。"蒲安臣不解地问道。

"哦，也不单单是翻译那么简单，怎么说呢，阁下回去要经过欧洲吗？"奕䜣又问道。

蒲安臣点头。

奕䜣微笑着说："那太好了，我们是希望向英法两国，尤其是白金汉宫方面表达一下永结善好的意愿及积极求上的美好愿景。"

"贵国的意愿我会转达。"蒲安臣答应道。

奕䜣紧接着又问道："阁下可否作为我们大清国的专职代表？以示对各国的诚意。"

蒲安臣愣了一下，然后说："那不如派遣一个大清使团，由我作为领队。"

奕䜣道："对，我正是这个意思。"奕䜣面露喜色。

兴奋的奕䜣立即与蒲安臣展开深入沟通，奕䜣决定推荐蒲安臣为大清帝国使节，并及时上奏："其人处事和平，能知中外大体……曾经协助中国，遇有中国为难不便之事，极肯排难解纷。"

清政府之所以迟迟不愿派正式使团出访，主要还是担心礼节问题。奕䜣与蒲安臣沟通的重点也正在于此，奕䜣特别嘱咐，要特别注意礼节问题，因为事关中国的尊严问题。蒲安臣其实也明白，奕䜣请自己代表清政府出访，可以避免很多礼仪上的尴尬。

11月18日，清政府委任蒲安臣为"钦派办理中外交涉事务大臣"，授一品顶戴，并颁给汉文、洋文合璧的关防。同时，选派总理衙门总办章京志刚与孙家穀随同，二人为二品顶戴。聘请英国驻京使馆翻译柏卓安为左协理，海关税务司法籍职德善为右协理。在同文馆中选派30多名学生随团出使，其中跟随斌椿出访的张德彝再次出行。

聘请一个洋人任中国的使臣，清政府很不放心。为了节制蒲安臣，奕䜣给予志刚、孙家穀与蒲安臣相同的名位，同样颁发了汉文、洋文合璧的关防。赋予二人随时奏事的权力。

1868年2月25日，蒲安臣使团在上海登上"格斯达哥里"号轮船，驶往美国旧金山。蒲安臣惊讶地发现，这艘轮船上还有八百多名中国人，原来他们都是去美国打工的。

在航行中，考虑到中国还没有正式的国旗，不方便国际交往，蒲安臣便设计了一面蓝色镶边的黄龙旗作为大清帝国的国旗。

4月1日抵达旧金山，原本担心遭到奚落和羞辱的蒲安臣使团受到当地人热烈欢迎，中国官方使团第一次踏上美国的土地。接下来的日子，蒲安臣也被邀请到各种集会上发表各种演讲，蒲安臣的嗓子都讲哑了，不得不闭门谢客。

6月6日，美国总统约翰逊接见使团一行，蒲安臣向约翰逊递交了中国国书。

值得注意的是，使团完全违反了清政府的《出使条规》。蒲安臣没有遵从不得亲递国书的规定，志刚、孙家穀也没有遵从不面见外国元首、中外皆免行礼的规定，而是向美国总统行了三鞠躬之礼。

1868年7月28日下午，雨后的华盛顿碧空如洗。

蒲安臣代表中国与美国新上任的国务卿西沃德签订《中美天津条约续增条约》（也称《蒲安臣条约》）。此条约虽属于蒲安臣越权签订，但却是一个平等条约。

《蒲安臣条约》主要有8条，美国在条约中保证不干涉中国内政，确保中国领土完整，将中国视为与英国、美国地位等同的国家。中美双方在条约中均同意实施门户开放、贸易自由的政策。允许美国人和中国人在对方国家无限制旅行和居住的权利。同时，禁止旅美的中国人归化，也禁止在华的美国人入籍，并禁止双方国家的宗教歧视。

有意思的是，同一天，美国国会批准通过了美国宪法第十四条修正案。此修正案主要是为了保护公民的权利和平等，意义重大，被美国人称为"第二次制宪"。

回到祖国的蒲安臣，收获颇丰，大有衣锦还乡之势。使团一行在波士顿巡游时，市民夹道欢迎，甚至有人还爬上了树。有市民在自家的窗口挥舞着丝绸等中国商品。随团的张德彝记载道："抛起帽子，挥舞手绢，鼓掌欢呼，投掷鲜花，高声叫好！"

嗓子恢复后，蒲安臣又开始了演讲。在波士顿、纽约，都留下了他铿锵有力的发言。

"这个条约承认中国是民族之林平等的一员……美国人不为自己索要任何东西，我自豪地说，美国签署的这个条约每一条、每一款都符合中国的礼仪。"

有意思的是，在波十顿演讲中，台下就坐着曾出使中国的顾盛。顾盛对中国的态度似乎让蒲安臣有些不满意，他讲这些话，自然也没有顾忌顾盛的感受。

"她……站出来，向你伸出手。她告诉你，她乐意在悠久的文明上嫁接你的文明……她告诉你，她乐意与你做生意，买你的东西，向你出售商品……她邀请你们的商人，她邀请你们的传教士。她邀请传教士把熠熠生辉的十字架插在每一个山头上。"

在蒲安臣的看来，中国是一个具有灿烂文明的国家，如果美国能帮助中国，中国一定走向现代化。

蒲安臣一行赴欧洲后，再也没有遇到在美国的待遇。令他们想不到的是，欧洲各国对待中国使团的态度普遍比较冷淡，这让蒲安臣也感到很尴尬。

在英国，为了见女王，蒲安臣等人经历了漫长的等待。在温莎城堡，蒲安臣、志刚、孙家穀向女王行三鞠躬礼，每人依次三进步，每步一鞠躬。退出时，后退三步，同样每步一鞠躬。

更尴尬的是在俄国。1870年2月16日，俄皇亚历山大二世接见蒲安臣使团，在会见中，俄皇始终不触及正题，总是大谈无关问题。俄国人始终顾左右而言他，让蒲安臣极度尴尬、郁闷。心情惆怅的同时，再加上西伯利亚的严寒及水土不服等原因，蒲安臣感染肺炎，2月23日，蒲安臣在俄国病逝，终年50岁。《纽约时报》则报道说，蒲安臣很可能是被使团成员暗杀而死。

蒲安臣死后，志刚继续率团出访欧洲其他国家。在礼仪问题上，志刚也没有遵守奕䜣的嘱托，而是始终以西方之礼觐见各国元首。志刚的理由是，中国是悠久的礼仪之邦，以礼利国，行中庸之道。中国的《礼记》中有"礼从宜，使从俗"的记载，就是说，使者要入乡随俗，因地制宜。

此次出访，历时两年零八个月，先后走访了美国、英国、法国、瑞典、丹麦、荷兰、普鲁士、俄国、比利时、意大利、西班牙，共11个国家。

回国后，使团成员出版了很多作品，如志刚的《初使泰西记》、孙家穀的《使西书略》和张德彝的《欧美环游记》，进一步促进了西方文化在中国的传播。但今后是否遣使常驻外国，仍没有达成共识。

此次出访最大的收获便是《中美天津条约续增条约》，为后来的华人赴美务工、留学打开了方便之门。

第二章

相知：努力求索

一、传教士的教化与启蒙

  1829年10月14日，在帆船云集的纽约港，两名不到30岁的美国青年悄悄登上了一艘开往中国的"罗马人"号商船。他们不是商人，也不是偷渡者，而是两位年轻新教传教士。没人会想到，这两人的一次远航拉开了美国传教士赴华的大幕。

  宗教复兴的热潮在美国上下涌动，美国人相信，只有到中国去，才能实现基督的第二次降临。

  这两名青年就是28岁的裨治文与25岁的雅裨理。裨治文是美国新教公理会的传教士，曾就读于安杜佛神学院。雅裨理则是海员之友会的随团牧理，毕业于新不伦瑞克神学院。他们的共同任务就是向中国人推广福音。

  裨治文随身携带着一封重要的信件，是公理会给他的指示信，信中写道："除了别的工作外，要牢记你的首要任务，是在中国人中间推广福音。……当前拦住去路的障碍必须扫除，准备工作必须完成。我们仍然认为，不一定需要很长的时间，福音的影响就将在中国察觉到，虽则我们并不乞求奇迹的出现，可是上帝的旨意会迅速打开一个宽敞而有效的门户。"

  此时的中国，正是道光十年，仍是处于严厉禁教状态。信中提到的"拦住去路的障碍"，或许就包括中国的禁教政策。1826年，清政府曾在禁教令中强调，外人传教者，一经发现，为首者绞立决。

  轮船航行在大洋上，商人们聚在一起打牌、喝酒，以打发无聊的时光，而裨治文与雅裨理更喜欢独处。每天早上，人们经常见到他们面朝大海，双膝跪在甲板上，双目轻闭，两手交叉放于胸前，口中不断祈祷。祈祷完毕，两人开始锻炼身体。

  闲暇时间，两人大都将自己关在舱室里，或手捧厚厚的经书，默默诵读，或一起学习中文、希腊文、希伯文。两名年轻人第一次出洋，自然也少不了好奇，大洋里出现的鲸鱼、鲨鱼让他们感到新奇不已。

在大洋上航行总是充满惊险，有时雷电交加，风暴来袭，让很多人恐惧。但在这两个年轻人的眼里，更像是上帝制造的烟花表演。

1830年1月22日，裨治文不敢直接到广州，而是在澳门下船，静待时机。裨治文受到了英国传教士马礼逊（Robert Morrison）的热情接待。由于禁教令限制，从澳门到广州，则需要冒险"偷渡"。首先是乔装打扮成商人，然后在夜间乘小船，藏匿于舱内，到广州后，还不能立即上岸，有时需要等待很多天。等待的日子最煎熬，夏天如蒸笼般难受。当时的很多传教士都有这种"偷渡"经历。传教士通常拥有崇高的使命感，这些苦已经不算什么。

相比英国传教士，美国传教士来得稍晚一些，英国马礼逊早在1809年就来到了中国，但美国在华传教士总体多于英国。据统计，截至1851年，美国在华传教士有88人，英国传教士只有47人。1855年，上海有30名外国传教士，其中美国传教士为21人，英国传教士只有9人。其他各口岸，也基本是美国传教士最多。1889年，英国在华传教士为724人，美国传教士则为513人。1868年至1918年，美国在华传教士为2500多人，约占美国海外传教士的1/3。

美国传教士来华通常有两大使命，一是教化中国，启蒙中国人，这点与其他国家传教士没有区别。二是推广美国的优秀制度与文化。美国人认为，自己国家的制度最优秀，他们有义务向全世界推广美国的民主、自由。

美国人传教与商业扩张密不可分。商业为传教士提供资本支持，如同孚洋行的老板奥利芬（D. W. C. Olyphant）就是资本支持人。反过来，传教士又要为商业扩张提供精神支持，如道德与文化。

美国传教士在中国传教异常艰难，除初期禁教政策外，还会遭遇中国两千年的儒教阻击。中华文化源远流长，儒家、道家、法家……各流派百花齐放，生命力顽强，共同孕育了流传千古的东方文明。在这种环境下传教，难度可想而知。

珠江边的外国商馆平日里很热闹，一个偌大的广场犹如集市一般，熙熙攘攘。初到广州的裨治文与雅裨理，住进了美国商行。他们给房间起了个"锡安山之角"的名字。锡安山，意思就是"赐予平安的山"，通常是《新约》教会的活动场所，被基督教徒视为世外桃源。

裨治文与雅裨理用异样的目光打量着这个奇异又陌生的国度，但没人注意到他们的到来。

清晨，二人在晨曦中祷告，然后勇敢走出房间，第一次与中国人亲密接触。广场集市热闹非凡，小贩们兜售着各种蔬菜、水果、肉、鱼、咸菜，还有宠物，叫卖声、讨价还价声不绝于耳。

在众多商贩中，二人发现有些摊贩前围了很多人。挤进去一看，商贩的嘴角泛起了白沫，一边卖力地吆喝着，一边向围观的人展示商品的使用方法，原来这是江湖郎中在推销自己的所谓独家药方。

人们围观更多的是说书的、杂耍卖艺的。说书人口若悬河，滔滔不绝，时而语速极快，时而话音骤停。卖艺人展示着各种惊险的杂技，常引来围观群众阵阵叫好声。一个表演吞剑的年轻人，让裨治文惊呆了眼睛。

裨治文与雅裨理围观着中国人，一些中国孩子也好奇地围观着他们。在两位美国青年眼里，一身长衫、梳着长辫的黄色面孔让他们充满了好奇。而在中国孩子的眼里，蓝眼睛、高鼻梁、黄头发的外国人同样让他们倍感新鲜。

雅裨理走到人群拥挤处，中国孩子们瞪大眼睛盯着他。在雅裨理看来，他们仿佛被巫术定住了。

珠江上又是另一番景象，各种从事运输业的大小船无数。长期生活在江上的疍民学会了各种水上生活技能。一个身上绑着软木的幼儿突然落水了，正当裨治文与雅裨理惊呼之时，孩子母亲毫不慌忙，用一个大号抄网像抄鱼一样将孩子捞了上来。

为了尽快学习中国语言，马礼逊为他们聘请了敢于冒险的中国老师。不仅要学习官话，还要学习粤语。马礼逊推荐了一位叫梁阿发（也叫"梁发"）的广东人，帮助他们学习语言。梁阿发是名虔诚的基督徒，不仅会英语，还会使用手摇的印刷机，经常帮助翻译、印刷各种宗教宣传小册子。

美国人没敢小瞧梁阿发。1832年，梁阿发写就了著名的《劝世良言》，并四处散发，广为宣传。赴广州参加科考的洪秀全被此书深深打动，由此创立拜上帝教，走上了反抗清廷的道路。

语言虽有很大进步，但裨治文的传教工作颇为不顺利。在华传教五年，竟然无一信徒，让其非常沮丧。马礼逊在中国传教25年，才只有信徒5人。雅裨理在日记中发出了绝望的悲叹："这黑暗的地域，这死寂的帝国，你沉寂的黑夜啊，何时才是尽头！"

美国人认为中国人太过自高自大，自以为是，实在难以说服。裨治文在日记中写道："中国这种态度，各国可以而且必须劝谏她，如果各国不能说服她，就强迫她走上一条与各国的权利和她的义务更为一致的路线上来。"

这里所说的强迫，主要意思就是武力手段。第二次鸦片战争后，清政府取消了禁教政策，传教在中国迎来了春天。

但中国的皇帝与很多知识分子仍然想不通。道理很简单，大家文化不同，各过各的生活，凭什么你们要改变我们。

1844年7月，清政府与美国在澳门签署《望厦条约》，允许在中国各通商口岸建设教堂，美国人在华传教取得突破性进展。

美国各基督教会陆续派遣传教士赴中国各开放口岸，并涌现出了一大批知名的传教士。除裨治文、雅裨理、卫三畏外，还有长老会的丁韪良、李佳白（Gilbert Reid），浸礼会的罗孝全（Issachar J. Roberts），圣公会的文惠廉（William J. Boone），监理会的林乐知（Young J. Allen）等。为方便管理，1857年，美国在福州成立基督教会。

在中国传教，首要是宣传。美国传教士的宣传手段主要以出版各种报纸、刊物为主，《中国丛报》《万国公报》则是两份影响力最大的报纸。

1832年5月，在广州黄埔港的美国商行内，一项秘密议题正在讨论。

"中国禁教严厉，美国传教缓慢，我们需要尽快打破僵局。"裨治文颇有些无奈地说。

马礼逊建议道："传教重在宣传，还是先从办一份报纸开始吧。但若只针对中国人，在当前严厉的禁教形势下恐怕难以实现。我看还是要向西方人传达我们在中国的声音。"

"各口岸中懂英文的中国商人与知识分子也不少，他们更应是我们争取的对象。"裨治文补充道。

"出钱的又是我喽？"奥利芬笑道。

众人哈哈大笑。

"我负责在广州建一个办公室，供你们无偿使用。"奥利芬说，"如果报社亏损，我来承担。你们与家眷来往中国的船票，我也报销。"

奥利芬的表态，赢得一片掌声。

马礼逊带领大家迅速展开讨论，如何办一份好的报纸。为了躲避中国严厉的禁教政策，同时也为了影响其他西方国家，决定只办英文版。

针对出版、印刷、发行等问题，奥利芬也提了很多意见。最后，大家将这份报纸定名为《中国丛报》。裨治文担任主编，主要发行地点在广州。

《中国丛报》的内容涉及中国的方方面面，既有时事报道、政论时评，也有文化历史、商业贸易等内容。发行也没有什么奇招，无非还是销售再加赠送。第一卷每期印刷了100册，第二卷每期则有200册，第三卷每期就迅速暴增至1000册。随着影响力逐渐增强，《中国丛报》慢慢成为美国人研究汉学的阵地，包括裨治文、雅裨理、卫三畏等众多美国传教士都成了主要撰稿人。

1868年9月5日，美国传教士所办的另一份大报《中国教会新报》（《万国公报》的前身）在上海创刊。报纸的创刊人为林乐知。林乐知已经来华八年，在中国从事教育活动多年，比裨治文更懂中国。林乐知雄心勃勃，计划让"十八省教会中人，同气连枝，共相亲爱。"

《中国教会新报》为周刊，最初只是纯粹的宗教报纸，以报道教会动态、宣传教义、教友交流为主，如解释教义、刊登教友来信等。

一份纯粹的报纸注定是小众化报纸，最多每期700份的销量让林乐知比较失望。自60年代起，洋务运动兴起，一股洋务思潮席卷神州大地。为适应中国的形势，一年后，林乐知果断调整策略，将《中国教会新报》改为世俗化报纸，由宗教布道拯救中国人灵魂向宣传西学转变，期望赢得更多的普通读者。

此招儿果然奏效，发行量飙升，平均每期1886份，最高时达9.43万份。

1874年，林乐知将报纸改名为《万国公报》，影响力进一步扩大。不过，此《万国公报》与后来康有为创办的《万国公报》是两码事。

其实美国传教士还有更大的野心。1834年11月29日，奥利芬与裨治文等人召集在广州的外国商人、领事共同成立了益智书会。该书会的宗旨便是将"近代发明和发现的最丰硕的果实"传播给中国人。

益智书会的目标是，计划用四年时间出版各种世界历史、地理、神学、宗教、哲学、医学、机械工艺等各种书籍。理想虽美好，但现实是根本找不到那么多通晓英文与中文的人才。最终，《东西洋考每月统记传》《美理哥国志略》成为益智书会仅存的最大硕果。

《东西洋考每月统记传》为中文杂志，主要以介绍西方各国地理知识为主，同时兼有现代科技知识、各国政治制度、社会风俗及名人传记等内容。英国、美国的政治制度常见于杂志中，最新的科技知识也是大力宣传的重点，如单体蒸汽机、载人气球、铁路舟车等。

裨治文的《美理哥国志略》是一部专门介绍美国的中文书籍，多次再版，目的同样是启蒙、教化中国人，让中国睁眼看世界。

其实，益智书会更像一个出版机构，类似的还有"花华圣经书房"。 花华圣经书房没有益智书会的野心大，但却干出了远超益智书会的成绩。

花华圣经书房开始是一个印刷厂。1844年2月23日，美国长老会传教士麦嘉缔（Divie B. McCartee）携带大量字模、印刷机械来到澳门，后来在宁波创办花华圣经书房。花华圣经书房主要以印刷各种宗教小册子为主，如《以弗所书》《路加福音》《使徒行传》《旧约新书》《平安通书》。

在美国传教士看来，报纸、杂志、书籍犹如"知识的大炮"，不断轰击着这个闭塞的国度。

如果说报纸、杂志、书籍是"知识的大炮"，那么学校可能就是"知识的核弹"。裨治文初到中国时，进入马礼逊的学校进行学习。很快，裨治文撇开马礼逊，自己单干，在广州也开了一所学校，取名"贝满学校"，专门招收穷孩子。

清政府禁止传教，但没有禁止开办学校，外国人抓住了这个漏洞。

学校是免费的，但招生工作非常困难，没有人愿意将孩子送到外国人的学堂里上学，加上洋人挖眼制药的谣言流传，更是没人敢把孩子交给裨治文。

裨治文向家长保证，可以随时来看孩子，以确保孩子的安全。

多天后，几个吃不饱饭的孩子成为贝满学校的第一批学生。望着衣不蔽体的中国儿童，裨治文一阵苦笑。为了传教，也只能先从穷人的小孩开始。

裨治文就此成为美国传教士在中国开办学校第一人。

贝满学校实际上只是小学，教授的知识也只是最基本的识字。就是这样一所学校，为穷人提供了受教育的机会。贝满学校与同时期外国传教士开办的学校一样，为穷人打开了一扇求知的窗户。

裨治文发现，来上学的都是男孩子。后来他才知道，中国底层家庭的女孩子根本没有受教育的机会。裨治文大呼可悲，他认为中国女人成了被禁锢的奴隶。

随着开办学校经验的增长，同时也受到夫人的影响，裨治文将目光转向女子学校。1850年4月，裨治文与夫人格兰德共同开办裨文女塾，专门招收女童。不经意间，裨治文又创造了历史，裨文女塾成为上海第一家女子学校，也有说是中国第一家女子学校。1864年，裨治文夫人又将女子学校开到了北京。

1885年，"宋氏三姐妹"的母亲倪桂珍便毕业于此学校，后留校任教。

初期的学校只能招收贫困家庭的孩子，这引起了很多传教士的不满。林乐知有一句话让很多人赞同，他说："为什么我们教会在中国要不断地为乞丐开办义务学校呢？倘若让富有的和聪明的中国人先得到上帝之道，再由他们去广泛地宣传福音，我们岂不是可以少花人力物力，而在中国人当中无止境地发挥力量和影响吗？"

1868年，《蒲安臣条约》签订，美国人可以在中国光明正大地开地办学校。此时，因为洋务运动兴起，人们对西学的求知欲望开始强盛起来。

鉴于此，1877年5月在上海举行的新教入华70周年大会上，美国北长老会传教士狄考文（Calvin Wilson Mateer）提出，要调整教育方向，增加西学的传播，编辑世俗教科书，多创办一些高水平的学校。

据同一年统计，欧美新教在中国开办的学校有347所，招收学生5917人，其中美国传教士所办的学校有202所，招收学生3117人。

这场传教士大会改变了教育走向，教会大学开始出现。

狄考文在传教士大会上的那番话是有底气的，因为他在山东登州创办的文会馆已经有13年历史，已经公开宣布具备大学教育水准。狄考文也因此成为中国第一个教会大学创办者。

狄考文将文会馆严格定位为宗教学校，学生的生活必须受宗教支配。学生每天进行多次祈祷，早晨起床有晨祷，上课前要祈祷，三餐饭前要祈祷，晚上有夜祷，星期天还要去教堂做礼拜。

文会馆学制为9年，在课程安排上，也会重点突出宗教特色。《圣经》课程作为重中之重，始终排在第一位。自然科学其次，但课时占比最大，达三分之二之多。数学也是重要的科目，是必修课。

教会学校同样要教中国传统经典，"四书五经"一个不能少。这种设置不是来自官方的要求，而是狄考文的通盘考虑。他认为，传统的教育不能丢，可以增加在士大夫中的影响力。文会馆有个叫邹立文的学生，曾参加过乡试，成绩优异，这让狄考文大喜，坚信自己的教育方向没有错。

奇怪的是，狄考文坚持培养"有成就有影响的基督徒"，但他拒绝教授英语。林乐知则认为，英语必不可少，因为培养目标应是中西兼通的高水平的世俗人才，先使中国西方化，再达到中国基督化的目的。

狄考文认为，中文与英文学习很难兼得。中国人学好中文，方便在国内传教布道。学习英文，很容易被世俗职业吸引，如到沿海通商口岸去赚钱。

其实，狄考文与林乐知秉持的两种理念，在当时很有代表性。一种完全是宗教学校，一种是世俗学校。林乐知自己也创办了学校，1881年成立的上海中西书院便有英语教学项，是中学世俗学校，"意在中西并重，特为造就人才之举"。

是否开设英语课，成为当时最有争议的话题，尤其是在历届传教士大会上，这个问题总会成为争论的焦点。有意思的是，从不开设英语课程的登州文会馆、广文大学、潞河书院等学校，在进入20世纪后，全部开设了英语课。人心思变，没有英语课的大学已经严重落伍。

1875年2月，英国驻华使馆翻译马嘉理（Augustus R. Margary）在云南被打死。英国逼迫清廷派人赴英国赔礼道歉，郭嵩焘奉命出使英国，并作为第一任驻英使节。正在上海办报的林乐知却乐不可支。

林乐知比较开心的原因主要有两个，一是中国人真的要走出去了。这是一直批判中国怀旧崇古、封闭落后的林乐知乐于看到的。二是郭嵩焘出使英国，很有可能会从上海出发，正在上海的林乐知有机会面见郭本人，并向其当面推销自己的外交理论与富国强兵之法。

林乐知在期盼中等来了这一天。

1876年11月下旬，郭嵩焘抵达上海，林乐知立即登门拜访。

两人原本并不认识，也没有见过面，但似乎彼此都比较熟悉对方。

"久闻郭大人之名，您是贵国筹议兴办洋务不可多得的栋梁之材。"林乐知学会了中国人拍马屁的功夫，率先对郭嵩焘进行恭维。

郭嵩焘笑了笑说："阁下过奖，我的一点拙见不足为道。阁下的《万国公报》我倒是阅览过一些，很有见地。"

林乐知接着说："承蒙郭大人赏识，我报于今年9月特别推出了一篇系列长文，论述处理中外关系与中国改革的问题，不知您是否有兴趣？"

"哦？能否让我一看？"郭嵩焘顿时来了兴趣。

林乐知立即将一沓报纸拿给郭看，并说道"我专门为您整理好了，希望对您出使欧洲有所帮助。"郭嵩焘立即接过来，进行翻看。

林乐知继续说："西方列强环伺，要分清良莠。远交英美，近防北俄方才是上策。英美的工业文明与商业文明是孕育自由民主制度的基础，也是国家兴盛的基石。相反俄国长期奉行集权专制，不应成为贵国效仿的对象。"

郭嵩焘注视着林，听得很入神。

林乐知接着又说："在下以为，在目前热衷兴办洋务之际，理应审时度势，大力进行改革。"

郭嵩焘没有吱声，又继续看着报纸。林乐知接着说："变法图强，主要是强兵之法与富国之法。"

郭嵩焘点点头，表示认可。林乐知借机大讲变革之道。二人谈了很久。

林乐知向郭嵩焘推销的文章，正是《万国公报》于1875年9月刊发的《中西关系略论》。

林乐知在文章中提出，中国实行变革，必须实行善法，即强兵之法与富国之法。

所谓强兵之法，就是改革兵制，制造坚船利炮，同时修建铁路，通电报。

强兵首先要富国，谋富的改革重点是农、工、商、士。农业要学习西方种养殖技术，选取良种，形成精细化管理。工业同样要学习西方先进制造业经验，广泛引进机器，以增强工业实力。商业主要是通商，无论是内地通商还是口岸通商，重要的都是减税，当货畅其流时，国家必会商业繁荣。

不管是强兵还是富国，关键是人才的选拔。对于中国传统的开科取士，林乐知认为过于注重诗文、策论，应多加学习西方的格致之学，废除科举势在必行。

林乐知不仅是提出改革建议最早的美国传教士，也是最早提出废除科举的第一人。此时，距离1905年真正废除科举还有三十年之久。

林乐知与郭嵩焘都没有想到，两年后，他们又在英国见面了。1878年，林乐知赴伦敦时，专门前往中国公使馆拜访郭。两人一见如故，郭嵩焘感叹道："初奉派时，并不知西国各国情形，幸藉君之书为指南焉。"

或许是爱之深、责之切的缘故，在美国传教士中，林乐知是批判中国传统文化最多的一个人。

在林乐知的著作《满招损谦受益时乃天道论》《中东战纪本末》中，有很多关于中国文化的分析。对于中国士大夫中普遍存在的孤陋寡闻、妄自尊大的心理，林乐知认为，四邻的落后和对华夏文明的仰慕导致中国唯我独尊。

另一位美国传教士李佳白则认为，中国的长期封闭，缺乏与外界的交流是导致唯我独尊、故步自封的重要原因。

甲午战后，全面爆发的危机使改革呼声高涨。喜欢批判的林乐知与李佳白又提出了很多宝贵的建议。

林乐知提出政治变革五法：加强中央集权，发挥民众自主之权，裁减冗员，制订人人平等的法制，推广议局。

李佳白也提出了变法五策。在《上中朝政府书中》，他提出，一是善民有要，二是教民知本，三是和睦有序，四是武备亟讲，五是变通新法。

其实，两人的改革建议无非一个核心，即学习西方制度与技术，甚至他们还提出了用洋人的建议，就像用英国人赫德（Robert Hart）执掌中国海关一样。

他们的建议在清廷高层中备受关注，总理事务衙门还专门订阅了《万国公报》。上至恭亲王、醇亲王，中至各部官员，下至康有为、梁启超等人，都时常阅读此报，一些官员还就林乐知等人提出的建议展开讨论。

二、不同寻常的 **眼** 科医院

热闹的广州洋行商馆街区，似乎每天都有新鲜事发生。

1835年11月，进入初冬的广州依然比较闷热，珠江上有少许雾气笼罩，好像蒙上了一层纱。

11月4日，新荳栏街3号的丰泰商行突然改头换面，变成了一家眼科医院，这让人们很是好奇。

这天是开业的日子。医院开业与商行开业不同，没有热闹的开业剪彩，也没有欢快的舞狮表演，甚至连宣传都没有。在一片静悄悄中，眼科医院开张了，仿佛很低调，中国近代第一家现代眼科医院就这样悄悄诞生了。

狭窄到只有2米多宽的新荳栏街，酒馆林立，喧嚣不已，有各种酒徒出没。如此一条热闹的街上竟然多了一家医院，似乎有些不合时宜，又似乎是闹中取静。

这家眼科医院的主人是美国传教士伯驾，正是后来游说美国政府高层，派遣顾盛使团出访中国的那个伯驾。

虽然伯驾与裨治文一起住在美国商馆，但伯驾的身份与其他美国传教士明显不同。裨治文等人走的是文化研究的宣教模式，而伯驾走的是治病救人的医疗宣教模式，因为伯驾还是一名医生。

伯驾是中文名，他的美国名字叫彼得·帕克（Peter Parker）。1804年，伯驾出生于马萨诸塞州弗雷明汉。他的家人是新英格兰加尔文教派的虔诚信仰者，伯驾童年的生活很简单，农场、学校、教堂，三点一线。

23岁的伯驾就读于阿姆赫斯特学院，第一次开始专业性的宗教学习。但他有更高的目标，要去哈佛大学。执着的他没等毕业就去报考哈佛大学，然而，他又发现哈

佛的"上帝一位论"让自己非常不喜欢。最终，伯驾改投耶鲁大学。26岁，伯驾成功进入耶鲁，并同时攻读神学和医学两个学位。

伯驾在耶鲁的学习既紧张又忙碌，甚至感到压力巨大。如何平衡这两门学科，是伯驾头疼的一个问题。当他有段时间专注于医学的时候，又感觉冷落了神学，为此感到十分内疚与自责。他在日记中忏悔道："我跪在上帝面前，信仰在心中一击，我刻意……忽视救世主了……心中暗想，事主的功课不妨先放一放，直到我达到既定的目标。"

1831年，美国兴起了一股宗教复兴运动。伯驾逐渐痴迷于各种宗教期刊，大量阅读期刊中摘录的传教日记。一团烈火在伯驾内心中燃烧，去国外传教成为伯驾的最大梦想。

后来，伯驾先后结识了到访耶鲁大学的美国差部会首席干事安德森和洋行老板奥利芬。二人积极支持伯驾，鼓励他去国外传送福音，奥利芬更希望伯驾去遥远的中国。

就在此时，先期到中国的裨治文向美国公理会差部提出申请，建议派一名医生到中国，"应该是一名眼科医生。他治好病人，恢复盲人的视力，就有大量的机会散发宣教的书籍"。

为了尽快出国传教，伯驾开始突击学习，提前毕业，并取得了医学博士学位。

经过神职的受任后，伯驾正式成为牧师。1834年6月1日，在纽约布鲁克街长老会教堂，伯驾专门接受了美部会决策委员会的传教指示：

> 你如遇机会，可运用你的内外科知识，解除人民的肉身痛苦，你也可随时用我们的科学技术，帮助他们。但是，你绝对不要忘记，只有当这些能作为福音的女仆时，才可引起你的注视。医生的特性决不能替代或干扰你作为一个传教士的特性，不管作为一个懂得科学的人怎样受到尊敬，或是对中国传教有多少好处……你要做的第一件事，是掌握中国的文字和语言。

指示信特别强调，医生的人格固然令人尊敬，但不能让它干扰宗教导师的人格。这句话的意思很明显，伯驾的工作是以传教为主，行医为辅。治病只是手段，传教才是目的。

6月4日，在晴朗的早晨，伯驾乘坐"莫里森"号轮船自纽约启程，赶赴他心中神秘的中国。

在广州行医，没有想象中那么容易。

首先是租金。广州商行区的房子租金昂贵，房子都是整幢出租，每幢房屋的年租金在1200~3000美金。伯驾拿不出那么多钱，关键时刻，奥利芬出手帮忙。

都是生意伙伴，奥利芬与怡和商行老板伍秉鉴非常熟悉。美国人的传教精神也打动了伍秉鉴，最终他愿意以500美金的超低价格出租。

经过简单装修后，伯驾的医院正式营业，宣布一切免费。

11月4日，营业第一天，没有一个病人登门。人们只是好奇地围观，或是驻足观看，或是私下议论。医院临街，不用穿过外国商馆，病人可直接进入医院，不会影响其他人。其他行商对伯驾免费给别人治病也不相信，毕竟商人们更相信无利不起早。

听说洋人开医院治病，而且还免费，中国人都非常担心，因为没人敢把自己的身体交给洋人去诊治。免费反倒更让人疑惑，不知道洋人葫芦里卖的什么药。伯驾还是很淡定，他相信现代医学的竞争力。

第二天，一名中老年妇女战战兢兢且痛苦地走进医院。原来，这名妇女患有眼睑内翻的疾病，因为无钱医治而饱受疾病折磨多年。她到伯驾的医院来，无非是看中了免费的条件。

伯驾为该妇女实施了手术。伯驾先在眼下角的睑板处做了切口，然后又切掉了眼睑上部外皮折痕，最后再将伤口缝合、包扎。该妇女对明晃晃的手术刀还是感到了害怕，伯驾一边轻言安慰，一边熟练地操作。一个小时后，手术成功，数天后，妇女的眼疾彻底治愈。

伯驾永远忘不了那一幕，妇女来到医院，扑通跪下，向伯驾磕头致谢。

口碑是最好的广告，伯驾的大名逐渐为人所知。由于病人较多，需要排队。伯驾用竹片制作了一种长方形号牌，病人领号排队，依次进入诊室。其实，这就是最早的医院挂号制度。

伯驾对病历的要求非常高，除病人的姓名、籍贯、年龄、职业、家庭住址等基本信息外，对病人的患病情况、临床症状、处方用药、手术时间、治疗效果，甚至连手术取出的异物也要进行详细记录。

开业仅仅17天，伯驾接诊病人240名。在这些病人中，还有几位当地的官员。这些官员平日习惯了前呼后拥，想在伯驾的医院里获得一些特权，被伯驾无情拒绝。白内障是致盲的主要眼疾，在开业的前四个月，伯驾做了30例白内障摘除手术，成功28例。

治疗白内障，伯驾采用的是流行了一百多年的针拨方法。用针从角膜处扎入，刺穿白内障，将其剥离视轴线，推向眼睛内部。

伯驾治疗的眼疾包括角膜炎、倒睫、角膜溃疡、沙眼、翼状胬肉。

由于病患越来越多，医院倍感拥挤。五个月后，医院扩容。伍秉鉴将丰泰行的其余部分房产也转给了伯驾，且免收租金。伯驾将医院改造成为可以容纳200多人、床位40多张的中等医院，并改名"仁济医院"。同时，伯驾招聘了多名助手，包括画师，伯驾要将手术部位等一一绘画存档。

一位名叫林官的画师欣然加入，林官的外甥关韬成为伯驾的助理医生，后来成为伯驾最出色的学生。在伯驾协助顾盛工作，担任顾盛中文秘书的大约半年时间内，关韬完全可以独当一面。

本来伯驾的专业是眼科，但很多患有其他疾病的人也纷纷来求医。一位13岁的小女孩，面部右侧长有巨型肿瘤，十分痛苦。伯驾让小女孩服用鸦片剂后，将其眼睛蒙住，手脚捆住，进行切割手术。这是伯驾做的第一例大型外科手术。手术中，伯驾命画师将手术步骤、病历资料全部绘画保存。类似的手术，伯驾还做过很多，如扁桃体摘除手术、膀胱结石手术、骨折手术等。最终伯驾率先引入了乙醚麻醉术，大大减轻了病人的痛苦。

伯驾神奇的医术，引起了当地官府的关注。再大的官也会生病，两广总督耆英饱受皮肤病折磨二十年，听闻伯驾的大名后，也来寻求治疗方法。

耆英没有亲自到伯驾的医院，伯驾也没有到耆英的官署，总之两人并没有见面。碍于身份，耆英只是让下属去伯驾的医院开药。在伯驾的记述中，一些想寻求特权的患者，或许就包括耆英。

根据描述，伯驾给耆英的皮肤病开出的药方是，西瓜提取物，温水浴和氧化锌药膏。伯驾开出的剂量并不大，这是伯驾的惯常做法。具体耆英的皮肤病是否治愈，伯驾在日记中没有交代。

对于皮肤病，伯驾也是有些经验的，他还治疗过象皮病、麻风病。但相比治疗眼疾，治疗顽固的皮肤病并不是伯驾擅长的，甚至还不如外科手术。

1839年，广州风云突变。清廷派林则徐为钦差大臣，南下广州查禁鸦片。林则徐派重兵将包括伯驾在内的所有洋人全部包围起来。不久，洋人屈服，交出鸦片，人员全部撤到香港、澳门。但伯驾没有走，他依然爱着这份事业。

林则徐也听说了伯驾的大名，他派人来请教针对鸦片瘾、疝气病有何特效药。原来林则徐患有多年的疝气，又不方便亲自来找伯驾。伯驾要求林则徐到医院诊治，林则徐拒绝。伯驾只好根据林则徐的身体特点，制作了一副疝气带，并附赠了药物。伯驾给林则徐建立了病历档案，病历号为6565。

伯驾三次致信林则徐，大力支持禁烟。为了帮助林则徐，伯驾还为他找来了大量海外著作，甚至亲自帮助翻译资料。

伯驾行医非常辛苦，一度忘了传教的初衷。他几乎每天都在透支着自己的身体，对于那些常年忍受痛苦的病人又不忍拒之门外。他在日记中常有类似的感叹："我精神上的健康与力量也同样衰竭了。"

广州气候闷热、潮湿，医疗器械常常因此而生锈，一些皮革物品还会发霉。伯驾在看病前不得不做大量的准备工作。每晚夜幕降临，街上的酒馆热闹非凡，喧哗声四起，而伯驾经常要在这种环境下工作到很晚，每天拖着疲惫的身躯回到美国商馆。

1836年10月，为了让医疗活动与传教工作联系更紧密，伯驾联合裨治文及英国传教士郭雷枢（Thomas R. Colledge）呼吁建立中华医学传教会，希望建立更多的专科医院。

美部会专门回信提醒伯驾，"一定要防止它们变成仅作为减轻人们身体疾苦的医疗机构，而忽视它们本应该发挥的有利于人们灵魂方面的作用"。美部会还是在告诉伯驾，行医别忘传教，传教才是大事。

1838年2月起，两个月内，伯驾连续两次召开中华医学传教会筹建会议，确认了捐资者，包括伍秉鉴在内的富豪都愿意贡献一份力量。

有了资本的加持，伯驾斥资5000美金在澳门再开一家医院。但只干了三个月，伯驾就被中华医学传教会以理应更关注广州医院为由，关停了澳门医院。

伯驾尝试着在治病的同时传教，他也雇用了中国信徒梁阿发。每周一，梁阿发到医院为候诊的病人散发小册子和手写的传单，并现场演说。虽然病人都表现出了认真与尊敬的态度，但治病后似乎没有人再对这些感兴趣。

伯驾与其他美国传教士一样，同样陷入了传教缓慢的尴尬境地，即使用行医的方法也不好使。

1840年6月，鸦片战争爆发，伯驾被迫关闭了医院，后来医院遭广州民众焚烧。这些疯狂的人中不知道有没有伯驾曾经治疗过的病人。

心灰意冷的伯驾突然感到了单身的苦闷，7月从澳门回国，回家娶媳妇去了。

回到美国的伯驾也没闲着，娶媳妇的同时没忘游说美国政府高层。在庙堂与教堂中游走的伯驾支持英国发动鸦片战争，他认为，中国是魔鬼撒旦的主要堡垒，只有战争才能让中国谦卑。为了和英国争夺利益，伯驾拜访总统泰勒、国务卿韦伯斯特，反复建议派团出使中国。

1842年11月，伯驾带着新婚妻子返回广州继续行医。

站在被焚毁的医院前，伯驾百感交集。伯驾痛感自己只能治病，无法拯救他人的灵魂。幸好，伯驾的精神感动了伍秉鉴，伍秉鉴无偿帮助伯驾重修装修医院，并承诺今后免收租金。

鸦片战争虽已过去，但商行区并不太平，抢劫、骚乱时有发生，甚至还有人纵火。伯驾的妻子吓得不敢出门，只能在屋顶散步。总有人见到，在花岗岩与涂泥砖建筑的楼顶上，一个金发碧眼的西方人在独自散步。伯驾没有时间陪妻子，妻子在广州的日子并不快乐，三个月后，伯驾只好送妻子去澳门。

重返医疗岗位的伯驾始终在行医与传教的矛盾状态中挣扎，如何做到二者的平衡是他头疼的问题。美部会定期向伯驾支付薪水，但美部会有明确指示，传教才是根本目的。

遇到伯驾这种困扰的不止他一个人。英国传教士郭雷枢也是一名专职医生，他坚持将行医与传教明确分开，行医的时候不传教，传教的时候不行医。向病人派发宗教宣传材料，这是郭雷枢做不到的。

伯驾试着向自己的领导安德森（Rufus Anderson）求教，安德森提醒他不要占用太多的时间学习语言。伯驾敏锐地发现，以前一直明确支持自己的安德森，态度也悄然发生了变化。

安德森也有苦衷。作为美部会的首席干事，他统筹向世界各地派出传教士，他发现派出的7名医疗传教士全部患了重病，很难继续从事传教工作。另外，免费行医需要巨额的资金支持，美部会同样压力很大。最重要的是，花钱如流水，传教不见效果，想吸收一个信徒难如登天。

安德森越来越反感利用医疗做掩护来传教。1844年，在派出福建厦门的传教团时，安德森明确指示，尽可能少地利用医疗机构进行传教。

伯驾的坚持让安德森非常不满。1844年10月，他向广州写信，不点名质问："（医学）实践对宗教有何影响？对于美部会而言，医院中的医疗实践在多大程度上是可取的？"

经过美部会决策委员会讨论通过，安德森决定开除伯驾。安德森依据的是《美部会会宪、法规和章程》第5部分中的第4条、第5条："经决策委员会审判，无论何时一个传教士若违反了会宪，或者没有尽到应尽的职责，决策委员会都有权将其开除。"

安德森建议伯驾，去你的中国医学传教会去领取薪水。

伯驾收到这封信的时候，气愤异常。他将信重重摔在地上，气得半天说不出话。夜晚，伯驾跑到珠江边，坐在江边发呆。

几乎与此同时，裨治文也收到了安德森的警告。安德森告诉裨治文，要专注于传教，命令他停办《中国丛报》。

至此，不管是伯驾的医疗宣教模式还是裨治文的文化宣传模式，都受了阻碍。

伯驾自然感到满腹委屈，不断写信给安德森，为自己辩解。同时，伯驾不忘两条腿走路，一边抗诉，一边求职。

在伯驾坚持抗争两年后，美国驻华公使馆向他伸来橄榄枝，希望聘他为秘书和中文翻译。兼职为政府工作，同样是不被美部会允许的，安德森开除伯驾成定局。

1847年8月17日，美部会决策委员会正式下达指示，将伯驾除名。

不愁工作的伯驾也将态度放缓了很多，他在回信中说："即使被扫地出门，也无法使我停止对本传教会的温暖感情的珍爱，在我心中，本会与地球上最珍贵的名字紧紧联系在一起。"

没有了美部会的约束，伯驾轻松了很多。他没有放弃手术刀，继续执着为广州人看病。看病间隙，他还不忘散发一些宣教的小册子，毕竟自己还是神学毕业且有虔诚信仰的基督徒。

1846年，一个32岁的中青年走进广州的一所基督教堂。他自称学过多年的《劝世良言》，虔诚信仰基督教，并有多年传教经验，希望在教堂内学习。此人态度诚恳，对圣经教义也很了解，教堂便收下了他。此人正是洪秀全。

1836年，洪秀全赴广州第二次应试，正好遇到梁阿发散发自己所写的《劝世良言》。洪秀全研读后，逐渐对上帝产生了幻想。

多次科考未中，洪秀全砸碎了孔子牌位，彻底改信基督教，并与好友冯云山一起在广东、广西等地传教。其实，洪秀全并不是一个真正的基督徒，因为他还没有正式受洗。或许正是这个原因，他才被准走进基督教堂。

1847年初，洪秀全要求受洗，基督教堂发现他三观不正，拒绝了他的请求。洪秀全愤而出走广西，自己建立"拜上帝会"。

梁阿发万万不会想到，自己的《劝世良言》会有如此影响。伯驾也不会想到，随着洪秀全在广西金田的振臂一呼，让清廷与外国传教士的关系再次紧张。

太平天国在初期，是非常受众多外国传教士欣赏的，伯驾、裨治文等人都如此。因为，外国人传教的效果收效甚微，或许洪秀全可以将此项事业迅速扩大。很多传教士将希望寄托在了洪秀全身上，要使中国基督化，或许希望就在太平天国。

1854年开始，美国提出要对《望厦条约》进行修改。美国驻华公使麦莲（Robert M. Mclane）要求会晤两广总督叶名琛，遭到拒绝。在访问太平天国首都天京后，麦莲又与两江总督怡良会面，提出具体修约主张，如准许美国人在中国任何地方有传教的自由等。麦莲的要求遭到怡良的无视。

伯驾与地方当局的沟通也颇不顺利。他与叶名琛的代表张崇恪在广州会晤，张崇恪明确表示，条约只能微调。伯驾深感失望。

恼怒之下，麦莲与伯驾成功突破阻挠，北上天津。与美国代表一起的，还有英国、法国代表。他们成功抵达天津大沽口时，被清廷严令禁止进入天津城，法国知难而退。

根据清廷规定，这次与外国谈判只能在大沽口炮台水边的帐篷里。麦莲与伯驾一看那简陋的两顶帐篷顿感受到了莫大的侮辱。在广州行医备受尊重的伯驾更是无法忍受，他到中国这么多年，第一次感到如此无地自容。

英国传教士麦都思（W.H.Medhurst）与伯驾提出，因为年龄与身体的原因，希望能到天津城内谈判,被清廷官员拒绝。伯驾又提出是否可以在大沽口的房子里谈判,清廷官员再次拒绝,这使伯驾心绪难平。

无奈,双方在帐篷展开谈判,前长芦盐政崇纶、长芦盐政文谦、天津镇总兵双锐作为清廷代表出席。对于美国提出扩大贸易口岸等重大提议,清廷代表一概拒绝,谈判官员的头摇得像拨浪鼓。

清廷同意修改的条款只是一些细枝末节,这在美国人与英国人看来,根本微不足道。

清廷代表以需要进京请示为由,将伯驾等人晾在大沽口一个月。深秋的海边,凉意渐浓,偶尔还有一丝寒意。在伯驾看来,清廷冷漠的态度才是透骨的寒。

眼看寒冬将至,美国人与英国人不得不撤退。到上海后,大家都非常懊恼。麦莲立即致信美国政府,建议调遣三支海军力量封锁中国的三个重要河口,即广东珠江口、上海吴淞口、天津大沽口。伯驾也支持对中国采取强硬政策,希望用封锁的方式迫使清廷妥协。

太平天国也让伯驾非常失望,伯驾觉得洪秀全完全没有一个基督徒的样子,根本就是一个疯子,所谓的太平天国更像一个乌托邦。伯驾心乱如麻,很少再到医院行医,医院完全由助手关韬打理。

回到广州的伯驾发现,广州再次陷入动乱中。三合会起义军开始围攻广州,伯驾的医院也不得不停业关闭。

1855年,或许是伯驾前所未有最郁闷的一年。自己的母亲、妹妹相继去世。梁阿发也带着上帝的祝福升入"天堂"。其他传教士朋友也有多位病亡,最乐于资助自己的奥利芬也撒手而去。

心灰意冷甚至万念俱灰的他,决定回国,与中国永别。

原本人们以为51岁的伯驾回国后不再参与政治,谁知,1855年8月,他又受邀参与了国务卿威廉·马西(William Marcy)的讨论会。

马西亲切地问道:"听说你的背部一直疼痛,好像是肾脏出了什么问题?"

伯驾略微有点惊讶,忙说道:"感谢阁下关心,可能是在天津大沽口海边睡帐篷引起的,似乎无大碍。"

"你的中文水平现在如何?"马西认真地看着伯驾。

"广东话基本能听懂，官话就差了很多。毕竟我长期在广东。"伯驾没敢吹牛。他在做顾盛的秘书与翻译时，耆英对他的中文评价是极其糟糕的。但过了那么多年后，伯驾自信进步不少。

"现在麦莲公使已经离任，驻华公使一职现缺，你是否有兴趣？"马西试探地问道。

"天啊！又要让我去中国。"伯驾说，"老实说，我原来想竞争这个职位，我太太还曾试图找朋友帮忙。但几次都没有成功，我也就不再奢望了。"

"我已经向总统皮尔斯先生推荐了你，我们对你很有信心。"马西微笑着注视着伯驾。

伯驾没有理由再推辞，愉快接受了这个职务。或许伯驾对在天津大沽口受到的"冷遇"始终难忘，获得公使的权力后，他期待有更大的作为。

1855年12月31日，伯驾回到广州。外国商馆区到处弥漫着新年的喜庆，伯驾的心情也随之变得舒爽。

伯驾的首要任务还是修约。在返回中国的途中，伯驾特意去了英国、法国一趟，获得了两个列强的支持。

1856年5月2日，伯驾正式照会叶名琛，提出全面修约的要求。英国、法国同样发出照会支持美国。叶名琛照例转奏朝廷，朝廷一口回绝："各夷议定条约，虽有十二年后公平酌办之说，原恐日久情形不一，不过稍有变通，其大段断无更改，故有万年和约之称。"

碰了钉子的伯驾北上上海，找怡良谈判，同样被回绝。两年前的一幕再次出现，并没有因为伯驾当了驻华公使而有所改变。

一个偶然的事件让伯驾看到了希望。1856年10月8日，广东爆发"亚罗号事件"，英国借机发动战争。11月6日，美国东印度舰队炮轰珠江沿岸横档炮台，这是美国历史上第一次武力攻击中国。

伯驾立即向美国政府提出侵占中国台湾计划。

12月12日，伯驾致信华盛顿："如果英、法、美三国代表亲临白河，而不被迎接到北京去，那么法国可占领朝鲜，英国再行占领舟山，美国占领台湾，一直占领到对过去的种种获得满意的对决，对将来有了正确的谅解时为止。如一旦如愿以偿，上述各地应立即归还，交涉当不致再发生波折，各关系国最有利及最理想的结果也必可获得。"

美国的疆界自1848年扩展到太平洋沿岸后，一直试图开辟一条穿越太平洋直达中国的航线，台湾因地理位置的重要自然进入了美国人的视野。

其实列强对台湾早有觊觎。英国、美国军方曾多次派员到台湾进行勘察。美国有些商人借机进入台湾，垄断了樟脑贸易，并在高雄港升起美国国旗。美国商人没有老实做生意，居然与伯驾互相勾搭，试图成立"台湾独立政府"。

1857年2月12日，伯驾再向美国国务院提交台湾问题呈文，称美国很多同胞都已经成为中国荼毒残虐之下的牺牲品。

迫不及待的伯驾与美国在华海军司令亚门司隆（Amstrong）在澳门密会，亚门司隆虽然赞同伯驾的建议，但碍于海军实力不足，不敢贸然占领台湾。

伯驾第三次向美国国务院提交呈文："如果说有一个国家，其所作所为理应受到报复的话，那就是中国。它一直不履行它和美国所缔结的义务，又不准许美国享受自己所主张的权利。假使它坚持这种做法，显然，根据国际法的公认原则，美国如果愿意，就有权占据台湾，以示报复，直到美国所受的损害得到满意的赔补时为止。"

美国国务卿马西最终否定了伯驾的主张，认为没有必要。行政部门没有宣战之权，总统也不想这么干。

伯驾的努力最终碰了一鼻子灰。

没等伯驾灰心丧气，美国新总统詹姆斯·布坎南（James Buchanan）上台。新人新气象，布坎南于1857年4月24日重新任命了驻华公使，并同时解除了伯驾的职务。

几周后，伯驾带着他不太快乐的妻子永远离开了中国。

伯驾自称在中国行医二十余年，治疗患者达5.3万名，当然，不一定是他亲手所治。要说伯驾最大的贡献，就是引领西医真正走入了中国。

在来华的美国传教士中，行医、办医院的不止伯驾一人。1838年，裨治文也曾开办过博济医院。创办花华圣经书房的麦嘉缔也是一位医学博士，1844年，他进入佑圣观内行医，在行医期间收养了一个中国女孩金雅妹。在麦嘉缔的影响下，金雅妹赴美国就读纽约一家女子医科大学，成为中国近代第一个女大学生。

三、美国人在太平天国的**奇**幻之旅

　　有些传教士不是医生，但也会为求医者免费治病。洪秀全在广州教堂学习的老师罗孝全没有学过医，但他下面的成员有医生，如蓝道英等人。罗孝全的日记中有这样的记载，"蓝医生几乎每天都为一二名乞丐病人免费看病，对他们很友善。今天我和他一起去看一位病人，他不但生病，而且穷得一文不名，衣不蔽体，医生主动给他一些铜板。"

　　罗孝全没有学过医，而且学历也不高。相比耶鲁大学双学位毕业的伯驾，罗孝全基本与文盲差不多。1802年，罗孝全在田纳西州森纳县的一个农场内出生。母亲、哥哥是基督徒。他最初只是在乡间小学辗转学习，后来进入南卡罗来纳州福曼神学院学习。他在神学院只学习了一个学期。这成了罗孝全受教育的全部，按今天的尺度来衡量，罗孝全连初中毕业水平都没有。

　　19岁受洗，26岁成为牧师的罗孝全，在看到信会刊物时，以为自己找到了组织。罗孝全致信波士顿浸信会，希望加入该会。浸信会严格按照入会要求，对罗孝全进行了审核。多个证明人对他的评价都不高，虽然体格强壮，对基督教也很虔诚，但他与人相处不佳，领悟能力不足，他被评价为"布道的才能不超过平庸水平""他天生才能平平常常，遗憾的是，他似乎不知道自己的平庸"。

　　最终，罗孝全没有被浸信会录取。

　　罗孝全很有魄力，他索性将自己家的农场抵押贷款，并拉来几个在宗教界有影响力的人，一起组建了中国传教会。

　　既然是中国传教会，到中国去传教则是主要任务。正是在这种定位下，罗孝全于1837年来到澳门，正式进入中国。

果真如别人对他的评价那样，罗孝全的社交能力较差，走到哪里都不太受欢迎。罗孝全进入广州后，遭到了裨治文、伯驾等人的轻视。伯驾等人看不起美国南方的传教士，伯驾形容罗孝全就是一个粗鲁的乡下佬。伯驾直言，罗孝全目不识丁，轻率鲁莽，对人性和世界了解得非常少。另一位传教士叔未士评价罗孝全更狠，说他英语交流能力都很差，且非常自大、鲁莽，让别人无法与他合作。

罗孝全知道自己处境不妙，狠心忏悔，绝食10天，一下子又打动了叔未士。经过叔未士向美国公理会差部汇报后，公理会差部决定资助罗孝全赴香港传教。

香港传教非常不顺利。罗孝全不会粤语，当地百姓由于文化程度不高，也读不懂那些散发的宗教小册子。每天窝在一间小茅屋里传教，罗孝全有些郁闷。后来在好友郭士立的大力支持下，罗孝全如愿以偿进入内地传教。

1844年5月15日，罗孝全来到广州。此时，广州受鸦片战争影响，排外意识比较严重，罗孝全落脚广州也冒了很大风险。他先是在外国商馆附近的联兴街租了一所房子作为宣教点，后又搬迁到南关天字码头东石角，正式成立教堂，命名为"粤东施蘸圣会"。《劝世良言》的作者梁阿发是该教堂的长老之一。

罗孝全招了三个中国助手。为了坚定他们的信心，罗孝全给他们举行了庄严神圣的宗教仪式，但需要戴十字架的时候，他们又犯了难。因为一个中国人若公开戴十字架，容易遭到官府惩罚与百姓攻击。

罗孝全的教堂位于广州最贫穷的地方，当地百姓对教会尖状的建筑感到既好奇又有些害怕。房东也陷入了不安中，担心惹来麻烦。罗孝全倒是不害怕，他在教堂外挂起一面铜锣。铜锣是中国传统乐器，罗孝全貌似希望以敲锣的方式来讨好中国人，化解对立情绪。

罗孝全的教堂坚持免费治病救人，行医是手段，传教才是目的。即使做公益慈善活动，仍难打动别人加入基督教。罗孝全听说花县（今广州市花都区）有个洪秀全自行传教，并让手下教徒周道元写信，邀请洪秀全来广州。洪秀全对罗孝全也早有耳闻，正有取经问道之意。

1847年3月27日，四次科考落第的洪秀全与族弟洪仁玕主动登门学习，这让罗孝全感到非常惊喜。罗孝全对待洪秀全非常上心，每天讲道，帮助他学习《圣经》旧约、新约，听受功课，学唱三一颂，他希望洪秀全在将来的传教活动中发挥重要作用。

罗孝全后来在美国曾专门发表文章，谈到洪秀全在教堂的学习经历。

"1847年，他作为一名宗教问道者来到我在广州的住所，我教他基督教和圣经的知识两个多月……他参加我们的圣经班，默记和吟诵经文，在班上每天接受教导两小时。"

这次学习成为美国传教士与洪秀全及后来太平天国接触的开始。

洪秀全的态度很像一个学生，但他的表现又与普通学生不同。按照惯例，在教堂学习前，要交一份自述材料。洪秀全在自述中讲到了1837年大病时，梦中上天堂的异象，

据罗孝全后来回忆道："当洪秀全初来我处时，曾写就一文详述其获得《劝世良言》一书之经过及其得病情形及病中所见之异象，皆一一详述，又谓梦中所言与书中所言两相证实。在叙述异象时，他详说了一些事。对此，我承认，当时和迄今都感迷惑，他对圣经没有较广泛的知识，不知他从何处得知这些事。"

洪秀全到来后，罗孝全给朋友写了一封信，讲述了对洪秀全的初步印象。

"三四天以前有两位问道者从二三十里外的乡村来，唯一的目的是来接受福音教导。他们都写了一篇材料，陈述他们对心性的修炼，这导致他们来此受教。他们所写的材料简明平易，叙事明白，令人满意，读后使我确信主已乐于感化他们的心，驱使他们抛弃偶像来寻求救主！……其中一位的陈述简直同罗马百夫长科尔乃略（Cornelius the Centurion）的异象差不多。如果是在使徒时代，我就会用圣经语言坦白地说，他见到了天使的景象，天使们向他指示一些事物，教他一些以前不知道的事物，其中有些他似已部分领悟，另一些他承认还不知道其意义。但他所陈述的这些事物，都是出于圣经的。他已学到的一件事是，偶像崇拜是错的，所以他很快就抛弃了偶像，并教别人也这样做。"

从这封信中可以看出，罗孝全对洪秀全的印象非常不错。他的惊喜跃然纸上："我感到，我几乎相信，是主送他们来这里的，如果这样，不用很久他们就会加入我们的教会。"

后来的太平天国官书《太平天日》中也记载了洪秀全向罗孝全学习的经历："与花旗番罗孝全共处数月，主（洪秀全）历将遗诏圣书、新遗诏圣书细览。"

就在洪秀全在罗孝全的教堂处学习前后，教堂两次遭到攻击。5月23日、8月

28日，广州民众围攻教堂，毁坏建筑，盗窃物品。罗孝全立即向广州当局申请财产保护。

按照中美《望厦条约》，此类事件属于国际犯罪行为。此时任美国驻华代理公使兼秘书的伯驾审理了此案，伯驾依据条约第19条规定，判决中国方面赔偿损失，共计1400美元。其实，第19条只规定中国官员有责任保护外国人，并将由于失职而受惩罚，但并没有赔偿的责任。

在这种环境下，罗孝全帮助洪秀全学习了三个多月。

转眼到了7月中旬，洪秀全希望受洗入教。作为一个基督徒，受洗是非常重要的仪式，只有完成受洗才算是一名真正的基督徒，同时具备传教布道的资格，并得到教会的承认。

每一个受教者都将受洗当作一种最为神圣的洗礼，基督教认为受洗意味着被上帝赦免，去除罪孽，并免受地狱之苦。受洗过后，心灵洁净，灵魂升华，人也会焕然一新。

但洪秀全并不是一个真正意义上的基督徒，至少不是一个普通的基督徒。洪秀全早有革命志向，屡次科考失败，砸了孔子牌位，立志将来要自己制定考试规则。在入广州教堂前，还曾与冯云山去广东传过教，并编写过《原道醒世训》《原道觉世训》《百正歌》。你很难说他是一个普通的传教人，他至少有一定的野心。

经过三个多月的接触，罗孝全也有发现，此时的洪秀全对于《圣经》的理解与自己有很大偏差，且言语有些怪诞，总是神神道道。当洪秀全正式向罗孝全提出受洗的请求时，两人对《圣经》的理解产生了重大分歧。

洪秀全一直坚称自己当年患病做的异梦是真实的，并向罗孝全详细描述了梦境中的景象。

据洪秀全说，在一个阴沉的午夜，花县官禄布村里异常寂静。突然天空中一道亮光闪过，一条龙样的动物飞到洪秀全的院子中。熟睡中的洪秀全被惊醒，他缓慢推开门，走了出来。

洪秀全发现，一座华丽的轿子正停在院子中，却看不到一个轿夫。他迟疑地钻进轿子想看个究竟，轿子却移动起来。在舒适的颠簸中，洪秀全又睡了过去。不知过了多久，天光大亮，轿子来到了一条小溪边。一位和蔼的白发老妇笑盈盈拉着他的手，带他走到小溪中。洪秀全褪去衣裳，轻轻地用溪水洗着身子。净浴后，老妇人带洪秀全又走进一座豪华的宫殿内，一位法老用刀剖开了洪秀全的身体，将其五脏六腑全部挖出，又换上了一套新的。法老赏赐给洪秀全三样宝物：一把宝剑、一块印绶、一颗金果。

洪秀全吃下金果后，突然大汗淋漓，五脏六腑翻江倒海，洪秀全大叫起来。突然，洪秀全发现，自己正坐在床上，衣服全湿，窗外的夜仍一片漆黑。

洪秀全坚称自己见到上帝的说法，说那是一个天上至尊的老人，披金发、衣皂袍，巍然坐于最高宝座上，并称世界人类皆我所生所养。

对于洪秀全说的这些，罗孝全自然是不相信的。他派了一个调查组去洪秀全的花县老家进行实地调查。调查结果并没有什么异常，大多数村民对洪秀全的评价是积极正面的。

罗孝全为此专门成立了一个委员会，计划对洪秀全进行公开考核。各种理论，《圣经》新约、旧约，洪秀全都对答如流。

面试进行得很顺利。此时洪秀全突然说了一句："我穷，没有生活来源，加入教堂将丢掉我的职业，我不知以后会怎样过活。"

罗孝全一愣，盯着他。

"牧师先生，您是否能为我提供一份收入？"洪秀全直截了当地问道。

罗孝全有些惊讶，半天没有说话。

"作为教堂的一名成员，并不是某种雇佣，也与报酬无关。我们不应出于邪恶的动机而加入教堂。"罗孝全直接拒绝了洪秀全开工资的请求。

"我不知道将来怎么办？"洪秀全大声说道。

罗孝全决定停止给洪秀全洗礼，并无限期推迟。

也许是罗孝全在考验洪秀全，也或许是罗孝全认为，洪秀全不应在公开仪式上提钱。其时罗孝全手下的雇员都是有工资的，如他的两位黄姓助手，每月工资是8元。

对于受洗失败的原因，据洪仁玕后来回忆，貌似洪秀全被罗孝全的两位助手骗了。因为就在前几天，两位助手还告诉他，应该向罗孝全要求开工资。洪仁玕推断，有可能是两位助手怕洪秀全抢他们的饭碗，才如此忽悠他。

没有受洗成功，洪秀全自然很沮丧，就如同科考失败一样，有巨大的挫败感。

几天后，洪秀全与洪仁玕借口离开了罗孝全的教堂，出走广西。

罗孝全做梦都不会想到，被自己拒绝洗礼的洪秀全几年后会成为天平天国的领袖。

六年后，1853年5月中旬的一天，罗孝全在住处与伯驾等人一起聊天时，突然有几个本地人模样的人送来一封信，对方自称是天地会中人，说信是南京送来，专门送给罗孝全的。

罗孝全狐疑地打开信后，突然大叫，还差点跳起来，原来是洪秀全写来的。

此时的洪秀全已经今非昔比，自金田起义后，太平军横扫半个中国，定都南京，洪秀全成了太平天国的皇帝。其实在一年前，罗孝全去香港时，就看到过太平天国的各种文书。他惊讶地发现，太平天国的领袖竟然是自己的学生，罗孝全简直不敢相信自己的眼睛。

学生成了大器，罗孝全非常高兴，甚至是狂喜。此时的罗孝全境遇非常不好，在广州教堂，裨治文的表亲詹姆斯因为抑郁割喉自杀，罗孝全因见死不救，被差会部直接开除。

一个传教士，如此不人道，罗孝全在中国备受孤立，没有人喜欢他，也没有人愿意支持他。

听说洪秀全成为太平天国领袖后，罗孝全便萌生了去太平天国的想法。但他又顾忌重重，当年拒绝了洪秀全，洪秀全一定还在恨自己。况且，如今两人地位悬殊，洪秀全能否再认自己这个老师，恐怕还是个问号。

让罗孝全不知道的是，洪秀全并未忘记这个宗教启蒙老师。洪秀全在各种场合中经常提到这个美国传教士。冯云山、萧朝贵等太平军将领都知道罗孝全。

接到洪秀全的亲笔邀请信后，罗孝全抑制住内心的狂喜，让伯驾检验真伪。伯驾看后，发现信中有洪秀全的签名，还盖有"天德太平王印"，伯驾觉得没有大问题，很可能是真的。信是这样写的："分别许久，时切忆念。际此春风和煦，远人益深怀想。尊兄远涉万里重洋，敷扬救主真道，全心事主，竭胜钦佩。敬启者，弟虽愚劣，但承天父不弃，天恩浩荡，今已奄有两湖及江南广袤之地。前曾数次奉函，迄未获复。弟虽诸多公务缠身，未暇日夕宣教，但已将十诫布之于军民人等，教其朝夕诵祷，惟领悟福音者为数尚未甚多。现特派人前来问安，请尊兄不弃，多带兄弟前来，传布福音，施行洗礼，使获真道。嗣后弟之事业成功之时，当使真道布于全国，使人人归于上主，敬拜独一真神，次乃弟真心祷望者。余不尽言，即颂大安。愚弟洪秀全拜上。"

罗孝全立即将洪秀全来信一事向美国驻华公使马沙利（Humphrey Marshall）做了汇报。

罗孝全觉得，这是天意。几十年来，外国传教士在中国很难施展拳脚，传教速度实在太慢。太平天国的壮大，无疑让罗孝全看到了希望，未来中国有望实现全面基督化。自己作为洪秀全的老师，将来的历史地位绝对不可估量。

"天意真是奇妙，与外国战争之出人意料的结果乃是中国之开放。如今，倘此次革命将推翻偶像之崇拜而开放门户，使福音得普遍传播于全国，则结果岂非同样奇妙耶？"开始热衷写作的罗孝全为《北华捷报》写了一篇激动人心的评论。

到太平天国去，广阔天地，必大有作为。

马沙利明确反对罗孝全去接近太平天国，首先马沙利并不同情洪秀全，甚至持敌视态度。最主要的是，根据两国条约规定，美国奉行中立政策。罗孝全傻傻地跑到上海面见马沙利，再次提出申请，再次遭到拒绝。实际上，马沙利也是不得不公开表态，后来他私下里骂罗孝全是笨蛋："为什么不自己直接去？对我讲这些干什么？当然，我只能告诉他不能去。"

罗孝全邀请传教士戴作士（Charles Taylor）一起去，半年前，戴曾访问过太平天国。8月3日，趁着夜色黄昏重，二人悄悄登上一艘小船，刚驶上长江不久，就被巡逻的清军水师发现，二人被勒令返回。

再说这个与罗孝全同行的传教士戴作士。

1853年3月29日，洪秀全定都南京，改名天京。太平天国进入全新阶段。随着太平天国的壮大，外国传教士对这个带有基督性质的新政权兴趣愈加浓厚。

4月初，马沙利与戴作士一起，在上海乘坐美国"色士奎哈那"号军舰前往天京。谁知，刚在长江上行驶了48千米，便遇礁搁浅。出行不顺，马沙利返回上海，戴作士换帆船继续向天京进发。快行驶到镇江时，戴作士徒步前行，最终于6月4日抵达太平天国辖区镇江。

镇江刚刚被太平水师攻下，秩序还没有完全恢复。太平军将领罗大纲热情接待了戴作士，并带他参观了军营。戴作士在镇江停留了3天，对太平天国有了非常直观的感受。

戴作士是第一个访问太平天国的外国传教士，但他对太平天国的了解并不全面。在戴作士看来，太平军纪律严明，士气高昂，或许能成就大业，但他们对西方的了解并不多。

罗孝全去天京失败后，恰逢小刀会在上海起义。罗孝全似乎没有搞清小刀会与太平天国的关系，以为小刀会就是太平军。其实，后来小刀会也曾自称是太平军的一部分，但没有得到太平军的承认。

罗孝全拜访了小刀会的领袖刘丽川，希望担任起义军的"宗教顾问"，但小刀会根本不是太平军，没有上帝、耶稣这套理念。罗孝全有些自讨没趣，便暂时撤回了广州。他没有放弃去太平天国的念想，一直在等待机会。

1854年5月21日，美国特使麦莲与裨治文同样乘坐美国军舰"色士奎哈那"号前往天京。在阻力重重中，麦莲一行还是于5月27日抵达天京城下。

裨治文带舰长布里南的照会上岸，希望拜见杨秀清。三天后，太平军以不合情理为由拒绝。照会用语同样是天朝口吻，与清廷的风格没有什么两样。

"今接尔布嘉南来文，据称欲谒见东王金颜，但本大臣阅尔文内，擅用照会东王等语，实属大不合理。……尔等身居海宇，同沾恩德，自当跪具禀奏，方合投诚之道理，以见来朝之忠诚。"

本来麦莲是以特使的身份代表美国政府来访问太平天国的，结果却被当成了投诚，这让麦莲等人实在无法接受。麦莲也来了脾气，你不想见，我也不想再和你们打交道。

没有见到杨秀清，麦莲等人乘船继续沿长江西行，以游览之名沿途考察太平天国的治理情况。这些美国人搜集情报的功夫一流，他们基本都是中国通，有人还混进了天京城内。麦莲等人到达安徽芜湖后，便调头返回上海。

相比戴作士之行，麦莲等人对太平天国有了更多的观感。除了强有力的行政管理值得赞赏外，太平天国的其他表现则让美国人比较失望。

美国人发现，太平天国虽然承认《圣经》，但常有篡改，与基督教并不相同。洪秀全自称天王，是万国必须敬拜的唯一真神。太平天国政权是政治、宗教的混合体，合法性来自君权神授。

裨治文还敏锐地发现，太平天国称，在夺权全国政权后将不会承认清政府与西方各国签署的条约，除非是在压力之下。这条让西方各国非常担忧，原本打算支持太平天国的西方国家不得不重新做出选择。

裨治文在给朋友的信中称，太平军的信仰是"混杂着深重的黑暗和严重的无知""他们是否完整地掌握了任何关于圣灵的明确知识，是值得怀疑的"。

远在广州的罗孝全仍在做着太平天国的梦，并不时向周围的人吹嘘，太平天国的领袖是自己的学生。

1860年6月，太平军一路势如破竹，攻克苏州。

洪秀全始终没有忘记罗孝全，一直在四处打听罗孝全的下落。英国额尔金勋爵访问天京时，洪秀全也不忘询问罗孝全的情况。太平军占领苏州，罗孝全得知消息后，立即从广州北上。广州教堂被毁的官司已经打赢，广州官府也支付了赔偿，罗孝全不再有路费之忧。9月22日，罗孝全经上海到达苏州。

中秋时节的苏州，秋色怡人，苏州城迎来了贵客。罗孝全所到之处，太平军士兵一律敬礼鸣锣，李秀成以最高的礼遇将罗孝全迎进忠王府。

在装饰一新、茶果飘香的忠王府，罗孝全与李秀成似多年的老友，无话不谈。在一阵客套寒暄后，两人重点谈到时局问题。

"自我天国成立以来，听闻贵国与其他西方国家一样，奉行中立政策。但在上海，你们却与清军结盟，对我们进入上海设置障碍。如此言行不一，我们表示很不满。"李秀成开口便把矛头指向了美国。

罗孝全不知如何回答，回避了这个话题，转而提醒李秀成说："忠王阁下，时下英法联军已经攻进北京，一旦他们与清廷达成和解，恐怕连中立都难保持了，甚至还会联手对付太平军。"

李秀成听后一怔，眉头突然紧皱。

李秀成或许一直忙于太平军的军务，对英法联军在北方的行动知晓不多。就在太平军连克江南多座城市时，英法联军已经侵占了渤海湾。

就在太平军迎接罗孝全的当天，咸丰帝已经北逃承德。当李秀成与罗孝全轻松聊天的时候，咸丰与慈禧等人正经历着路途的颠簸与饥渴的煎熬。

李秀成停顿了一会儿，又说："太平军信仰基督教，西方人也信仰基督教，我们同拜上帝，同敬耶稣，共沐天恩，中国有句古话，本是同根生，相煎何太急。四海皆兄弟嘛。"

罗孝全微笑点头，表示赞许。

在游览过苏州的繁华后，罗孝全在太平军的沿途护送下，于10月13日到达天京。从第一次出发赴天京失败，到如今正式成行，罗孝全等待了七年。

洪秀全也终于等来了自己的宗教老师，从1847年受洗失败离开罗孝全后，一晃就过去了十三年。

同样是隆重的欢迎仪式，同样是高规格接待。洪秀全在天王府热情迎接罗孝全。

进入殿门时，陪护人员提醒罗孝全要行跪拜礼，被罗孝全拒绝。陪护人员说，这是行拜上帝礼，所有人都要下跪。罗孝全听说要跪拜上帝，便非常顺从地下跪。没想到，他跪拜的不是上帝，而是洪秀全。罗孝全顿感被愚弄。

洪秀全笑脸相迎。罗孝全没想到，洪秀全会摆这么大的架子。

罗孝全心里虽有不悦，但没有表现出来。两位老朋友很快进入热聊状态。

望着眼前这个黄袍加身、号令天下的一代天王，罗孝全真是不敢相信，此人十三年前还是一个乡下人打扮，对自己虚心求教的学生。

"老师莅临天国，学生倍感荣幸。师恩厚重，学生无以回报，只有高官相赠。"洪秀全在罗孝全面前，多少还是比较谦虚的。

"谢天王厚爱，我不敢接受。"罗孝全似乎有点受宠若惊，但还是婉拒了一番，客套是必须的。

"老师不必客套，就封老师为'通事官领袖'一职吧。"洪秀全封官是认真的。通事，即翻译，通事官领袖，大致相当于翻译局局长。

不知什么原因，罗孝全仍然没有接受。对于赏赐三个妻子的事，罗孝全吓了一跳，58岁的美国男人实在承受不起。其他赏赐，罗孝全倒是照单全收，包括行馆、黄袍、薪俸。

后来，洪秀全或许是觉得罗孝全嫌官职太小，又封他为外交丞相，即外交部部长。洪秀全还专门给罗孝全一个特权，即见到自己可以不下跪，也可直接与自己亲笔通信。

罗孝全的本意是借太平天国的平台推广"福音"，让中国迅速基督化。而洪秀全召罗孝全来，是希望通过他来论证拜上帝教的合理性，并借此向全国推广。也就是说，洪秀全给罗孝全的定位是智库，同时还是宣传机器。

洪秀全提出，在天京兴建18所大型教堂，并计划在全国各大中城市按同等比例推广。罗孝全最初感到兴奋，以为自己有大展拳脚的机会，后来逐渐发现，根本不是那么回事。

罗孝全后来回忆道："并不是要我宣扬耶稣基督的福音……而是我要做他的官，宣扬他的一套教义，劝导外国人归向他。"

最让罗孝全不能接受的是，洪秀全自称上帝之子，是耶稣的弟弟。

固执的罗孝全仍然希望用正宗的基督教教义在天京布道传教，洪秀全对他也没了客气，洪仁玕更是对罗孝全不能忍。

1862年1月13日，洪仁玕突然带人冲进罗孝全的住所，上来就给了罗孝全一耳光，还把一杯茶泼到了他的脸上。更为恐怖的是，洪仁玕直接用佩剑杀死了罗孝全的仆童。或许，洪秀全也只能以这种方法才能赶走罗孝全。

罗孝全大梦初醒，知道自己不能再待下去了。

1月20日，天京城内张灯结彩，洪秀全隆重庆祝自己四十九岁生日。借此欢乐祥和之时，罗孝全迅速逃离，钻进一艘停泊在长江上的英国军舰。

回到上海的罗孝全便向《北华捷报》发文，抨击太平天国，骂洪秀全是疯子、狂人，骂洪仁玕是杀人犯。

"我先前曾经是他的革命运动的朋友……但是，在他们那里住了15个月，并密切观察了他们的活动——政治的、商业的——我已经完全地革面洗心，坚决反对他们……洪秀全对我非常友好，但是，我相信他是一个狂人，完全不适合做一个统治者……他的宗教自由和众多的教堂结果变成了滑稽戏。在传播基督教方面，完全无用，比无用还要坏。他仅仅是为了传播他自己的政治宗教，把他自己和耶稣放在同等地位，耶稣、天父上帝、他自己以及他的儿子构成对一切的统治者。"

罗孝全还向新任美国驻华公使蒲安臣做了汇报，阐明了自己理想幻灭的过程："我既然于1847年做过洪秀全的宗教老师，自他高升以后，我更希望这个国家能够在宗教、商务和政治方面获得良好的结果，故我对这场革命运动一直表示友好。作为一个传教士，在我到他们中间以前或以后，只要不损害基督大使高尚的品格，我都曾用言语和行动来支持他们。但在他们当中居住十五个月后，对他们的宗教、商务与政治用各种办法做了详尽的观察，我已经翻开了新的一页。现在我反对太平天国的程度（我以为这种反对是以很充分的理由为根据的）同我当时赞助他们的热情是有过之而无不及的。"

对待太平天国，从幻想到抨击，罗孝全的态度其实也是美国政府的态度。

1853年，马沙利赴天京没有成功，他在向国务卿马西汇报时认为，中国出现了更加进步和文明的曙光。

然而，1854年，麦莲赴天京后，对太平天国的认识发生了改变。麦莲逐渐开始偏向清政府，支持在上海设立监督制度，稳定商业秩序。同时，美国人还积极配合清政府镇压小刀会起义。

在美国政府的默许下，美国人华尔组织了一支洋枪队，果断阻击太平军攻打上海。包括法斯尔德、白齐文等美国人在内，纷纷加入这支常胜军。

如果没有美国人，清政府恐怕很难守住上海。

四、华工赴美淘金的血泪

蔚蓝的大海波涛起伏，辽阔的海面上总有信天翁在嘶鸣。一艘由厦门开往旧金山的"罗伯特·包恩"号帆船乘风破浪，行驶在中国东南沿海。帆船承载着475名中国人的"美国梦"，去美国西部淘金是他们的唯一梦想。

夕阳西下，天色暗淡，几名美国船员与一名翻译走进底部船舱，下面闷热潮湿，还伴有一股难闻的气味。所有中国人都挤在底部船舱里，各舱室面积狭小，居住环境极差。

美国船员用脚踹开门，大声喝令："全体集合，不得怠慢。"原本喧嚣的舱室突然一片安静，美国船员感到了一丝惊讶，没想到这些散漫的中国人竟然也有默契的时候。

"啪""啪"，几名动作稍慢的中国人挨了藤条抽打，美国人粗暴地推搡着他们。愤怒的中国人大声抗议着，黝黑的脸上青筋暴起。

船员高声宣布："美国是自由的乐土，去美国做工，必须与野蛮、落后彻底脱离。根据布里逊船长的命令，你们的丑陋的辫子今天必须剪掉。"

经翻译告知后，中国人顿时炸开了锅。

"留辫子是我大清的祖制，身体发肤，受之父母。坚决不能剪！"一些中国人举起了拳头，高声叫喊着。

见有人敢不服从管理，美国船员上前用藤条伺候，一边抽打一边大骂着："该死的中国佬！"

傲慢的美国人激起了中国人的愤怒，一些人高喊："杀了他！杀了他！"愤怒的情绪传染给每个人："兄弟们，反了吧，我们受够了！"

中国人发出了怒吼，美国船员开始害怕了。一名船员成功脱身后，迅速喊来大批船员，双方在船舱里爆发了激烈的打斗。

尽管部分船员手里有枪，但仍然禁不住中国人的猛烈攻击。怒火中烧的中国人杀出船舱，寻找船长报仇。他们砸开驾驶舱，将船长布里逊揪到甲板上，一阵猛烈的拳打脚踢后，将昏迷的布里逊直接扔进了海里。

船边的海水被血染红，帆船放慢了速度，随着海浪在摇曳，大批信天翁围绕着帆船翱翔、嘶叫，似乎在围观着一场人类的仇杀。

1852年3月30日的这个夜晚，充满了血腥与暴力。

一个小时后，船上恢复了平静。包括布里逊船长在内，美国人共死亡7人，中国人共死亡10人。双方达成妥协，帆船返回厦门。

在途经琉球群岛时，有些中国人想尽快远离是非之地，就此上岸，其他人则随船回到了厦门。

此事无疑引发厦门当局震动。肇事的中国人就地被逮捕羁押，部分人被移送广州，移交美国代理公使伯驾审理。

伯驾认真审理了此案，对重要参与者一一听其供述。伯驾也承认，此案诱发是由美国人强迫剪辫子导致，但他仍认为其中有17名中国人犯有海上抢劫罪，且罪行严重。伯驾建议中国方面将这些中国罪犯处死。

中国方面则禁止向清廷呈报，只答应在地方层面调查、解决。地方官员认为，中国向来禁止国人去往海外，朝廷不愿意讨论这个问题。

一个并不复杂的案件，双方拉扯了数年。最终，中国方面处死了1人，另有1人提前死于狱中，其余人则无罪释放。

此案是中国人赴美的一个缩影，也是苦力贸易矛盾的一个爆发点。在美国传教士怀抱"改造"中国、"拯救"中国人灵魂的理想而远赴中国的时候，大批的中国人难以抗拒赴美国发财的美好梦想，开始集中涌向美国，去打工赚钱。

鸦片战争前，一向安土重迁的中国人很少出洋谋生。康熙帝更是多次发布禁海令。后来虽有反复，但向海外移民一直是属于非法的。

1800年左右，广东、福建一带的中国人开始被零星拐骗，出洋打工。鸦片战争后，这种现象开始加剧。一方面是国内战乱频繁，百姓困苦加剧；另一方面是外国资本家的贪婪，希望将奴隶贸易复制到中国。

中国与美国远隔重洋，本无过多交集。随着美国西部金矿的发现，一场史无前例的移民运动逐渐生成，大量贫苦的中国人开始向美国移民。

1848年初，美国西部加利福尼亚发现了大量金矿。此消息迅速传遍世界各地，同样也传到了中国。部分在美国做生意的中国人将发财的喜讯带回香港，后传到澳门、广州。传言越传越邪乎，说什么一人一天就可以挖到两三磅黄灿灿的金块。去美国淘金成了众多广东百姓的梦想，尤其是很多贫苦的底层农民。

一些船主迅速意识到了巨大商机，纷纷向广东各地散发宣传小册子、海报和地图，鼓励农民去闯荡，淘金致富。

珠江三角洲以西，山峦崎岖，连绵的山丘掩饰不住贫瘠与荒凉，硕大的棕榈树下是终日辛苦劳作的农民身影。狭窄的溪谷旁，阡陌纵横，村庄密布，橘林与荔枝林交织，猪圈与粪坑同在，菩提树下诉说着农民们为生计奔波的艰辛。

广东的"四邑"与"三邑"地区的贫苦农民率先对美国淘金产生了兴趣。"四邑"是指台山、开平、新会、恩平等县，经济比较落后。"三邑"是指南海、番禺、顺德，经济稍好。

很多农民被这样一则招工广告打动："美国人都很富，他们希望并且欢迎中国人到那儿去。那里的工资高，房子又宽敞。至于吃和穿，更是任你挑任你选。你可以随时给亲友写信寄钱，我们保证信和钱都能安全邮到。

那可是个好地方，没有官府，没有士兵，人人平等。现在那儿已经有许多中国人了，你不会感到陌生的。那里也有中国财神，还有招工局代办处。别害怕，你会走运……美国的钱多得很，随你花！"

带有明显欺骗性质的招工广告极为蛊惑人心，让见识很少的农民充满了幻想。带着家乡亲人的寄托，在父母泪眼婆娑中，很多年轻的农民登上轮船，去往充满未知而又遥远的美国。

农民买不起船票，可以贷款，先由债主或掮客垫付船资，到美国后以工资抵偿，同时还要偿还利息。农民必须签订赊单合同，未还清以前没有人身自由。通过胁迫与利诱的方式将华工变成奴隶，这就是华工苦力贸易。

还有一种极少数的方式是由亲属资助，家族成员集体投资，期待在将来寄回家的汇款中分成。

华工完全不知旅途的凶险。他们登上船后才发现舱室的环境非常差，闷热、潮湿，甚至密不透风。多人拥挤在一起，气味难闻。上了船基本就同于被囚禁一样。1860年前，从香港乘船到旧金山，大约需要110天左右。在漫长的航程中，一些船长担心华工暴动，常常用武器逼迫服从。

美国发财梦支撑着每一个在轮船上煎熬的华工。他们不知道，茫茫的大洋上会发生什么。有很多人在中途病死，有人不堪折磨自杀，有人被秘密杀害。1854年，美国"自由"号、"交换"号两艘轮船分别运送500人、613人赴旧金山。最终统计，两船死亡人数分别为100人、170人。这两艘船的死亡率相对还是比较低的。1861年10月，法国"秃鹰"号从香港运载1000名华工赴旧金山，最终绝大部分华工死亡。

一位生还者的回忆为我们还原了他们的辛酸处境："我们下船后，有十几个躺在底舱的华工却没有动静，洋人便命我们去把他们拖起来。当我们去拖他们的时候，发现他们早已断气了，身上发出一股臭味，那种场面，连铁石心肠的人也会流出眼泪。后来，洋人便命人拿来了一些大竹篓，把这些腐尸装入篓内，抛入大海喂鱼去了。"

在美国淘金梦的背后，不知道有多少可怜的中国人葬身鱼腹。

加利福尼亚的海岸，几座山丘和远处的高山经常弥漫在白雾中，若隐若现似仙境一般。穿越金门海峡后，一路向南即抵达旧金山。

今天的旧金山，即三藩市，"金山"便是当时华工向往的发财之地。后来澳大利亚墨尔本又发现了金矿石，为了与墨尔本"新金山"区别，便改名为"旧金山"。

华工来了。1850年，大约1000人登陆旧金山。第二年，激增至6000人。第三年，又猛增到2万人。根据1852年的人口普查资料，加利福尼亚人口中的华人比例大约为10%，约为2.5万人。

华工虽多，但中国人并不能成为淘金的主流。由于远离中国故土，人生地不熟，华工不敢与白人竞争，只能选择位置不好，或白人挑拣剩下的矿坑。

荒芜的矿山，百里无人烟，环境非常恶劣。在众多矿井中，经常能发现留着长辫的华工。白天的太阳炙烤，让他们汗如雨下。夜晚睡在工地帐篷里，还要忍受蚊虫的叮咬。他们一向勤劳、隐忍，且廉价，在终日的劳作中，寻找着一点一滴的财富。

大量华工蜂拥至美国，很多商人也闻风而动。商人们到美国后开设杂货店、中餐馆，甚至还从中国进口贵重的奢侈品，供有钱的华工与白人享受。在加利福尼亚和内华达山区及萨克拉门托上游沿岸，在科罗拉多、在怀俄明、在爱达荷等地区，分布着众多的"中国营"和"中国里"。淘金有多火热，华工聚集的地方就有多热闹。

1855年，几十个华人渔村已经在旧金山湾与加利福尼亚中心海岸一带涌现，仅旧金山湾就有1000名华人渔民。他们主要打捞鲑鱼、乌贼、小鲤鱼、虾，捡拾各种颜色的鲍鱼。

时间一长，华工内便逐渐形成了华人会馆，如三邑会馆、阳和会馆、合和会馆、人和会馆等。至1854年，加州已经有六大会馆。会馆的作用很简单，相当于在美国的工会，为华工提供码头接送、担保、派工，以及处理纠纷及处理死者身后事等各种服务。会馆在保护华人的同时也控制着华人。如果债务没有还清，没有会馆开具的证明，华工则无法登船回国。

各会馆还有一项重要的收入来源，即向华工收取"出口税"。所谓出口税，专门针对回国的华工。只要回国，必须交纳一定的费用给会馆。各会馆的人员会在轮船出发前收取，不交税则直接报警。

1848年，世界各地到美国加利福尼亚州的移民大约有10万人。中国人来了，非洲人来了，爱尔兰人来了、威尔士人来了……至1860年，美国移民人数猛增三倍以上，其中中国人占9%，有近7万人。

出洋挡不住，自由迁徙是人的基本权利。1860年，英法联军逼迫中国签订《北京条约》，条约中规定："准许英、法招募华工出国。"

根据列强利益一体均沾的原则，美国也自动获得该项权利。这为美国修建横跨美国大陆的中央太平洋铁路提供了难得的招工契机。

1868年，《蒲安臣条约》在美国签订，条约第五条、第六条专门就自由迁徙问题做了规定。

第五条："中美两国允许两国人民互相往来，或游历，或贸易，或居住，均属自由。除自愿往来居住外，别有招致之法，均不得准。如有美国人及中国人将中国人强行带往美国或中国人及美国人将美国人强行带往中国，均需照例治罪。"

第六条："美国人民前往中国游历、居住，中国须按待最优之国对待美国。中国人民前往美国，美国也应以待最优之国之法对待中国。"

中国人第一次迎来了海外自由迁徙的权利。

限制解除后，赴美的华工大幅增加。1869年，达到12 874人。1882年以前，每年赴美的华工都在5800人以上。其中1873年，达到20 292人。1876年，达到22 781名。1882年则高达39 579人。

19世纪70年代初，旧金山的人口大约29万人，其中华人占1/4，共有7万余人。

据统计，在美国西部金矿开采的二十年间，华工向加利福尼亚政府缴纳税金达500万美元，占到该州政府财政收入的一半。1883年前，美国共生产黄金约12亿美元，其中2/3来自加利福尼亚，华工贡献无疑最大。

美国崛起的过程，就是领土大幅扩张的过程。在独立战争后，美国再次西扩，直至东西贯通，左抱太平洋，右拥大西洋。面积如此辽阔的疆域，东西之间的距离超过4500千米。在崇山峻岭、沙漠戈壁的阻隔下，交通十分不便。

当时美国人要想运输货物从东部到西部，只能乘船南下到南美洲绕行。因为巴拿马运河还没有开通，路途显得极其遥远，大概要半年时间。

美国东部已经有密集的铁路网，但因为密西西比河的阻隔，导致西部地区仍没有便利的交通，因此修筑一条横贯东西的铁路迫在眉睫。

南北战争战火燃起后，1862年，林肯总统批准建设太平洋铁路，太平洋铁路公司负责自加州萨克拉门托以西的西段铁路建设。西段地形复杂，铁路需要穿越内华达山脉、落基山脉，在崇山峻岭、悬崖峭壁中凿山开路异常辛苦和危险。

太平洋铁路公司开始招聘的铁路工人全部为白人，包括大量爱尔兰人。招聘5000人，却只有600人应聘。即使勉强上岗的白人，也实在难以适应艰苦的筑路工作，每天都有大量的白人逃跑。没跑的整日酗酒、斗殴，各种消极怠工。

吃苦耐劳的华人初期成为太平洋铁路公司青睐的对象。随着淘金热的消退，大批华人也正需要新的工作。

1865年2月，首批50名华工在人们的质疑声中正式上岗。铁路总承包人克罗科相信，能够修建万里长城的民族，一定能够修建铁路。

华工的表现果然赢得赞誉，不仅没有白人的臭毛病，而且还比白人更聪明。华工大都是采用集体雇佣的方式，通过代理人与铁路承包商协商。华工们不惧危险，自制吊篮，或安装炸药，或架桥凿隧道。无论是施工速度还是质量，华工都是最优秀的。在铁路公司的多次竞赛中，华工总能获奖。无论爱尔兰人、印第安人、威尔士人，都甘拜下风。

　　大批华工陆续被招募到筑路大军中，绵延的山脉，陡峭的山谷，热火朝天的工地上，无论是数九寒天，还是盛夏酷暑，到处都有中国人的号子声。在1865年至1869年间，共约1.4万名华工参与了修路工作，占筑路工人的9成以上。

　　为修建这条铁路，华工也付出了惨重的代价。华裔作家汤亭亭根据真人真事创作了小说《中国佬》。在该书中，多次描写了华工遭遇的惨象，如"有的人耳朵冻掉了，脚趾冻掉了，有的人手指被粘在冰冷的银灰色的钢轨上"。

　　某个冬日，一场雪崩突然而至，埋葬了很多华人。待到冰雪消融时，人们惊讶地发现，"有些死者站立着，手里还握着工具……他们已经记不清死者的人数，在修铁路的过程中究竟死了多少人，并没有记载。也许，洋鬼子的死亡人数是有记载的，而华工不值得一记。"

　　最让华工憋屈的日子则是竣工通车之日。1869年5月10日，四名华工铺下最后一根枕木，与爱尔兰人修建的东段铁路接轨，铁路正式贯通。在萨克拉门托的工地上举行盛大的庆祝会，当地官员、公司高管、豪绅富商纷纷出席讲话，就连妓女都参加了游行仪式，而华工只能默默地围观着这一切。

　　美国官员在致辞中说："这是19世纪最伟大的成就，是人类历史上最伟大的成就，只有美国人才能做得到。"美国人没有提到华工，或许他说得也没有错，修建这条铁路，美国人是投资者、组织者。

　　庆祝大会合影环节，美国人驱散了华工，照片中见不到一个中国人的面孔。

　　后来又举行了通车仪式，华工再次被边缘化。仪式前一天，美国部分官员甚至叫嚣："在明天的仪式现场将见不到一个异教徒。如果您允许的话，我将在火车头和电报杆上安排步枪手。如有不受欢迎的华工靠近，步兵们将向他们发出警告，并把他们赶走。有必要的话可以动用武力。……电报将发往四方，我们的照片将保留我们国家历史上这一伟大的时刻。尽管我钦佩、尊敬的中国人，但他们不能参与这一切，我要向他们表明是谁修建了铁路。白人！白人的梦想，白人的头脑，白人的肌肉。"

　　铁路修好后，很多华工在铁路沿线城镇定居，如图森、厄尔巴索等地，他们或务农，或开办商店、洗衣店、饭店。

　　1881年，加拿大也开始修建横跨大陆的太平洋铁路，从西部的温哥华到东部的蒙特利尔。在这条铁路的建设中，同样有一万余名华工参与。

美国人对华人似乎变得越来越无情，这与华人刚到美国时是完全不同的。在华人赴美初期，美国报纸上曾这样赞美他们："华人与人无争，吃苦耐劳，而且爱好清洁。凡是白种工人不愿干的事，华人均干为之；白人能干的事，华人也完全能够胜任，毫不逊色。而且，如果碰上与白种人竞争，华人便会立即默然退出。"

华人的表现赢得了美国人的好感。1852年，加利福尼亚州州长麦杜加称赞华人是"新入境的移民中最有贡献的公民"。他提出，要给华工分配土地，吸引他们在当地定居。

事实上，在鸦片战争以后，美国人对中国人的评价已经呈降低趋势。在当时美国人的印象里，中国官员是狂妄自大的，中国男人是纨绔子弟，中国人是异教徒，是鸦片鬼，爱吃老鼠肉、狗肉、猫肉。

1855年，《旧金山编年报》上一位作者赤裸裸地写道："加州的美国人十分厌恶华人的风俗习惯。一方面，他们的语言、血液、宗教和性格与美国人存在不小的差异。另一方面，他们的精神及躯体上的许多方面不及美国人，因此一些美国人会认为，华人只是稍稍要比黑人优等一点，但其他美国人则觉得他们连黑人都不如。"

在19世纪60年代，华人在美国主流文化中成了"苦力"。在美国人看来，华人身材矮小，不讲卫生，且携带疾病，行为猥琐、狡诈，是道德堕落，喜欢赌博、嫖妓的中国佬。

"异教徒""中国佬"慢慢成为美国人眼中中国人的特定称谓。美国作家布勒特·哈特创作了一首名为《异教徒中国佬》的打油诗，本意是同情在美国遭受歧视的华工，但却被白人拿来讥讽和嘲笑华人。

美国著名作家马克·吐温长期关注华人，对华人始终充满人道主义的同情。他在半自传体《苦行记》中，对唐人街的华人有这样的评价：

"他们文静、平和、温顺，不会喝醉酒，一天到晚勤恳耐劳。不守规矩的中国人很罕见，懒惰的根本不存在……白人常常抱怨没活干，而中国人却从不发这样的怨言；他们总是想方设法找点儿活做。"

"中国人……麻利，顺从，耐心，学东西快，干活不知疲劳。"

"所有的中国人都能读，能写，善于计算……在加利福尼亚，他们租佃小块的土地，培植许多东西。在沙滩上，他们能令人吃惊地种出蔬菜来。他们什么也不会浪费，基督徒认为是垃圾的东西，中国人会仔细地搜集起来，想法子变成有用的东西。

他们把白人丢掉的牡蛎、沙丁鱼罐头盒子都收集起来，熔化后做成焊锡拿到市场上去卖。他们收集骨头，做成肥料。"

1864年2月，马克·吐温在《纽约星期日水星报》上抨击白人儿童欺负华人。一群白人小孩见到一个华人走过来，白人小孩飞奔过去抢夺华人的篮子，并揪住辫子扭打，这种行为简直与恶魔无异。

马克·吐温目睹此情景后非常愤怒，他写道："老天爷可怜可怜那些偶尔落到附近这些孩子手里的华人吧，因为法律是不会对他们投眼一顾的，而加州整整一代年轻人又骑在他们头上。"

然而，马克·吐温的评价并不能左右白人。当华工在白人废弃的矿井中采矿时，白人官员们每月都要跑去收税一两次，税名叫"外国人开矿税"。但奇怪的是，这种税只针对中国人。马克·吐温认为这是典型的讹诈。

更残忍的是，在旧金山曾发生过一起白人用石头活活砸死中国人的事件，而现场竟然没有人干涉，这令马克·吐温感到非常可耻。

除一部分华工参与修建中央太平洋铁路外，更多的华工进入了筑堤排水、围垦造田、渔业、种植业、伐木业、服务业和工业制造领域。铁路修建完成后，华工也陆续转向这些领域。

此时的加州正值失业高峰期，失业率高达20%，大量失业的修路华工涌入旧金山，进入唐人街。在白人眼里，几乎任何角落都能见到华人。

在农业上，中国人天然具有一定的优势。

因为白人不懂葡萄种植，在加州葡萄园，华工成为主力。至80年代，葡萄园工人中80%以上是中国人。索诺马县的葡萄园主诺德霍夫感叹道："我确信如果不是这些中国人，我们就必须放弃种植葡萄。如果没有中国人，会有成百上千个业主倾家荡产。"

通过路易斯安那州一家甘蔗种植园的华工契约，明显可以窥见华工的勤劳与辛苦。契约共为五款：

一、工人欠招工者旅费100美元，今后将在工资中扣除。

二、合同为期5年，月薪7美元。

三、工作时间为从日出至日落，其中早饭和午饭共1小时。

四、忙季榨甘蔗时，工人要上夜班，夜班超过6小时以上，付50美分。

五、工人还得在雇主家中干家务活。

种地自古是中国人的特长。加州葡萄产业在华人的辛勤努力下，逐渐成为当地重要收入来源。至1900年时，加州的葡萄酒产量已经达到美国总产量的80%。

种地也是门技术活，华人还为美国农业做出了改良。华工廖振光、刘锦浓都是种植橙子的高手，廖振光不仅改良了柳橙的栽培方法，还改良了苹果、樱桃等水果品种。刘锦浓也将橙子的品种进行了改良，形成了独特的"刘锦浓橙"，并一度畅销世界。

来自广东珠江三角洲的华工还擅长围垦造田。在沙加缅度圣·约阿希姆河三角洲地区、在加州的萨克拉门托—圣华金河流域的三角洲地区，都能见到华工在劳作。

一位雇主记录道："（华工）自己结成一些小共同体，每个共同体可以是40人、50人或上百人，他们共同分享合同的收益。"

萨克拉门托—圣华金河流域的三角洲大约有500万英亩的沼泽地，经过熟悉排水、开垦和防涝的华工改造后，逐渐变成一片肥沃的良田。围垦造田的技术也正是在此时由华工引进美国。沧海变桑田，华工的贡献功不可没。

1870年初，大约3万人的加州唐人街一片熙熙攘攘，中国商品琳琅满目。马克·吐温被精美的中国商品深深吸引，眼睛都看直了。白羽毛扇、香水毛笔、玉石饰物都让马克·吐温爱不释手。

让他感到更新奇的是中国算盘，"他在一部像烤肉格子那样的机器上算账，格子上串着一些纽扣，不同的格子代表不同的单位：十、百、千。他拨弄着它们快得难以置信——实际上，他把它们拨来拨去，快得就像音乐教师的手指头在钢琴键盘上滑行一样。"

很多华人集中在唐人街寻找就业机会。纽约唐人街最早在码头边的爱尔兰公寓区建立，大量华人在此做水手、帮厨，或开小店铺贩卖香烟糖果，或给别人做用人。旧金山的富裕阶层更愿意雇中国用人，负责家庭的洗衣做饭、打扫房屋、采购货物等事务。

华人做用人有独特的优势，相比爱尔兰用人每月25~30美元的高价，即使会英文的华人，月薪也只要12~16美元。且华人头脑灵活，做事敏捷细致，而爱尔兰人性格顽固且粗鲁。

尽管白人可以接受华人成为家里的雇工，但对华人的饮食习惯却极为讨厌。

美国人的饮食比较简单，主要以猪肉和豆类为主。中国人吃的各种蔬菜在美国人看来，"带有千奇百怪的味道，当然对华人来说是爽人口鼻的，但在大多数白人看来却是一场味觉上的折磨"。原来，美国人发现，华人自己种植的蔬菜园，经常会使用粪肥做肥料，这让美国人感到非常恶心。

华人的蔬菜异常丰富，一些美国人禁不住诱惑，有时也会向华人购买一些玉米、南瓜、豌豆、番茄。

受不了中国饮食中一股"恶心的油脂味和难闻的猪油味"的美国人，对华人的抱怨也越来越大。

旧金山湾的海鲜几乎被中国人捞光了。他们称华人是"道德的肿瘤"，是一群不守诚信、自私、冷酷、凶残的人。

五、美国内战**惊**现华裔士兵

当1.3万余名华工投身火热的美国太平洋铁路建设时，一场关乎美国统一的战争席卷了全美。华工两耳不闻枪炮声，一心只修大铁路。

美国南北战争爆发的根本原因，说到底还是经济矛盾与价值观矛盾的不可调和。当北方在工业革命的加持下，经济迅速发展的同时，南方却一直在走奴隶制道路，甚至还希望将此制度扩展到全国。

1861年3月，共和党人林肯就任美国总统。一个月后，南方联盟军炮轰北方联邦军，率先挑起内战。4月15日，林肯下令，在各地紧急征召志愿军，号召有志的年轻人为维护国家的统一而战。林肯的计划是，三年之内招收30万名志愿军。

一场影响国运的大战骤起，在美国的华人自然也无法置身事外。当大量华人在美国西部为太平洋铁路奋战时，他们不会想到，在美国东部，有几名华裔士兵，毅然响应美国政府的号召，参军入伍，扛枪保卫国家的统一。

1862年8月25日，康涅狄格州首府哈特福德迎来最热闹的一天。

阳光普照之下的哈特福德，一改往日的安静祥和，大街两旁挤满了市民。有老人、孩子，还有年轻的妈妈带着婴儿。他们向前探着身子，不停张望着，一直热切期待着。

"来了！来了！"人群一阵骚动，大家争相向远处望去。

高昂的军乐声从远处传来，一排整齐的士兵队列正缓慢移动着。随着乐曲声越来越响亮，队伍逐渐走进。人们发现，整列队伍全身着蓝色军服，士兵精神抖擞，步伐铿锵有力。

围观的人们开始欢呼起来，不断向队伍招手致意。

士兵队列大约1000人，前部是军乐队，鼓号齐鸣，乐曲慷慨激昂。在军旗的引领下，所有士兵呈四路纵队，整齐划一。士兵表情严肃，目视远方，锃亮的枪械在阳光照耀下熠熠生辉。

这支部队正是应林肯的号召，以志愿军形式组建的康州第14步兵团。兵团士兵全部来自康州，在一个月前才正式组建完成，是所有志愿军中组建最早的。

望着这些朝气蓬勃的年轻士兵，很多围观的市民流下激动的泪水。老人们仿佛看到了自己的孙子，年轻的妈妈又仿佛看到了自己的丈夫。所有市民都仿佛是为送亲人从军出征来送行。

在行进的队伍中，一个矮个子二等兵引起了人们的注意。他比周围的士兵明显矮了一头，黑头发、黑眼睛、黄皮肤，掩饰不住亚裔的特征。最让人们惊奇的是，他的脑后留着一条又粗又长的辫子。

他，明显是中国人。

美国国家档案馆的内战退伍军人抚恤金档案显示，这个士兵叫Charles Pierce，来自中国广州，是一名美国籍的中国人。

Charles Pierce，中文名为"皮尔斯"或"毕尔思"。在第一次鸦片战争未尽的硝烟中，1842年11月16日，毕尔思生于广州一个贫苦的农民家庭。

因为家庭极度贫困，在毕尔思10岁的时候，家里将他以6美元的价格卖给了一个叫派克的美国商船船长。也有说法是，毕尔思是派克船长在海边捡到的孩子。更有些极端的说法是，毕尔思的哥哥为了用钱，将弟弟以50~60美元的价格卖给了派克船长。

1852年，10岁的毕尔思跟随派克返回美国。

回到派克的老家康州后，派克将毕尔思交给了自己的母亲抚养。派克的母亲很喜欢这个中国小孩，将毕尔思与其他年幼的子女同等看待，视如己出，每天教他学习语言、数学等基本知识。后来，毕尔思与兄弟姐妹一起在附近的小学读书。

偶尔，派克也会带毕尔思到船上玩，很多水手也非常喜欢毕尔思，人们亲切地叫他"吉欧"。

最初，年幼的毕尔思吃不惯美国的西餐，总想自己做饭。他常常在派克家的牲口棚里生火、炒菜，火星四溅、油烟四起的场景让派克母亲心惊胆战，她担心毕尔思不慎引燃草料，烧毁牲口棚。后来，派克母亲准许毕尔思在房子里的壁炉上做饭。

在派克家，毕尔思长大了，逐渐成了一个美国人。

南北战争打响，毕尔思响应号召，立志从军，为养育自己的国家而战。1862年7月26日，在他20岁的时候，毕尔思正式入伍，成为康州第14步兵团的一名士兵。

第14步兵团的出现，让哈特福德整座城都沸腾了。这天是步兵团全体官兵出发去纽约的日子，市民们争相为他们送行。人们叫喊着、追逐着、祈祷着，希望他们凯旋。

毕尔思与其他士兵一起，在康涅狄格河登上轮船，开赴纽约。南方联盟军进攻马里兰，前线吃紧。毕尔思所在的第14步兵团刚到纽约，便被调往马里兰，星夜驰援前线。在前线，第14步兵团被编入东部战区的联邦军波托马克兵团。

战场上没有白人、华人之分，在同一个兵团，大家就是战友，并肩战斗，浴血奋战，都为了一个共同的目标，维护国家统一。战场的子弹自然也不会区分白人、华人，身高只有1.65米的毕尔思并没有任何优势。

自9月的安铁丹会战开始，毕尔思所在的第14步兵团开始经历战火的锤炼。

每场战争都是硬仗，但没有吓倒毕尔思与战友。作为新兵，毕尔思虽然经验略显不足，但表现勇敢，冲锋奋不顾身。也有人评价，第14步兵团就像老兵一样老练。

1863年7月3日，南北双方军队在盖地斯堡进行大决战。经历几次战役后，毕尔思所在的第14步兵团损失惨重，只剩下约200人。北方联邦军共有2.5万人，200人规模的第14步兵团被放在右翼。与第14步兵团一样，另有四个团也是来自康州的志愿军。

也许毕尔思不知道，与他一同作战的还有一位华人士兵。在左翼的第27步兵团中，一位同样来自康州，名叫达德尔的华人士兵也在等待战斗的打响。

双方战斗开始，1.5万名南方联盟军排成三到四个梯队，在军旗与战鼓的引领下，以整齐的队形向北方阵地推进。这是中国人想不通的战斗进攻方式，但这是美国人的风格。

第14步兵团士兵个个严阵以待。有人紧张地检查枪械，有人打开子弹盒，有人瞄了一眼自己亲爱的人的照片，每个人都做出了必死的准备。

相关的战争记录为毕尔思留下了记载："康州第14步兵团的二等兵Charles Pierce，联邦军队里唯一的中国士兵，小心地把他的长辫子收进沾满泥土的军服上衣里，并轻轻地拉动他的夏普步枪的扳机，检查子弹是不是已经上膛。"

待南方军进入北方阵地后，北方军迅速发起炮击。南方军成片倒下，后面的士兵丝毫无惧，依然排着整齐的队形继续向前推进。军旗仍然在飘扬，战鼓仍然响亮，所有士兵面无表情，像机器人一样勇往直前。

毕尔思与士兵组成了整排阵列，全部端起了枪，紧张地注视着南方军。

南方军突然发起冲锋，直接向毕尔思的阵地扑来。在军官的命令下，毕尔思与所有士兵齐齐扣动扳机开火，顿时枪声大作。南方军士兵一排排倒下。

当时的步枪不是自动步枪。毕尔思与所有士兵，需要轮流射击，一排装填弹药，一排射击，轮换进行。在几轮射击过后，南方军败绩即显，损失5000多人，尸横遍野。其他士兵全部撤退、逃遁。

毕尔思与第14步兵团的一些士兵受命夺取一座农场，在战斗严重减员的情况下，毕尔思等人不负众望，突破对方猛烈的火力，成功完成了此项任务，受到团长的嘉奖。

据统计，毕尔思先后经历了34余场大小战役。第14步兵团是所有康州志愿军中减员最严重的一个兵团，大约死伤了4/5，而毕尔思所在的F连又是第14步兵团死伤最惨重的，毕尔思是幸存者。

1865年5月2日，第14步兵团凯旋，一路上荣光无限，23日还参加了华盛顿的阅兵式。6月3日。毕尔思抵达哈特福德，欢迎的市民再次看到了这个矮个子的华人，他的辫子依然拖在脑后。

毕尔思并不寂寞，另一位来自康州的华人二等兵Antonio Dardell也加入了志愿军，并与毕尔思一起在盖地斯堡阻击南方军。

Antonio Dardell，安东略·达德尔，美国国家档案馆的内战退伍军人抚恤金档案显示，达德尔来自中国广东，1844年1月出生，也是从小被一位远洋船长收养。

1862年8月23日，就在毕尔思从哈特福德出发前两天，比毕尔思小2岁的达德尔应召入伍。在纽黑文郡克林顿镇，达德尔加入康州第27步兵团。10月22日，达德尔被调往华盛顿，与他一起的还有828名官兵。

虽然达德尔的第27步兵团学历较高，但他们的运气显然无法跟毕尔思相比。同样是波托马克兵团的一部分，达德尔所在的团战斗力明显差了很多。

首先是装备较差，全都配备奥地利步枪，有的根本射不出子弹。军团给他们分配的指挥员也没什么水准。

在德里克斯堡会战中，第27步兵团进攻比较盲目，遭南方军炮火、子弹密集攻击，全团战斗减员1/3，可谓伤亡惨重。同样参加此次战役的第14步兵团就比他们幸运多了。

似乎达德尔一直没有好运气，后来第27步兵团参加的各次战役，损失都非常大。

干社乐维尔战役中，该团大部队被南方军两翼包抄，临战时，指挥官下落不明。结果，整个部队的人成了无头苍蝇，简单抵抗后，就被整体招降，全部被缴械。达德尔在剩余的小股部队中，所幸躲过一劫。

7月3日，盖地斯堡大决战。毕尔思在右翼负责进攻，达德尔在左翼负责警戒。不知道他们两人距离有多远，也不知道他们彼此是否能看见对方。

如果他们会在战场上相见，不知道是怎样一种情景。两个华人对视，两人肯定会第一时间识别出对方的身份，两人都是黑头发、黑眼睛、黄皮肤，重要的是都留有辫子。他们都来自广东，显然还可以用家乡话交流。

盖地斯堡一战，达德尔虽然没有参与进攻，但该兵团仍损失了一半，最后只剩下了37人。幸运的是，达德尔活了下来。

几乎全军覆没的第27步兵团最终被解散。当他们回到纽黑文时，仍然受到了家乡人的热烈欢迎。达德尔由此光荣退伍。

与毕尔思不同的是，达德尔参军时还没有入美国籍。根据《纽约时报》的报道，1880年10月22日，纽黑文中级民事刑事法庭准许达德尔归化入籍。

通常来讲，只有提前三年提交入籍意愿申请，并经过领取第一文件的程序后，方能允许办理入籍手续。达德尔因为有第27步兵团的光荣退伍证明，手续得以简化。

其实早在1862年7月17日，美国国会就曾规定，凡年满21岁的外国人，只要在美国陆军中服役并光荣退伍，且能提供光荣退伍、居住和良好的道德规范证明，立即就可以成为美国公民。

有人猜测，达德尔入籍美国之所以拖了十几年，很可能与美国出台排华法案有关。达德尔的华人标签无法摆脱，他只能用入籍的方式来寻求保护。

1863年7月，19岁的达德尔退伍，回到了克林顿镇，具体职业不详。

1865年5月，23岁的毕尔思退伍，居住在康州麦瑞丹镇，成了一名雕版工人。

退伍后的他们都还年轻，婚配则是人生第一要务。年龄小的达德尔结婚更早。

1868年4月9日，在麦迪森镇的教堂中，信仰基督教的达德尔迎娶了美国新娘玛利·潘英。巧合的是，新娘的父亲也是一位远洋船长。

1876年11月，毕尔思与玛莎结婚。由于毕尔思不是基督徒，无法在教堂举行婚礼，只是由布兰福德镇政府颁发了一张结婚证。

婚后一年，达德尔与妻子一起搬到纽黑文市乔治街292号。达德尔做了一名锡匠。

幸福的达德尔一家，先后生了三个女儿，其乐融融。

婚后第三年，毕尔思才当上爸爸，妻子给他生下一个女儿。女儿模样俊俏，面部特征随爸爸，明显是中国人的面孔。后来，毕尔思又得了一个女儿，但可惜的是，两个女儿都夭折了。

饱受中年丧女之痛的毕尔思只能再接再厉，先后又生了两个儿子。

同样是退伍军人，毕尔思与达德尔的退伍待遇大不相同。

1890年6月27日，美国国会通过法律，向所有参加内战的退伍军人发放抚恤金。

10月25日，毕尔思向政府提出申请，理由是58岁的自己患有心脏不适及身体虚弱等病症。两年后，毕尔思的申请得到批准，美国政府从1890年开始向他发放抚恤金，每月10美元。

不知为何，达德尔申请抚恤金的时间晚了很多。直到1907年2月，已经63岁的达德尔才递交申请。四个月后得到批准，每月抚恤金12美元。

如此算来，达德尔明显比毕尔思少领了17年的抚恤金，损失达2040美元。但达德尔的寿命却长于毕尔思。

1916年1月3日，毕尔思在麦瑞丹市麦瑞丹街17号寓所永远合上了眼睛，终年74岁。

1933年1月18日，达德尔病逝于麦迪森镇，终年89岁。

毕尔思去世后，康州政府并没有忘记他。根据美国国会1908年的法律规定，毕尔思的太太可以继续领取每月12美元的未亡人抚恤金。

毕尔思与达德尔并不是仅有的两个华人士兵，只不过他们都居住在康州且终老在美国，历史记载相对较多。

同样在美国东部地区，宾夕法尼亚州志愿军的第50步兵团第1连中也出现了华人面孔，他的名字叫吴恒毅。华人的加入，引起了其他白人士兵的好奇。在他们的追问下，吴恒毅道出了自己的身世。

1834年8月7日，吴恒毅出生在江苏常州城外阳湖县的一个贫苦农民家庭。从小跟随做小生意的父亲来到上海，得益于父亲有一定见识，13岁的吴恒毅被送入外国人办的教会学校读书。父亲希望儿子将来能在洋行谋个好工作。15岁时，吴恒毅成为基督徒。

一个偶然的机会，美国海军司令培里（Matthew Perry）率舰队访问中国。1854年，海军军官到上海的美国教堂做礼拜，结识了吴恒毅。

听说是美国舰队，吴恒毅决定去心中向往的美国发展。他向培里提出，自己虽然没有钱，但可以用劳动换取船票。最终，吴恒毅的真诚打动了培里。

告别亲人后，吴恒毅登上了美国军舰，成为一名侍应生，为军医打下手。

1854年底，吴恒毅随军医一起，共同生活在军医的老家兰城。在这个2万人口的小城里，20岁的吴恒毅成为报社的一名印刷工人。吴恒毅动手能力较强，技工的工作是他的最爱。

1860年，吴恒毅申请入籍。在兰城的地方法院，吴恒毅宣誓成为美国公民，向美国效忠。没有人知道，吴恒毅入籍时是否还留着辫子。

南北战争同样给了吴恒毅历练的机会。当南方联盟军进攻宾州时，吴恒毅不顾劝阻，毅然扛枪入伍。他后来在自传中回忆道："1863年6月29日，我不顾兰城朋友之反对，参加了志愿军。因为，我认为北方反对奴隶制是正确的。但朋友们认为，我不该冒生命危险，因为我的家人全部在中国，而我在美国既无财产又无亲人，去参加志愿军所为何来。"

显然，吴恒毅是为理想、价值观而战。

吴恒毅入伍时，毕尔思与达德尔已经在战场上驰骋了。吴恒毅所在的宾州第50步兵团并没有出奇的战斗经历，只是在康斯图加河口的沙非港口驻防，后又被调到马里兰州的威廉斯港口，防守波托马克河上的第五号水闸。

吴恒毅的任务也很简单，或是作为哨兵放哨，或是作为炊事兵做饭，或是练习射击打靶。

仅仅两个月，吴恒毅便结束了任务，于8月15日在兰城退伍。

或许是厌倦了美国的生活，也或许是思乡心切，想念家人，吴恒毅决定放弃美国的生活，重新回到中国。

1864年5月，吴恒毅再次用"以工换酬"的方式回到上海。阔别整整十年后，吴恒毅再次选择在中国生活。但他还是美国籍，上岸后便第一时间到美国驻华领事馆登记了自己的公民身份。

对比十年前，作为最早开埠的城市，上海自然也发生了很大的变化。吴恒毅没有选择做时下流行的洋务，而是进入教会选择做宗教与慈善事业。

1919年8月18日，吴恒毅终老在上海，享年85岁，葬于西门基督教墓地。

吴恒毅的从军时间短暂，战争经历也非常平凡，显然与毕尔思与达德尔无法相比。但他们三人的初心应该都是一样的，不管有没有入美国籍，他们三人都有一颗维护正义事业的心。美国给了他们许多，他们也以实际行动做出了回报。

吴恒毅回到中国后，一直从事宗教工作，把一生都献给了宗教事业。在上海这个最开放的城市，吴恒毅无疑更像一个中西交流的纽带。

吴恒毅最终从美国回到中国，而同时期，广东人容闳则是从中国到了美国。

1864年，北方军已经取得压倒性优势，开始双线进攻。3月，36岁的容闳从英国乘船悄悄抵达纽约。

容闳是一个"香蕉人（有着西方价值观的华裔）"，早年毕业于耶鲁大学并入籍美国。此番再到美国，容闳是受曾国藩之命，为清政府采购用于洋务的机器。由于南北战争还未结束，新英格兰地区众多工厂都在做战争生意，忙得不可开交。没有美国工厂愿意为中国生产机器，尽管容闳给出的价格比较高，但他仍四处碰壁。

郁闷之际，容闳接到了同学的邀请。1864年，正好是容闳从耶鲁大学毕业十周年，同学们计划在7月举办毕业十周年同学聚会。这让容闳充满了期待。

眼看到了7月，采购机器的事还没有着落。就在容闳发愁之际，曾在上海参与旗昌洋行机器贸易的美国机械工程师约翰·哈司金（John Haskins）利用自己的关系为容闳打开了局面。容闳成功与马萨诸塞州菲奇堡的普特南机器公司（Putnam Machine Co.）签订合同，对方答应，最少六个月，即可交付全部机器。

同学聚会前搞定任务，容闳自然无比高兴。重回耶鲁大学校园，望着熟悉的建筑、熟悉的一草一木，容闳倍感亲切。漫步在校园内，看着年轻的学弟学妹们，容闳仿佛又年轻了十岁，感觉一股青春朝气注入了身体。

盛大的同学聚会如期举行，容闳是唯一的中国人。聚会的焦点，自然少不了远道而来的容闳。同学们围着他，关心地询问着各种问题。那晚，容闳彻底放飞，与同学一起纵情欢歌，任性豪饮。

在与同学的交流中，容闳发现很多同学刚刚参加了南北战争。退伍的他们因为维护美国的正义而倍感自豪，容闳似乎成了局外人，这让他感到有一些失落。

离开美国十年，容闳自然会在无形中将中国与美国进行对比。内忧外患严重的中国让容闳充满了忧虑，而经济发展迅速的美国又让容闳艳羡不已。在强烈的反差中，容闳始终憋着一股劲儿。

同学会既是叙旧会，也是攀比会，无形中会刺激到一些人。在度过同学聚会的欢乐时光后，容闳立即找到哈司金，叮嘱他关注订单一事，自己将赴华盛顿参军，为美国统一而战。一旦出现意外，希望哈司金能将机器运回中国。

在马萨诸塞州威拉德酒店，容闳拜访了斯普林菲尔德陆军准将巴恩斯（Barnes）。容闳向巴恩斯表达了参军的愿望，他表示，自己作为美国公民，维护统一责无旁贷。容闳说，自己采购机器，还需要等半年，这期间可以为国效力，帮助在华盛顿与军事营地之间传递邮件。

巴恩斯望着眼前的这个中国人，感到很面熟。原来，他的儿子与容闳同在一个学院，一次去大学探望儿子时曾经见过容闳。

巴恩斯高度肯定了容闳忠义爱国的壮举，拍着容闳的肩膀微笑着说："好吧，年轻的朋友。我很感谢你有此番心意，但你现在受中国政府委任，使命重大，最好还是返回菲奇堡处理相关事务。不管是传递信息还是赴前线战斗，我们人手已很充足。"

容闳最终没能参军，或许他自己多了一些遗憾，但对中国是幸运的。万一他在战场上出现意外，那么后来由容闳参与的中国幼童留美事业恐怕就会推迟很多年，也必会延缓中国的对外开放。

六、夭折的 *幼* 童留美

容闳在参加耶鲁大学同学聚会时，心里隐藏着一个雄伟的计划，由于还只是一个设想，便没好意思跟同学说。容闳希望，有朝一日能让中国的孩子到美国上学，享受美国的教育，以此来培养人才，建设落后的中国。

在这次同学聚会中，有些同学已经结婚生子，有的小孩已经开始上学。看着这些天真活泼的美国小孩，容闳想到了自己儿时上学的往事。

1835年，7岁的广东香山县孩童容闳被父母送进澳门的马礼逊小学（即马礼逊学堂）。马礼逊学堂是英国传教士马礼逊创办的，美国传教士塞缪尔·布朗（Samuel Brown）博士成为第一任校长。

1846年，布朗校长病了，需要回国调养。临行前，他提出可以带3个学生到美国读书，香港基督教教会愿意为每名学生提供2年的留学经费与父母赡养费。免费出国上学，如果在今天，争抢的人会打破头。

同学们面面相觑，最终只有容闳、黄胜、黄宽三位同学愿意跟随布朗校长去美国。

容闳的父母自然是反对的，他们只希望容闳能在教会学校学习点文化，将来能在香港的外国人家里做个用人。去遥远的美国留学，父母不敢想象。已经18岁的容闳有了自己的想法，父母也就没有再阻止。

1847年4月，容闳三人随布朗校长抵达纽约。经过马萨诸塞州孟松学校的预备学习后，容闳考入著名的耶鲁大学。同行的黄胜只在美国学了一年便因病回国，黄宽考入了苏格兰爱丁堡大学医学院。

1854年，容闳在耶鲁大学成功毕业，并取得文学学士学位。在美国求学的八年经历，让他逐渐萌生了教育救国的理想。

理想照进现实，现实却充满困难。

怀抱救国理想的容闳回国后，并不得志。郁闷之中，他看中了太平天国。1859年11月，容闳与两名传教士乘船抵达天京。在那里，他看到了穿着官服的罗孝全。

太平天国的宏图愿景与现实治理，让容闳很失望，这群人没有"睁眼看世界"的能力。从太平天国回来后，1862年，容闳又结识了曾国藩。

赴美国采购机器正是受曾国藩委派。机器运回后，洋务运动最具标志性的"国企"——江南机器制造总局，在上海虹口成立。

在与曾国藩的接触中，容闳提醒还应建造一所机械学校，以培养洋务专才，曾国藩欣然接受。趁热打铁，容闳又向开明的江苏巡抚丁日昌建议，派遣留学生出洋。丁日昌非常赞成，将此建议奏报朝廷，"初次可选定120名学额以试行之。此120人中又分为四批，按年递派，每年派送30人，留学期限定为15年，学生年龄须在12岁至14岁为度"。但此次建议没有得到朝廷重视。

1870年6月，天津教案爆发，容闳作为翻译，参与处理了此事。他再次深切感受到，国人急需现代教育的启蒙。他再次向丁日昌、曾国藩提出出洋留学的计划。

曾国藩与丁日昌及其他大臣在天津开始会商，最后决定联衔上奏。当丁日昌半夜将此消息告诉容闳后，容闳兴奋得彻夜难眠，他形容自己是"犹如猫头鹰般睁着双目躺在床上，好像自己正漫步云端"。

借助《蒲安臣条约》之机及容闳在美国的学习经历，大家一致首选留学美国。

1871年9月，曾国藩等人联衔上奏《挑选聪颖幼童留学泰西折》，建议派遣幼童留学美国，为国家建设储备人才。

奏折中说："中国欲取其长，一旦遽图尽购其器，不惟力有不逮，且此中奥窍，苟非遍览久习，则本源无由洞彻，而曲折无以自明。古人谓学齐语者，需引而置之庄岳之间，又曰百闻不如一见，此物此志也。"

清廷批准了此建议后，曾国藩也非常高兴，他立即将容闳邀回南京，一起商讨具体事宜。容闳大喜，他认为"幼童留洋将于中国两千年历史中，特开新纪元矣"。

美国方面对此也积极欢迎，美国政府认为这是"两国间共同友谊的证明"，并特别指示美国驻上海领事全力协助。美国驻华公使娄斐迪（Frederick Low）多次与恭亲王奕䜣通信，就赴美留学一事进行商洽。

容闳的"中国梦"已见曙光。

朝廷拨款120万两，率先在上海成立"幼童出洋肄业局"，即预备学校。预备学校位于上海山东路靠近南京路一带，由候补知府刘翰清任校长，吴子石任副校长，另设中文教习与英文教习各3名。

预备学校具体负责招生及出国前培训。培训以学习中国典籍与传统礼仪及强化英文为主，同时还要经常参拜孔子画像。

对于学童的招选，曾国藩与李鸿章的意见是，招生范围圈定在风气开化较早的东南沿海一带，有一定的汉文基础且父母愿意送其出洋读书的幼童。

按照计划，留学名额限定为120人，每年派遣30名，总共分为4批。学生年龄要求在12~14岁为宜，学习15年，在美游历2年，留学期限共17年。留学经费一律由关税解决。

赴美留学招生，在今天看来，根本是小事一桩，但那时富裕家庭的孩子都以科举为正途，至于去外国，则视为畏途。人们对遥远的国外非常恐惧，坊间流传着各种谣言。广东沿海一带的百姓管外国人叫"红毛人"，传言"红毛人"会对中国人挖眼剖心，开膛破肚。

一名留美幼童后来回忆道："当我是一个小孩子的时候，有一天，一位官员来到村里，拜访各住户，看哪一家父母愿意把他们的儿子送到国外接受西方教育，由政府负责一切费用。有的人申请了，可是后来当地人散布流言，说西方野蛮人会把他们的儿子活活地剥皮，再把狗皮接到他们身上，当怪物展览赚钱，因此报名的人又撤销。"

有官员认为幼童赴美留学简直是国家之耻，"就像寄人篱下，等同于人质。蛮夷会随时随地控制和嘲笑他们"。当时的官僚阶层普遍持这种看法。

面对招生困难，容闳只好回到家乡广东，遍寻家庭贫困且比较聪颖的孩子，同时又到香港，在英国政府设立的学校中选择英文、汉文比较优秀的学生。

机会摆到了广东南海的詹天佑面前，他父亲也希望詹天佑考科举。但邻居曾在香港做事，见过世面，极力劝说詹天佑父亲让孩子留洋，甚至还许诺将来把自己的女儿许配给詹家。

影响力最大的《申报》也为招生做了宣传，最终第一批30人总算招满了。

"幼童留美"活动连续四年，共120名学童。其中，83人来自广东，且大多来自珠江三角洲地区，22人来自江苏，8人来自浙江，4人来自安徽，2人来自福建，1人来自山东。幼童平均年龄为13岁，年龄最小的为10岁，最大的为20岁。所有幼童都是汉人，没有一个是满人。

为了确保留学顺利，容闳要求幼童的父母签订保证书，也叫"甘结书"，大致内容为："兹有子xx情愿送赴宪局带往花旗国肄业，学习技艺。回来之日，听从差遣，不得在国外逗留生活。倘有疾病生死，各安天命。"

《申报》对四批幼童赴美都曾做了大规模报道。1872年7月，《申报》以"上海西学局学生赴美"刊发新闻，文中公布了第一批30名幼童的姓名、年轻、籍贯。《申报》后来评论道："以十余龄之童子作数万里之壮游，将来学业一成，定可扬名中外，岂非诸童子之厚幸哉。"

幼童进入上海预备学校后，便开始了紧张的学习。每天早晨背诵诗文一首，然后听老师讲课，练习写字，背诵课文。如果背不出，就要遭到老师责打。体罚自然比较人性化，只打手心而已。下午除温习上午的课程外，便是重点学习外语。

一切准备就绪后，1872年2月，容闳向耶鲁大学校长波特写信，建议中国幼童到美国后，分开居住，分散在不同的美国家庭中，并进入不同的学校，以方便迅速提高幼童们的英语水平。

离赴美的日子越来越近了。8月2日，30名幼童集体拜见上海道台，接受训示。此次接见，上海官员破天荒地允许幼童抬头注视着自己，而不是像以往那样下跪。8月3日，幼童们在留学监督陈兰彬的带领下，到美国驻上海领事馆拜见。美国领事亲切地鼓励他们，要牢记使命，励精图治，努力学习，将来报效祖国。

1872年8月11日，30名幼童在陈兰彬、容闳的带领下，启程赴美国。

上海吴淞口港内，人头攒动，人们争相见证着这历史性的一幕。地方官员、幼童家属、上海百姓纷纷前来为幼童送行。在幼童父母千叮咛万嘱咐中，幼童们集体登上轮船。简单送别仪式后，随着轮船汽笛的一声长鸣，轮船缓缓启动，幼童们欢快地向众人挥手作别，幼童父母流下了难以割舍的泪水。

中国近代第一批官派留学生正式成行，作为留学副监督，容闳也难掩激动，潸然泪下。

孩子们第一次坐轮船、出远门，一切都是新鲜的。

首批赴美幼童中有位叫温秉忠的学生留下了出行日记：

"出国前夕，每位学生发给铺盖一床及小箱子一只，内有长袍马褂……在一种复杂茫然的心情下搭上日本的一条轮船赴日本（需经日本中转），向岸上挥泪的亲人及微笑的亲友告别，在当时，到美国的旅程，好似到天涯海角一样，而一般家长父母是不愿其子远行的。

"到日本航程六天……不久，'中国号'出现在横滨港口中。我们依次登船，对于远赴异国的留美幼童，登上一艘与祖国同名的远洋轮船，实在是一件极为巧合之事。"

横渡太平洋花了二十八天，一个漫长疲困的旅程，但对幼童而言，太平洋是风和日丽水波不兴。他们在甲板上散步，注视着蓝天和飞鱼，来打发他们的晕船。有时一只鲸鱼向空中喷出一道水柱，引起大伙无比的兴奋。有时在甲板上游戏，在不知不觉中旅程到了最后一天——他们的轮船驶到旧金山大桥下。

负责护送第三批幼童的官员祁兆熙在《游美洲日记》中，记录了幼童们乘船的情景："风雨交加，舱面不能行走，晕浪者呕吐大作，俱睡而不能起。"当幼童们逐渐习惯后，便在风浪中嬉笑玩耍，有时还学习外国人投掷沙包。

幼童们开始不适应西餐，就把祁兆熙治疗喉咙疼的咸西瓜皮都抢着吃了。后来西餐不得不吃，每天牛羊肉、面包、奶茶、冰水，幼童们也能吃不少。

旅程中学习不能放松。幼童们白天学习《太上感应篇》《三训合刊》，晚上学习外语。

幼童先到旧金山，再换乘火车前往美国东部。在旧金山登岸后，幼童们要重新换装：锦缎帽子、软缎靴子、酱色长马褂、蓝色大长袍。每个幼童脑后的长辫子始终是人们好奇关注的焦点。

坐上飞快的火车，就像骑上奔驰的骏马。幼童们第一次见到火车，感到很神奇：没有人拖拽，铁家伙也能跑这么快。长长的火车犹如一条长蛇，风驰电掣，带风的感觉真棒。当幼童们在铁道线上享受驰骋的快感时，这些孩子们可能不会想到，脚下的铁路就是他们的父辈修建的。无数的华工为修建太平洋铁路付出了艰辛的汗水，还有很多人长眠于铁道线下。

康州教育委员会主席波得赛·诺斯罗普（Birdsey G.Northrop）提前向美国家

庭发出通知，先后有221个美国家庭愿意接收中国幼童。这些家庭都代表着"最优秀的基督教文明"，愿意参与这场"担负着中国未来之前途的实验"。

　　30名幼童被分散安排在康州和麻省（马萨诸赛州）的15个美国家庭中，距离哈佛大学、耶鲁大学、麻省理工学院较近的康州首府哈特福德成为接收中国幼童最多的地方。哈特福德真是与中国人有缘。十年前，华人士兵毕尔思正是在这座城市出发前往南北战争的前线。一直同情华工境遇的美国作家马克·吐温也住在这个城市。

　　美国人见到中国小孩也很好奇。一位到接待家庭做客的美国女子对幼童的辫子非常惊讶，竟然翻来覆去不断摆弄着看，这让家庭主人很尴尬，不得不请该女子离开。

　　身在小镇的麻省李镇教堂助祭海德接收了两名幼童。某天，两名幼童在街上追赶一头小猪玩。小镇上的居民看到中国幼童的打扮既惊奇又感到好笑，两条长长的辫子在身后摆来摆去，居民们哄笑不已。事后一位幼童回忆道："最初，幼童均穿长袍马褂，并且结着辫子，被一些美国人误当作女孩。每当幼童外出，后面总会跟着一群人高叫'中国女孩子'，使他们颇感尴尬。"

　　美国人都信仰基督教，每个礼拜日都要去教堂，这让中国幼童很不习惯。一名幼童自称是"不信教的中国人"，反感信教，拒绝去教堂。

　　文化的差异还体现在交往礼仪上。幼童李恩富被分配到美国家庭时，女主人一把将李恩富拉入怀中，亲吻了他一下。这突然而来的举动，让李恩富羞得面红耳赤，其他幼童则哈哈大笑。李恩富后来回忆说："因为那是我自出生以来得到的第一个吻……"

　　幼童毕竟是孩子，适应能力和可塑性都比较强。祁兆熙的儿子祁祖彝属第三批留美幼童，没几天便完全适应了美国的家庭生活。祁兆熙惊喜地发现，儿子已经能用流利的英文和家庭主人对话。

　　中国幼童的快速进步离不开美国家庭在生活和学习上的热情关照。温秉忠回忆道："最初，幼童均穿长袍马褂，并且结着辫子，使美国人当他们是女孩……为了减少困扰，数月以后，幼童向'出洋肄业局'委员呈准改穿美式服装。当时幼童平均不及十五岁，对新生活适应很快，迅速接受了美国的观念及理想……中国幼童们与一同食宿的美国家庭及中学、大学同学们，均建立了深厚之友谊……美国老师及监护人那种家长式的爱护，使幼童们久久铭感不忘。"

这里的出洋肄业局不是上海的预备学校，而是指陈兰彬、容闳专门在哈特福德设立的机构。三层小楼的顶楼专设孔子牌位，供所有幼童参拜，时刻让这些中国幼童不忘自己中国人的身份。按规定，所有幼童每三个月需来此学习汉语，主要以习字与作文为主，一批12人，每次学习14天。

其实，这些幼童汉文基础普遍较差，身在美国，继续学习汉文也是必要的。否则，学了英语忘了母语，得不偿失。

一直以来，中国人的智商是让外国人怀疑的。中国幼童的学习也是分层次进行，根据年龄不同，首先进入各小学、中学预备学校学习，然后才能考大学。中国幼童的优秀表现让美国人刮目相看。

哈特福德的一所学校曾举办了一期四、五年级英文书法展览。入学不到一年的中国幼童蔡廷干以最漂亮的书法获得嘉奖。

詹天佑学习成绩优秀，从纽黑文中学考入耶鲁大学。詹天佑的表现让很多美国人惊讶，《纽约时报》评论道："中国幼童均来自良好高尚的家庭，经历考试始获甄选。他们机警、好学、聪明、智慧，像由古老亚洲来的幼童那样能克服外国语言困难，且能学业有成，吾人美国子弟是无法达成的。"

事实上，中国幼童多来自贫苦家庭，没有几个人受过良好教育，真正受过良好教育的根本不会到美国来。

1878年，哈特福德公立高中举行毕业演讲，中国的梁敦彦以一篇《北极熊》的演讲获得满堂喝彩。《北极熊》也是梁敦彦的毕业论文，核心观点是警惕强大的俄国对世界、对中国的威胁。

梁敦彦对俄国的认识非常深刻，他说："他（俄国）的整个历史已经表明他的拥抱是致命的……对芬兰、巴尔干诸省和波兰的吞并……在中国边界的蚕食全部是蓄意的侵略；现在，他比过去还要强大，他会改变策略吗？就算一个小孩子也绝不会再相信另一个骗去他手中玻璃球的小孩子。人们怎么会相信一个为了自己的扩张而掠夺了这么多外国领土的俄国呢？"

为了庆祝美国独立一百周年，1876年，费城举办了世界博览会。很多中国幼童的作业和中国传统手工艺品一起入选博览会。中国幼童作业参展的目的是美国有意而为，重点是为宣传美国的教育成果。

8月21日，中国幼童集体前往费城参观世界博览会。在这次博览会上，幼童们眼界大开，见识了世界各国的前沿科技产品，几天的参观让他们流连忘返。

代表中国参展的宁波海关官员李圭对中国幼童作业的展出非常自豪。他在《环游地球新录》中记载道："……绘画、地图、算法、人物、花木，皆有规格。……《游美记》《哈佛书馆记》《庆贺百年大会序》《美国地图论》《风俗记》，亦尚通顺。"每篇作文都是中英双语，美国人看后无不啧啧称奇。

李圭与部分幼童进行了交流。

李圭问："此会究有益否？"

幼童答："集大地之物，任人观览，增长见识。其新器善法，可仿而行之。又能联各国友谊，益处甚大。我侪动身之前，馆师嘱将会内见闻，随意记载，回馆后各作洋文议论一篇，再译为华文。"

李圭又问："何物最佳？"

幼童答："外国印字法，中国雕牙器。"

李圭问幼童是否想家，幼童答："想也无益。惟有一意攻书，回家终有日耳。"

李圭对幼童的表现非常满意，勉励他们尽快学好西方知识，为国家富强而奋斗。

中国幼童的集体出现，引起了不小的轰动。美国总统格兰特专门接见了中国幼童，并与他们一一握手。幼童们不会想到，格兰特卸任后还会访问中国。

美国学者约翰·哈达德（John Haddad）对中国幼童的优异表现给予了积极评论："迫使这些非难中国人的声音有所减弱，并且承认，中国作为一个国家并非先前所认为的那样毫无希望。"

美国的教育更注重自然科学和社会科学，中国幼童学习的科目众多，如数学、天文、物理、化学、机械、土木、采矿，还有电报、军事、商业等。繁多的理论课犹如丰富的营养滋润着每一个茁壮成长的中国幼童。

除学习西方科学外，中国幼童还迷恋上了美国体育。在中国一直没有体育运动的概念，正在发育的中国幼童全是男孩子，哪能抵挡住这种诱惑。

近代棒球运动便起源于美国，1871年，美国就有了全国性的职业棒球运动员组织。风靡全国的棒球运动自然也吸引了中国幼童的兴趣。

1876年，中国幼童成立了自己的棒球队，并时常与其他棒球队进行比赛。在球场上，孩子们挥汗如雨，体验着比赛的刺激与快感。事实证明，中国人的体质与运动基因并不弱，中国幼童棒球队的成绩十分优异。

在归国前夕，中国幼童在途经旧金山时，美国奥克兰棒球队提出挑战，希望与中国幼童棒球队进行比赛。本来因为回国问题情绪比较低落的中国幼童激情被点燃，轻松将对方击败，让对方心服口服。中国人居然胜了美国人，这让当地人实在难以置信。

威廉·里昂·菲尔普斯（William Lyon Phelps）是很多幼童的同学，也是体育方面的玩伴，后来成为耶鲁大学的教授。他在自传中夸赞道："这些幼童除了有一条长辫子，和我们穿得一模一样。他们打橄榄球的时候，把辫子塞在衬衣里面，有时缠在头上；如果辫子松了，给对手的机会可实在太大了。所有运动对于他们来说当然都是新鲜的，可是他们很快就在棒球、橄榄球、冰球方面表现优异，以'快手'著称。而在花样滑冰中，他们超越了所有的人。"

菲尔普斯给出的评价是："教养极佳，是优秀的运动健将，思维活跃，成绩优异，擅长体育。"

或许菲尔普斯的评价中有溢美之词，属于某种客套，但至少没人会认为中国人是"东亚病夫"。

耶鲁大学的赛艇队成绩一直不好，大家认为是没有一个好舵手的缘故。钟文耀因为沉着镇定、头脑冷静且个头小，被任命为舵手。舵手的职责是用号令指挥全队。赛艇教练要求钟文耀有时要学会责骂划手。但作为性格内敛的中国人，钟文耀一直张不开口。经过教练的反复刺激，钟文耀终于也能脱口而出，如"该死"。有时钟文耀的号令会让划手们忍俊不禁，如"一、松开——该死！二、抬头，用力划，该死！"

时间一长，钟文耀进步神速，对水流也逐渐熟悉，加上与大家相处愉快，赛艇队成绩突飞猛进。1880年、1881年，耶鲁大学与哈佛大学进行赛艇决战。钟文耀所在的耶鲁大学队表现不俗，连续两年战胜哈佛大学队。在同学们的掌声与鲜花中，钟文耀倍感自豪，两个大学都记住了这个中国人。

菲尔普斯对钟文耀印象深刻："钟文耀比赛时指挥船，安静得就好像是带着他的队员兜风。"

耶鲁大学历史系教授白杉菊非常喜欢他："他非常聪明，事先到要比赛的河道，把准备好的木块扔进水中。观察风力如何推动木块在水中运动，从而推知水流和风会如何作用于行船。然后，他就胸有成竹了。"

邓士聪与康庚龄则是出色的橄榄球队员。美国同学形容个子矮小的邓士聪"奔跑如猎狗，躲闪如快猫"，灵活的身体、闪电般的速度让他在跑动中占据极大优势，成为各橄榄球队争抢的优秀运动员。康庚龄则体格壮如牛，冲撞能力强，几个美国同学都难以拦住他，反被他拖出四五米。

其他中国幼童也各显其能，曹嘉祥擅长打猎，常背着一杆超过12磅的长枪与菲尔普斯一起去郊外打鸟。吴仰曾擅长骑自行车，当时的自行车是个新奇的玩意，其他同学还在好奇这个能跑动的铁家伙时，吴仰曾已经技术娴熟。

当然，四批120名幼童，不可能个个优秀。美国人非常热情、友善、好客，无论是中国幼童的同学、老师，还是美国学者，对中国幼童的评价都普遍以赞美为主。

1880年，容闳申请带领部分中国幼童赴美国西点军校和阿纳波斯海军学校学习，但遭到了美国国务院的无情拒绝，对方回复说："此间无地可容留美幼童也。"相比之下，1869年~1881年，美国军事学校接收了十几名日本学生。

李鸿章指责美国违反了《蒲安臣条约》，但美国置之不理。

当留美幼童在美国快乐生活、学习的时候，中国官员看他们越来越不顺眼。

长期受美国文化的影响，留美幼童们逐渐没有了封建传统的尊卑等级观念，见到中国官员也不再跪拜，这是中国官员不能容忍的。

1879年底，吴嘉善出任第四任留学监督。刚到美国，他就召集所有留美幼童训话。没想到，这些孩子无一跪拜，甚至还用眼睛直视着他。这让吴嘉善大为震惊，继而恼火。

吴嘉善并不是一个旧式官僚，他会英文，懂西学，且曾在驻外使馆工作。初到美国时，美国媒体普遍认为他会支持中国的教育计划。

1880年4月1日，吴嘉善向所有学生发出《谕示》，严令他们"要思出洋本意，是令尔等学外国功夫，不是令尔等忘本国规矩。是以功夫上要上等学习，规矩要不可变更"。

同时，吴嘉善要求每月要呈送30页的中文作业，停止学习美国地理、钢琴演奏、英文诗写作等仅适合美国人的学科。哈特福德的学生，每周六日必须到出洋肄业局学习《圣谕广训》；吴嘉善警告学生，凡不专心的学生，一律勒令退学，遣送回国。

让吴嘉善最不能容忍的是他们剪掉辫子和信仰基督教。辫子代表着大清的祖制，改变信仰意味着背叛祖国。

由于生活、学习、运动均不便，少数胆大的学生剪掉了辫子，同时加入基督教会，容闳的侄子容揆和谭耀勋就是敢于突破禁忌的学生。在面见中国官员时，他们用假辫子来应付。吴嘉善发现后大怒，声言要将他们遣送回国治罪。在当时，剪掉辫子是大罪，回国便有杀头的危险。

作为留学事业的推动人，容闳一直支持这些学生。容闳早已西化，对他们的变化感到非常欣喜。至于中国保守官员对学生的攻击，容闳则十分不屑。

自陈兰彬开始，留学监督都是保守派官员，或多或少与容闳有一定的矛盾。矛盾激烈时，留学监督就会向国内打小报告，吴嘉善就是这样的人。

西化的容闳中文基础又不太好，且不熟悉也不喜欢中国官场的各种规则，"情商"略低的他在与中国官僚打交道中，常常处于下风。

在吴嘉善的多次鼓动和朝廷保守派官员不断鼓噪下，1880年12月17日，光绪帝下令严查出洋肄业局。至此，召回中国留学生已经成定局。李鸿章一直支持留学计划，但在各种负面声音的夹击下，内心也逐渐开始动摇。

耶鲁大学校长诺厄·波特（Noth Porter）对此深感震惊，他写信给容闳，高度赞扬中国留学生。该信件还获得了众多美国名流的签名支持，此信通过美国驻华使馆转交给清政府，希望能摒弃偏见，让中国留学生完成学业。

美国逐渐强硬的排华政策给召回中国留学生提供了比较充足的理由。时任耶鲁大学教授的卫三畏致信美国总统海斯（Rutherford B. Hayes），希望否决美国国会限制华人的移民法案，因为可能会影响到中国留学生。

马克·吐温也行动起来，他找到曾经访问过中国天津并与李鸿章有过会晤的前总统格兰特，希望他写信给李鸿章，制止此次终止留学的悲剧。

1881年7月16日，《纽约时报》刊发评论："提及计划被终止的原因其实并不隐秘，因为中国官员的担心，这些没有保持严格传统教育的中国青年将来无法真正为自己的国家效力。不管当时是什么原因促使中国政府开展了这个留学项目，可以肯定的是，政府对于这项事业的意义远没有容闳博士看得那么远。"

最终，一切努力都没有成功。

1881年8月，快乐的暑假来到了。班丹湖畔，湖水荡漾，野草茵茵，一群中国学生在此宿营游玩。他们快乐地追逐打逗，一片欢歌笑语。詹天佑、欧阳庚刚刚从耶鲁大学雪菲尔德理工学院土木工程系毕业，他们玩得尤其开心。

一脸阴沉的容闳走了过来，他向大家宣布，朝廷命令所有留学生立即回国。此消息犹如晴天霹雳，很多学生闻听后，僵在了原地。瞬间，有人哭出了声。容闳也跟着落泪。

1881年9月6日，第一批留美幼童启程回国。

哈特福德火车站内，没有欢声笑语，只有叹息与哭泣。所有学生表情悲苦，愁容满面，收养他们的美国家庭纷纷前来送行。在美国亲人的安慰声与叮嘱声中，中国学生们流下了委屈的泪水。

火车开动，中国学生眼含热泪，向美国亲人挥手告别。美国亲人也难掩分离的失落与痛苦之情，边擦着眼角的泪水边向中国孩子挥手。

至9月26日，中国学生分三批召回，共94名。除多名因严重违纪被遣返的学生外，还有十几名学生在美国病故。另有容揆和谭耀勋拒绝回国，二人在同学的帮助下躲藏了起来。

原定十五年的幼童留学计划彻底夭折。

1881年，正在驻日从事外交工作的黄遵宪在一首长诗中，悲愤地写道："目送海舟返，万感心伤悲。"

据1880年的统计，在所有留美幼童中，22人考入耶鲁大学，8人考入麻省理工学院，3人考入哥伦比亚大学，1人考入哈佛大学。大部分学生没有完成学业，只有詹天佑和欧阳庚从耶鲁大学顺利毕业。

轮船抵达上海，终于回到阔别许久的祖国，但他们没有激动，没有喜悦，反而只有屈辱和泪水。

与1872年出国时隆重送行的待遇完全不同，留美幼童们上岸后，即被清兵一路押送。扛着行李，穿着西式服装，坐着独轮车的他们引起了路人的好奇围观，人们对他们满是嘲讽与奚落。

在沮丧的心情中，他们被送至求知书院羁押。说是书院，其实只是几间破败的房子。眼见此景，所有学生都感到了一种无以名状的屈辱。

耶鲁大学学生黄开甲事后写信给美国收养家庭的巴特拉夫人愤怒地诉苦："曾

幻想有热烈的欢迎等待着我们，也有熟悉的人潮和祖国温暖的手臂来拥抱我们。可是天呀！全成泡影……雇用独轮车来装载我们，行程迟缓，使我们再度暴露在惊异、嘲笑的人群中。他们跟随着我们，取笑我们不合时尚的衣服。……独轮车没有法租界的通行证，我们必须下车自扛行李而过。在中国士大夫眼中，这都是丢人现眼有失尊严的事情……为防止我们逃脱，一队中国水兵，押送我们去上海道台衙门后面的求知书院。"

留美幼童被关押期间，正赶上过中秋，但他们见不到任何亲人，凄凉无比。

《申报》特别批评留美幼童沾染了洋人的恶习，学非所长而目中无人，对中国之忠孝义廉毫无所知。然而，当年这些学生出发去美国时，《申报》却是一片赞扬。

容闳回国后，立即到天津向李鸿章汇报工作。李鸿章听说留美幼童全部回国后非常失望，责怪容闳没有尽力拦阻。容闳一头雾水，本来下达撤回命令的是你李鸿章，怎么你又责怪我。李鸿章只是无奈摇摇头，或许，李鸿章在责怪容闳不懂变通，只会傻傻地执行命令。

既然召回国，总要给分配工作，但清政府完全没有尊重他们的知识技能，而是非常粗暴地将他们派遣到不对口单位。94人中，21人被分配到天津电报总局，23人被分配到福州船政局、上海江南机器制造总局。另有50人被分派到天津水师，进入机器、鱼雷、水雷、电报、医馆等领域。

詹天佑被派到福州船政学堂，本来是土木工程专业毕业的詹天佑不得不学习起轮船驾驶。

有些学生没有服从分配，有人又去了美国，黄开甲则去了英国。

后来的事实证明，这些留美幼童大部分并没有辜负国家的培养。中法战争中，第三批留美幼童黄季良身披战袍征战海疆，与同是留美幼童的邝泳仲、杨兆南、薛有福一起壮烈牺牲。詹天佑在"扬武"号军舰上服役，面对海战临危不惧。

甲午战争中，12名留美幼童投入战斗，陈金揆、沈寿昌、黄祖莲等3名学生以身殉国。"致远"舰帮带兼大副陈金揆，勇敢撞击日本"吉野"舰，最终战死。"定远"舰作战参谋吴应科因作战英勇被朝廷嘉奖，获"巴鲁图"奖章。后来，甲午战败，北洋舰队全军覆没，吴应科气愤地将奖章扔到了大海里。

与其他效忠清廷的留美幼童不同，容星桥则走上了革命道路，他也是唯一成为革命党的留美幼童。

按辈分，容星桥是容闳的族弟，是第三批留美幼童。容星桥被召回国后，先是被分派到北洋水师学堂，继而进入北洋海军服役，后进入香港太古洋行，从此开始经商。容星桥结婚时，因妻子家中的关系，结识了孙中山，逐渐成为孙粉，长期为孙中山的革命做幕后策划、筹款工作。

留美幼童还涌现了众多的杰出者，如清华大学第一任校长唐国安、北洋大学校长蔡绍基、驻美公使梁诚、外务部大臣梁敦彦。

梁诚在担任驻美公使期间促成了美国退还庚子赔款一事，让后来用该款留学的学子们延续了留美幼童未竟的教育事业。

第三章

访问：深入互动

一、失落的卸任总统格兰特来华**访**问

在李鸿章的照片中，有一张经典的合照广为流传。李鸿章与一位洋人同框，两人分坐左右，端坐于椅上，洋人在左，李鸿章在右。这明显是一幅正式的会见照，作为主持洋务的李鸿章来说，并不算稀奇。但此洋人身份却非同小可，该人是第一位到访中国的美国元首——尤利西斯·S. 格兰特（Ulysses Simpson Grant），也就是在费城世界博览会上接见留美幼童的总统。

李鸿章与格兰特的合影摄于1879年5月的天津，此时格兰特已经卸任，是一位美国前总统。即使是这种身份，对中国来说，也是破天荒的事情。因为在西方列强中，还没有哪个国家的元首，哪怕是前元首到访过中国。对于渴望世界认可的清朝，格兰特的到访意义非同小可。

格兰特访问中国，既有国家层面的战略原因，也有他个人的目的。

太平洋铁路的贯通，让美国如虎添翼。进入19世纪70年代后，尤其是在迎来建国一百周年后，美国开始由地区强国向世界强国迈进。其实美国早有打算，早早就把目标锁定在了亚太的太平洋与远东地区。

美国的一系列猛操作印证了帝国的野心。从中美《望厦条约》开始，到中美《天津条约》、中美《北京条约》，美国打开了中国的大门，触角延伸到了远东。1854年3月，美国以武力迫使日本屈服，签署《神奈川条约》，日本国门洞开。1867年8月，美国海军占领位于太平洋上中部仅4.7平方千米的中途岛。1875年，美国与夏威夷王国签署《双边互惠条约》，美国禁止夏威夷单独转让国土。

年轻的美国开始进入帝国主义扩张时代，企图以强权手段追求"全球责任"。

在这个关键的时期，格兰特担任了两届美国总统。但在他任期内，高官腐败，

丑闻频发，加上面对经济危机应对不力，让格兰特声名狼藉。而在南北战争时期，担任北方联邦军总司令且屡建奇功的格兰特是何等风光，两相对比让格兰特心理落差极大。

1822年4月，格兰特出生于俄亥俄州的一个普通家庭。无任何天赋的他，学习成绩平平。得益于父亲托的关系，格兰特于1839年进入西点军校学习。原本个头矮小、性格平静且又不喜欢戎马生涯的他，竟然成了一个著名骑手。

在从军经历中，格兰特却是一个酗酒狂徒，常在军营中喝得酩酊大醉。被迫退伍后，格兰特先后务农、经商、打工，但都不成功。

南北战争爆发后，格兰特在妻子的劝说下重披战袍，毅然走上战场。没想到，格兰特展现出了优秀的军事管理才能，成绩卓著，深得领导赏识。格兰特一路升职，并取得了多次重大战役的胜利。1864年3月，林肯总统任命他为北方联邦军总司令。

格兰特指挥12万大军与南方军进行决战，最终将南方军击败，取得南北战争的根本性胜利。战后，格兰特展示了宽容的一面，善待南方军将领与士兵。此举让格兰特赢得了巨大的好声名，成为总统竞争的最大热门。

1869年3月，47岁的格兰特担任美国第18任总统。这对毫无从政经验，也无施政纲领的格兰特来说，是一个奇迹；对美国人民来说，却是一个不幸。

或许格兰特的才华在南北战争时期全部用尽了，担任总统的他昏招迭出、错误不断、丑闻缠身。作为总统，格兰特竟然对经济一窍不通，美国人民已经无法忍受。一个昔日形象光辉伟大的将军格兰特瞬间就变成了小丑格兰特。

格兰特卸任后感叹道："没有任何搞政治的经验就被选为总统，这是我的幸运，也是我的不幸。"

卸任后荣光不再，格兰特与妻子茱莉娅感到了前所未有的失落。二人决定周游世界，重温作为一国元首的风光，同时借此造势，期待竞争下一届总统选举。

1877年5月，格兰特一家开始出访各国，开启世界巡游。从欧洲的英格兰、德国、意大利、法国，再到非洲的埃及，最后到亚洲的印度、泰国。格兰特不仅是第一个到访非洲的美国前总统，也是第一个访问中国的美国前元首。

西方列强的总统终于来了。

1879年5月17日，黄浦江滔滔江水翻滚，轮船川流不息。上海租界内的金利源码头装饰一新，鲜艳的红毯铺地，鲜花竞吐芬芳，摆放有序，码头上方悬挂欢迎条幅。各水师船水手英姿飒爽，列队整齐，团练兵分列两旁，威武不屈。

中午时分，紧张忙碌的工作人员还在就各项工作做最后检查，生怕出现一点纰漏。

下午1点，码头内开始热闹起来。上海道台刘瑞芬携各文武官员到场，看得出，他们换上了崭新的官服。官员个个精神抖擞，感觉特别要向美国人展示天朝官员的美好形象。稍后，英国租界董事、美国租界董事、法国租界董事与各国领事先后赶到。

刘瑞芬与美国租界董事、驻上海领事低声交流，似乎在商量着具体细节问题。刘瑞芬举止得体，不卑不亢，美国人也不再傲慢无礼，现场气氛友好、祥和。

下午1点半，从香港、广州北上的格兰特乘坐的"阿什洛特"号停靠长江吴淞口码头。按事先规定，清军鸣放21响礼炮，以示对格兰特的隆重欢迎，"阿什洛特"号鸣炮还礼。事实上，早在格兰特访华前两个月，英美租界工部局就成立了接待委员会。接待好美国（前）总统，既是代表列强向中国宣威，也是示好，总之，关乎着列强各国的脸面。

鸣炮21响是美国的规定，中国尊重了对方。即便是卸任总统，依然照例给予最高的礼遇，显示出了中国满满的诚意。

一声信号炮过后，黄浦江各轮船纷纷升起美国国旗。顿时，黄浦江上到处是星条旗飘扬，两岸的百姓争相目睹这罕见的奇观。在引导船的带领下，格兰特换乘的轮船驶入黄浦江。江上各轮船在格兰特所乘之船经过时，纷纷鸣笛致敬，格兰特感受到了中国人前所未有的热情。

船到金利源码头，西洋乐曲响起，刘瑞芬等一众官员上前迎接。按照礼仪，刘瑞芬只以握手、鞠躬致敬，格兰特则还以相同的礼仪。在与其他外国人互相握手、问候完，格兰特乘坐一辆豪华的马车，向美国驻华领事使馆驶去。下榻在美国驻华领事馆，显然方便与自己人沟通，也有利于展开工作。

沿途道路围观者众多，上海百姓对洋人不稀奇，但外国总统还是第一次见。格兰特微笑着向围观者招手。第一次踏上中国的土地，第一次与中国百姓亲密接触，格兰特的心情也十分澎湃。

美国总统到访，为展示中国礼仪之邦的好客之道，5月20日晚9时，上海各界为格兰特隆重举行欢迎晚会。

夜晚的黄浦江灯光璀璨，人流如潮。道路两旁煤气灯全开，夜空亮如白昼，各洋行门前悬挂的琉璃灯、明角灯、纸灯，灿若星河。黄埔大道两旁的树上还挂起了电气灯，南浦一带的外国人也纷纷亮灯，以示同欢庆。上海万人空巷，热闹的外滩人声鼎沸，一场隆重的水龙大会将在这里举行。

格兰特夫妇一路乘坐马车出行，在人们的欢呼声中，格兰特夫妇的脸上洋溢着幸福的笑容。与在美国的灰头土脸相比，中国让格兰特感受到了无上的荣光。

《申报》提前印刷了号外，人们早在报纸上看到了格兰特的介绍与肖像。如此能与美国总统近距离接触，也倍感荣幸。

马车所经过的各洋行，洋人站立街道两旁，并脱帽、鞠躬致敬。车到汇丰银行门口，马车缓缓停下，顿时鼓乐齐鸣，格兰特夫妇登临月台就座。

随着一声号炮响起，黄浦江两岸焰火纷飞，围观的百姓爆发出剧烈的欢呼声。各国水龙车队从南向北舞动，说是水龙，其实是水与火的组合，庞大的车队犹如一条燃烧的蠕动长蛇，格兰特两口子看得津津有味。

水龙车队行进到耶松洋行门口，一名叫姚瑞禄的工人在添加硫磺时烧到了自己手指，于情急之下手臂乱挥，一下将火星溅落到火药桶内，当场炸死1名中国人，另有2名中国人、1名外国人受伤。爆炸发生后，现场一片混乱。

当得知是一场意外后，中方官员才放下心来。格兰特对此表示深切同情，特派随队医生赴医院慰问伤者。为了悼念死者，格兰特拒绝了第二天赴大观园观看戏剧表演及庙园萃秀堂晚宴的邀请。

格兰特无法留恋上海荣光，因为他要见中国的高官，在上海只能见到一个小小的上海道台。赴天津，进北京，格兰特乘船以时速8海里的速度继续北上。

5月28日上午7时30分，渤海天空早已放亮，朝阳跃升，霞光万道。"阿什洛特"号抵达天津大沽口。天津水师提督船早已在拦港沙外静候贵宾的到来。大沽口炮台同样焕然一新，旗杆上早早就挂起了美国国旗，各种炮船并排而列，每艘船也都升起了美国国旗，阵势浩大。

按照《申报》后来披露的接待方案，先是鸣放21响礼炮，船长登船问候，双方互换国旗。然后引导总统坐船进入内河，两岸清军列阵，向天鸣枪欢迎。

或许是"阿什洛特"号的船长没有睡醒，忘了升旗示意，趁着涨潮直接就冲入了码头内。迎接的中国船只被甩在后面，只好在后面跟随，李鸿章的贺信一直没有机会递交。

大沽口炮台的守军见船只驶入，便开始鸣放礼炮，阵阵礼炮声回响在渤海上空。渤海潮水涌动，浪花飞溅，建城475年、开埠19年的天津城第一次迎来这么重要的西方政客。

为了向中国致敬，美国轮船升起了大清帝国国旗，即美国人蒲安臣设计的黄龙旗。

格兰特一行换乘坐船，沿海河而上，向百里以外的天津城驶去。事先装饰好的坐船，专门放置了鲜花等装饰品。一路上，中国官员不停向格兰特介绍着两岸风景。沿岸的大清骑兵、步兵、炮兵分列两岸，威武雄壮，相继燃枪欢迎。

1793年，英国马戛尔尼使团同样沿海河进京，却发现了盛世下的贫困。1860年，英法联军也是从这条航路占领天津，攻进北京。中国官员自然不会在格兰特面前提这些有辱天朝体面的事情。

天津的紫竹林码头热闹非凡，五颜六色的各国国旗炫彩夺目。硕大的彩棚迎风而立，这是美国驻天津领事馆特别搭建的，鲜花盛开，彩带飞舞，星条旗飘扬。身着大清官服的大清官员与身着西服的外国人都在翘首等待。宽大的礼帽遮挡不住西洋女士优雅的面容。

时至中午，仍不见格兰特船队的影子。天津官员焦急地不停看着表，外国人开始议论纷纷。天津海关税务司的德国人德璀琳等不及了，吩咐人赶紧爬上一艘大船的桅杆，用望远镜搜寻一下。结果什么也没发现。

原来，格兰特的船队在行至吴家嘴一带时遭遇搁浅，耽误了大概一小时才被赶来的中国船只发现。天津官员立即登船问候，并送上迟到的贺信，同时命人赶紧为贵宾的船队解围。

下午4时，格兰特船队终于抵达了紫竹林码头。码头两岸聚集了大量天津百姓，听说来了像皇帝一样的外国总统，人们争相围观。

码头内乐曲骤然响起，人们整齐排列，格兰特一行慢慢上岸。在彩棚内，格兰特接受中外各路官员的拜见。

一切仪式过后，已经是傍晚时分，格兰特乘坐金顶五岳朝天绿呢、淡黄下帷的八抬大轿，驶向美国驻天津领事馆。与在上海乘坐敞开式的马车不同，在天津乘坐八抬大轿，显然更具中国特色。格兰特只能撩起小窗帘，向外面的百姓招手致意。沿途街道早已戒严，清兵在前面开路，英国水手在轿子两侧护送，阵势同样强大。

按原先的接待计划，格兰特应该由紫竹林码头直接到李鸿章的直隶总督行署，西洋乐队则负责一路跟随，持续演奏。在途经三岔河口时，水师营同样鸣放礼炮21响，升美国国旗。

计划赶不上变化，天色已晚，中方只好让格兰特先下榻美国驻天津领事馆休息。

华灯初上，李鸿章还在与属下磋商第二天的接待细节问题。自从李鸿章主持外交事务以来，也是第一次会见外国元首。他不敢有半点马虎，一旦有个闪失，势必影响到天朝的体面。

5月29日，天津官员陪同格兰特参观天津机器制造局。近代化的机器厂房内，工人们紧张忙碌，机器轰鸣作响。格兰特对这个军工厂兴趣浓厚，不停驻足端详着工人们操作，偶尔还会提几个问题。天津官员告诉他，天津机器制造局的枪炮、火药等军火负责供应北方大部分地区时，格兰特惊叹连连。

天津机器制造局的设立在上海江南制造总局之后，是洋务运动的重要标志之一。容闳在美国采购的机器到后，清廷方才设立江南制造总局，当时李鸿章署理两江总督。天津教案后，李鸿章北上天津任直隶总督。为了提高自己的影响，李鸿章从江南制造总局调集人才与设备，多次扩建天津机器制造局。

为了留下两人难得的历史性一刻，李鸿章特别请来天津城著名的摄影师梁时泰为他们拍照。随着快门一闪，两人的影像被永久定格在了照片上，此张照片也成为李鸿章最为经典的照片之一。

二人初次相见，彼此一番打量。格兰特首先笑着说："早有耳闻总督大人是'云中之鹤'，今日一见，果然非同寻常。"

李鸿章哈哈大笑，说："总统阁下过奖，久闻将军英名，今日方得一见，实乃三生有幸。"

格兰特又接着说："总督大人丰姿伟岸，政绩卓著，堪比德意志的铁血宰相俾斯麦，完全可以称为'东方俾斯麦'嘛。"

这番恭维让李鸿章很是享受。他大笑了一番说："东方俾斯麦不敢当，不过，咱们二人倒是有很多相同之处。您长我只一岁，我们属同龄人。阁下在南北战争中统领全军，我也曾统领淮军。我们都是率军为国平叛，您打败了南方军，我打败了太平军、捻军。我们两人，真的可堪称伟人。"

格兰特也乐了，说："我可不敢称为伟人。"

共同的经历，拉近了两人的距离。相同的戎马生涯，又让两人谈起军事问题。

李鸿章严肃地问道："总统阁下，您认为当下中国是否可以建立海军？"

格兰特回答道："当然有必要。俄国彼得大帝曾说过：'任何君主如果只有陆军，他就只有一只手，加上海军，他才双臂齐全。'中国海岸线漫长，自然要建设海军，而且海军力量还要强。"

李鸿章又问："请问建设海军该如何入手呢？"

格兰特看了一眼李鸿章，说："先要熟悉海战理论，如战略战役理论。"

格兰特发现，作为堂堂大清帝国的重臣，李鸿章居然一点不懂海军常识。

李鸿章迟疑了一下又问道："难道舰船不重要吗？"

格兰特抿嘴一笑，说："两者都很重要，关键是要先用海战理论基础做指导，然后再配置相应的装备。"

李鸿章摇了摇头，说："眼下海防危急，我国最紧要的是，迅速装备一支精良的海军。至于海战理论，无法救急，我看还是应从装备入手。我觉得首先要购买几艘大型军舰。"

李鸿章确实在筹划北洋舰队，打造北洋水师，已经向英国订购了几只蚊船。就在格兰特走后，李鸿章便向英国下单，购买撞击巡洋舰"扬威"号、"超勇"号。

李鸿章迫不及待地问道："不知贵国的海军发展如何，在世界上居于什么地位？"

格兰特说："不好说美国的军事实力如何，但在美国内战中，北方军的设计师埃里克森已经将主炮设计为可以旋转的炮台，避免了死角的局限。另外，我们还发明了'大卫'号、'亨利'号潜艇。据我所知，这是世界上最早用于实战的潜艇。"

"潜艇，什么是潜艇？"李鸿章好奇地问。

"普通的舰船都是在水上的，而潜艇则完全在水下。"格兰特说。

"啊？"听到这个解释，李鸿章惊讶地张大了嘴巴，"难道就像鱼一样，能在海里潜水、游泳？"

格兰特点点头。

"那潜艇里能装人吗？人在里面怎么活？如果水灌进去，人不就死了吗？"李鸿章仍然很不解。

格兰特哈哈大笑起来。李鸿章又问："潜艇里有大炮吗？如何打击敌人呢？"

面对李鸿章一连串的追问，格兰特顿了顿神，一本正经地说道："潜艇采用的是密闭原理，水无法进去。里面可供应氧气。人在里面完全可以自由呼吸。潜艇没有大炮，但有鱼雷，鱼雷的攻击力非常强，数千吨的军舰，只需一两颗鱼雷便可炸沉。"

李鸿章完全听傻了，迫不及待地问道："既然如此厉害，贵国是否能帮我们购买几艘潜艇。"

格兰特连忙摆手道："潜艇对于海军确实很重要，但我们国家也只有两艘。等新型潜艇研制出来后，你们再购买不迟。"

李鸿章略微遗憾地点了点头。

谈到军事问题，李鸿章最感兴趣，但因为中国的实力不强，也会感到一丝气馁。李鸿章与格兰特又谈起了"幼童留美"一事，询问是否可以裁撤留学肄业局。格兰特对中国这种虚心求学的精神表示赞赏，也对中国孩子在美国的表现给予了肯定。格兰特告诉李鸿章，中国的留学计划千万不要半途而废。

两人畅聊了很久，李鸿章感觉格兰特就像自己的老朋友。

当晚，李鸿章在直隶总督署隆重设宴，款待格兰特一行。

为了显示自己的开放，李鸿章还搞起了夫人外交。李鸿章的夫人赵小莲在总督府设宴，邀请格兰特的夫人茱莉娅及各国驻天津领事夫人出席，整个宴会没有男嘉宾，就连李鸿章16岁的女儿李经璹也参加了宴会。女人之间，开怀畅饮，有说不完的话题。

几天后，格兰特赴京，与恭亲王奕䜣举行会晤。奕䜣事先接受了李鸿章的建议，对待格兰特"礼意优隆""以优礼接待"。迎接格兰特的队伍十分浩大，走过的街道烟尘四起。格兰特不停皱眉，因为他实在不明白，一个自诩天朝的泱泱帝国，京城里竟然都是土路，晴天一身土，雨天一身泥。

在北京期间，格兰特非常想参观紫禁城，但遭到清廷拒绝，上不了台面的理由是，格兰特乃是平民出身。格兰特又想看看天坛，本来天坛也是皇家禁地，最后，奕䜣还是破例满足了格兰特的愿望。格兰特也很给清廷面子，礼貌性地预言中国会在20

世纪成为强国。

格兰特走后，李鸿章感觉似乎少了点什么。他后来承认"格君与鄙人气谊相投，意甚亲厚"。李鸿章突然萌生了一个想法，能否让美国出面，调停中日的琉球争端问题。

孤悬中国东南海外的琉球国本是中国的藩属国，长期向中国纳贡。由于距离日本较近，日本对琉球便产生了非分之想。自明朝时，丰臣秀吉就曾攻打琉球，逼迫琉球向日本称臣纳贡。

1868年，日本维新政府下达"太政官令"，宣布琉球国为日本领土，并隶属于鹿儿岛县。1871年，爆发"牡丹社事件"，66名琉球人在海上遭遇风暴，漂流到台湾后被当地原住民牡丹社民杀死54人。日本以此为借口，武装侵略台湾。东南沿海爆发海防危机。

东南海防告急，西北塞防同样紧急，阿古柏侵入新疆，俄国占领伊犁，清廷难以兼顾，日本趁机吞并琉球。1878年8月30日，日本政府宣布，正式废除琉球国，改为日本的郡县。1879年4月，日本派出军队将琉球王室强行押送至东京，将琉球改名为冲绳县。

格兰特的来访，让李鸿章想到了"以夷制夷"的策略。经过与美国驻天津副领事毕德格沟通后，李鸿章决定，邀请格兰特出面调停中日琉球争端问题。

格兰特由北京返回天津，李鸿章再次拜访。这次两人少了很多客套，李鸿章开门见山，如实相告，他说："总统阁下，中国与日本因琉球争端问题，矛盾日趋激烈，倘若贵国能居中斡旋调停，功莫大焉。"

格兰特详细了解了事件经过后，对李鸿章说："我目前没有官方身份，若赴日本调解两国争端，恐怕只能以私人的名义向日本天皇和日本政府转达中国的关切。"

李鸿章非常高兴，当面表示了感谢。

两人在闲叙中，李鸿章发现格兰特手里始终拿着一根手杖，李鸿章十分好奇，便希望把玩一下。格兰特将手杖递给李鸿章，李鸿章接过后，小心仔细地端详着，只见该手杖通体雕刻，制作精美，手柄处镶有一颗大钻石，周围一圈小钻石环绕。

见李鸿章爱不释手，格兰特说："实话告诉总督大人，您喜欢这根手杖，我本应该赠送。只是这根手杖是我卸任总统时，全国绅商各界制作赠送，作为纪念品。这是出于国民公意，我不便于私自送人。等我回国后，将这件事公布给大众，如果大众表示赞许，我将寄送给中堂大人。"

李鸿章尴尬一笑，没有说什么。李鸿章不会想到，格兰特一诺千金。1896年，李鸿章出访美国时，格兰特已经去世，格兰特的夫人茱莉娅还是将这根手杖送给了李鸿章。

离开天津时，李鸿章专门赠送了格兰特精美的景泰蓝、苏州丝绸等礼物。格兰特赴日本，以调停中日琉球争端一事。

7月4日，格兰特抵达日本，并展开了游说。对于琉球一事，日本自有日本的说法，对于美国的干涉，日本略有不快，以不希望第三国参与为由婉拒。日本内阁大臣最终也没给面子，格兰特奔走多日，始终无果。

无奈之下，格兰特的秘书杨越翰致信李鸿章说："中国大害在一'弱'字，国家好比人的身体，身体一弱则百病来侵，一强则外邪不入"，"中国若不自强，外人必易生心欺侮。在日本人心中，每视中国弱自家强，所为无不遂者。彼既看不起中国，则无事不可做。"

格兰特在日本期间，目睹了日本的崛起与野心。他忠告李鸿章，"据我看，中国屡次被他国欺侮，总缘未能认真自强。"特别警告李鸿章，"日本气象，似一年兴旺一年"，"日本以一万劲旅"或可"长驱直捣中国三千洋里"。

格兰特提醒李鸿章，日本可能会侵占台湾，"据日本人以为，不但琉球可并，即台湾暨各属地动兵侵占，中国亦不过以笔墨口舌支吾而已，此等情形最为可恶。"

他建议李鸿章，"仿日本之例效仿西法"，"中国人民财产本富，自强亦非难事"，"国势日必强盛，各国自不敢侵侮"。

李鸿章手捧格兰特的来信，在案前发呆了很久。

格兰特的来信，言辞恳切，李鸿章能读出对方的一片苦心。李鸿章比格兰特小一岁，两人有很多相似之处，但细细比较，两人也有一些本质的不同。

李鸿章与格兰特都是军人，且是高级将领，都是军功满身。李鸿章出身于曾国藩的湘军，后又独自组建汉族团练武装，以安徽家乡人为班底创建淮军。在镇压太平军、平定捻军中，淮军都做出了卓越贡献，乃至后来创建北洋海军，仍有淮军的身影。

格兰特毕业于西点军校，是一名职业军人。南北战争初期，格兰特的家乡伊利诺伊州要组建6个团队，格兰特自告奋勇，整编家乡连队。他一面动员加利纳当地女人缝制军装，一面组织军事训练。这与李鸿章组建淮军非常相像。

经过格兰特的训练后，该连队成为伊利诺伊州第11志愿步兵团中战斗力最强的一个连。后格兰特又召集了3个团，他被任命为第21志愿步兵团上校团长，负责训练该团民兵。

格兰特的成功，尤其是成功当选总统，不仅是他作为北方联邦军总司令战胜了南方联盟军，更重要的是，格兰特赢得了南方的认可。南方军战败后，统帅投降。在受降仪式上，格兰特对昔日的敌人给予了充分尊重，并准许南方军军官保留手枪与佩剑，士兵还可以保留战马。经过格兰特推动，约翰逊总统赦免了所有南方军人，不再追究战争责任。

在南北战争结束的前两年，1863年，李鸿章率领的淮军和"常胜军"攻打江南，苏州城久攻不下。11月27日，李鸿章亲临苏州城下督战。太平军守将纳王郜永宽秘密与清军展开谈判，双方约定好，城内太平军起义，杀掉慕王谭绍光献城投降。

结果，淮军按计划占领苏州，但李鸿章却没有遵守诺言，将投降的几名太平军将领全部杀掉。杀降一事让"常胜军"将领、英国人戈登极其愤怒，戈登提着手枪四处找李鸿章，要枪杀李。西方列强对杀降事件一致给予强烈谴责，李鸿章"压力山大"。

格兰特坚持人权至上，对待敌军实行宽容，赢得全国赞誉。相比之下，李鸿章则厚黑很多，杀降则完全没有道德底线。

李鸿章官至宰相，富可敌国；格兰特高居总统之位，但一生清贫。

大清官场上流行的一句"宰相合肥天下瘦"是对李鸿章贪财最贴切的讽刺。李鸿章曾担任江苏巡抚、两江总督、湖广总督、直隶总督、两广总督，一生敛财无数，根本无法估算。

容闳说他遗产四千万，名人传记里说他的家产超千万，家族兄弟财产也有千万。梁启超说他有数百万金的产业。有好事者估算，说李鸿章的财产相当于今天的10亿人民币。李鸿章的孙子李国超曾保留有一份《分家合同》，这份合同显示，李鸿章在安徽拥有的房产至少就有24处。

作为美国总统，格兰特也有机会贪污，因为在总统任期内，经常爆出属下的贪污丑闻。属下能贪，格兰特自然也能贪。能贪而不贪，足可以说明个人品格的高贵。

卸任后的格兰特，经济更加拮据。结束环球旅行后，格兰特拿出全部家当创办经纪人商行，最终破产。有人为了同情他，愿意出10万美元办展览，让格兰特将自己的军功战利品与各国送他的礼物拿出展览。但格兰特拒绝了，直接将这些贵重的物品用作还债。

穷困潦倒的格兰特后来只能靠给《世纪》杂志撰写内战文章，赚取一些微薄的稿费生活。马克·吐温建议他写回忆录，在高版税的诱惑下，已经患癌症的格兰特拖着虚弱的身体开始写回忆录。最终，50万版税发下来时，格兰特早已去世。

有意思的是，或许格兰特真的与中国有缘。他访华期间乘坐的"阿什洛特"号军舰，在1883年2月18日，自厦门前往汕头时，因遭遇大雾，触礁沉没在汕头海域。

二、李鸿章访美的尴尬

格兰特赴日本调停没有成功，日本野心勃勃，企图侵占台湾，这个目标终于在1895年成功实现。

一场甲午战争将大清帝国的耻辱再次推向高峰。李鸿章也迎来了人生至暗时刻，北洋舰队全军覆灭，跟随自己多年的北洋提督丁汝昌也吞食鸦片自杀。

1895年3月13日，清廷派李鸿章赴日本马关进行谈判。战败国与战胜国之间的谈判，没有太多周旋的余地。李鸿章甚至不得不乞求日本，尽量减少赔款，以赠作回国路费。

最终，《马关条约》签订，中国须向日本赔偿2亿两白银，并承认朝鲜独立，割让辽东半岛、台湾及附属岛屿。李鸿章万万没有想到，他与清廷沟通的电报都被日本破译，日方早已掌握了清廷的底线。

在马关被刺伤的李鸿章带着一腔屈辱回到国内，"卖国贼"的帽子满天飞。清廷又将其做"替罪羊"处理，革除一切职务。从此，李鸿章被迫退休，终日在北京贤良寺赋闲。

割让辽东半岛无疑阻碍了沙皇俄国在东北的扩张，俄国拉拢德国、法国逼迫日本将辽东半岛退还给中国。英国、美国权衡后，宣告中立。日本无奈，以3000万两白银换取放弃辽东半岛。

虽然多花了3000万两，但清廷还是非常感激俄国。

1896年，适逢沙皇尼古拉二世将加冕，邀请中方出席。俄国驻华公使喀西尼提出，最好派宗室王公或大学士赴俄国出席典礼。

为感激俄国牵制日本，同时也为了"联俄制日"的战略，清廷认为有必要与俄国借机拉近关系。按规定，亲王不能出国，因此清廷拟委派湖北布政使王之春出席俄皇加冕礼。但喀西尼提出抗议，他认为："王之春人微言轻，不足当此责。可胜任者，独李中堂耳。"

俄国人只认李鸿章，说李鸿章虽没了职务，但影响力仍在。

李鸿章既然是"替罪羊"，再辛苦跑一趟也未尝不可。清廷决定，任李鸿章为头等钦差大臣，赴俄国祝贺。

欧美等国公使听说李鸿章要去俄国，纷纷进行拉拢，希望主持洋务多年的李鸿章借机多走两步，到法国、德国、英国等大国转转。

致力于做世界强国的美国人自然不甘落后。1896年2月18日，美国驻华公使田贝（Charles Denby）专门拜会李鸿章。他首先强调美国制造如何强大，游说李鸿章赴美国参观造船厂、军工厂、铁路系统等先进的制造业。李鸿章心动了。

田贝立即上报美国国务院，美国政府当然不会错过向中国展示自己的机会，果断同意，但希望李鸿章最好能先到美国再去俄国，然后再去欧洲其他国家。

经过权衡，清廷同意了李鸿章出访欧美的计划，但是先俄国、再欧洲，最后赴美国、加拿大。

对清廷来讲，李鸿章出使欧美等国，是清廷最高级别官员的第一次出国外交，既可以展示大清帝国形象，还可以促进与西方列强的友好关系，也可以借机赴欧美学习考察。无论从哪方面来说，都是一个很好的机会。

对李鸿章来说，自己主持洋务二十多年，对西方列强的坚船利炮既畏惧又佩服，对欧美强国的科技一直充满向往。如果能亲自出国走一走、看一看，必然是受益良多。

清廷自然也为李鸿章定了任务，出国巡防不是吃喝玩乐，除了礼节性访问并递交国书外，还要与欧美等国协商增加进口关税一事。

2月28日，慈禧召见李鸿章。可能是会见时间过长，一直跪着的李鸿章事后竟然无法站立，只好让两个太监抬出。刚被抬出宫，李鸿章便晕了过去。

李鸿章要出访欧美，震动京城。在李鸿章起身离开北京之时，一些要好的朋友、下属在朝阳门外搭棚摆宴为李鸿章饯行。不过，天公不作美，现场很尴尬。

"是日适有大风，扬沙撼水，车行极为困顿，……即于棚中设席，合尊促坐，棚摇摇震撼作声，如欲拔地飞去，飞尘眯目，席间盘盂杯盏，悉被掩盖，几无物可以下箸。"

李鸿章倒是满不在乎，谈笑风生，他说："我每次出门远行，不是狂风，就是暴雨，走个海路，也总是遇上惊涛骇浪。"大家也只好打圆场，说："大人丰功伟业，所以连雨师、风伯这些神灵，都会前来饯行。"

3月28日，73岁的李鸿章一行乘坐法国轮船"爱纳斯脱西蒙"号从上海出发，正式开启访问欧美之旅。李鸿章一行共45人，随员17人，其中包括两个儿子李经方、李经述，大儿子负责处理对外事务，二儿子负责照顾老爹的生活起居；为便于沟通，还带上了俄国人、德国人、英国人、法国人、美国人各1名；另外还带有供事武弁18人，仆役10人，厨师多人。

离开上海前，他对上海的朋友苦笑道："万里长途，七旬老翁，归时能否相见，实不可知。"为此，李鸿章携带了一口豪华棺材。与离京时的意气风发不同，真到出行时，又多了一分悲壮。

"爱纳斯脱西蒙"号从东海南下，经南海，穿马六甲海峡，过印度洋，再穿过红海、苏伊士运河，至埃及塞得港。俄皇早已派人在此迎候。换乘俄国轮船后，经地中海、黑海，最终抵达圣彼得堡。

在俄皇加冕礼期间，莫斯科发生大规模踩踏事件，媒体称大约有4500人死亡，伤数万人。李鸿章称这种事为"区区小事"，他对俄国官员如实上报的态度非常不解，他问财政大臣维特："难道你还要将这不幸事件的全部经过详细禀报皇上吗？"维特点头。李鸿章则摇头了，他说："你们这里的官员在这些问题上太没有经验了，这样的事怎能如实禀报呢？皇上一旦动怒怎么办？……我当直隶总督的时候，我统辖的一个省份有次发生鼠疫，一下死了好几万人，我们却经常呈奏皇上，那里一切都顺遂。"李鸿章越说越得意，"皇上问起，我就回答说，没有任何瘟疫，老百姓都安居乐业，称道皇上圣明着呢。"

李鸿章没有注意到维特一脸的惊讶，维特无法理解李鸿章，李鸿章也无法明白俄国人。

李鸿章在俄国除出席俄皇加冕礼外，还签订了《中俄密约》。正是这个密约，后来让外界一直怀疑李鸿章收受了俄国贿赂，为"卖国贼"这个称号再添重要一笔证据。

欧美访问第二站是德国。6月27日，李鸿章见到了德国著名铁血宰相俾斯麦。

两人谈了很多，如中国改革、练兵的问题。俾斯麦告诉李鸿章："练兵之法，更有进者。一国立定一军，不必分驻全国，但要选择扼要之处，群聚屯扎，关键在于你是否能把部队掌握在自己手中，自如地调动他们，使他们很快地从一地到另一地。"相信李鸿章听了这话，更会痛惜自己的北洋海军。远在中国的袁世凯没有听到这些话，但俾斯麦的观点恰好与他的思路吻合。

听说李鸿章在日本谈判时面部遭枪击，一直饱受面部疼痛之苦，俾斯麦特别安排李鸿章到夏洛特堡的技术学院检查。电气技术实验室为李鸿章的头部进行了X线拍片，拍片由斯拉丁教授与两名助理协助完成，大约用时二十分钟。X光片非常清晰，可以清楚地看到子弹射入点与弹道。照片显示，子弹是从李鸿章的左眼下射入，但最终并没有发现子弹的踪影。

李鸿章对这种先进的X技术兴趣很大，反复端详好久。

参观德国的克虏伯炮厂和来复枪厂是李鸿章最期待的。出身湘军，创建了淮军、北洋海军的他，对新式武器最感兴趣。刚一进入10万人的克虏伯炮厂，李鸿章就被这种规模震惊了。克虏伯新型大炮的液压升降系统和电动填弹装置让李鸿章唏嘘不已，不由得感叹中国的落后。

德国人的算盘其实是希望李鸿章发挥影响力，多多购买德国的武器。没想到，后来的李鸿章还是让德国人失望了。

走访了荷兰、比利时、法国后，8月2日，李鸿章开始访问英国。面对这个世界第一强国，李鸿章早已心向往之。而李鸿章的内心又非常矛盾，两次鸦片战争，英国都让中国饱受屈辱。

让李鸿章失落的是，与其他国家隆重的欢迎礼遇相比，英国欢迎仪式非常简单，似乎对自己的到来并不是很在意。

英国媒体反对接待李鸿章过分隆重，《泰晤士报》认为："应当像款待良朋那样，礼从优异。但不可像俄、德二国那样阿谀献媚，贻笑他人。"

李鸿章在英国的时间足足有20天，对英国的考察十分全面。他不仅参观了英国皇家海军，还考察了各式先进的企业，如枪炮厂、钢铁厂、钢轨厂、造船厂、电报局、铁甲局、车机局、银行等。对于英国的民主制度，李鸿章特意走进议院，观看议员议事。

在格林尼治天文台，李鸿章惊喜地体验了电报的快捷。一封68字的电报发至上海后，25分钟后，李鸿章便收到了盛宣怀的回复。

李鸿章感叹："贵国之聪明才智、天财地宝、物力人才，向来十分心仪，今日得以亲眼一见，且见其日积月累，高不可攀。于此而不能刻骨铭心以载之东归者。"

对于中国，英国是头号侵略头子，但李鸿章领略了英国的工业文明与政治文明后，心情五味杂陈。一个四处侵略他国的"坏蛋"国家，为何拥有如此高度发达的文明？

相比英国人的冷淡，美国人相当热情，李鸿章即将抵达纽约的消息，让美国人非常兴奋。美国当地时间1896年8月28日上午9时，"圣路易斯"号邮轮停靠火岛以东救生站，观者如潮。

美国让全部记者乘坐一艘巡逻艇，在海上观察"圣路易斯"号邮轮抵达纽约的盛况。中午时分，"圣路易斯"号邮轮开到了纽约近海。一百余艘船只集结，行驶在"圣路易斯"号邮轮周围，组成庞大的欢迎船队。

下午2时，轮船进入纽约港，炮台鸣放礼炮19响。轮船经过美国海军舰队时，海军鸣放21响礼炮以示欢迎。军舰还反复以升降旗的方式以示恭迎之礼，周围大小军舰，一起奏响凯旋曲。21响礼炮，已经是最高元首级别。格兰特访问中国时，同样是鸣放21响礼炮。

在经过海关人员例行检疫检查后，美国东部陆军司令卢杰将军、美国助理国务卿诺克赫尔、乔治·大卫陆军少校、希尔斯舰长、中国驻美国公使杨儒等人登船欢迎李鸿章。卢杰将军当面向李鸿章等人宣读美国总统格罗弗·克利夫兰（Stephen Grover Cleveland）的欢迎信。

卢杰说："我受总统的派遣，来此迎接阁下到来，并带您访问这个自由的国家。欢迎您的来访。"李鸿章没有让随从搀扶，主动去握卢杰的手，这让卢杰感觉，李鸿章的做派很美国。

李鸿章乘轿登岸，被纽约港盛大的欢迎场面所震撼。满眼都是大清国黄龙旗，围观李鸿章的美国人挤满了每个角落。格兰特的儿子富德立也在此恭候迎接。

《纽约时报》的记者看到："每一个能看到码头的大楼窗口内都挤满了观众，每一座高楼楼顶上也站满了人，特别是能俯瞰哈德逊河的百老汇大厦楼顶上更是人声鼎沸。所有靠近美国航运公司码头的地方都已人满为患。"

所有人都对身穿黄袍马褂、留着长辫子的中国高官充满了好奇。李鸿章等人乘坐马车进入纽约市区,纽约巡警乘车开道,李鸿章的马车左右各有一队骑马的警察护卫。在车队的后面,还有美国马兵押后。

沿途道路两旁站满了市民,里三层外三层,人们或是翘首驻足,或焦急等待。百老汇大街人流如潮,纽约证券交易所以最高规格悬挂出了四面旗帜,第五大道有几位美国女人从二楼窗口探出身,不断挥舞着大清国黄龙旗。连美国记者都感叹,此欢迎情景是曼哈顿街头难见的一道奇观。

美国媒体称,大约有50万人参加了这场国宾级的欢迎仪式。人们看到了一个头戴官帽,身穿黄马褂及深蓝色织锦软绸外套,脚蹬白色布底鞋的中国老人。

李鸿章下榻于第五大道33街的华尔道夫酒店第10层的皇室套房。到了酒店,已经傍晚,当天不见客,李鸿章要好好休息。

李鸿章的随从则忙个不停。李鸿章出访,随身除携带一口豪华棺材外,还有约300件行李,除衣服、日用品外,还有大量的酒水、茶叶,甚至包括用来烧茶的天山瓦罐泥封口的雪水。雪水也要自带,李鸿章成了大自然的搬运工。另外还有很多让美国人感兴趣的中国食物,如桂花皮蛋。

李鸿章还自带了一顶金轿和珍贵奇鸟8笼,其中两只可爱的鹦鹉还会说英语,一只云南的长尾金鸡则漂亮异常。

美国人对李鸿章吃啥极为好奇,《纽约晨报》的记者甚至进入了华尔道夫酒店的厨房里,以观察中国厨师如何操作。《纽约晨报》还雇用了一位素描画师,画下了中国厨师工作的场景。或许是厨房狭窄的缘故,并没有人用相机记录这个瞬间。

就在李鸿章即将抵达纽约港的时候,总统克利夫兰结束休假,乘坐游艇赶往纽约。盛夏时节,美国议员通常请假休息,总统自然也会外出避暑。克利夫兰与李鸿章都非常期待这场中美两国最高级别的历史性会晤。

8月29日,克利夫兰在前国务卿惠特尼的私人寓所里正式接见李鸿章。克利夫兰致欢迎辞,特别提到一句话:"就像一个国际大家庭的大哥哥探访远方的弟弟。"这话中国人爱听,李鸿章听了非常舒服。

李鸿章向克利夫兰递交国书,并率随员向克利夫兰行鞠躬礼。当天,克利夫兰设宴，欢迎李鸿章一行。这顿午餐比较简单，规格也很一般，媒体的评价是"它与在华盛顿接待各国外交使节的规格完全一样"。

克利夫兰对中美两国的评价显然是过分谦虚了，因为仅仅半年后，美国第25任总统威廉·麦金莱（William Mckinley）便彻底暴露了美国对外扩张的野心。麦金莱的外交策略咄咄逼人，他主张，美国必须在海外宣扬其优越的社会制度并扩大影响。麦金莱提出了"大海军计划"，加大拓展海外基地，要求在全球构建商业帝国。男人的雄心都是与荷尔蒙成正比的，美国的野心自然也是靠国家实力支撑的。

此时美国排华比较严重，就在1896年，美国共逮捕了394名偷渡的华人。经过审讯后，检察官释放了384人。

但李鸿章的到来，还是让美国各界表示出了非常浓厚的兴趣。政界官员，包括外国驻美公使领事、商界巨富、宗教界领袖等，纷纷向李鸿章发出邀请，希望赏个面子出席欢迎宴会。俄国人对李鸿章"盯"得非常紧，俄国驻美公使专门登门拜访李鸿章。

李鸿章虽年事已高，但只要当天身体感觉尚好，便不会拒绝外界的邀请。在各种会见与宴会的应酬中，李鸿章度过了人生中最忙碌的外交时刻。

十七年前，美国前总统格兰特访问中国天津，与李鸿章相谈甚欢。李鸿章此次来美国访问，自然非常想念这位老朋友，但格兰特已经于1885年7月去世。踏上美国国土，每每想起格兰特，李鸿章总是伤感连连。

8月30日，李鸿章专门赴格兰特墓地祭拜，并专门植树一棵、立铜质纪念碑一尊为纪念。在格兰特的墓地，已是风烛残年的李鸿章默默站立，低头哀思，泪水打湿了他花白的胡须。

《纽约时报》全程记录了这次祭拜活动，报道如下：

"当尊贵的清国宾客进入将军安息地时，场面非常感人。李在用铆钉铆成的铁刺灵柩上敬送了月桂花圈，以表达他对将军的敬意。这位贵宾的举动非常令人感动，他很虔诚地站直身体，用极其悲伤的声音低吟道：'别了！'他的思绪回到17年前与将军亲切会晤的场面，当时他们相谈融洽，因为他与将军一样都曾为了拯救祖国而久经沙场。

他的这一告别仪式使他的随从人员和美方陪同人员始料不及，然而这却是饱含敬意的最真诚的悼词和最意味深长的告别：'别了，我的兄弟！'

结束这天的国务活动后，这位清国使臣造访了格兰特的寓所，在那里他见到了这位卓越将军的遗孀，这是他到美后第一次带有社交性质的活动。

专程从乔治湖赶来的格兰特夫人见到李总督后非常高兴。他向她充分表达了问候之情，离别时还留下了纪念品，并接受了夫人回赠的珍贵礼物。”

美国人称呼李鸿章不是"中堂"而是"总督"，在中方人员的日记中，都是称李鸿章为"中堂"，称美国总统为"民主"。"民主"，或是与中国的"君主"相对应。中国人也承认，美国是民主国家，总统是民选的国家领袖。

格兰特夫人茱莉娅与工商界领袖百余人设宴款待李鸿章。宴席结束时，茱莉娅拿出一个精美的礼盒，里面正是格兰特的手杖。

茱莉娅向在座的嘉宾讲述了自己与丈夫格兰特访问中国天津时与李鸿章的交往，对李鸿章喜欢的手杖，格兰特特别嘱托，希望在逝世后赠予李鸿章。

茱莉娅向大家征求意见，她说："今天正好李先生来此，我敬承先夫遗嘱，请命于诸君，是否赞同此事，以了先夫遗愿。"格兰特在天津时就讲过，此手杖为工商界人士集体所赠，不能随意送出。

这下让李鸿章非常不好意思，他尴尬一笑，连忙摆手，希望茱莉娅不要再当真。但茱莉娅遵守诺言，还是将手杖送给了李鸿章。

在结束了纽约的众多活动后，按照惯例，李鸿章须接受美国记者采访。9月2日一大早，李鸿章就起了床，吃了些鸡肉，饮了两杯茶，精神非常不错。上午9点，大批美国记者蜂拥至华尔道夫酒店。

记者：尊敬的阁下，您已经谈了我们很多事情，您能否告诉我们，什么是您认为我们做得不好的事呢？

李鸿章：我不想批评美国，我对美国政府给予我的接待毫无怨言，这些都是我所期望的。只是一件事让我吃惊或失望。那就是你们国家有形形色色的政党存在，而我只对其中一部分有所了解。其他政党会不会使国家出现混乱呢？你们的报纸能不能靠国家利益将各个政党联合起来呢？

记者：那么阁下，您在这个国家的所见所闻中什么使您最感兴趣？

李鸿章：我对我在美国见到的一切都很喜欢，所有事情都让我高兴。最使我感到惊讶的是，20层或更高一些的摩天大楼，我在中国和欧洲从没见过这种高楼。这些楼看起来建得很牢固，能抗任何狂风吧？但中国不能建这么高的楼房，因为台风会很快把它吹倒，而且高层建筑没有你们这样好的电梯配套也很不方便。

记者：您赞成贵国的普通老百姓都接受教育吗？

李鸿章：我们的习惯是送所有男孩上学。（翻译插话："在中国，男孩，才是真正的孩子"）我们有很好的学校，但只有付得起学费的富家子弟才能入学，穷人家的孩子没有机会上学。但是，我们现在还没有你们这么多的学校和学堂，我们计划将来在国内建立更多的学校。

记者：阁下，您赞成妇女接受教育吗？

李鸿章：（停顿一会儿）在我们中国，女孩在家中请女教师提供教育，有经济能力的家庭都会雇请女家庭教师。我们现在还没有供女子就读的公立学校，也没有更高一级的教育机构。这是由于我们的风俗习惯与你们（包括欧洲和美国）不同，也许我们应该学习你们的教育制度，并将最适合我们国情的那种引入国内，这确是我们所需要的。

记者：总督阁下，您期待对现存的排华法案进行任何修改吗？

李鸿章：我知道，你们又将进行选举了，新政府必然会在施政上有些变化。因此，我不敢在法案修改前发表任何要求废除《格利法》的言论，我只是期望美国新闻界能助中国移民一臂之力。我知道报纸在这个国家有很大的影响力，希望整个报界都能帮助中国侨民，呼吁废除排华法案，或至少对《格利法》进行较大修改。

记者：阁下，您能说明选择经加拿大而非美国西部回国路线的理由吗？是不是您的同胞在我国西部一些地区没有受到善待？

李鸿章：我有两个原因不愿经过美国西部各州。第一，当我在中国北方港口城市担任高官时，听到了很多加州中国侨民的抱怨。这些抱怨表明，中国人在那里未能获得美国宪法赋予他们的权利，他们请求我帮助他们使他们的美国移民身份得到完全承认，并享受作为美国移民所应享有的权利。而你们的《格利法》不但不给予他们与其他国家移民同等的权利，还拒绝保障他们合法的权益，因此我不希望经过以这种方式对待我同胞的地方，也不打算接受当地华人代表递交的要求保障他们在西部各州权益的请愿信。

第二，当我还是一名优秀的水手时，就知道必须学会自己照顾自己。我比别人年纪要大好多岁，从温哥华回国的航程要比从旧金山出发更短些。我现在才知道，"中国皇后"号船体宽阔舒适，在太平洋的所有港口都难以找到如此之好的远洋客船。

排华法案是世界上最不公平的法案。所有的政治经济学家都承认，竞争促使全世界的市场迸发活力，而竞争既适用于商品也适用于劳动力。我们知道，《格利法》是由于受到爱尔兰裔移民欲独霸加州劳工市场的影响，因为中国人是他们很强的竞争对手，所以他们想排除华人。如果我们中国也抵制你们的产品，拒绝购买美国商品，取消你们的产品销往中国的特许权，试问你们将做何感想呢？

不要把我当成中国什么高官，而要当成一名国际主义者，不要把我当成达官贵人，而要当作中国或世界其他国家一名普通公民。请让我问问，你们把廉价的华人劳工逐出美国究竟能获得什么呢？廉价劳工意味着更便宜的商品，顾客以低廉价格就能买到高质量的商品。你们不是很为你们作为美国人而自豪吗？你们的国家代表着世界上最高的现代文明，你们因你们的民主和自由而自豪，但你们的排华法案对华人来说是自由的吗？这不是自由！因为你们禁止使用廉价劳工生产的产品。

不让他们在农场干活。你们专利局的统计数据表明，你们是世界上最有创造力的人，你们发明的东西比任何其他国家的总和都多。在这方面，你们走在了欧洲的前面。因为你们不限制你们在制造业方面的发展，搞农业的人不限于搞农业，他们还将农业、商业和工业结合了起来。你们不像英国，他们只是世界的作坊。你们致力于一切进步和发展的事业。在工艺技术和产品质量方面，你们也领先于欧洲国家。但不幸的是，你们还竞争不过欧洲，因为你们的产品比他们的贵。这都是因为你们的劳动力太贵，以致生产的产品因价格太高而不能成功地与欧洲国家竞争。劳动力太贵，是因为你们排除华工。这是你们的失误。

如果让劳动力自由竞争，你们就能够获得廉价的劳力。华人比爱尔兰人和美国其他劳动阶级都更勤俭，所以其他族裔的劳工仇视华人。我相信美国报界能帮助华人一臂之力，取消排华法案。

记者：美国资本在中国投资有什么出路吗？

李鸿章：只有将货币、劳动力和土地都有机地结合起来，才会产生财富。中国政府非常高兴地欢迎任何资本到我国投资。我的好朋友格兰特将军曾对我说，你们必须要求欧美资本进入中国以建立现代化的工业企业，帮助中国人民开发利用本国丰富的自然资源。但这些企业的管理权应掌握在中国政府手中。

我们欢迎你们来华投资，资金和技工由你们提供。但是，对于铁路、电讯等事物，要由我们自己控制。我们必须保护国家主权，不允许任何人危及我们的神圣权力。我将牢记格兰特将军的遗训。所有资本，无论是美国的还是欧洲的，都可以自由来华投资。

有的记者还谈起了新闻自由问题。

记者问道："阁下，您赞成将美国或欧洲的报纸介绍到贵国吗？"

李鸿章思考了一下，回答道："中国办有报纸，但遗憾的是，中国的编辑们不爱将真相告诉读者，他们不像你们的报纸讲真话，只讲真话。中国的编辑们在讲真话时十分吝啬，他们只讲部分的真实，而且他们也没有你们报纸这么大的发行量。一份伟大的报纸必是文明精神的一种体现，而我们的报纸还承担不起这份重任。"

其实，这是李鸿章在装糊涂。晚清的中国，媒体非常发达，著名的大媒体都是外资控股，如英国、日本。他们有啥理由不讲实话。一些小媒体更不可能说谎话，否则根本不可能在如此激烈竞争的市场中生存。

有些媒体记者比较关心李鸿章的个人问题，美国《圣保罗环球报》注意到，李鸿章的身边经常站着两个医生，一位英国人、一位中国人。据记者了解，李鸿章原来患有面瘫多年，在天津时，每天都要采用电击疗法治疗一小时。随身的英国人就是给李鸿章治疗面瘫的医生。

对于李鸿章面部被射入子弹一事，该报还原了李鸿章在日本手术时的情景。

"医生们查找这颗子弹时，他显示出了极为强大的镇定。他允许他们在他脸上开了一个洞。有一次，当一名医生直接探进他的骨头，在上面敲打，说他找到子弹时，李鸿章回答说他弄错了，他只是在挖骨头而不是找铅弹。"

报道援引李经方的话说，"除非他从皇帝那里得到了特别的同意，否则不能取出。但这次李鸿章作为皇帝的信使，代表着皇帝，不先给北京发电报的话，不能拿他的生命冒险。"

李经方解释说，当时情况紧急，向北京发电报需要36小时。最后医生认为，还是暂时让子弹留在里面，只是缝合了伤口。

李经方所说，很可能是指在日本谈判期间。

作为出使的高官，李鸿章面对记者也会大谈女人的问题。在英国时，有两位女记者采访李鸿章，其中一位女记者还是美国人。

李鸿章率先对美国籍女记者发问：你结婚了吗？打算结婚吗？多大年纪了？月薪多少？一个美国人为何住在伦敦？李鸿章的提问完全是中国特色，直奔隐私而去。

女记者没有回答，而是反问李鸿章觉得哪个国家的女性最聪明、最漂亮。李鸿章非常机智地回答说："我在很多国家都看到漂亮的女人、丑陋的女人、聪明的女人、愚笨的女人、有美德的女人和没美德的女人！"

女记者追问："但肯定有个国家的女性比其他国家的女性更漂亮、聪明，你一直在回避我的问题。"

李鸿章笑着说："美国有很多像你一样既美丽又聪明的女性。"

李鸿章又反问道："我听说美国有很多未婚女人，这是真的吗？"

女记者摇头，说没有听说过。

李鸿章说道："我听说她们都靠工作挣了很多钱，她们不应该这么做，而应该结婚！"

女记者立即问李鸿章："您认为所有女人都应该结婚？"

李鸿章点头说："是的。"

女记者又问："您在中国听说过'新女性'吗？"

李鸿章说："我们听说她们都住在英国和美国，但我不喜欢她们。我们中国没有'新女性'，也不会有。我们的女人全都结婚。"

女记者有些不怀好意地问道："那没有你不喜欢的未婚女人吗？"

李鸿章说："一万个人里只有一个老处女。"

女记者发现，李鸿章聊起女人来兴致很高。

另一个女记者是德国人，记者自报家门后，李鸿章不禁惊讶地问道："英国女记者都在哪里呢，难道没有吗？"

随后，李鸿章又是一连串中国式提问。听说女记者还是单身时，李鸿章又以长者的姿态劝说女记者："像你这样聪明的女士应该结婚，很多读书人将很高兴有你这样一位伴侣。"

李鸿章的中国式问题，直接询问别人的隐私，这让西方人非常不习惯，翻译常常要打圆场，做出一番解释。

在李鸿章抵达纽约时，卢杰将军登船欢迎，李鸿章竟然向他也问起了隐私问题，如"你在美国富有吗""你多大年纪了"。随身翻译立即解释，说在中国这些问题是礼貌的问题。卢杰尴尬一笑，回答说自己在美国并不富有。

在会见美国退役将军威尔逊时，李鸿章问了同样的问题。威尔逊没有回答，翻译代回答说威尔逊将军很富有。李鸿章又把这些问题抛给了现役将军赖格，赖格说自己不富有。李鸿章感叹道："奇怪，现役将军还不如退役将军。"赖格说："退役将军可以拿到一笔退休金。"

有美国记者喜欢挑事，提问道："中堂先生，您是从英国来到美国。请问就您的感觉而言，英国和美国哪个更好？"

李鸿章说："美国人本来是从英国来的。谁好谁差，这是中国人无法评定的。"

还有美国记者就李鸿章抬棺出访提问："有人说中堂先生是带着棺材出国考察的，请问有这事吗？"

李鸿章没有回避，他说："有，但我带的是棺材料，而不是棺材。"

记者又问："请问您这样做，不觉得晦气吗？"

李鸿章说："不！这在中国是忠勇之举。我国历史上有很多将军都带着棺材出征，以示豁出命去征战。我负棺而行，也是报效国家啊。"

李鸿章其实说得没错，左宗棠抬棺出征，收复新疆。冯子材抬棺出征，取得镇南关大捷。

在李鸿章访问英国时，英国记者敏锐地发现了这个细节。据1896年8月3日的英国《爱丁堡晚报》报道，李鸿章的棺材为柚木材质，采用复杂的工艺制作而成。棺材上装饰有珍贵的石材，棺材的正面镶刻有李鸿章的金像。这口豪华棺材由李鸿章的两名侍卫专门负责看管，棺材装在一个巨大的盒子中。不管走到哪里，两名侍卫始终不离棺材左右。

无论李鸿章下榻于什么饭店，这口棺材总是放在李鸿章的隔壁房间。据传，这口棺材的造价为1.3万英镑。

73岁的他深知自己时日不多，客死他乡的概率很大，故带上一口大清国的棺材，以备不时之需。如果用洋人的棺材，李鸿章肯定是无法接受的，毕竟，作为大清帝国的忠臣，死也要死得纯粹一些。

李鸿章不仅携带了棺材，还有一个便携式小痰盂。美国作家斯特林·西格雷夫注意到一个细节："（李鸿章）补褂外面，齐腰系着一根皮制腰带，上面挂着钱包和一些小袋，袋子里装着他的扇子、鼻烟，以及诸如此类。有一只袋子装的是一个袖珍痰罐，他不时地伸手取过来向里面吐痰（总督大人清理喉咙和鼻窦时所发出的叽里咕噜的声音，闻之者无不后脊梁发冷）。"

李鸿章吐痰没有避讳人。或许在他看来，吐痰是一种正常的生理现象。但在美国人看来，这是一种非常无礼又不雅的行为。

在梁启超的《李鸿章传》一书中，还有李鸿章在美国国家图书馆门口吐痰遭工作人员处罚的记载。

事实上，李鸿章有一个特制的豪华痰盂。在日本马关谈判期间，日方知道李鸿章有吸烟吐痰的习惯，特别为他准备了一个小痰盂。考虑到面子问题，日方在自己的一侧也放了同样的痰盂，虽然日方人员不吸烟。李鸿章将豪华痰盂抬到了谈判桌旁，非常高大，上边开口很大，非常方便使用。

纽约之行即将结束时，李鸿章设宴款待美国各界。宴会设在华尔道夫酒店，全部按中国国宴程序布置，场面之浩大，席面之奢华，是美国人见所未见。

每席花费不低于1000美元，菜单按中国传统的天干地支排列，菜名也非常考究，如红烧鱼叫"福如东海鱼"，烧鹅掌为"寿比南山掌"，甜点叫"嫦娥饼"，还有什么貂蝉如意汤、贵妃鸡等。

美国记者也出席了此次宴会。《时代周报》记者注意到，李鸿章不喜欢吃法国菜，吃中餐则津津有味，"这场中餐一共有三道菜，即一份切成方块的煮肉鸡，一碗米饭和一碗青菜汤。"

细致的《纽约时报》记者感到不解，李鸿章在纽约一直没有吃中国"著名"的菜肴"杂碎"。

原来，"杂碎"在美国已经成中国菜的代表。随着华人在美国的增多，一种将猪肉、牛肉、鸡肉、蘑菇、青椒、豌豆、竹笋等放在一起乱炒的中国菜逐渐吸引了美国人，美国人给这道菜命名为"杂碎"，英文名"Chop Suey"。

后来，有到过中国的美国人发现，中国国内并没有这道菜，方才知道上了当。

不过，李鸿章离开纽约后，纽约唐人街借机大肆宣传"李鸿章杂碎"，让这道菜着实火了一把。

李鸿章在访问了费城、华盛顿后，便前往加拿大，最后在温哥华登船回国。李鸿章有意避开了让华人伤心的美国西部。返程的轮船途经日本中转，日本是李鸿章的伤心地，李鸿章拒绝踏上日本的国土。

10月3日，李鸿章回到中国天津。此番欧美访问之旅，跨越四大洲、三大洋，历时190天，行程共4万多千米。

李鸿章向西方展示了中国的形象与个人魅力，李鸿章的很多个人毛病，如抽烟、吐痰等不文明行为也暴露给了外国人。李鸿章对西方的固执看法，也没能扭转西方列强对中国的认识。

四年后，所有西方国家都撕下了温情的面纱，八国联军侵华再次打碎了天朝上国的梦想。可怜的李鸿章在签订完《辛丑条约》后不久便吐血而亡。

三、在中国攫财的未来总统

天津的初春，马场道旁高耸的榆树结了新芽，这块洋人的聚集区开始被春天的味道包裹，干净的街道，整洁的砖石建筑，没有喧嚣与嘈杂，秩序下的宁静成为马场道的主旋律。

24岁的美国人赫伯特·克拉克·胡佛（Herbert Clark Hoover）在马车上不断打量着这座现代化的城市。美国人感到很新奇，在一个东方的国度，竟然有这么多欧式建筑，仿佛这里并不是中国。

没有人知道，年轻的胡佛是一名著名的矿业工程师，更没有人知道，他将会成为未来的美国总统。

行驶在树影婆娑的街道，初春的阳光洒在脸上，温暖中带有丝丝凉意，这让长期在野外矿山环境中工作的胡佛感觉像置身于世外桃源，一下子让他的思绪回到了从前。

胡佛是个贫寒子弟，1874年8月10日生于美国艾奥瓦州的西布兰奇。3岁丧父、6岁丧母，胡佛从小便成了孤儿。他先后寄居在叔父与舅舅家，没有父母疼爱的他，过早地学会了独立与应对磨难。

坎坷的童年没有让他消沉，相反他以优异的成绩考入了斯坦福大学。胡佛主攻地质学，本来专心就读的他，在大四的时候，却被一个来自蒙特利的名叫劳·亨利（Lou Henry）的女生迷住了。

亨利与胡佛同龄，也是在地质系就读，但却是大一的学妹。亨利是一个阳光女孩，走路姿态优雅、从容，声音悦耳动听，很多男生都想接近她。

在学校附近一座长满了罂粟花和羽扇豆的山丘上，胡佛与亨利约会、漫步，在洒满阳光的岩石上，两人边走边讨论地球所经历的灾难，探讨蕨类植物与有翼的蜥蜴。

在1895年的毕业舞会上，亨利主动与胡佛跳起了波尔卡舞，自信阳光的亨利捕获了胡佛的心。亨利的父亲是银行家，亨利从小家庭生活优越，而胡佛则是一个贫穷的小子，毕业后他带着自卑的心理离开了斯坦福大学。

毕业即失业，胡佛的兜里只有40美元，经过多次艰难的求职仍一无所获。体验到生存的艰辛后，胡佛奔赴西部淘金。

加利福尼亚的金矿早已过了淘金热的阶段，胡佛生不逢时。他的工资很低，在恶劣的环境中，每天需要工作10小时，仅仅有200美分。一切艰辛只为生计，他在卑微地活着。

老板路易斯·加恩看上了胡佛，发现他不仅能吃苦，而且还有专业背景，工作成绩不俗，是个难得的人才，便给他换了另一个较轻松的打字员工作。胡佛开始坐办公室，没有了风吹日晒。打字员虽然地位不高，待遇也不优厚，但可以接触到最高层，接触到第一手的消息，甚至是公司机密。

一个偶然的机会，胡佛接触一则信息。1897年，英国最大的矿业投资公司毕威克-墨林公司委托加恩的工程公司招聘，寻找一名35岁以上的美国采矿工程师赴澳大利亚工作，年薪达960英镑，约合5000美元。

胡佛内心激动不已，他向加恩征求意见。加恩知道胡佛的野心，便顺水推舟将这个机会给了胡佛。

按照招聘要求，胡佛最大的问题是太过年轻，只有23岁。胡佛动起了心思，蓄胡子，蓄络腮胡子，以胡子掩盖稚嫩的脸庞。

胡佛的推荐信被送往伦敦。在等待期间，胡佛每天忍受着内心煎熬，尽可能守在电话旁边。圣诞节过后，毕威克-墨林公司打来电话，胡佛被录取，并给出了出发去澳大利亚的时间。

毕威克-墨林公司做事很讲究，先打来了500美元，同时答应将来每月将支付400美元，直接打入胡佛盎格鲁加州的银行账户。胡佛一阵狂喜，挥舞着伦敦发来的确认电报，大声喊叫着。

在向亲人、同学道别后，胡佛坐火车奔赴纽约。摩天大楼林立的纽约，激发了胡佛这颗年轻的心，他暗暗发誓，要为美国引领世界前进出一把力。

胡佛在纽约港上船，穿过广袤的大西洋，经历了七天七夜的晕船后，胡佛看到了雾气朦胧的英国利物浦，然后又换乘火车到伦敦。

胡佛在一身新西服的包装下，接受了墨林老板的面试。老练的墨林没有发现胡佛胡子的秘密，年轻的他骗过了阅人无数的老板。

西澳大利亚的库尔加迪是个荒凉的地方，一直没有通火车。胡佛在一片荒漠的漫天灰尘中来到了这里。一间低矮的平房就是自己的办公室，据说吹来的冷风会让人感觉就像在极地一样寒冷。站在阳台上，眺望着浩瀚的沙漠，胡佛换上了自己在珀斯买来的新礼服。

胡佛现在是伦敦派来的常驻经理，隐瞒了自己真实年龄的他，要尽量摆出一副经理的派头。最主要的是，不能让周围的人发现自己很年轻。

胡佛手下有两名哥伦比亚大学毕业的美国员工，其实胡佛只比他们大两岁，但胡佛一直刻意拉开与他们的距离。尤其是在涉及大学生活的问题上，胡佛很怕一不小心就暴露自己是斯坦福大学第一届毕业生的真实身份。

还算茂密的胡子让胡佛暗自庆幸，故作深沉的架势也让胡佛很得意。沙漠里七八月的狂风，刮到脸上犹如刀割，冰冷的雨水落下后就会迅速结冰，在这种艰苦的环境下，胡佛每日骑着骆驼外出巡视矿场。矿场调整重组是业务重心，通过一系列调查，他否决了10个矿场，只保留了4个煤矿。

长期的风吹日晒，让皮肤黝黑的胡佛看上去老了很多，这正是胡佛期望的。

矿场落后的生产方式让胡佛非常惊讶，工人们还在使用美国五十年前就已淘汰的双塞孔工具，一个人使用钻孔机的时候，另一个人还要用大锤敲打矿石。胡佛立即从美国引进了单塞孔机械，大大提高了工作效率。但工人们对新的生产方式比较抵触，因为效率的提高就意味着劳动力数量的减少。

胡佛没有将就这些保守的工人，以铁腕手段推行新的生产方式，对拒绝进行改进的员工进行更换。在胡佛的冷酷与严峻的改革下，各矿场产量迅速提升，效益大幅提升。伦敦不断发来电报，对胡佛的表现予以嘉奖。最大的奖励便是给予他当地公司初级合伙人的地位，升职加薪是必不可少的。

一直不敢刮胡子的胡佛压抑住内心的喜悦，仍然保持着头脑清醒，继续努力工作。美国的同学威尔逊等人在胡佛的邀请下也纷纷远渡重洋，到澳大利亚来帮忙。看到同学，胡佛就想到了大学生活，更加思念与女友亨利在一起的日子。

胡佛的优异表现，让毕威克-墨林公司的股票大涨。趁此机会，公司收购了瓜利亚家族有限公司，旗下西澳大利亚的资源勘探公司也同时被收入囊中，胡佛又被任命为勘探公司的负责人。

在利奥诺拉山上的办公室帐篷内，俯瞰着广阔的沙漠灌木丛，胡佛的雄心再次被激发。在他的操作下，一座座矿场、工厂拔地而起。胡佛很有魄力，敢于破旧立新，全新的氢化厂内，10台落后的机器全部淘汰，取而代之的是50台全新的捣磨机。

当胡佛在炎热的沙漠小屋中与威尔逊辛苦地计算着经营成本与珀斯股票市场的时候，伦敦公司发来电报，询问胡佛是否可以去中国，那里有比澳大利亚更广阔的市场。

伦敦公司希望胡佛赴中国担任直隶热河矿务技术顾问，帮助中国开发煤矿，完善港口设施。伦敦公司承诺，总部为胡佛保留股份，并可享受中国公司利润1/5的分成。

去中国？胡佛顿时陷入了沉思，因为自己长期与女友分居，且工作在澳大利亚的沙漠中也无法给女友更好的生活。听说中国的北京和天津都是非常不错的城市，那里有现代化的酒店、树荫、清洁的水源，还有热闹的剧院。这样的环境似乎才能给亨利一个很舒适的生活。

胡佛还是很兴奋的，他在回忆录中写道："气温在午夜也高达 100度，一个浪漫的新世界就在眼前，我从未如此热情洋溢地对待过他人给我的信息。"

第二天，胡佛立即给女友亨利发去电报，亨利表示愿意跟随他去中国。

胡佛启程赴伦敦交接工作。两个星期后，他回到了美国加州，那是一个花草纷飞、棕榈飘香的季节，胡佛终于见到了盼望已久的心爱的女友亨利。

亨利的父母对这个敢闯敢干的年轻人非常喜欢，尤其是胡佛在澳大利亚的经历让他们坚信，未来的女婿会有一番作为。

在蒙特利的一座教堂内，胡佛与亨利举行了婚礼。亨利更漂亮了，头插着橙色的花朵，一身洁白的婚纱。在众人的见证下，胡佛将戒指戴在了亨利的无名指上。

蒙特利古老的西班牙城墙下，棕榈树耸立，玫瑰花盛开。胡佛与亨利坐在沙滩边上，眺望着蓝色的太平洋，太平洋的遥远对岸便是他们要去的中国。

邀请胡佛的中国公司便是创办于1878年的开平矿务局，是洋务派开办的重要民用企业之一。

此时，开平矿务局总办是直隶通州人张燕谋，也叫张翼。张燕谋本是穷苦人家出身，少年的他见到慈禧出行豪华的船队时，便有了对权力的渴望。多年后，当慈禧再次出行时，张燕谋成了一个杂技演员。他手持两把宝剑，用嘴里吐出的酒精喷火，此举成功吸引了慈禧的注意。慈禧召见他后，任命他为典厩署负责人，负责养马。

据坊间流传，同治帝驾崩那天晚上，张燕谋乔装打扮，奉慈禧之命秘密抱着3岁的光绪进入紫禁城，平稳完成权力过渡。事成之后，慈禧让张燕谋负责开平矿务局。

成为老板的张燕谋，富甲一方，府邸就在天津的马场道上。1899年3月，胡佛带着夫人专门到天津拜访张燕谋。

胡佛的马车停在一座高高的红砖墙下，这座欧式建筑精致典雅，彰显了主人的非凡身份。

一会儿，张燕谋身着官服出来迎接胡佛。两人见面，握手，彼此打量了一下。胡佛发现张燕谋官帽顶端的红色水晶球，又大又亮。

进入客厅内，胡佛第一次感受到中国官员府邸的奢华。院里铺的是大理石，走廊里铺的是布鲁塞尔地毯，客厅里是实木地板。墙上贴着进口的墙纸，窗户上挂着天鹅绒的窗帘，客厅里立着柚木的屏风，摆着各种刺绣和金银透雕丝工做的工艺品。张燕谋喜好养鸽子，几只漂亮的鸽子非常讨人喜欢。

53岁的张燕谋没想到胡佛只有25岁。一阵客套寒暄过后，胡佛问张燕谋："请问张大人，难道中国到了20世纪还没有开发煤矿？"

张燕谋大笑，说道："胡工有所不知，我们已经成立了开平矿务局，正在开采煤，几经设备扩充，修建运输设施，目前还算不错。"

"现在产量有多少？"胡佛忙问道。

"根据去年的统计，大概有73万吨。"张燕谋回答。

"这个产量不算低啊。"胡佛说。

"我们不仅供应上海轮船局、天津机器局，还往市场上销售。但煤的质量并不稳定。当年北洋军舰一直烧开平的煤，但劣质煤很多，锅炉冒黑烟，非常容易被敌人发现。"

胡佛很早就听说过中国的北洋海军，原来还有这样的故事。

张燕谋又说："我请阁下来，最主要的是寻找金矿。据说热河一带有大金矿，如果能发现，我们就赚大钱了。"

胡佛这才明白，自己到中国的任务与澳大利亚完全不同。

既来之，则安之。当张燕谋与胡佛谈妥工作细节后，胡佛愿意走马上任，他决定先到矿场视察一下。张燕谋已经为亨利在重庆道租住了一套大房子，并安排她到一家医院工作。为了表示尽快适应中国的决心，胡佛和亨利都起了中文名，胡佛叫"胡华"，亨利叫"胡潞"。

在士兵的护卫下，胡佛的马车前往牛石山矿场。一路上，胡佛仔细观察着这片土地，沿途的一排排茅草屋顶下掩盖不住百姓的贫穷，大量的肮脏又贫困的景象让胡佛唏嘘不已。

对中国矿场，胡佛虽早有心理准备，但还是被震惊了。如果说澳大利亚矿场还停留在美国五十年前的水平的话，那么中国煤矿则处于最原始的阶段。

一位身着官服的中方官员向胡佛介绍着矿场的工作方式，部分工人用铁钎去凿岩层，部分工人则是山脚下用锤子击碎岩石，直至到比榛子还小。还有人用来生火烧石头，石头经冷却后再背到冶炼厂。

这名官员手指着山丘上一个大的凹洞，骄傲地说："这些都是我们苦力用手工的方式挖掘出来的。"

胡佛完全不明白，如此落后的方式，这个官员有何得意的。

当看到冶炼厂的时候，胡佛又震惊了。所谓的冶炼厂，只是建立在一块只有4英尺（1英尺合0.3048米）长的平坦岩石上的简单石磨，被捣碎的石头被磨成粉末后，工人们还要用扫帚进行清洁。

碎矿石被传送带运到河边，工人们用河水淘洗，用木制的耙子反复扒拉着。看到胡佛一脸疑惑，中方官员向他解释说这是洗矿槽，是用萨克森羊毛过滤法。

胡佛一脸不屑，他告诉中方官员："在美国塞拉斯山脉工作的每一位美国矿工都能教这些苦力做五个世纪前的矿工作业方式。"

更让胡佛无法理解的是，矿场内提炼的金子都要被煤矿熔炼负责人抽成。也就是说，矿场里存在严重的贪污腐败行为。后来胡佛了解，各小头目贪污的钱很大一部分都会流向张燕谋的银行账户。

胡佛带着寻找金矿的使命，足迹踏遍东北三省、内蒙古、山东、山西等地，但最终一无所获。胡佛感到很沮丧，别说金矿，连铁矿、铜矿和铅矿都没有发现。不过，他在内蒙古的一座矿山里，发现有一个参加过美国淘金的老者，他引进了蒸汽机碎石，效率非常高。经过协商，胡佛将自己的同学威尔逊调过去担任技术顾问。

就在胡佛四处找矿的时候，义和团从华北逐渐蔓延至北方多省，各地拳民风起云涌，对外国人造成了很大威胁。胡佛等人也嗅到了一丝风险，包括他在内，各路工程师或多或少都受到了拳民的骚扰和攻击。

1900年6月，北京清军开始攻打使馆区，天津形势也随之恶化。很多中国矿工纷纷躲进张燕谋的府邸中，一些外国技术人员进入胡佛的家里避难。

躲在租界里比较安全。夜晚时分，胡佛和其他外国人一起观看远处的炮火纷飞，好像烟花表演。后来租界内也不再安全，炮弹、子弹偶有落下，让房子里的人连连惊叫。广大侨民纷纷行动起来，用麻袋搭建了街垒，抵御义和团的攻击。

呼啸的子弹、巨大的爆炸声，让躲在家里的张燕谋百般煎熬。自己的鸽子也招来了麻烦，有人说张燕谋用信鸽为敌人通报送信。张燕谋和到天津避难的唐绍仪一起搬进了胡佛家街对面的房子里。但侨民区的人又说，经常有子弹从张燕谋那边飞过来，怀疑张燕谋在放冷枪。

英国海军上校贝利以通匪为由，将张燕谋、唐绍仪抓了起来，要进行公开处决。胡佛闻讯后，立即找到贝利，百般说情，但贝利根本不予理睬。胡佛又找到俄军上校瓦加克，利用英俄矛盾激将他，瓦加克带领一个排的士兵，将张燕谋、唐绍仪解救了出来。胡佛费那么大力气搭救张燕谋，主要是担心张燕谋死后，自己很难继续攫取更大的利益。

英军还不答应，怀疑张燕谋用鸽子与义和团有勾连，再次将其关了起来。张燕谋的朋友、德国人德璀琳（或译为"德特林"）来探望张燕谋时告诉他，俄国人已经占领了开平煤矿等地，日本人也在准备争夺这些矿场。如果要想保住这些资产，最好与英国人合资，同时自己也能获得自由。

事后证明，德璀琳也是暗藏鬼胎，他把张燕谋吓唬住了。德璀琳让张燕谋写一份授权书，授权德璀琳为总办。

胆小的张燕谋还是写了，"派天津谷士道甫·德璀琳，为开平煤矿公司经纪产业、综理事宜之总办，并予以便宜行事之权。听凭用其所筹最善之法，以保全矿产股东利益。"

寻找金矿无果，又经历了战争的惊吓，胡佛心灰意冷，决心返回美国。7月30日，就在他与亨利准备在天津塘沽登船时，张燕谋与德璀琳找到了他。

在海关大楼一间简陋的房子里，张燕谋、德璀琳劝说胡佛，希望他能向伦敦公司汇报，邀请英国人来接管矿场。窗外就是煤矿公司的仓库，远处的河面还停泊着几艘运输船，高大的桅杆在风中孤独地摇曳着。

德璀琳让张燕谋赶紧立下文书，包括两份扎书、一份备用合同。扎书提出，将开平矿务局作为中外合办公司，可以广招洋股，由德璀琳全权负责。备用合同同意将开平矿务局的一切土地、房屋、矿山、轮船及一切财产所有权和管理权全部交给德璀琳处理。值得注意的是，为了规避联军对战争发生后发出的文件不予承认的规定，德璀琳将日期"提前"写到了5月17日、6月24日。

胡佛立刻明白了眼前这个德国人的真实企图，看着张燕谋担心的样子，他也打起了自己的算盘。胡佛与德璀琳拟定了一个《出卖开平矿务局合约》，合约规定，将开平矿务局的矿产卖于英国毕威克-墨林公司。合约中写道："开平矿务局所有之地产、码头、铁路、房屋、机器、货物，并所属、所受、执掌或应享有之权利、利益，一并允准、转付、移交、过割与胡佛……胡佛有权将其由此约所得的一切权利、资料、利益，转付、移交与开平有限公司。"

张燕谋签字后，胡佛便将这份合同揣到了自己青色的哔叽尼外套里面的衣兜中。

到了伦敦后，毕威克-墨林公司认为应该成立一家控股公司，通过金融手段来赚钱。胡佛又被任命新公司总经理，获得了价值5万美元的股票。

张燕谋冷静下来后，多少也感觉自己好像被德璀琳与胡佛忽悠了，但各种合同都写了，白纸黑字，又不好不承认。

1901年2月，胡佛返回天津，再次与德璀琳密会。二人密谋后，将合同中的英文"租"字全部改为"卖"，并以墨林的名字代替毕威克-墨林公司。经英国律师把关后，又把"卖"改成了"移交"。

当修改后的条约摆到张燕谋面前时，他害怕了，拒绝签字。胡佛与德璀琳对张燕谋威逼利诱，首先是吓唬他，说什么列强不仅会吞掉矿务局，还会把他整垮。然后许诺给张燕谋以新的职位及高额的报酬。

张燕谋还是不放心，胡佛提议，双方再签一个副约，以股票的形式确认新旧股东的利益，既照顾了旧股东，又满足了英国、比利时的资本家。胡佛还承诺，给李鸿章的几十万两贿赂由自己出。

双方在4天的时间了，不断讨论、争吵，最终，张燕谋签字，并加盖开平矿务局和直隶热河矿务局的关防印章。

经此腾挪后，胡佛个人获得了8000股的股份。

2月26日，签约一周后，英军骑兵旅进驻唐山矿区和林西矿区。胡佛陆续接管各地矿场、码头、货栈、轮船、房产及相关账册、合同文件。开平矿务局的资产不仅有煤矿，还有金矿、银矿，还在天津、塘沽、烟台、牛庄（营口）、上海、广州、香港有码头，在苏杭地区、秦皇岛还有地产，连新开河、新河的部分地皮也是开平矿务局账下的。

胡佛骗得开平矿务局的权力后，开始大刀阔斧的改革。胡佛将原来官督商办的体制废除，引进美国西方企业管理制度，将大量外国人引进企业管理岗位。开平矿务局由国企变成了外企。

胡佛发现空饷问题严重。按照员工花名册登记，各矿区共有2.5万人，然而经过逐一核对后发现，只有1.9万人，而真正出工的人数却还不到七成。

针对此弊端，胡佛创立了工牌制度。每名员工都有一个带有编号的铜牌，上班后交给公司保存，下班后再领回，月底根据铜牌收交次数确定出勤天数，并支付相应工资。

对于回扣等腐败问题，胡佛坚决制止，很多中国工人不理解。胡佛没有采取激进的措施，而是逐步将回扣额压低，直至完全消除。

3个月后，改革大显成效，减少回扣为公司带来15万元的盈利，同时还增添了新设备，公司并在秦皇岛建立了不冻港，确保冬季也可以运输。

改革后的开平矿务局，无论生产效率还是生产力都大幅提高，同时还建设了发电厂，企业迅速扭亏为盈。

张燕谋将开平矿务局"卖"给英国人后，张燕谋的亲家周学熙悄悄告诉了直隶总督袁世凯。袁世凯三次上奏弹劾："张翼当日不过一局员，而胡华（胡佛）者一外国之商旅耳。以国家之土地产业，如听其私相授受，而朝廷无如之何，则群起效尤，尚复何所顾忌？……不特为环球所希闻，抑且为万邦所腾笑。"

慈禧获悉后大怒，召张燕谋进京接受处罚。张燕谋害怕了，当他备好马车准备出发时，胡佛的同学威尔逊用手枪威胁张燕谋，命其不要离开官邸。

张燕谋陷入了绝望的境地，执意进京可能先被外国人枪杀；到了北京，也可能被清廷杀头。

第二天，北京传来旨意，慈禧对张燕谋从轻发落，夺去顶戴花翎。张燕谋惊出了一身冷汗。

1901年9月，比利时股东购买了大部分股权，并派比利时人佛兰魁担任中国公司总经理。因与佛兰魁意见不合，胡佛辞去总办职务，保留董事席位，并成为毕威克-墨林公司合伙人。也就是说，胡佛还可以从开平矿务局中获得收益。

10月，胡佛和妻子亨利离开中国赴英国，从此再也没有回到中国。

随着南非金矿的开采，胡佛利用熟悉中国矿务的特点，从秦皇岛港向南非贩卖华工。短短两三年内，胡佛共贩卖了4.3万名华工到南非，并从每名华工身上获取10元佣金。

清廷不甘失去开平矿务局的控制权，决定向英国法院上诉。1904年12月，张燕谋与严复赴英国，在伦敦劳伦斯法院上诉。齐埃思法官审理了此案，胡佛、德璀琳也出席了此次审判。张燕谋控诉胡佛和德璀琳组团忽悠、联手诈骗，对方则根据条约进行反驳。

经过长达3个多月，多达14次的开庭审理，最终判张燕谋胜诉。59岁的张燕谋流下了一把老泪。

胡佛不甘心失败，又上诉到另一家法院。该法院认为，张燕谋与胡佛签署的"副约"不是合同，但具有法律效力，对中方具有法律约束力。最终法院判决，中方胜诉，但没法强制执行。也就是说，中方虽然胜了，但开平矿务局的所有权还是拿不回来。

1913年，胡佛回到美国，此时他已经是一名百万富翁。在美国，胡佛继续从事老本行。有钱就向往权力，也有资本竞选总统，1928年，胡佛以绝对优势当选美国第31任总统。

这个总统很特别，不仅会说中国官话，还会讲天津方言。在天津居住期间请过中文教师的总统夫人亨利的中文更好。

当胡佛登上权力巅峰的时候，自然也不会忘记当年在中国的经历。对于中国，他始终充满着"感情"。在他的回忆录中写道："面对一个有着3000年文字历史，拥有4亿人口的民族，没有人能评判他们，更不能妄下断语……但他们忍耐而宽容，对家庭无比忠诚，对孩子倾注全部爱心。他们比世界上其他任何一个民族都工作得更努力、更长久。……中国有坏人，所有民族莫不如此。是好人多，还是坏人多，在很大程度上要看他们能否吃得饱。如果美国人拥有的和中国人一样少，不知道他们的表现会不会同中国人一样好。"

四、一次失**败**的美国"自由行"

大清帝国了解世界，是一个步履蹒跚，甚至跟跟跄跄的过程。华工大量出洋更多是被迫的民间自发行动，而官方行动则寥寥无几。

1866年，斌椿父子考察欧洲11国，是第一个官方出国考察团；1868年，蒲安臣使团出使欧美，是第一个外交使团；1870年，崇厚出使法国谢罪，是第一次派出钦差特使；1872年，幼童留美，是第一次开启官派留学事业；1874年，首任驻美公使陈兰彬出使古巴、秘鲁，是第一个华工调查团；1876年，郭嵩焘出使英国，是官方第一次派出驻外使节。

在费城世界博览会上，与留美幼童交流的中国宁波海关官员李圭出使欧美算是一个商业考察团，级别比较低。

进入19世纪80年代后，国际往来日益频繁，中国渴望了解世界的愿望更加强烈，清政府迫切需要打破与世界的隔膜。

1885年1月，御史谢祖源上折《时局多艰，请广收奇杰之士游历外洋》。他提出，以往出使人员，尤其是随员、翻译，大多不是科举正途出身，"学术既未淹通，器局尤多猥琐。即所延幕友，亦仅专司文牍，并无瑰奇磊落之材。"

谢祖源建议："今翰詹部属中不无抱负非常者，可否令出使大臣，每国酌带二员，给以护照，俾资游历。一年后许其更替，愿留者听，其才识出众者，由出使大臣密保，既备他日使臣之选，亦可多数员熟悉洋务之人。"也就是说，栋梁之材要从中央机关里选取，同时以做外交人才储备。

总理衙门经过研究后认为可行，并立即上报光绪帝。光绪很快批准，建议让翰林院与礼、户、吏、刑、兵、工等六部，核实保荐，经过总理衙门考核后，发往各国游历。但各部门似乎没有当回事，一直拖延到了1887年。1月3日，光绪就此事专门下旨，限各部三个月答复。

各部委不敢怠慢，迅速在各部门寻找可以出洋考察之人。5月18日，总理衙门制定了《出洋游历章程》，章程共14条，对派遣人数、选拔方法、经费使用、考察内容做了详细规定。比如游历人数限制在10~12名，需通过集体考试选拔。"其各衙门人员俟报送名单汇齐之后，拟由臣衙门定期传集考试，以定去取。……其考试所取，专以长于记载叙事有条理者入选。"

选拔人才出国游历，这次是一种全新的创举。

章程还规定，海外游历期限为2年，包括往返路程，总经费为4万两，在外交出使总经费中扣除。出使考察者每月薪水为200两银，翻译则为50两银。坐车乘船，参考西方国家标准，只能坐二等舱。游历经费可提前预支半年的薪水及差旅费1000两，若金额不够，可向当地使馆借支。

所谓游历，也就是考察。章程特别强调了考察任务："游历之时应将各处地形之要隘，防守之大势以及远近里数、风俗、政治、水师、炮台、制造厂局、火轮舟车、水雷炮弹，详细记载，以备考察。"重点是"留心搜辑"，由此可见，考察任务非常繁重。不仅有地理，还有民俗，更重要的是军事、工业。有闻则记，游历使在考察的同时，还要大量记笔记，并形成文章。

选拔游历使的消息，让很多人兴奋不已。兵部候补郎中傅云龙知道，这对于普通的低级京官来说，绝对是一个难得的机遇，而且选拔条件简直就是为自己量身定制的。

傅云龙第一时间报名并获得推荐，他像等待科举考试一样期盼着这次考试选拔。

京城的6月，盛夏来临，非常炎热。

6月13日一早，住在石大人胡同的傅云龙就忙碌起来。一直不习惯早起的他，今天一早特意做了运动，以尽快让自己兴奋起来。今天是总理事务衙门选拔考试的日子，据说，此次考试与科举考试明显不同，不考四书五经，也不写八股文章。

傅云龙准时来到同文馆，参加考试的还有20几人，大家开始小声讨论起来，探讨今天的考试题目到底是什么。同文馆大厅内，桌椅布置整齐，所有考生对号入座，工作人员发放试卷。

曾纪泽、福锟、廖寿恒三人端坐于台上，表情严肃。曾纪泽是出题人，三人共同监考并负责阅卷。

事实上，选拔考试集中在12日~13日，吏部、户部、礼部举荐的官员在12日考试。兵部、刑部、工部举荐的官员在13日考试。

傅云龙拿到试卷后，先是快速浏览了一遍，发现题目确实与科举考试完全不同。此次题目为铁道论、记明代以来与西洋各国交涉大略。其实，两天的考试，题目是不同的，前一天的题目是海防边防论、通商口岸记。两篇试卷的考题主要集中在边防、史地、外交与洋务四个方面。

傅云龙看后，心情平静中带有一丝喜悦。作为饱学之人，这些题目真的难不倒他。傅云龙答题很顺利，或者说是行云流水。

最终，考试结果出来，在录取的28人中，傅云龙的成绩位列榜首。后来，《申报》特别刊出了傅云龙的试卷。编辑在编者按中写道："傅君号懋元，浙之德清人，今夏考试游历人员，曾侯（指曾纪泽）取君为第一，右稿即君之课艺也。闻是日场作尚有论火车铁路一篇，惜京友未经抄示，然见凤一毛已深欣幸，特照登报首，愿与留心世事者共击节赏之。"

傅云龙在《记中国自明代以来与西洋交涉略》一题中开头答道："中西交涉明以算术，我朝则以通商，然溯交涉之权舆，由来久矣。史记言幽厉时，畴人子弟分散或在戎翟，此未来先往之证。"

对于鸦片战争后的通商与中外交涉问题，他写道："道光年间林则徐禁鸦片焚西班牙船（实为英国船）而局一变，咸丰间与英法交兵而局又一变……为通商计，于是乎，有约立约……夫西洋各国之愿与中国交涉者，无他，利而久矣。中国之交涉则时为之……细大不涓，精择其是，以补中学之未备，犹浅之乎！"

傅云龙认为，西方列强与中国的交往，根本目的无非是通商。中国应对西方诸国时一直被动从事，应该主动学习西方所长，以补自己的短板。

笔试结束后，还要进行面试，先是总理衙门大臣接见，观察每个人的仪表、谈吐。最后由皇帝面试，光绪帝最终用朱笔圈定12人为正式海外游历使。各项考试结束，46岁的傅云龙还是名列第一。

傅云龙能夺得"状元"并不意外。说起来，傅云龙也是官二代，他的父亲傅羹梅虽没有考中秀才，但也曾进入官府幕僚，后又在云南为官，曾为恩安县知县。1855

年，傅龚梅去世，15岁的傅云龙陷入贫困。

后来，傅云龙也进入了官府，做了一个幕僚。直到1868年，傅云龙才作为浙江监生捐了一个京官郎中，被分派到兵部。此后一干就是18年，多次科举考试未中。傅云龙对自己评价的是"郎署二十年，碌碌无所短长"。正是这种长期平庸的经历，让他决心通过海外游历改变命运。

虽然没有传统的功名，但傅云龙却是个博学多才之人，对经史、地理学、金石学、兵学很有研究。他非常喜欢研究各国地图，对外面的世界充满向往，这也是他能考取高分的一个重要原因。

12名海外游历使被分为5组，傅云龙与刑部学习主事顾厚焜同组，游历日本、美国、加拿大、古巴、秘鲁、巴西等国，傅云龙的线路最长。

在出发前，傅云龙与顾厚焜两人做足了准备，他们拜访总理衙门大臣及游历国各驻华使馆，了解出国注意事项。同时，傅云龙还专门拜访了美国公使馆，公使田贝、参赞柔克义热情与之沟通考察事宜。

傅云龙还向京师同文馆的总教习、美国人丁韪良就出国考察一事专门请教。由于海外考察有大量的记录任务，傅云龙搜集了大量游历国文献资料，每天进行研读。

傅云龙不想将此次游历仅仅作为出国考察，甚至是旅游，而是希望借此机会著书立说，成就一番事业。驻日公使黎庶昌评价他说："夫游历，官事也，懋元不肯视为官事，直以千秋著书立业，寓乎其间。"

10月2日，刚刚过完中秋节的傅云龙，告别了北京的秋高气爽，正式启程。在天津，傅云龙拜访了李鸿章，并考察了天津武备学堂、天津机器局及大沽炮台。同时，还会见了日本驻天津领事波多野承五郎。波多野承五郎向国内汇报，希望日本重视这次中国前所未有的大型考察团。

在上海，傅云龙同样考察了洋务企业，如江南制造局、黄氏公和缫丝局、访文报局，并专门拜访了美国驻沪领事侃爱德，对考察美国一事做前期沟通。

11月12日，傅云龙乘坐日本邮船会社轮船从上海出发。带着中国对世界的渴望，带着自己的远大理想与抱负，傅云龙开启了远行之旅。

傅云龙的第一站是日本，考察游历半年后，坐船穿越太平洋，于1888年6月14日抵达美国旧金山。

正值天花瘟疫传播，旧金山海关加强了检疫力量，一些疑似人员需要进行过隔离观察。傅云龙很怕因此耽误行程，在驻美参赞徐寿朋的协调下，终于成功登岸。

在旧金山，傅云龙第一次见到有轨电车，异常惊喜。他称这种有轨电车为"自行街车"。在当天日记中写道："车转四轮，行铁轨上""凡车欲行，钳着铁线，脱线则车立停。"

相比这些新鲜事物，傅云龙更关心华人群体的生存状况。听说早年曾有一位广东籍白姓女子被卖到旧金山为妓，以死抗争，傅云龙大为惊讶。他前往该女子的墓地进行吊唁，并亲自为该女撰写吊文："云龙游外国坟山，而贞烈孤坟相望……呜呼贞矣！呜呼烈矣！南海志其可佚乎！大清光绪戊子夏，游历使兵部郎中德清傅云龙撰文，将勒贞石，藉维气节于二万数千里外。"

在旧金山期间，傅云龙拜访了中华会馆，并参观了矿局、造船厂、炮台、救火局、火药引工厂、洋毛毡厂、锯木厂、丝织厂、铁道公司。每到一处，傅云龙都认真观察，悉心记录。用惯了毛笔的他使用硬笔后，发现确实非常方便。

救火局就是消防局，救火的高效让傅云龙非常钦佩。"电钟一鸣，救火车立至，火不成灾以此。"救火局根据不同地点，对报火钟设立不同的敲钟次数，救火人员可迅速、准确判断出起火地点，从而以最快的速度出警。

7月4日，正值美国独立日，旧金山举行了盛大的庆祝活动。市民与军队穿着开国时期的服装，集体上街游行。在自由、欢快的气氛中，人们像过节一样，极力挥洒着激情。在美国人自信的笑脸中，傅云龙第一次感受到美国崛起背后的力量。

傅云龙对地理非常痴迷。在铁道公司，他请教工程技术人员如何挖掘隧道，如何测算隧道位置。他特意拜访了地理学家、地图学家，请教地质、地图和经纬问题。作为中国官员的他，在美国科学家面前表现得非常谦逊，就像小学生一样。

傅云龙在美国除了密集的参观访问外，便是著书。夜晚华灯初上，傅云龙伏案将白天的观感进行总结、归纳，全部写进《游历美利加图经》一书中。部分章节还会寄回中国让儿子傅范冕帮忙核对，如《中国美利加月朔表》，即中西日历对照表。

有感于华盛顿的伟大，傅云龙还给自己额外加了作业，撰写《华盛顿传》。他赞叹华盛顿是开天辟地第一人，是海外的人杰。

驻美公使张荫桓致信傅云龙，希望他能顺道考察一下密西西比河，"此邦密士昔比河（密西西比河）时淤时决，颇类黄河，修治得宜，浸以无患"。

黄河长期为患中国，治理黄河始终是个难题。傅云龙听说美国密西西比河和黄河相似，便立即动身乘坐火车去考察。

火车在经过南部的亚利桑那州、新墨西哥州、得克萨斯州时，气候无比炎热。冒着酷暑，傅云龙来到位于路易斯安那州纽阿连（即新奥尔良）的密西西比河河口。当地刚刚遭到龙卷风袭击，遍地狼藉，傅云龙实地调查，从海关到河工署，并与美国工作人员拿着河工图到河口察看。

因为囊中羞涩，傅云龙仅仅考察了两天，疲惫不堪的他便乘火车赴美首都华盛顿。

在华盛顿，傅云龙首先拜访了中国驻美公使馆。由于张荫桓出差在秘鲁，徐寿朋再次接待了傅云龙，两人就近期的考察情况及未来的游历规划做了沟通。

考察美国，最需要考察的正是美国独有的政治制度。第二天，傅云龙便参观了美国国会，"是合众国立法处，分上下，议长皆居中高坐，余则层坐围向之。高楼听议，男女罔有或阻。而议长者，别国使臣，以次坐也。是日人数约数百。上院议南党多黑奴，举伯理玺天德（即总统）未若北党之实。下院议整饬水陆诸军，听者鼓掌，或离座私语，议长以木拍案，盖逊上院之严肃矣。"

君主专制下的中国人对美国这种独特的政治形式倍感新奇，地球背面的美国竟然还会存在这样一种议政方式。

在参观华盛顿纪念碑时，傅云龙看到了徐继畬赞美华盛顿的文字。徐继畬在《瀛环志略》中称赞了华盛顿与美国的民主制度。1853年，宁波府将徐继畬对华盛顿的赞美镌刻于大理石上，赠予美国。美国人将其镶嵌在了华盛顿纪念碑第10层的内壁上。

8月29日，在徐寿朋的陪同下，傅云龙拜访美国国务院，会见国务卿。国务卿首先表达了遗憾，他告诉傅云龙，总统克利夫兰本想会见中国游历使，但需要等避暑结束。在交流中，傅云龙熟悉了总统与国务卿的职责分工，国务卿事无巨细，连商人出入境都要亲自签发护照。

在华盛顿，傅云龙同样没有闲着。养老兵院、练兵场、炮台、印钞局、专利局、水雷厂、印刷厂都留下了他的身影。

9月6日，傅云龙如愿见到了总统克利夫兰。在白宫内总统的书房，两人坐在了一起。

傅云龙略显拘谨，只说是遵皇帝圣谕来访。克利夫兰说："中国是文化与历史久远的大国，我非常愿意见中国来的朋友。"

在交谈中，对傅云龙的一路勤勉，克利夫兰表示了称赞。听说傅云龙在兵部任职，克利夫兰摇了摇头说："可惜敝国兵无奇制堪供游目，欲游何处，罔有或阻。"最后，他向克利夫兰赠送了自己在旧金山拍的照片以示纪念。

随后，傅云龙到美国国防部、海军部、军队营房，并到南北战争战死军官墓拜谒。在国防部，傅云龙观看了1797年国防部创设于费城的地图、军队各营分戍图及历任部长的油画像。

9月11日，傅云龙抵达纽约。第二天，丁韪良的儿子牛尔热情欢迎傅云龙的到来。炮兵演习是重头戏，在先进的克林炮、空气大炮、陆路钢炮、臼炮的面前，傅云龙深感国内生产能力的落后。重达44吨空气大炮，炮架使用气压，可升降、旋转自如。现场炮声震天，威力无比，作为兵部的官员，傅云龙对这种"大杀器"尤其感兴趣。

傅云龙同样也去参观了费城世界博览会，不过，他看的是绘画石刻城。同时在费城，傅云龙还游览了华盛顿故居。奇怪的是，费城本在华盛顿与纽约之间，不知为何，傅云龙从华盛顿先到纽约，再折返到费城。

参观费城后，再次返回纽约。纽约城市中心偌大的中央公园，环境静谧，风景宜人，游览铁线悬桥、高架电车、参观蜡像馆、哈哈镜，这让傅云龙难得放松一回。

离开纽约，傅云龙继续向北到波士顿，专门去炮厂考察了铸造大炮的过程，从制图、泥模到熔铁、浇铸，傅云龙看得很仔细。

又是一年的中秋节，每逢佳节倍思亲。八月十五的晚上，傅云龙在异国他乡明亮的月色下，登上了开往加拿大的火车。

9月24日，傅云龙返回华盛顿。除了办理南美各国的护照签证外，还要借支游历经费。他走进第一次未参观的水师炮厂、农业部、财政部、邮政总署。当他听说美国共有5500多个邮局时，还是感到了惊讶。

傅云龙在华盛顿停留期间，张荫桓回到美国，二人终得以相见。作为比较开明的官员，张荫桓自然非常支持傅云龙此次游历，勉励其认真考察，为国家所用。

在此期间，傅云龙还赶上了美国大选。傅云龙全程目睹了美国全民投票、热情参与选举的过程，本杰明·哈里森（Benjamin Harrison）成功当选美国第23任总统。

12月2日，傅云龙离开美国，赴南美各国游历。在离开美国前，他写信向国内汇报，谈到了美国的见闻，赞赏美国的创新与精益求精的精神，"所有三十八邦十部之境游三之二，非火轮舟车无此神速。……美利加利在商而功则在工，一器之创，既官验之，复师察之，可则给凭限年，取巧者不得冒似也。……他如空气之炮，轻气之水雷，愈求愈精……"

1889年4月18日，傅云龙从巴西返回纽约。经历整整一个月的海上颠簸，傅云龙明显消瘦了很多。

休整了一天后，傅云龙当晚便乘火车去了华盛顿。傅云龙深入华盛顿墓室中，看到了华盛顿小时候砍树的斧子。能与伟大的华盛顿"零距离"，傅云龙仿佛在与伟人对话。

从华盛顿到旧金山，再次横穿美国大陆。上次走美国南部，这次傅云龙选择了走美国北部，途径芝加哥。

短短60年，从不满100人发展到40万人口，芝加哥已经是一座工商业非常繁荣的大都市。傅云龙特意询问当地报社人员，芝加哥最先进的工业机器是什么？当地人告诉他，是屠宰猪牛羊的肉类加工机器。傅云龙惊呼道："千首一落，噫，惨矣！"

在乘火车途中，有幸遇到了几位华工。在倍感亲切的同时，他对华工在美国的境遇非常关心。华工告诉他，华工工作勤奋，但工作辛苦，待遇非常低。修筑铁路的华工，每天的工资只有1.25美元，比黑人还低。

5月9日，傅云龙再次抵达旧金山。在美国最后两天，傅云龙完全进入休假模式，只逛街参观商店。傅云龙发现，售价12美元的裁缝新器（缝纫机）非常神奇，可以快速缝补衣服，不知道可以代替多少人力。

最让傅云龙着迷的则是售价为116美元的脱影器（照相机），上次在旧金山，因为游历任务繁重，傅云龙只拍了照片，并没有仔细研究。站在照相机橱窗旁，听着售货员详细介绍，傅云龙针对照相机的原理、器件构成、如何操作、照片洗印等问题不时发问。

事实上，照相技术于1844年便已经进入中国。1860年，在第二次鸦片战争谈判时，恭亲王奕䜣便拍摄了人生第一张照片，成为第一个接触照相技术的皇族成员。

5月11日，傅云龙乘坐"嘉力"号轮船返程，在日本继续游历5个月后，方才回到上海，11月20日正式回到北京。

这一圈转下来，据傅云龙自己统计，全部里程约为120844华里。用时26个月，770天。按要求重点游历了6国，往返共途经11国。

傅云龙这一路旅途，异常漫长艰辛，坐船遇到惊涛骇浪，狂晕呕吐；在巴西遇到霍乱流行；在异域要克服各种水土不服，同伴顾厚焜在北美染病后只能回国，另有2名海外游历使途中病故。

傅云龙特别勤奋，经常昼夜写作，晕船时还在想着打草稿。他写出了各种调研报告、考察报告、游记等110卷，其中游历图经共6种86卷，多达200万字，如《游历日本图经》《游历美利加图经》等。图经内容包罗万象，如天文、地理、食货、兵制、文学、金石等15大类，183个科目。可以看出，傅云龙拥有远大的抱负，期望能为国家、民族启蒙做出贡献。

傅云龙在美国共220多天，当时的美国共有48个州，傅云龙踏足了30个。涉及美国的考察报告，资料非常丰富，《游历美利加图经》共32卷，包括11个志、162个目、174个表。另有4卷的《游历美利加图经余纪》，还有一本《华盛顿传》。

《游历美利加图经》一书，主要包括美国天文志、地理志、河渠志、世系志、外交志、国事志、风俗志、食货志、考工志、兵志、文学志，内容可谓包括万象，涉及天文、地理、历史、政治、经济、军事、外交、社会、文化、教育等多个领域。

其实，傅云龙并不是第一个写出美国游记的人。早在1847年，一位名叫林鍼的福建人因会英文到美国从事翻译工作。工作一年多后，回国写就《西海纪游诗》。该书内容比较简单，记录了自己在美国的见闻，包括美国奇异的风土人情，各种新式机器。其中一篇《救回被诱潮人记》，记载了自己营救26名被拐骗到纽约的潮州华工一事。林鍼的书虽有刊印，但没有引起什么反响。

相比之下，傅云龙写就的著作可谓美国的大百科全书。傅云龙在写书的同时，对美国也有一定的思考。对比中美后，他发现，中国是"圣王之道之无不贯，而以仁义为本耳"，而美国则同样是"以孝治天下，为文者善于取法多此类也"。

对于美国三权分立的政治制度，傅云龙非常欣赏，他认为："美利加合众国一民主之国也，与君主之国之制异，厥制以会议为法，以齐民为政，以上下无隔阂为权利。……一曰立法之权，国会是也；一曰行法之权，伯理玺天德（总统）是也；一曰定法之权，律政官是也。……意谓民欲联邦如一、兴利除害，爰及后裔，永享权利。"

傅云龙是幸运的，在美国不仅赶上了美国独立日庆祝、总统选举，还经历了联邦宪法颁布100周年的盛事。19世纪末的美国，第二次产业革命蓬勃发展，新事物层出不穷，到处充满着创新的力量。傅云龙看到了一个蓬勃向上的西方大国，只是不知道，中美两国对比一番，回国后的傅云龙会是怎样一种心情。

遗憾的是，回国后的海外游历使遭到了冷遇。总理衙门只给一句"艰苦备尝，不无微劳足录"的评价。除傅云龙等三四人的著作得到出版以外，其他人的著作不是束之高阁，就是下落不明。部分人虽然得到了升职，但级别都比较低，赐衔也只是虚衔。

按说这些海外阅历丰富的人应该进入外交系统，但无一如愿。傅云龙则被分派到天津机器局任职。张謇批评他们是"仅观粗浅，莫探精微"。

可惜，这又是一次失败的考察，主要原因便是学习的东西过于肤浅。虽然他们记录了大量见闻，几乎有闻必记，但更多都是流水账一般，少有深度思考、分析。另外，加上他们级别过低，所经历国普遍存在轻视的问题，让他们的考察流于表面形式，很难深入。虽然他们都很勤恳，但学习效果有限。

打个比方，就像一个老板让三个员工去买菜。第一个员工很快把菜买来。第二个员工也把菜买来，还顺便把破损的菜篮修好。第三个员工同样买回了菜，也修好了菜篮，同时还告诉老板菜价的最近变动情况，还有菜市场下个月改造的消息，最后建议老板抓住其中的市场机会。

12个海外游历使的考察就如同买菜员工，他们一直停留在第一个员工的层次，仅仅是完成任务而已，思考不足，没有带来更多的附加价值。其实，这也不能完全怪他们，游历使毕竟不同于使臣、外交官，很难与游历国展开深层次的交流。

傅云龙回国后，遭到巨大精神重击。三个儿子在他回国前不到一个月，先后在两天内染瘟疫去世。大儿子傅范冕生前还一直帮他整理从美国寄回来的文稿。悲痛欲绝的傅云龙为三个儿子题写了墓志铭："呜呼，仁而不寿，古之有之矣。独未闻如范冕、范成、范焜三子之善而疫死，二日之间，酷不获忍死，待父归自十二万余里外，一慰饥渴也，岂不恸哭！"

此番游历盛举，虽有诸多遗憾，但也在一定程度上显示了大清帝国逐渐开放，渴望了解世界、融入世界的决心。

五、病逝在哈佛的中文教授

　　"中国皇后"号的成功让美国人迷上东方热土，而"留美幼童"的到来，让美国人逐渐对汉学产生了兴趣。具有悠久历史、灿烂文化的东方帝国犹如一个未揭开面纱的神秘女子，让美国人展开了丰富的想象。

　　作为新兴的北美大国，美国对汉学的关注自然没有欧洲早。自19世纪初，欧洲一些著名的大学纷纷开展了汉学研究，如法国的法兰西学院和东方现代语言学院、英国的牛津大学和伦敦大学、德国的柏林大学、俄罗斯的喀山大学、荷兰的莱顿大学等。在这些大学，汉学成了一门新兴的专业学科，关于汉学的讲座也备受追捧，人们对东方文明的渴望完全倾注到了汉学上。

　　致力于做世界强国的美国自然也不甘落后。对美国来说，加强对汉学的研究，更多是基于现实的需要。遥远的东方，被美国宗教界认为是最重要的传教地区，而传教士若不掌握汉学就像盲人摸象，很难推动传教事业在中国扎根、发展。

　　因为中国人容闳毕业于耶鲁大学，耶鲁大学对汉学的关注比较早，成为美国最早研究汉学的高等教育机构。著名的美国传教士丁韪良多次在耶鲁大学举办汉学讲座，影响力非同一般。

　　作为耶鲁大学的竞争者，哈佛大学看到了差距，一直有心追赶。

　　万里之外的中国，在华的美国人切身感受到了不懂汉学的劣势，尤其是在不懂中文的情况下，连工作都很难推进。一些有识之士比哈佛大学更着急，美国驻牛庄（营口）领事鼐德（Francis P. Knight）首先坐不住了。

　　鼐德最早同许多美国商人一样，也是来中国淘金的，还参与创办了旗昌洋行。自从被美国政府"收编"成为领事后，便具有了更高的宏观视野。他发现，在华的美国传教士和商人，普遍受困于不懂中文及对中国文化缺乏了解。

要想征服中国人的心，便先要征服中国人的耳朵，让美国人尽快掌握中文，达到快速、有效沟通才是事业发展的重要基础。

1877年2月20日，鼐德致信哈佛大学校长查尔斯·W.埃利奥特（Charles W.Eliot），希望在哈佛大学开设中文专业，努力多培养一些懂中文的年轻人。最好的办法是，请一位土生土长的中国人到哈佛大学授课，让美国年轻人在出国前便具备一定的中文基础。

埃利奥特高度重视，多次与鼐德进行磋商，经过13封信的反复沟通，终于敲定这事。接下来，便剩下筹钱了。

哈佛大学要聘请中国人到美国教授中文的消息不胫而走，有人支持，有人反对。时任北京同文馆总教习的丁韪良大力赞成，他认为，让美国年轻人在出国前打下中文基础，更能快速在中国开展工作。

在华的外国学者、外交官也纷纷表示支持。德国学者穆麟德，英国外交官禧在明、达文波、固威林等都公开发表意见，称赞哈佛大学此举富有远见。这些人都有一个共同的特点，即长期在华工作、生活，且对汉学有较深的了解。

同样是在中国长期工作、生活，中国海关总税务司赫德和福州税务司杜德维则表示反对。他们认为，哈佛大学的课业本来就比较繁重，如果再学习中文，可能顾此失彼，最后可能事倍功半，哪样都没学好。另外，在美国也完全没有中文环境，学生很难学好中文，要想学好中文不如到中国后再学。

同是海关系统，并在地方任职税务司的马士则建议，哈佛大学最好能引进一两名英国、美国学者担任中国哲学的讲座教授，只学汉学而不是学汉语。马士担心，学习语言的难度太大，在美国耗费太多时间和精力不太值得。

有意思的是，杜德维和马士都毕业于哈佛大学，二人对母校都有至深的感情。

不管别人意见如何，鼐德和埃利奥特坚持要聘请中国教授。鼐德是个固执的人，铁了心要推动在哈佛大学开设中文课程。作为推动者，鼐德和埃利奥特面临最大的难题还不是别人的反对，而是筹集经费。

鼐德和埃利奥特计算了一下，如果教学为3年，那么就要筹款1万美元，其中8000美元作为中国教师的工资，另外2000美元则作为来回路费。两人分头筹款，埃利奥特委托鼐德在中国寻找合适的人选。

鼐德虽然到中国多年，但中文水平并不够高，他知道凭自己的力量恐怕很难完成此任务。他找到了反对者赫德，赫德是一个中国通，且在中国官场上人脉甚广，招募一个愿意去美国的老师不成问题。

赫德是中国海关负责人，他又把这项任务交给了下属杜德维。杜德维也算是一个中国通，且对母校的事情非常热心。

通过层层"转包"，一个在中国招募中文老师的大网撒开了。

在那期间，杜德维工作发生调动，从福州北上宁波，担任宁波税务司。到一个陌生的地方，让招募老师的工作遇到了困难。埃利奥特也很焦急，他甚至直接写信给杜德维，催促他抓紧找。

杜德维初到宁波，仍不忘学习汉学，加上宁波复杂的方言，他聘请了一个中文老师。此人名叫戈鲲化，在英国驻宁波领事馆工作。

戈鲲化自然进入了杜德维的考察视野。经过一段时间接触，杜德维发现，此人学识高，情商高，思维敏捷，且不守旧，思想活跃，容易接受新鲜事物，对列强没有偏见。戈鲲化不仅深谙中国国学、诗词，还擅长与外国人打交道，人缘口碑还都非常好。还有重要的一点，戈鲲化只有43岁，正是壮年。

就是他了！

在一次学习结束后，杜德维询问戈鲲化，是否愿意到美国的最高学府哈佛大学去教授中文。戈鲲化并没有经过长时间考虑，也没有什么纠结就爽快答应了。之所以如此爽快，与戈鲲化的个人经历有很大关系。

戈鲲化，安徽休宁人，1836年7月生，从小跟随奶奶长大。戈鲲化年轻时没有考取什么功名，更多是自学成才，22岁便进入湘军，为黄开榜做幕僚，曾参与了九洑洲、七里河等战役。

1863年，一个偶然的机会，戈鲲化进入美国驻上海领事馆任职。两年后，他又跳槽进入英国驻宁波领事馆。

由于长期在上海、宁波等地开放口岸工作，受新风潮、新思想的浸染，戈鲲化逐渐转变为一个开明的人，睁眼看世界，对西方工业文明的发展一直羡慕有加。在外国领事馆的工作，也培养了他与西方人打交道的能力，熟悉外国人的思维习惯与做事习惯，这正是戈鲲化愿意去美国的原因。能有机会走出国门，去美国开开眼界，对戈鲲化来说是天大的好事。

杜德维非常高兴，立即告诉了鼐德，鼐德也难以掩饰兴奋的心情，马上给埃利奥特写信，告诉对方已经物色到合适人选。

杜德维后来发现，戈鲲化愿意赴美国工作，貌似想去避祸。经过调查得知，戈鲲化与宁波太守宗源翰似乎有矛盾。

1879年7月28日，杜德维在给埃利奥特的信中透露了这个细节："您问他为什么愿意离开宁波前往美国，戈先生本人说是因为官府威胁要惩办他。他被怀疑是上海一家出版社发表的批评官员行为的某些不友好言论的作者。"

在杜德维看来，不管戈鲲化出于什么目的，至少他的学识和能力完全可以胜任在哈佛大学教授中文的工作，这就够了。

人选确定，忽生波折。此时，鼐德突然收到埃利奥特的信件。埃利奥特称因为款项问题没有落实，项目可能要取消。鼐德一看，头都大了。

无奈之下，鼐德将自己在波士顿的房产作抵押，向波士顿的商人筹款，很快就筹集了8750美元。

一切妥当，双方约定在上海签订合同。5月26日，美国驻上海领事馆内，鼐德握住了戈鲲化的手，向他祝贺。合同中文版内容是这样的：

　　大美驻扎牛庄领事官鼐德代哈佛书院山长等与寓居宁波之大清知府衔候选同知戈鲲化议定条款，开列于后。

　　一、哈佛书院山长等言定，延请戈鲲化在书院教习官话叁年，为期自壹千八百七十九年九月初一日起，至壹仟八百八十贰年八月三十一日止，每月束修洋钱贰伯元正。

　　二、哈佛书院山长等言定，戈鲲化携带一妻二子住上等舱位，载至干姆白理嗗城。又带一仆住于下舱。路间除沽酒之外，所有一切船钱、房钱、车钱及应用行李等费，均由书院给发。俟叁年满后，仍照此式送回上海。

　　三、戈鲲化如叁年之内病故，应将其妻子、仆人全数送回上海。一切盘川，戈姓不需花费。

　　四、山长言定，画押之时，先支壹月束修贰百元，以此合同作为收钱之据。一到干姆白理嗤，再支束修贰百元。自开馆之日起，至壹年后，即壹千八百八十年九月初一日，按月扣除壹百元，接连四个月除清。

五、戈鲲化言定，哈佛书院课程，学生多寡、教法章程均候山长主裁。

六、每月束修贰百元作戈鲲化一切花费，此外各项杂用，概不得向山长另支。

七、合同内如英汉文字句有意见不符处，言定以英文为主。

今将合同缮就，英汉文合璧，壹式叁纸，在大美国驻沪总领事衙门当堂画押盖印，各执壹纸存照。

壹千捌百柒拾玖年伍月贰拾陆日

兹再议定：又加叁女，住上等舱位；又加壹仆妇，住下舱。其章程与第二款同，惟叁年后，仍照现在所搭捷径之船，送回上海。又照。

壹千捌百柒拾玖年陆月贰拾陆日

戈鲲化还有3个女儿，难舍骨肉情的他希望带上女儿一同赴美国。6月26日，再次签订了补充合同。

合同中提到戈鲲化的身份是"大清知府候选同知"，显然是清政府给戈鲲化的一个临时身份，更多是彰显清政府的尊严。

在准备出发之际，鼐德就戈鲲化在哈佛大学授课的具体过程做了详细沟通。

"阁下，此番我去哈佛大学授课，以何为教材？"戈鲲化问。

鼐德说："您不必担心，我已有所考虑，最好使用外国人编写的教材，如英国人威妥玛的《语言自迩集》，从发音、部首，再到生字、词汇、日常用语，总体比较系统全面，更适合外国人学习。"

戈鲲化忙说："威妥玛教材的发音是以北京官话为标准，而我的方言却是南京官话啊。"

鼐德笑了，他说："这没多大关系的，我知道您也会说北京官话，稍微有些口音没什么问题。其实我认为，美国人到中国经商大多在南方，还是南京官话更适合。"

戈鲲化也笑了，他又问："您认为，多少学生一班合适呢？我不希望太多。"

"三四人就好，最多不超5个人，如果多了，可以分为两个班。"鼐德说，"实不相瞒，学生不会多，我一直担心生源的问题。我有计划说服在哈特福德工作的中国人，让他们不必把年幼的孩子送到耶鲁，而是先送到哈佛学习中文。"

"现在那里不是有留美幼童嘛，他们的中文如何？"戈鲲化问。

鼐德想了一下，讲道："应该不会太好，也可让中文基础差的过来学习。"

鼐德又问戈鲲化："您准备带哪些中文书籍到美国？"

戈鲲化微笑着回答道："多谢阁下关心，我也准备了不少，如中国传统国学、诗词方面的书籍。"

鼐德点头，说："我也可以把我自己的书捐一些，也会让朋友捐一些书，都是各国汉学家论述如何学习中文的著作。"

"那很好，非常丰富。不过，我还在思考一个问题。学习完中文的学生，将来会去哪里工作呢？"戈鲲化问道。

"对，如果能解决毕业去向问题，对招生更有好处。我初步设想，让赫德能在中国海关部门提供一些岗位出来。"

戈鲲化向鼐德竖起了大拇指，赞赏他的周密考虑。

7月3日，是戈鲲化出发的日子。第一次出远门的5个孩子看到巨大的轮船既好奇又兴奋，叽叽喳喳不停。戈鲲化的妻子表情很不轻松，跟随丈夫到异国他乡生活，未来如何无法预知。戈鲲化倒是非常从容，他与前来送行的美国人有说有笑。

当英国"格仑菲纳斯"号轮船驶出上海吴淞港口的时候，戈鲲化望着滔滔江水，生出了一股豪情。中国人到美国授课，前所未有，戈氏有幸成为第一人。

同以往中国至美国的多数航线不同，戈鲲化这次没有从美国西海岸的旧金山登陆，而是直接到了美国东海岸的波士顿。8月29日，戈鲲化踏上美国大陆，比原计划提前了一些。

在霍姆斯运动场附近的医院大楼内，哈佛大学专门为戈鲲化的到来举行了欢迎会。由于埃利奥特驾驶游艇出游度假，没有出现在欢迎会上。活动现场，校方邀请戈鲲化的家人全部出席，戈鲲化被美国人重视家庭与亲情的做事方式所感动。

一位中国老师的到来，让小城哈佛大学所在的剑桥镇兴奋起来。《纽约时报》报道称："中文教授戈鲲化，一身盛装，带着他的妻子、五个孩子和翻译，今天来到这里，给这个单调乏味的小城带来一阵骚动。"

很快，美国人发现，居住在梅森街10号的中国教授一家，主人都住在狭窄的三楼阁楼里，而仆人则住在二楼宽敞的房间内。这一趣闻，引起了美国人的好奇。中国人为何会如此颠倒呢，美国人想不明白。

原来，戈鲲化还是有一些尊卑等级观念。若仆人住在三楼阁楼，自己住在二楼，那么，仆人就是主人上面，这似乎是无法接受的。

哈佛大学招生工作早已开始，鼓励所有对汉学感兴趣的人或是期望未来到中国经商、工作的人报名。戈鲲化的中文班计划每周上课5天，每天授课1小时，学生自学2~3小时。对于校内的学生免费，外面的学生则每学年收费150美元。对报名者要求不高，即使是家庭妇女也可以。

尽管如此，招生工作还是遭到了冷遇，根本没有人愿意报名。美国人对中国基本没有兴趣，一个落后又野蛮的国度似乎无法激发人们的兴趣。

就在大家比较失望的时候，一个年纪较大的学生走进了戈鲲化的课堂。

10月22日，戈鲲化的中文班在哈佛大学正式开课。为了这一天，戈鲲化准备了好久。当他穿着中国的官服走上讲台的时候，面对只有一个学生的课堂，他依然充满了激情。

这名年纪比戈鲲化还大13岁的学生是毕业于德国哥廷根大学，后任职哈佛大学的著名拉丁语教授乔治·马丁·莱恩（George Martin Lane）。已经退休的他还有一颗求知的心，愿意追随戈鲲化学习中文。

戈鲲化为这个学生起了一个中文名——刘恩。作为语言学的老教授，认真从最基本的发音开始学起，咿呀咿呀，像幼儿一样可爱。

事实上，戈鲲化与刘恩互为老师。通过与刘恩的深入接触，戈鲲化不仅强化了英语，还学到了拉丁语知识。戈鲲化在领事馆工作多年，英语功底较深，但口语差强人意。在进入美国后，便抓紧学习英语发音。在教授刘恩中文的时候，刘恩也"反哺"了戈鲲化英文。

戈鲲化在哈佛大学授课期间，留美幼童们正在美国就读。部分幼童的中文（北京官话）一直不过关，19岁的丁崇吉（Sung Kih Ting）便是其中一个。同是浙江老乡，戈鲲化与丁崇吉成了师生。在这份情谊之外，还有亲切的老乡之情，可以达到彼此慰藉的效果。

发音准确是学习语言的关键，戈鲲化每天的教学内容，都有口语课程。上课前，戈鲲化有一个特殊要求，学生必须向老师行中国礼，双手作揖、鞠躬致敬。戈鲲化希望学生在学习中文的同时，也要接受中国文化。

戈鲲化教中文，喜欢用中国的白话小说与诗词为素材。在他看来，这两种文学体裁最能体现中国传统文化之美。其实，这与现在很多中国人追美剧、看英语电影学英语是一个道理。小说更多是白话文，里边有很多口语对白，重点促进学生对汉语口语的掌握。诗词是文言文，是另一种语言形式，可以促进学生对汉语写作的练习。

不过，戈鲲化也偶尔教授南京官话，但不会是重点。中国传统文化造诣颇深的戈鲲化，在教学时特别对学生强调，北京官话是从南京官话发展而来。讲讲历史可以，但让外国人学两种官话肯定是行不通的。

事实上，在中国的美国官员、传教士都倾向于学习北京官话，让一个南京官话口音的老师教北京官话，那情景可想而知。对于北京官话中的很多卷舌音，不知道戈鲲化怎么发出来的，估计舌根发硬的现象很多。

时间一长，戈鲲化开始自己编写教材《华质英文》。此书全部为英文书写，重点讲述中国诗词。戈鲲化认为，中国诗词是中国传统文化的典型代表，让外国人了解中国文化，不仅要学习语言，更要学习诗词。书中详细介绍中国诗词的常识与特点，在收集的15首诗词中，全部标出了平仄语调。

戈鲲化并不满足只做一个教授语言的老师，他更期望传播中国文化。在各种聚会场合，他都喜欢当众朗诵中国诗歌，也不管美国人是否能听得懂。

美国朋友卡迪斯举办了一次"纸莎草"（Papyrus）俱乐部联谊活动，受邀参加活动的戈鲲化在用英文自我介绍后，便开始朗诵自己创作的诗歌。美国人虽然听不懂，但喜欢看中国人声情并茂的样子。大家鼓掌起哄，让他再朗读一首。戈鲲化当即又朗诵一首，然后向嘉宾深深鞠躬，作别离席。

卸任后的杜德维回到波士顿，多次做关于中国的讲演。这种活动自然也不能没有戈鲲化，他每每在介绍完中国文化后，都会吟诗助兴。

为了让美国人了解中国诗歌，戈鲲化还很想做一些中国诗歌的翻译工作，但碍于英文水平有限，一直无法进行。回到美国并在耶鲁大学任教的卫三畏得知后，送给他一本厚厚的英汉辞典。戈鲲化自比中国典故"凿壁偷光"中的匡衡，他正是用这种精神在卫三畏赠送的英汉辞典中汲取着营养。

戈鲲化知道卫三畏不仅是中国通，还曾出版过《中国总论》一书。在编写教材

《华质英文》时，戈鲲化便经常向卫三畏请教。耶鲁大学与哈佛大学距离并不远，偶尔两人还会见面交流。戈鲲化赠诗卫三畏：皇都春日丽，偏爱水云乡，绛帐遥相设，叨分凿壁光。

卫三畏向戈鲲化请教，为什么中国官员佩戴的朝珠是固定的108颗。卫三畏说，在中国期间，他问过很多中国官员，但没有人知道。戈鲲化给出了自己的解释，他说，中国人讲的所谓风调雨顺，即"五日一刮风，十日一下雨"。如此算来，一年中刮风72次，下雨36次，二者相加正好是108次。官员佩戴108颗朝珠，或许寓意就是国家长治久安。

哈佛大学与戈鲲化签订的合同中，有在职期间意外病故一项，没想到真的发生了。

1882年2月，戈鲲化患上了感冒。开始他并没有在意，以为只是普通的头疼脑热，仍然坚持带病上课。没料想，感冒越来越严重，还转成了肺炎，戈鲲化全身酸软无力，只能告别讲台，整天卧床休息。

社区与校方得知后，均派出了有名的医生给予积极治疗，但仍没有好转。14日下午4时许，戈鲲化终告不治，遗憾离世。生病期间，他对自己无法授课一再向校长表示歉意。

戈鲲化体型比较瘦削，平时身体并没有什么毛病，而且正值壮年，如此因感冒引发肺炎去世，只能说是命也。

按照合同规定，戈鲲化距离工作结束还有半年时间。

学生刘恩第一时间致信卫三畏，告诉他戈鲲化去世的消息："我们的朋友戈鲲化在患肺炎10天以后，已于今天下午4点逝世。得知这一消息，您一定会感到悲痛。……戈先生在朋友中口碑甚好。我从未见过这样和蔼可亲的人，我把他视为最亲密的朋友之一，并为这样的朋友过世深深悲哀。"

戈鲲化去世后，哈佛大学也沉浸在悲痛中。2月16日，校方在阿普尔顿教堂为戈鲲化举行了遗体告别会。哈佛大学神学院院长埃福里特牧师主持了此次仪式，戈鲲化的家人、埃利奥特、刘恩、萧德、杜德维及学校的教职员工、部分学生都参加了告别仪式。

在美国出生的戈鲲化第三个儿子还不到1岁，由母亲抱着出席了父亲的告别仪式。抱着孩子的戈鲲化妻子不断默默流泪，丈夫客死他乡，家里没了顶梁柱，以后的日子将非常艰难。

中午时分，安放着戈鲲化遗体的铅制灵柩被抬进教堂，埃利奥特与15岁的戈鲲化的长子戈忠（戈朋云）站在灵柩前。全体人员肃立、默哀、祈祷。

作为"留美幼童"事业的推动者，容闳也从哈特福德赶来参加追悼会。此时，中国学童已经全部被召回国，容闳正处于心理灰暗期。戈鲲化生前对中国学童被召回一事也持强烈反对态度，但怎奈他的影响力非常有限。

告别仪式庄重、肃穆，所有人都流下了眼泪。仪式结束后，戈鲲化的灵柩被送回剑桥的寓所，等待运回中国。

戈鲲化的去世在波士顿引起了广泛关注，《波士顿每日广告报》这样评价戈鲲化："他不仅带给我们的街道一抹东方色彩，甚至东方式的壮观，而且带来了东方式的和谐。……他使我们懂得了什么是一个富有声望、内涵深刻的学者，何以他在中国享有如此的尊严。我们也明白了，他代表着一种历史和文明。当他和我们在一起时，彼此的关系比想象中的更为平等。"

活动结束后，埃利奥特和刘恩联合发布了一份捐款倡议书，希望广大师生为戈鲲化的家庭伸出援手。按照合同规定，戈鲲化的家人将被送回上海。但未来的生活，哈佛大学出于人道主义，希望负责到底。

谁知一个月后，3月8日，戈鲲化的小儿子也不幸夭折，戈家再次被悲痛笼罩。

戈鲲化逝世后，还发生了一件匪夷所思的事。一天，刘恩的儿子到位于剑桥路717号的戈家探望，在门厅里正好碰到戈鲲化的一个儿子。戈鲲化的儿子对刘恩的儿子说："我知道你来干什么，你想娶我妈妈。"此事不禁让人引发遐想，两家是否有不同寻常的关系。

戈家租住在杜德维家不远的一处公寓，总体条件还算不错。大儿子戈忠和二儿子戈恕被送到美国传教士林乐知创办的中西书院就读。

5月，杜德维与戈鲲化的家人一起护送灵柩回到上海。

戈鲲化虽在46岁英年早逝，但他对中美跨文化双向传播打开了一扇窗。容闳在耶鲁大学就读、120名幼童留学美国只是让美国人在本土初步认识了中国，戈鲲化则是将中国文化正式输出美国，尤其是中国诗词方面。

不得不说的是，戈鲲化的大儿子戈忠后来非常活跃，曾经在美国生活的他，竟然带头参加抵制美货活动，此事后续再表。

第四章

排斥：剑拔弩张

一、加州排华暴**行**频发

当"留美幼童"正在美国东部地区读书的时候，美国西部的华人正在遭受着美国白人日益强烈的歧视与仇恨。

1876年，旧金山唐人街的气氛空前紧张，白人要猛烈报复华人的消息始终不绝于耳。爆发于1873年的美国的经济危机仍没有缓解，各行各业，一片萧条。铁路业、轻工业、矿业、农业疲软，房地产贬值、股市惨跌，大量工人失业，美国经济笼罩在一片愁云惨雾中。

白人将失业的不满发泄到了华人身上，认为是华人抢了他们的饭碗。烧毁旧金山唐人街、杀死华人的消息不断疯传。当地报纸已经发出预测，会有大量暴徒攻打唐人街。

面对美国白人激烈的反华情绪，华人积极抱团自救，一面向政府当局求助，一面购买武器自卫。

4月4日，冈州会馆等六大华人会馆的领袖联合致信旧金山市市长布莱恩特（Andrew J. Bryant），就旧金山华人面临的危险处境做了详细反映，希望布莱恩特能向唐人街派驻警察，对华人进行保护，以维护社会稳定，同时也申明华人也会行使自我防卫的权利。

布莱恩特收到信后，意识到了事态的严重性，他没有犹豫，立即派出百余名警察进驻唐人街。全副武装的警察开进唐人街时，受到了华人的热烈欢迎。警察的到来为华人带来了一丝安慰，但自我防卫仍然不可少，购买武器是最佳方法。

华人通过各种关系四处采购枪支、弹药，连刀剑也不放过。一些售卖枪支的商店大发其财，有的商家一天便高价卖出了60把左轮手枪。

一场白人与华人的战争即将爆发。

4月5日晚上，唐人街宣布戒严。所有商店关门歇业，人们必须待在家里，不准外出。原本喧闹的街市空无一人，寂静无比，只有警察在街头角落里站岗，守卫着这里的安全。

那晚没有月光，街头的灯光似乎也比往日暗淡了很多。躲藏在家中的华人通过窗户与门板紧张地盯着外面，随时准备战斗。

一名当地的记者目睹了此次唐人街罕见的场景，第二天他在报纸上写道："昨晚9点钟，中国社区的街道空空荡荡，所有商店都关门打烊。特别警察在每一个角落站岗，这个地方十足像个戒严的城市。这儿或那儿，会有中国人的眼睛从堡垒的门洞里向外偷窥，有的向路过的人做出鬼脸，或者龇牙咧嘴地苦笑。从窗帘后射出的灯光和人影幢幢的情况看，华人在观察，在等待，他们已经为即将到来的冲突做好了准备，然而并不紧张。在杜邦街和杰克森街驻守的10多名华人，大概是黑社会团体的成员，要么就是纠察队员，在观察形势，准备在危险降临时发出警报。"

几乎与此同时，旧金山的一些地痞流氓、失业工人、部分极端反华团体成员也在蠢蠢欲动。趁着夜色，他们纠集了几百人，集体呼喊着口号，手持武器，冲向唐人街。

让这些反华分子没想到的是，唐人街早已戒备森严。警察在路口拉好封锁线，并设置了路障。嚣张的反华分子居然怕了，只是在外围不停狂骂着。警察持枪站立，高度戒备，随时准备抓捕闹事者。

躲在家里的华人听到喧哗声后，也纷纷拿起武器，随时准备与反华分子拼命。

反华分子鼓噪一段时间后，转身离去，冲向了唐人街外围的一些华人商店。那些商店虽然已经关门，但仍被疯狂打砸，店里的商品被抢劫一空。据事后统计，大约20家华人商店被打砸、洗劫，多名华人被烧死、打死，甚至被恶狗咬死。反华分子宣泄一通后，一阵大呼小叫，纷纷散去。

旧金山的夜晚再次恢复了平静。

美国史学家托马斯在后来的一部著作中提到了这次排华暴行："当时，旧金山市充满了一批心怀不满和无恶不作的无赖汉，他们将愤怒发泄在勤俭善良、毫无抵抗能力的中国人身上。一群暴民将华人的衣服抛进垃圾箱，用石头打他们，用脚踢他们，并且教唆恶狗去咬他们。暴徒烧毁了他们的房屋，剪掉了他们的辫子（猎取"猪尾巴"是小暴徒最喜欢玩的游戏），甚至残酷地屠杀了他们。"

接连多天，反华分子都没敢闹事。紧张的情绪逐渐在唐人街散去，华人们继续忙着自己的营生。

但排华的浪潮并没有散去，第二年，反华的暴徒们再次冲向了唐人街。

1877年7月23日，旧金山市政厅一带气氛异常。三五成群的人陆续向市政厅聚集，人越来越多，平日安静祥和的地方变得非常喧闹。聚集的人群情绪激动，呼喊着口号，要求市政府解决失业问题。有人突然喊了一句："中国佬滚出去！"一群人跟着共同大吼并挥舞着拳头，"中国佬滚出去！中国佬滚出去！"

原来，这些人是由加利福尼亚白人组成的工人党，他们希望用组团的方式来争取利益，并对付更加抱团的华人。

傍晚夜幕降临，市政厅大概聚集了8000余人，黑压压的人群让布莱恩特倍感压力。市政府如临大敌，立即调动大批警察前来弹压。

或许是早有预谋，也或许是这群人见到警察后情绪更加激烈，工人党开始骚乱起来，对沿途的行人和商店进行打砸。

一名华人正好路过这里，被工人党发现，立即遭到围攻、殴打。华人被打得浑身是血，不时发出阵阵惨叫。警察闻声前来镇压，与工人党发生打斗。华人被警察救出后，工人党怒火中烧，扬言要攻击唐人街进行报复。

愤怒的工人党兵分三路，一起冲向唐人街。

唐人街的华人已经有了去年武装抗争的经验，关键时候临危不乱。临时组建的民兵团迅速手持武器待命，警察也早已有了戒备，提前将唐人街各主要路口进行封锁。

大量工人党反华分子试图冲入唐人街内，均被警察挡了回去。尽管反华分子人多势众，但他们手中并没有多少枪支，大多只能用投掷石块，或是铁管、棍棒来攻击。在警察与华人民兵团的顽强阻击下，反华分子始终没能攻进唐人街中心区。

气急败坏的反华分子调头转向别处，再次寻找外围的华人商店下手。25家华人洗衣店不幸遭到打砸，所幸的是，部分华人只是受了些轻伤。

失业的工人党闹事，让旧金山商界全体紧张起来。因为工人党一直叫嚣，要搞大事情。另外，居高不下的失业率，让没有失业的商家全部没有了安全感。

各界商会立即联合起来，纷纷成立民兵团谋求自保。唐人街华人的危机感更强烈，他们派出精壮的男子与警察一起巡逻。

24日晚间，无所事事的工人党暴徒再次出动，打砸抢又一次上演。部分华人洗衣店仍然没有逃过工人党的骚扰，又有多家被打砸，损失惨重。华人眼看自己多年苦心经营的店铺被毁，痛哭不止。

25日，又有千余工人党暴徒聚集在太平洋邮船码头闹事，扬言要烧毁码头和所有邮船。大批警察闻讯出动，进行镇压。

骚乱再起，火光冲天，打斗激烈。警察再也没有手软，直接开枪，对于纵火的暴徒果断击毙。枪声一阵大作，吓跑了很多暴徒。此次骚乱，警方共击毙暴徒4人，打伤14人。

骚乱过后，旧金山警察局随即向全市发出告示，凡捣毁他人产业、纵火或阻止他人救火者，一律格杀勿论。

严厉的警示，终于还是让工人党有所忌惮。他们没敢再大规模闹事。

唐人街再次恢复了往日的繁华，但华人的戒备没有放松。两次骚乱让华人更加团结，分散在其他街区的华人，纷纷将商店迁至唐人街内。大家集体抱团取暖，成为华人的共识。

反华分子的暴行无形中壮大了唐人街，越来越多的华人为了安全，倾向于向唐人街聚集。至1873年，加州约有华人6.25万人，旧金山的华人则占据了加州华人的30%，且大部分居住在唐人街。华人的大小会馆也随之壮大，保护华人、处理纠纷、与政府协调的作用更加突出。在全美排华的暴风雨中，华人组织起到了对华人遮风挡雨的作用。

事实上，反华分子早已有之，美国白人与华人的矛盾在西部淘金时便已种下。排华暴行是美国民间与政府、媒体相互影响的结果，美国地方政府有时也会向反华分子妥协。

华人到美国淘金，一直采取"要生存不要对抗"的策略。人在异国，尽量忍让，只管低头挣钱就好。但在白人眼里，吃苦耐劳、隐忍不发的华人成了可以任意欺负的对象。

最早的大规模排华暴行发生在1849年。受雇于英国矿业公司的60名华工在加州吐伦县的一处矿区采矿，一段时间，矿区连日大雨不断。大雨过后，华工惊讶地发现，大雨冲刷后，地面的黑土层已经不再，露出了大量金块。华工一片欢喜，简直得来全不费功夫。

这个消息迅速传了出去，引起了周围白人的嫉妒。眼红的一伙白人纠集起来，来到华工所在的矿区，不由分说，对华工进行疯狂围攻。石块像雨点一样砸向华工营地，华工招架不住，纷纷逃出了营地，几名华工因逃跑不及被杀害。

一个杀害华工的白人在接受审判时说："当时我坐在路边等支那人经过，我的感觉（杀死华工）与了结一只长耳大兔无异。"最终，只有一名墨西哥籍白人被判处死刑，墨西哥人不服，临刑前还在叫嚣："我是杀过几个中国人，不过你们耶稣教徒不应该处我死刑。"

自19世纪50年代起，抢掠、杀害华人的事件屡屡上演。一位名叫斯皮尔的牧师在日记中记载了同样的排华暴行，众多华工筹钱获得到一处河床内淘洗金砂的权利后，矿区周围便会迅速建立起营地、小商店。当矿区开采进入正常轨道时，突然在某个夜里，一群白人持枪袭击了该处矿区，将华工全部赶走，将金砂、华工财物、商店现金全部抢走，并纵火烧毁华工的房屋。白人趁势霸占了华人的矿区，将开采金砂的权利据为己有。

破产的华人无奈，向当地法院控告，但按美国法律规定，指认罪犯的华工不能出庭作证，导致此类案件无法胜诉。最终，华人只能自认倒霉。

1853年，在一个叫"美国河"的矿区里，白人与华人发生矛盾，60余名白人竟然将200余名华人用武力赶出了矿区。所有华人敢怒不敢言，只能默默流泪，将屈辱深藏心中。

加州沙士达县的一份报纸在报道中称："近五年来，中国人遭暴徒杀害者，当在数百名以上，简直无日不有中国人被屠杀之事。而杀人凶犯被拘惩治者，只闻有一二三人而已。白种人杀害中国人而被拘惩治时，竟有许多人公然提出反对，其违反公道宁有过于此者乎。中国人虽属地位低微，无人为之辩护，而其生命在法律上同样宝贵。白种人因杀害中国人当绳之以法，否则只会增加凶犯之猖獗。"

白人排华的理由也很简单，他们指责华人向雇主要价低廉，挣钱后不在美国消费，而是寄回中国。不买美国的衣服，甚至连吃的大米也是从中国带来的。

白人抱怨华工抢了他们的饭碗，据此白人贬低华人为"劣等民族"。在各种城镇集会、矿工集会和立法会议上，部分种族倾向强烈的白人不断丑化华人。一份矿区采矿委员会发表的关于跨区少数民族的报告中，公然宣称："华人是美国社会与道德的一大祸害——他们是社会颜面上的疥癣，是国家肌体上的脓疮——一句话，令人厌恶。"

在他们的渲染下，美国人对华人的称呼也开始负面化。华人脑后的辫子，被称为"猪尾巴"。华人被称为"苦力（Coolies）""中国佬（John Chinaman）（Chink）""异教徒（Heathen）"。

在这种恶劣的舆论环境下，华人被害的事情越来越多。1862年4月，加利福尼亚州立法会收到一份报告，报告中称："本委员会收到一张名单，上面列有88个中国人的姓名。这些人据悉都是被白人杀害的。其中有11个人是被征收淘金执照税的官吏所杀。所有的杀人凶手，除去死人以外，都被法院讯明有罪，并判处绞刑。可是全部罪犯都被放走了，他们全都摆脱法律制裁，没有一个人当真受到处罚。"

矿区的税官欺负华工是家常便饭。他们常常携带刀棍或枪支，在各处华工的矿区四处游荡，强迫华工缴纳高额的税费。华工稍有不从，便会招来一顿殴打。猖狂之时，税官甚至可以将华工绑到树上用鞭子抽打，或是将一群华工用绳子绑到一起，像奴隶一样驱赶。

加州的很多媒体喜欢报道华人的负面新闻，但主题基本只有一个，那就是"中国佬必须滚出去"。媒体这样形容华人："半人半魔，吃老鼠，衣着破烂，不懂法律，吸鸦片，廉价劳工，吮吸内脏……"这里的所谓"吮吸内脏"，特指华人的饮食方式，如喜欢吃各种动物的内脏。尤其是在吃动物的脊椎骨时，连骨髓都要吸干净。

一些反华团体还列出了华人的13条"罪名"，除肮脏、吃老鼠和狗、吸鸦片、有麻风病等传染病、不带妻儿到美国、不缴纳赋税、不愿意成为美国公民、赚钱就寄回国外，连"脸上毫无表情"也成了一项罪名。正所谓欲加之罪，何患无辞。反华团体的嚣张连生活在中国的美国人都看不惯了，爱瑟·包德文夫人直斥反华团体的理由荒谬，并逐一进行反驳。

1871年10月，在旧金山唐人街一条别名为"黑人巷"的街道上，两个华人帮派因为经济问题发生纠纷，双方大打出手，在街头爆发枪战。不巧，一个白人被流弹击中致死。此举，正好给白人排华制造了借口。

上千名白人得知消息后，愤怒异常，携带刀枪绳索，迅速扑向唐人街。华人根本没有防备，白人遇到华人就砍，来不及逃走的华人直接被砍死。一些伤势较重的华人最终也不治而亡。在白人的疯狂攻击下，华人死伤惨重，多达二十余名华人在此次冲突中被杀害。当地法院审理了此案，结局让人大跌眼镜，只有8名白人被判谋杀罪。

1873年，美国爆发全国大规模经济危机，百业萧条，失业率居高不下。经济危机之下，有工作的美国人也有很多不满，他们举行各种罢工，希望借此机会让政府与企业重视劳工权益。企业主趁他们罢工之际，将吃苦耐劳且工资要求低的华人迅速招聘进来，顶替了罢工美国人的岗位。这让美国工人大为恼火，对华人极度不满。

几乎与此同时，美国种族主义抬头，尤其是南部各州，开始倡导"白人至上"。白人至上，自然要限制华人、黑人等其他民族。勤劳而隐忍华人再次成为被打压的对象。

影响最大的《纽约时报》也不甘寂寞，在70年代中期，连篇累牍地发表歧视华人的文章。

民间的躁动自然会传导给政府。在愈演愈烈的排华舆论下，1876年，加州政府先后发表了两份声明，对美国人的排华情绪火上浇油。

声明中如此强调：

华人是奴隶，他们所要求的佣工条件是如此恶劣，根本就不是自由美国人的公平竞争者。他们与我们的劳工利益发生冲突，导致我们的劳工贬值。

华人十几个人群居在狭窄的地下窝里，生活成本很低。

他们不肯把妻子儿女带到美国，永远是不肯同化、不可同化的外国人。

只要他们人数达到一定数量，就会形成自己的秘密机制，蔑视我们的法律，而保持中国的风俗习惯。

他们会将白人从这个州赶走，贬抑我们劳工的价值，会使妇女堕落成妓女，青少年堕落成流浪汉和罪犯。

华人不诚实，没有道德修养，崇拜死人，而不信基督。

华人是异族的、卑贱的、堕落的、没受教育的劳工阶级，不想成为加州的公民，对他们的住地也毫无兴趣，是我们社会中的危险因素。

为了加州的健康、富裕、繁荣和幸福，需要把他们从这里赶出去。

同一年，一位具有爱尔兰血统，名叫丹尼斯·吉尼的水手组建了"工人党"。此工人党成员多由失业的白人和地痞流氓组成，反华是他们的主要目的。1877年7月，针对旧金山唐人街的袭击便是这伙人所为。

加州工人党问世后，美国西部地区也陆续出现了几个反华团体，如著名的"工人骑士"，即后来的"美国劳联"。反华团体组织强大，彼此呼应，将美国的排华情绪再次推向新的高峰。

1882年5月6日，美国国会通过了《关于执行有关华人条约诸规定的法律》，即著名的排华法案，这是美国历史上第一个限制外来移民进入美国的法案。美国的排华开始进入最高层面。

1885年9月2日，在怀俄明州的煤矿小镇岩泉城，一场疯狂的大屠杀再次爆发。仇恨的诱因很简单，矿区的白人要通过集体罢工的形式争取劳工权益，逼迫厂方提高工资。但华工认为，企业主对华工不错，且待遇也与白人相同，不愿再要挟厂方。此举最终惹怒了白人。白人就此认为，华人已经无权在此居住和生活。

当天上午，150余名以劳工骑士团成员为主的白人，手持温切斯特连发步枪等各种武器，气势汹汹地冲向华人聚集区。华人发现苗头不对，赶紧躲避。疯狂的白人一边叫嚣，一边对华人进行射击。逃跑的华人终究跑不过子弹的速度，不断中弹倒地。部分勇敢的华人拿起武器自卫，但还是寡不敌众。一些华人被白人抓住后被用枪托殴打，昏迷后甚至被扔进火堆。射杀华人后，白人对华人的房屋进行打砸、烧毁。

华人居住区内，火光冲天，一片混乱。一边是白人的喊杀声、狂笑声、枪击声，一边是华人的惨叫声、哀号声和房屋倒塌声。

恐怖的枪声一直持续到傍晚，华人居住区已经成为一片废墟，只有升腾的浓烟在诉说着暴徒的罪行。

此次屠杀造成28名华人丧生，重伤15人，更多幸存的华人被迫躲进了山里，持续多日不敢下山。事后统计，共造成华人财产损失15万美元。

一名华人事后回忆道："那时，每到星期六的晚上，我们总是提心吊胆，不知能否活到明天。"原来，每周六晚上是白人狂饮的时刻，烂醉的白人经常借助酒意冲进华人居住区进行抢劫、打砸。

惨案发生后，当地政府抓捕了18名作恶的白人，但法官却认为无法判刑。一名法官竟然如此辩解：“有一些华人确系被枪打死，但我们不知道被打死的原因；也有一些人确系被火烧死，但已经面目全非，我们不知道这些人到底是不是华人。现在，没有任何人能证明哪个白人有犯罪行为，所以我们也无法判断哪一个人犯有罪行。”

更为奇怪的是，没有人出庭在大陪审团面前指证。当地法院以此为借口，将嫌疑人员全部释放。在当地人的欢呼声中，18名犯罪嫌疑人全部被释放回家。

法院的荒唐之举让华人极度愤慨。美国东西部地区却出现了意见分裂，东部地区的媒体及相关政府人士严厉谴责此次审理。西部广大地区却普遍支持法院的行为。

面对华人的悲惨遭遇与强烈呼声，中国官方已经坐不住了。中国驻美公使郑藻如立即派人前往岩泉调查。

调查人员发现，被杀的华人尸体大都肢体不全，或面目全非，难以辨认，实在是惨不忍睹，最终只发现了5具全尸。

调查结束后，郑藻如立即向美国国务院提出照会，要求严惩凶手并赔偿华人损失。此照会指出：“华人于光天化日之下，无故遭受屠戮和劫掠，而地方当局却对此置若罔闻。怀俄明乃至美国属地，不同于州，地方官直接受美国联邦政府的管辖，所以美国政府不能再像过去那样推诿责任了。”

照会中还提到，依照先例，根据中美条约及道义的原则，美国政府必须做出赔偿。据说此次照会措辞十分强硬，是中国政府对外交涉中最强硬的一次。

但美国政府似乎没有把此案当回事，对郑藻如的照会置之不理。直到两个半月后，美国政府终于给出了答复。

“美国政府一贯遵守条约义务，但条约中并没有个人之间破坏法律、引起损失而要求政府赔偿的规定。个人如果要求赔偿损失，可以去法院控诉，美国政府对本国公民破坏法律的行为，从来不负赔偿的责任。”

不过，美国政府还是同意按人道主义原则，向被害的华人发放抚恤金14.7万美元。美国政府强调说：“这次抚恤仅仅是对这些可怜人慷慨施舍而已，以后决不可视之为先例。”

美国政府的行为无形中纵容了反华分子，西部各地陆续出现暴力驱赶华人事件。

同是1885年，爱达荷州的一名白人商人不知如何被杀，5名华人被认定为凶手，未经审判便被活活吊死。

1885年11月3日，达科马市的华人居住区被反华分子烧毁，华人被驱逐到山林中。

1886年2月7日，西雅图反华分子冲进华人居住区，将全部华人赶至港口。160余名华人只好乘船离开，逃向旧金山。部分华人不愿意离开，在潜回居住区时，又遭反华分子袭击。最终，军队开枪镇压，反华分子才停止攻击。

1887年4月，俄勒冈州罗士顿金矿的10余名华人矿主被杀，尸体被扔进河里。

华人被杀的惨案越来越多，仅据第三任驻美公使张荫桓统计，在1885年至1886年的两年间，在各地的反华冲突中，共有50名华人丧生，财产损失达2500万美元。

自从中国驻美国领事馆介入后，美国的华人才感受到祖国的温暖。他们发现，中国虽然并不强大，但也开始关注海外华人的命运。这与早期清政府对待华人的态度截然相反。

鸦片战争前，漫长的中国海岸线犹如一道封锁线，国民很难出洋活动。对于私自偷渡出去的国民，则被当作"乱民"。《大清律例》曾规定："一切官吏及军民人等，有如私自出洋经商，或移至外洋海岛者，应照交通反叛律，处斩立决。"但严苛的法律也难挡人们谋生的渴望。

1858年，在中美进行《天津条约》谈判时，美国驻华使节杜普提醒中国政府，要向美国派驻使节，保护自己的侨民。他在与直隶总督谭廷襄的一次会面中，也谈到了这个问题。

杜普说："中国应派领事赴美，以便照料中国移民。"

谭廷襄则轻轻摇了摇头，说："我国没有这个习惯，向来不会派遣使节到国外。"

杜普紧接着又说："但贵国人民在太平洋沿岸的人数非常多，不下数万。"

谭廷襄提高了声调，他说："我国的大皇帝，抚育万万国民，没时间顾忌那些在国外漂泊的浪民。"

看着眼前这位总督大人一副满不在乎的样子，杜普很是惊愕。他又说道："很多华人在美国开金矿，非常富有，值得保护啊。"

谭廷襄冷蔑地一笑道："富有？我国大皇帝富有四海，财富数不胜数，区区浪民的几个小钱不值挂念。"

十年后，清政府的态度依然没有转变。1868年，蒲安臣率中国使团访问美国。

作为随团翻译，张德彝对华人的态度非常恶劣。

在旧金山，张德彝遇到一个来到美国已经七年，且信仰了基督教的华人。张德彝对此人违反清朝法制的行为非常不满，对其严厉训斥道："你已经剪了辫子，怎么有脸回到中国去呢？你已经改穿美国服装了，我们不再把你看成中国人。你信基督教吗？你已经忘记了自己的传统。在你死后，还有脸去见你的祖宗吗？"

被张德彝一番训斥后，华人顿时没了底气，脸红到耳根，尴尬万分。

清政府对待美国华人冷淡，在美国的华人社团对美国化的华人也非常歧视。社团的章程中普遍规定，禁止接纳改穿美国服装的华人，并拒绝为这样的华人提供保护服务。

随着美国反华、排华浪潮的加剧，华人处境艰难，华人社团也倍感力不从心。1876年4月29日，一位在美的中国官员匿名在华人报纸《东涯新录》中发表文章，建议华人向清政府递交请愿书，要求在旧金山设立代表处，以保护华人。

1876年，中国向英国派出了历史上第一个驻外使节郭嵩焘。由此，清政府对中外交往开始主动作为，对海外华人的保护意识也逐渐萌芽。

在美国华人的不断呼吁中，1878年，清政府在旧金山设立领事馆。同一年，清政府任命曾经的"留美幼童"留学监督陈兰彬为第一任驻美公使。1883年，又在纽约成立了领事馆。保护华人，成为领事馆的重要工作内容。

在清政府重视华人权益的同时，也正是美国从民间到政府强烈排华的高潮时期。一边排斥，一边抗争，华人在巨大的博弈中顽强生存，拼命挣扎。

二、排华法案的**悍**然出台

反华分子之所以越来越猖狂，与政府的法令有直接的关系。政府制定法令又会受到民意的左右，二者相互影响。不知不觉中，对待华人的态度逐渐趋向激烈，在这个渐进的过程中，华人也在用各种方式进行抗争。华人的抗争史，就是美国的排华史。

19世纪60年代，排华事件在加州逐渐扩大。从采矿业延伸至制造业、服务业，包括卷烟、制鞋、洗衣等行业。由于华人被称为"苦力"，旧金山各区相继成立"反对苦力俱乐部"，抵制或暴力攻击华人。

1862年1月15日，马萨诸塞州众议员阿力奥特提出一份议案，禁止美国船只参与运输中国劳工到其他各国，理由是：中国苦力等于奴隶。

白人除了厌恶华人的生活习惯外，对华人的竞争也产生了反感。如华人在白人商店学习后，就会跳槽，另立门户，直接与白人展开竞争。当美国工会在努力争取八小时工作制的时候，华人却能任劳任怨，无休止地工作。

在白人看来，华人是破坏者，不是建设者，"华人威胁论"由此而产生。

1867年，适逢加州大选，共和党与民主党展开激烈竞争，两党纷纷使出浑身解数，以证明自己是排华先锋。技高一筹的民主党大肆鼓吹"华人威胁论"，赢得选民高票支持，从而获得选举胜利。

当加州排华情绪高涨之时，中国派出的蒲安臣使团抵达美国。排华，首先要阻止华人入籍。在双方签署《蒲安臣条约》时，美国人硬是塞进了一条涉及华人利益，却模棱两可的条款。

双方议定条约后，条约被送到美国参议院等待批准。参议院外交委员会或许认为，条约对中国更有利，便增加了第十四条："本条约里的条款，不能被理解为给中国在美国的侨民，或是美国在中国的侨民，提供入籍的权利。"

此条款一出，各界都认为，美国拒绝了华人入籍。实际上，该条款正是在加州参议员的威胁下加进去的。如此模糊化处理，也为美国政府提供了更多的周旋余地。

一位曾参与讨论的议员事后回忆，加州的参议员在审议《蒲安臣条约》时，普遍担心的是，条约可能会给华人造成准许入籍的暗示。加州参议员强烈建议，将禁止华人入籍写入条约中。

无奈之下，共和党领袖、外交委员会主席查尔斯·萨姆纳（Charles Sumner）进行了妥协。一向注重平权的他，采取了模糊化处理方式，条约中没有明确禁止华人入籍。

加州的议员非常高兴，他们想当然地认为，此条约已经拒绝了华人入籍。众议员阿隆·撒根特当即宣称道："这个条约的精神就是，美国政府表示不欢迎华人在美国入籍。因此政府对中国人说，你们不能指望入籍。"

1872年，萨姆纳递交了一项旨在允许华人入籍的提案。加州议员以违反《蒲安臣条约》为由，表示反对。萨姆纳却辩解说，那个条约的第十四款并没有说华人没有资格入籍，而且华人也可用其他理由申请入籍。更没有说美国不可以修改归化法，以让华人入籍。

加州议员顿感自己被当猴耍了，对萨姆纳咬牙切齿。

不过，加州议员并不管这些，自己的地盘自己做主。在加州，他们仍以《蒲安臣条约》为根据，对华人进行各种排斥、挤兑。

部分反华分子转换思路，提出了一个让人匪夷所思的角度，即禁止华人入籍其实是在保护华人。他们的逻辑是，一旦华人入籍，还要等两年才能成为选民。在这期间，华人将处于危险与孤立无援的地步。白人会攻击入籍的华人，而没有入籍的华人也无法为入籍的华人提供帮助。

萨姆纳听到这奇葩的言论都笑了，他讽刺这些反华分子毫无逻辑。

华人赴美国西部淘金，引发了白人与华人的矛盾。白人对华人各种看不惯，横加指责，直至对华人动用暴力。为了偏袒白人，1854年，加利福尼亚法院在处理一起白人攻击华人的案件时，竟然不允许华人对不利于白人的事件作证。华人遭到谋杀，目击者也同样不准出庭作证。这基本是美国最早的出自官方法律层面的排华手段。

如此荒谬的决定，让华人无冤可诉。1863年，该决定被堂而皇之地写进法令条例，并适用于民事和刑事案件。法律规定："所有印第安人，或者是有一半以上印第安血统的人，或者蒙古人，或者华人，都不能被允许提供对白人不利的证词。"华人不行，而被认为地位最低的黑人却被允许可以出庭作证。

加州参议员康尼斯后来不得不承认："华人被抢劫，但嫌犯却得不到惩罚，因为如果现场没有其他白人，没有人可以作出对嫌犯的不利证词。华人被抢劫、被殴打、被谋杀，但是不管在现场他们有多少人目睹事件的过程，结果也不可能惩罚白人，因为他们没有作证的权利。"

或许捉弄华人就是白人的一种快乐。1873年，加州旧金山市议会颁布了两个市政法规。第一个法规是"猪尾巴规定"，华人的辫子被当地人笑称为"猪尾巴"，法规规定，旧金山的华人必须剪掉辫子。华人闻讯后为之愕然，因为剪掉辫子就意味着违反了清朝祖制，是对国家的一种背叛，回国要被杀头的。

幸好美国的制度有制衡，旧金山市长阿福德否决了这个法规。他如此解释说："这是个施加于华人的特别而且非常侮辱性的惩罚，而原因就是他们犯了小错或仅仅因为他们的外国国籍和种族的关系。"

第二个法规更匪夷所思，要求华人洗衣店主若使用机器而不是马匹作为动力，则需要缴纳15美元的执照费。

从事洗衣业的华人比较多，洗衣店洗衣服大多是简单的器械加人力进行洗衣，使用马匹则非常罕见。此条法规明显是故意刁难华人。滑稽的是，该条法规最终获得了通过和批准，并正式开始实行。

华人洗衣店主非常紧张，他们集体咨询律师，请教相关应对之策。律师告诉华人，以不变应万变，对这种无理的法规不要理睬。华人按此照办，果然没有什么事。

风平浪静一年后，旧金山市政府突然展开抓捕，将11名华人洗衣店主逮了起来，并勒令洗衣店停业。华人各大会馆只好出面，在交了高额的保释金后，华人被释放。华人不甘心如此受辱，各大会馆集体用高价聘请前州长亨利·海德为华人做辩护。庆幸的是，司法独立救了华人。法院认为，相关法规违反宪法，华人根本无罪。最终，保释金也被退回给各大会馆。

19世纪70年代中后期，加州逐渐兴起一股将华人赶出劳动力市场的热潮，并由加州扩展到全美国。尤其是1873年的美国经济危机导致加州的失业率高达20%，排斥华人就成了顺理成章的事。

除了美国国内各种限制华人措施外，如何限制华人进入美国又成为热点。限制华人进入美国，则被认为是从根本上解决华人威胁的手段。

1869年12月6日，美国总统格兰特发表国情咨文演说，提请国会采取必要措施，限制华人苦力和华人妓女进入美国。这是历史上美国总统第一次提出限制华人进入美国。

华人最多的加州自然对这个总统提议最感兴趣。12月22日，加州参议员威廉斯抛出代号为279号的议案——《限制华人移民进入美国》。尽管受到了诸多批评，这个提案还是进入了参议院司法委员会。

众议院方面也提出了相关议案。加州众议员詹姆斯·约翰逊提出代号为102号议案——《阻止华人移民，各州有权保护并免受威胁》。约翰逊认为，华人的威胁已经迫在眉睫，应当尽快进行遏制。

受两位议员的影响，其他议员也陆续提出各种限制华人进入美国的议案。有人甚至认为，华人对美国安全已经造成了威胁，建议最好将华人全面驱逐。

美国国会还是比较冷静，没有采纳他们的意见，众多议案都没有通过审查，更没有辩论的必要。

作为平权主义者，曾在《蒲安臣条约》中做模糊处理的萨姆纳主张各色人种皆平等，不应歧视华人。萨姆纳甚至提出："所有对任何人实行种族歧视的联邦和州的法律、法令、规定和政策，在此被废除和宣布无效。"

经过反华议员的轮番阻击，萨姆纳的议案最终没有完全通过。1872年，萨姆纳去世，华人失去了一位能为自己发声的美国人。

1874年，格兰特在国会演讲中公然将华人称为祸害。他说："如果这些祸害能够通过立法来压制，那么我将很乐意并有责任来执行这一决策，使其达到所期望的目的。"

总统的不断呼吁或许真正受到了重视。1875年，移民法案获得国会通过。这项法案的其中一个条款涉及华人，禁止东方人以契约的方式进入美国。但规避了"华人"字眼，而是以"东方人"代替。

1876年4月，加州参议院召开公众听证会，专门讨论华人的问题。听证会上，有人声称，在美国的华人是中国人口中的渣滓。他们指控，华人喜欢做伪证，华人男性不是罪犯，就是契约奴工。华人的本质决定了他们就是"奴隶"。

当大多数人都在指控华人时，部分美国人还是站在了华人一边。建造铁路的资本家查尔斯·克罗克因为曾大量雇佣华人而受益，他在一次排华法案的听证会上为华人辩护，讲述了华人的众多优点。但这样的声音非常微弱，经常被反华分子的鼓噪所淹没。

自1878年始，美国国会和各州政府开始堵截华人进入美国。1879年2月，国会通过了众议院2423号法案，禁止任何载有超过15名华人的船只进入美国。美国总统拉瑟福特·伯查德·海斯认为，违反中美之间的条约，将法案及时否决。

条约，又是条约，反华分子企图修改《蒲安臣条约》。1880年，美国派出安吉立使团访问中国，并签订了《续修条约》，又称《安吉立条约》。条约规定："美国政府可以规定、限制或暂停（华人）劳工进入或居住在美国，但是不可以绝对地禁止。现在已经在美国的华人劳工应该被允许自由地进出美国。"另外，条约还规定，对在美国的华工应尽力保护，后续进入美国的华人应"定人数、年数之限"。

1879年，俄勒冈州、加利福尼亚州相继通过新宪法，进一步限制华人权利。俄勒冈州宪法规定，进入该州的华人不再拥有房地产和矿产权，也不能在矿区内工作。加州的宪法更为严厉，堪称排华宪法。法律规定，华人不仅不能拥有和继承土地、行使公民权利，还剥夺了华人的工作机会，任何公司、工程都不能雇佣华人。

加州成为华人最伤心之地，无数华人为此落泪。曾经为淘金、修筑铁路贡献了青春的华人不得不离开加州。

加州政府还宣布，自1881年起，将每年的3月6日作为假日，以大规模的游行方式来支持排华法案的制定。加州政府为排华法案推行再添了一把火。

1882年3月，共和党参议员约翰·米勒（John F. Miller）向国会正式提交了排华法案。美国国会为此展开激烈辩论。

双方的理由还是老样子。支持排华的认为华人属劣等民族，威胁了美国工人的饭碗。反对排华的则主张不能违背中美之间的条约，且有违美国自由、民主的立国原则。

在辩论中，众议员泰勒驳斥加州众议员派吉时说道："如果任何条约和任何法律绝对不允许这些人成为归化的公民，你就绝不应该攻击这些人，说他们不想成为公民。他们不愿意同化？从他们一开始向美国移民算起，他们已经在这个国家三十年了。他们得到过同化的邀请吗？他们在加州得到的待遇又怎么可能让他们同化。在这三十年的时间里，他们的头上一直有道禁令，一方面他们要在被强加于他们的各种恶意限制和敌意造成的不利条件下苦苦求生，另一方面他们竟然还被指责说不想同化。"

可惜，这样的辩论，华人无法听到，更不可能参与。他们在异国的命运只能等待美国人来安排。

结果不出意外，支持排华的占了上风。

5月6日，美国国会正式通过了历史上第一个限禁外来移民的法案——《关于执行有关华人条约诸规定的法律》，即人们通常所说的美国排华法案。

当美国总统切斯特·艾伦·阿瑟（Chester Alan Arthur）在法案上签下自己的名字的时候，五千万的美国人不知道，一个移民国家已经开始排外。十三万华人更不清楚，等待他们的将是什么命运。

该排华法案在第12~14条中规定：任何企图通过船只进入美国的中国人，都要向海关移民官出示此法案之前列出的证明文件，否则将不准进入美国。任何在美国境内的中国人如被发现身份非法者，经美国法院裁决确为非法入境后，将经由总统签署命令驱逐回中国。

此法案并不适用于任何中国政府的外交以及其他官员的以政府公务为由的入境请求。此类官员将被认可为持有本法案列出的证明文件。另外，本法案亦不适用于此类中国官员随从的私人以及家庭侍佣。

自此法案生效日期起，任何州法院或联邦法院不得给予中国人美国公民身份。若有法律与此法案相悖者，以此法案为准。

这个法案将"中国劳工"做出了定义，即一切熟练或非熟练的中国工人，以及一切被矿主雇用的中国人。或许感觉还没有表达完善，1884年，美国国会再次通过补充法案，法案认定，不管华人来自世界任何地方，都属于中国人。小商贩、洗衣者、渔民等都算中国劳工。

排华法案的效力极其明显，自1882年起，华人进入美国数量暴跌。美国不再是华人想去就去的国家。据《旧金山记事报》统计，1882年前，平均每月有1500名华人从旧金山入境。1883年，每月入境人数下降至66人。

美国国外的中国人进不来，美国国内的中国人被驱赶、攻击，各地时常上演排华暴行。华人在美国开始进入黑色时期。

几年后，法令再升级。1888年10月1日，《斯科特法案》（*The Scott Act*）通过，该法案规定，华工出境后不得返回美国。此法案一出，让正在中国探亲的2万余名华人处于尴尬境地，更尴尬的则是600余名正在返回美国途中的华人。

中国驻美公使张荫桓为此提出强烈抗议，抗议《斯科特法案》越出外交惯例，违反中美条约。但美国政府非常傲慢，没有任何回应。

《斯科特法案》通过时，一个名叫蔡灿平的华工正在返回美国的途中。1875年，他来到美国，直到1887年才第一次回中国探亲。

轮船行驶在返回美国的大洋上，望着翻卷的海浪，蔡灿平的心情也在起伏。他已经在美国打拼了12年，有了一定的事业基础，未来的美好生活似乎触手可及。

10月6日，蔡灿平抵达旧金山。谁知，当他入境时，海关官员告诉他，根据《斯科特法案》，他的证件已经失效，无法再进入美国。蔡灿平遭遇了当头一棒，他不甘心，立即向当地法院申请人身保护令。

华人会馆得知蔡灿平的难处后，筹集了10万美元，聘请律师，大力支持蔡灿平控告《斯科特法案》违宪。但加州素以排华最为严重著称，10月15日，北加州巡回法庭认为，华人劳工的回美证并不是华人同美国政府之间的合约。这些证件只能用来证明持有人享有中美两国条约和有关的法案提供的某些特权。

这个判决遭到了《纽约时报》的批评，但蔡灿平还是败诉了。他不服，继续上诉到美国最高法院，美国最高法院认为，每一个主权独立的国家都可以排斥或驱逐外国侨民。华人自然也可以随时被驱逐。至于证件的问题，政府随时可以将其废除。

当蔡灿平拿到判决书时，精壮的汉子痛哭流涕。在美国奋斗多年的成就，如今全部付诸东流。

不过也有华人假冒顶替的现象。在1882年时，华人返回中国，需要向海关申请回美证。证件上包含有姓名、身高、年龄、职业、住址、肤色、眼睛的颜色、身体的外部特征和记记等信息。有的华人就想办法钻空子。

1888年的一天，一艘"北京"号轮船驶入旧金山港。一名叫魏易的中国人接受海关检查。回美证显示，此人姓名"魏易"，年龄33岁，1.62米，眼睛下方有一处小的疤痕。海关官员检查发现，疤痕、身高都没有问题，只是年龄可能有40岁。

其他海关官员敏锐地发现，在丈量身高时，该人并不老实。再次测量时，魏易故意将两腿分开，并向两侧弯曲。当海关官员低头让他并拢双腿时，他又缩起了脖子，驼起了背。海关官员抬头，让他站直时，他的两腿又开始弯曲。

无奈，海关官员叫来三名工作人员过来帮忙，有人抱住魏易的腿，抵住他的腰，还有人拽住他的头。最后测量发现，比证件上的身高高了3英寸。据此认定，此人为假冒，将其遣返回中国。

针对华人做假、欺诈的问题，美国财政部长向国会提议，要求废除回美证。对于回国的华人，财政部部长声称只有600余人，实际上瞒报了数据。美国果然废除了回美证。这一粗暴的决定，导致有2万余名返回中国探亲的华人无法再回到美国，这些人的家业全部被毁。

1892年，美国国会再次通过《加利法案》（*The Geary Act*），且将排华法案期效延长了10年，对待华人更加严厉。法案要求，严格禁止华人入境美国。居住在美国的华人也要重新登记，不仅要重新登记，领取证明书，并贴上照片，还要缴费3元。

此项规定再次激怒了华人。华人会馆号召华人不要登记，同时再次集体筹资20万美元，聘请律师打官司。但美国最高法院认定，此项规定符合宪法，判定华人会馆败诉。

1895年，后来的中华民国北洋政府总理颜惠庆赴美国留学，在入境美国时也遭遇了刁难。他事后回忆道："我的留学护照，系上海道署所出的一纸中文公函，申述我系赴美留学而已。公函用笺的边上，仅由美国驻沪总领事用墨水笔签字证明，加盖官章。纽约海关人员验着该项文件时，口称不识中文，认为一切无效。并说按照移民法，华工入境，须具备第八款所规定之证书。"

正在颜惠庆着急之际，来接船的人赶到，立即指出颜惠庆是学生，并非华工，且美国总领事的签证也符合手续。海关官员有些难堪，最终还是放行了颜惠庆。

最让华人难以忍受的是，《加利法案》规定，如果华人在美国被怀疑非法居留而被逮捕，华人须提供合法居留证明，否则将被视为非法移民，可判处一年监禁，然后遣返回中国。凡是非法移民，《加利法案》授予美国执法官员可以任意逮捕的权力。

华人愤愤不平的是，在美国的其他移民都没有这种待遇，为何偏偏针对华人。

在华人看来，一旦登记，很可能会被移民局官员按图索骥找上门，未来骚扰会持续不断。

华人开始了提心吊胆的日子，但这样的日子似乎没有尽头。1902年，美国国会再次将所有排华法案有效期延长10年。1904年，美国国会抛出决议，排华法案永远有效。排华法案成为美国反华分子肆无忌惮迫害华人的机器。

部分执法官员也不得不承认，排华法案确实非常过分。1904年，移民总局局长坦承，历史上还没有哪部美国法律像排华法案这样不得人心。这位局长甚至听到有人指责，排华法案就是中世纪野蛮主义的残余。

曾任纽约地区副检察官的麦克斯·库勒在《纽约时报》发表文章，强烈批评移民总局是"历史上从来没有先例的恐怖机器"，同时列举了执法官员的种种罪行。

在库勒看来，执法官员大搞突然袭击，无理地搜查华人和没收财产，且迫害性地颠倒取证，是违反美国司法原则的。

大规模抓捕华人成为当时一种运动式执法。1902年10月11日的深夜，波士顿唐人街已经灯冷人稀，忙碌了一天的华人正在梦乡中。伴随一阵骚动，大批移民警察突然闯入唐人街。

唐人街的夜晚不再宁静，充斥着猛烈的砸门声和粗暴的呵斥声。200余名华人被抓捕，统统被关押到一处阴暗潮湿的房子内。几十个人被塞进一个房间，被关押了3天。经过媒体报道后，社会上不断传来强烈的批评声，移民局不堪压力，最终将华人无罪释放。

与颜惠庆有同样遭遇的还有黄金德。

黄金德是在美国出生的"华二代"，1873年生于旧金山，父母都是华人移民。1890年，他曾返回中国探亲。当年就回到了美国，作为土生的美国公民，黄金德入境时没有遇到任何阻碍。

1894年，黄金德再次回中国，这次在中国待的时间较长。1895年8月，当他返回美国时，情况却大为不同。海关稽查官认为他不是美国公民，且没有回美证，拒绝其入境。黄金德一下子蒙圈了。

冷静下来后，黄金德立即向联邦地区法院申请人身保护令，这是很多华人被拒绝入境后采取的普遍方法，因为通过法院可能还有机会。

法院在了解了黄金德的详细情况后，认定黄金德属于土生的美国人，属于美国公民，应准许入境。但移民局的官员却不理睬法院，他们认为，黄金德的父母并不是美国公民，黄金德本人的语言、服装、肤色、种族也都是明显的中国人特征，因此拒绝其入境。

黄金德气愤地上诉到美国最高法院。最终，美国最高法院认定，根据美国宪法第十四修正案，黄金德的父母虽然不是美国公民，但作为在美国土生的华人，黄金德就是美国公民。也就是说，其他一系列的排华法案对黄金德都没有作用。

最终，黄金德成功入境，终于和父母团聚。经此波折后，黄金德百感交集，深感华人在美国处境艰难，生存不易。

黄金德的案件对华人影响非常大，很多土生的华人看到了入籍美国的希望，部分无法返回美国的土生华人采取从加拿大偷渡入境的方法进入美国，在面对海关官员询问的时候，只说姓名，并称自己是美国土生的公民，其他问题一概拒绝回答，采取沉默的态度。

根据美国法律，如果是美国公民，移民官员没有权力调查审讯，因为这是法院的权力范围。

移民总局的档案显示，1903年9月23日，在纽约州马隆镇华人审查站，一个叫周满的华人接受了审查。

　　审查员：你叫什么名字？

　　周满：我叫周满。

　　审查员：你多大了？

　　周满：（沉默）

　　审查员：你想申请进入美国吗？

　　周满：是的，生在美国。

　　审查员：你为什么要来美国？

　　周满：（沉默）

　　审查员：你要到美国什么地方去？

　　周满：（沉默）

　　审查员：在美国的哪个城市你会找到工作？

周满：（沉默）

……

除了姓名，和声称自己生在美国以外，其他问题全部装聋作哑。因为这些华人都清楚，一旦回答，移民官员就会在他们的回答中反复寻找漏洞，甚至安排政府的证人来反证。有些华人通过这种方法成功入籍美国。

移民总局局长抱怨道："联邦地方法院经常在决定中把黄金德的判罚作为广泛的解释，使所有能够证明他们是出生在美国的华人都被承认为公民，而不顾他们后来住在什么地方。让人遗憾的是，华人因此能够进入美国，更严重的是，他们因此得到美国国籍。"

1903年，一个叫邢塔（Sing Tuck）的生于美国本土的华人同样装聋作哑，被移民总局怀疑有假。移民总局将类似的31起华人案件全部上诉到美国最高法院。移民总局对最高法院早已心怀不满，借机想让他们看看华人的真面目。

这次美国最高法院也尴尬了，他们只好说，这些华人没有向移民官员提供合理的证据，因此没有资格获得人身保护权，也没有资格向法院上诉。

最终，这些华人被立即遣返回中国。受此案影响，马隆镇审查站里被关押的200余名华人几乎全部被遣返。

1906年，旧金山发生大地震，地震引发的火灾将移民局的档案全部烧毁。很多华人因此得福，成功入籍美国。

三、华人王清福的不屈**抗**争

排华法案的出台与排华暴行的不断上演，时刻刺激着在美的华人。

1884年7月30日晚，纽约华灯初上。璀璨的灯火是都市的繁华，却无法温暖到华人的心里。喧闹的大街上，多名华人低头匆匆而过，他们直奔贝尔街32号。

这里坐落着一幢砖红色的简易小楼，在二楼不大的房间内，陆续挤满了60余名华人，还有几名白人。大家彼此寒暄着，询问着最近的安全情况。显然，他们近期很少见面。

与中国国内的秘密聚会不同，在美国这里则不用担心政府查封。窗帘不用拉，灯光照样全开。

60余名华人中，有50余名为入籍的华人，余下的皆是未入籍者。那几名白人则是专门邀请来的报社记者。

这次活动的发起人名叫王清福（Wong Ching Foo）。他年近不惑，中等身材，身着黑色短衫、长裤，头戴瓜皮小帽。王清福表情坚毅，从容地走到大家中间。

"今天，有幸邀请大家聚到一起非常不容易。今年正好是美国总统的选举年，我们华人选民是应该有所动作了。为了维护华人选民的尊严，为全体华人争取权利，我们必须要成立一个华人参政联盟。"王清福高高举起了右臂，并握紧了拳头。

大家集体鼓掌，会议气氛开始活跃起来。

王清福清了清嗓子，说道："这是我们美国华人第一次参与美国政治，未免会有很多不足，但我们迈出了历史性的一步。近年，排华浪潮席卷整个美国，我们不应坐以待毙，要勇敢地进行反击!"说到这里，王清福用力拍了一下桌子。大家再次鼓掌。

"美国政治或许是一个汪洋大海，我们华人的努力也许只是一滴水，但是如果这种努力早一点开始，排华法案也许就不会如此嚣张。"王清福接着说道："你们要知道，那些现在统治你们的政治家都是十分胆小的人，而且会随风转舵。如果你不去投票，或不想投票，他们就会把你看成小爬虫。当你出现在投票箱前时，你就会被看成一个人，会被称兄道弟，会得到香烟、威士忌和啤酒。为什么我们不能像其他兄弟民族那样，在政治上打上我们的标记？为什么我们不能像英格兰、爱尔兰、德国和欧洲、亚洲和非洲来的其他移民一样，成为优秀和名副其实的公民？"王清福越讲越激动，脸已经被涨得微红。

"对！我们要投票！""我们要活出华人的尊严！"其他华人大声叫着。

一通慷慨激昂的演说过后，大家推选大会的领导者，经过举手表决，王清福被选为大会秘书，华人制烟协会的李工担任大会临时主席。

接下来，会议进入讨论环节。大家分成几个小组，围绕如何参政议政、维护华人权利等问题进行专项讨论。

王清福不时在各小组之间发言，两个多小时下来，他一口水都没有喝。

有现场记者问王清福，华人会投票给哪位候选人。王清福回到道："我们还在讨论中，我们对共和党人非常失望，因为正是在共和党人的政府下，我们被剥夺了成为美国公民的权利。这权利对所有其他民族都开放，而我们的同胞却在10年内不能再踏上这个自由和民主的国土。"

对于民主党，王清福也表达了不满，他说："民主党人像强盗和小偷一样掠夺美国国库。当他们掌权时，每一个公民都要武装到牙齿来保护我们的钱包。"

大会散后已至午夜，纽约孤灯点点，热闹的都市终于平静了下来。王清福独自一人离开，孤独的背影慢慢消失在黑夜中。

在美国的众多华人，多来自广东、福建等东南沿海地区，而王清福则是一个典型的北方汉子。他1847年（一说是1851年）生于山东即墨，本名为王彦平。1847年，也正是"中国留学生之父"容闳留学美国的时间。

王清福的家境比较富裕，自己也算个"富二代"，可谁知还没等长大就由"富二代"沦为了"穷二代"。王清福的父亲王方中生性懦弱，且终日沉迷玩乐，没有一点理家的本事。

一个小妾的意外自杀为王方中招来了祸端。村里王姓族人以小妾的死亡为由，借机生事，制造事端，污蔑王方中害死了小妾。一些不怀好意的族人趁机讹诈王方中，以告官相威胁，要求分割家产。王方中无奈，家财散尽，远走他乡。

王方中带着幼小的王清福远走蓬莱，一路以乞讨为生，非常可怜。

一位在蓬莱传教的美国女传教士看中了聪明懂事的王清福，便收他为学生，接受小学、中学教育。1868年，接受教会学校赞助，王清福到美国留学。先是在华盛顿的一所学校学习英文，然后进入宾夕法尼亚州的一所学校就读，主攻社会学专业。王清福给自己取了一个英文名Charles。

作为同时赴美的留学生，王清福比容闳晚了21年，有人也因此称王清福为近代中国留美的第二人。

勤奋好学、成绩优异的王清福很快在学校脱颖而出，1872年，王清福顺利毕业，学校特别为他进行了表彰。这一年，在容闳的推动下，第一批"留美幼童"开始到美国读书。

王清福同容闳一样，都有着远大的抱负。对比了美国和中国后，他们都想改变自己国家落后的面貌。王清福选择的道路是游走美国，考察美国的社会制度、社团构建等情况。经过数月的考察后，王清福从旧金山坐轮船回到中国。

经朋友介绍，回国后的王清福在镇江海关谋得翻译职位。他并不满足于只做一个职员，在工作之余经常参加各种民间社团活动，在各种场合宣传美国的制度和文化，抨击大清帝制的弊端，呼吁中国人要学习美国先进文明，进行全面的革新。与志同道合的朋友一起，王清福组建了多个进步的团体，以此号召并启蒙民众。

王清福的行为惹恼了清政府，其一手组建的团体被解散，部分成员被抓捕关押。王清福在官府的抓捕中及时逃脱，官府悬赏1500两银子，要取王清福的人头。他只好抛妻别子，亡命天涯。王清福逃跑时，他的儿子尚在襁褓中。

关于王清福的逃跑，有两种说法。一说是经日本逃往美国，在日本受到美国驻日本横滨总领事萨巴德的协助，乘坐轮船前往旧金山；一说是经香港逃往美国，在香港躲在一个英国人的教会里，因身份暴露被抓获，后设法逃脱后乘船赴美国。

1873年年末，王清福回到美国。此时的美国已经爆发经济危机，大量失业的白人迁怒于华人。报纸上充斥着各种侮辱华人的言论和漫画，王清福越看越气愤，发誓要为华人争取平权。

在中国已经无用武之地的他，决心为在美的华人做点事，或许也是一种曲线救国。

王清福最擅长的还是演讲，他频繁在波士顿、费城、纽约、芝加哥集会上发表演说，在激情四射中，他那带有胶东口音的英语逐渐让华人所熟知。

同时，王清福向美国各媒体撰稿，向美国人宣传中华文明，如《夏都冠》《大都会》《大西洋月刊》《哈伯周刊》等杂志都发表过他的文章。

王清福的目的只有一个，传播中国和华人文化，让美国人增强了解，以达到逐渐消除误会的目的。

王清福发现，美国人与华人最大的分歧在于宗教信仰。美国人普遍信仰基督教，相信上帝；而中国人则相信儒教，将孔子作为圣人。由于信仰不同，且中国人不愿意皈依基督教，美国人便称中国人为"异教徒"，甚至称为"未开化的人"。

从小受基督教熏陶的王清福，对基督教非常熟悉，但并不是很认同基督教的一些观点。作为知己知彼的王清福，常常将基督教和儒教比较，同时他还大量引用佛教理论进行对比。

王清福最反感的是，排斥异己的诅咒性基督教言论，如"不信基督教就会下地狱，不得超生"。这种理论在王清福看来无比荒谬，他不相信，信仰基督教却杀人越货的白人就会比善良的华人有好下场。

王清福在演讲中一直主张，基督教与中国的宗教的相同点要多于不同点。同样是要求保佑，美国人喜欢说"上帝保佑"，而中国人则喜欢说"菩萨保佑"。其实，这都是偶像崇拜的一部分，只是具体崇拜对象不同而已。

在王清福看来，美国人对华人的误解，更多缘于在中国的传教士的夸大宣传。一些在华的传教士为了骗取美国的经费，可能会在书中大肆渲染中国的愚昧和落后。这些书传到美国后，一些反华分子借此攻击华人。

四处演讲，处处为华人辩护的王清福自然也吸引了美国媒体的注意。

《哈伯周刊》形容他是"聪明、有教养的绅士，他很轻松、很有效地使用英语，而且能让听众听得津津有味。"

《纽约时报》的观察更细致，报道中说："王（清福）穿着一身黑色的服装，样式同一般中国人穿的差不多，不过料子和做工较为讲究。他的首饰只有一只金表和项上一条厚重的金项链。他给观众的印象是：一个26岁左右的年轻人，彬彬有礼，营养良好。他的外观让人觉得他善于思考，且富有表现力。他的一举一动都十分优雅，有充分的自信，而且自始至终显得从容不迫，言行举止完美得体，好像已是一位早成名的社会名流。他的英文熟练流利，用词适当。但是，他有时用明快准确的语言表达某种思想，还是会遇到困难。"

有媒体赞美，自然也会有媒体提出批评。一些媒体认为他是佛教传教士，企图在美国传播佛教。费城一家报纸评论道："因为基督教在接受它的民族中，已经造就了令人惊奇的文明。在此同时，佛教却使接受它的人民陷于半野蛮状态。"

对于王清福指责传教士的言论，有媒体以《我们中间的异教徒：他对美国传教团的厌恶态度》为题，嘲讽他企图"在美国人民中间清除那些有关中国宗教文化的误解和无知"。

王清福坐不住了，致信《纽约时报》进行反击。《纽约时报》以《一个异教徒的反击》为题发文，王清福在文章中称："自从我开始在这个国家宣传关于我的祖国——中国的宗教、社会生活和政治事务后，在任何地方我都没有诽谤、胡言或欺骗。我想向基督徒展示一个正当的中国人的言谈举止和精神状态。你们送传教士到中国，我们认真听他们的演讲。现在我们要求你们听一听我们要说的话，这是不是很公平呢？那些传教士们说，我们这些异教徒会被打入永久的地狱，无论我们是怎样的诚实、道德和认真。我们认为，如果基督徒的行为也像那些不开化的人一样，他们也会被打入地狱。"

王清福的奔走，实际上只是一个人在战斗。尽管有众多粉丝、华人团体参与，但力量仍然很薄弱，相比后来康有为、梁启超、孙中山等人在美国的影响力，王清福的名气则差很多。

1882年，排华法案正式出台，华人一片哗然。相信这对王清福的打击也非常大，排华法案的出台意味着他多年的付出收效甚微。

作为一个斗士，王清福仍不认输，不甘心华人的尊严被践踏。1883年初，王清福萌发了自己办报纸的想法，期待影响更多的人。

王清福将报纸的名字命名为《华美新报》，英文名为：Chinese American。名字很好理解，就是致力于中国和美国的友好。此英文名称还有一层解释，即"有中国血统的美国人"，这个对外传达的意思也非常明确，在美华人就是美国人，希望与美国人享受同等待遇。

2月3日，第一期《华美新报》正式出版。王清福自编自写，中英文出版，看着自己辛苦运营的报纸上市，王清福十分欣慰。但王清福犯了一个致命错误，他以为美国东部地区约有10万华人，第一次印刷报纸就大手笔印了8千份。实际上，华人只有不到1万人。可想而知错估市场的后果，第一期就让王清福赔了本，女秘书看老板这么傻，直接卷款而逃。第一次办报纸，王清福输得连底都不剩。

倔强的王清福还是没有退缩，毅然筹资再办，可惜始终无法盈利。发行收入根本无法维持基本运营，又没有多少广告，且很难得到相关团体的赞助。王清福不是富翁，也不是慈善家，再大的理想情怀在收不抵支、捉襟见肘面前都要低下高昂的头。

《华美新报》不再华美，坚持几期后，王清福终于向现实妥协，报纸不得不停办。

王清福身处异国，积极宣传中国文化，但也犯了一个重要的错误，即攻击基督教。美国是基督教国家，作为外来人，王清福以"异教徒"自居，他宣称，虽然从小受基督教文化影响，但一直拒绝加入基督教。他认为，华人在美国遭受歧视、抢劫、谋杀，说明基督教也是伪善的。王清福甚至在文章中挑衅道："我欢迎美国的基督徒来信奉孔夫子。"

1883年，著名的排华分子、加州工人党领袖丹尼斯·科尔尼（Denis Kearney）访问纽约，突然收到了王清福派人送来的挑战书，声称要与他决斗。丹尼斯·科尔尼看后大吃一惊。

在来信中，王清福控诉加州工人党对华人犯下的种种罪行，并指责丹尼斯·科尔尼是幕后黑手。王清福提出，代表华人与丹尼斯·科尔尼进行个人决斗。面对王清福的战书，一贯嚣张的丹尼斯·科尔尼竟然怂了。这个美国人一向瞧不起华人，没想到华人中蹦出来一个硬骨头。

美国媒体看热闹不嫌事大，记者找到王清福，询问他在和丹尼斯·科尔尼决斗时使用何种武器。王清福倒很放松，一边吸着烟，一边轻蔑地回答："我给他几个选择，筷子、爱尔兰土豆和克虏伯手枪。"

面对王清福的咄咄气势，丹尼斯·科尔尼最终没敢应战。他不知道王清福的真正目的是什么，怕中了圈套。另外，丹尼斯·科尔尼也担心王清福可能会中国功夫。

王清福不仅批评基督教，也批评华人。华人抽鸦片、卖淫嫖娼和赌博等问题更是王清福反复抨击的。他的批评也引起了部分华人黑社会的不满，尤其是一些信奉基督教的华人。

同样是1883年，一天下午，在纽约贝尔街10号，王清福正与几个朋友在街头闲聊天气问题。一名叫秦邦铁的华人打此路过，以妨碍自己为由，与王清福争吵起来。

暴躁的秦邦铁直接动起手来，不顾其他人阻拦，叫嚣着给他手枪，扑向王清福，要当场杀死王清福。见过各种大场面的王清福还是被秦邦铁吓到了，王清福一直看此人眼熟，后来才想起，自己在芝加哥演讲时，秦邦铁就曾行刺过自己。

王清福与朋友扭住秦邦铁，立即报警。秦邦铁被抓，关押在第六区警察所。王清福向法院提起控诉，指控秦邦铁危害自己的人身安全。《纽约时报》为此还做了报道。

为了给华人争取更多的权利，王清福斗志昂扬，不屈不挠。

1892年，《加利法案》通过，遭到美国华人的大规模抗议。趁此机会，王清福决定组建一个致力于提高华人权利的社团联盟。

以往的大小会馆，更多是华人抱团取暖的团体。在排华暴行和排华法案的双重夹击下，华人会馆时常维权无效。时间一长，华人对会馆越来越失望，会馆的信誉也随之下降。

在王清福的号召下，9月1日，美国东岸的华人代表齐聚纽约。与会代表纷纷谴责排华法案，大家一齐商讨对策。经过反复讨论，代表们发起成立了"华人平等权利联盟"。该联盟的重要成员达150余人，全部为各领域英语流利的高端精英。王清福被选为联盟秘书长，费城商人李三平当选为主席。

9月22日，纽约铜业工会会场热闹非凡，华人平等权利联盟在这里隆重集会。有意思的是，参加此次大会的华人有200多人，而美国人却有1000多人。在于清福看来，争取华人平等权利，不仅要华人努力，也需要美国人的参与。同时，借此机会，还可以向美国各界传达出华人的声音。大批美国记者现场见证了华人的不屈的抗争。

现场的华人全部改装，个个都穿着美国服装，很多人还穿着名牌皮鞋，戴着白领结。这是王清福的提议，他希望用这种方式，对外显示华人融入美国的决心。

《加利法案》再次引起与会代表的激愤，王清福等人依次上台发表演讲进行声讨。会上，一致通过谴责《加利法案》的决议。

决议中提到："《加利法案》的用意，是要侮辱所有华人，不管他们在道德、知识和物质方面的具体情况，也不考虑他们在美国的居留时间。这个法案用意恶毒，极不公平。它对来自不同国家的移民，实行不同的对待，已经践踏和违背了公法的基本准则。"

决议中，华人表示："我们的兴趣在这里，因为我们的房屋、家庭和我们的所有利益，都在这里，美国是我们长期居住的家。"

对于苛刻的华人入籍问题，决议中提出了华人的主张："我们要求在这个大家庭里，在生活的竞赛里，有平等的机会。我们当中很多人已经在这个国家度过了我们的一生，只承认这个国家。我们的信条是：对那些要求成为美利坚合众国公民的人，条件应该是个人的特征和条件。"

王清福创立的华人平等权利联盟旨在争取华人的公民权，希望美国政府不要对华人入籍设置过高的门槛。但美国最高法院则根本无视华人的呼吁，仍然按既有规则行事——华人禁止入籍。

美国最高法院为此特别声明："不是生在美国的华人，从来没有被承认为美国的公民。有关归化的法律，也从没有允许华人入籍。"

备受打击的王清福离开纽约，移居芝加哥，并建立华人平等权利联盟芝加哥分部。芝加哥是华人从加拿大偷渡至美国的重要通道。

1897年，王清福提出华人平等权利联盟新的口号："我们要求并争取在美国已美国化的华人平等投票权"。

公民权，是为未入籍者争取。投票权则是为已经入籍者争取，但美国政府仍只将"土生土长"的华人视为外国人。

为了向美国国会施加影响，王清福决定，发动规模浩大的请愿活动。

11月27日，芝加哥中央音乐大厅，人头攒动。人们不是来欣赏音乐，而是参加华人请愿大会的。200多人陆续落座，既有华人也有美国白人。

王清福主持大会，并先后邀请华人社区的知名华人上台发言。大家的意愿完全统一，即要求美国政府废除排华法案，给予华人公民权和投票权。一番慷慨的法发言后，大会通过了一份原则性宣言。

现场华人全部赞同，而美国人却站出来表示反对。

一位来自路易斯安那州名叫麦坎的大胡子医生大声表示抗议，坚决要代表反对派发言，会场一片躁动。王清福看此人略微眼熟，本着民主的原则，同意此人发言。

麦坎走上讲台，坚定地说："坚决捍卫一百多年以来通过的、不允许华人成为美国公民的法律。"

一位华人当即追问他，"请问是哪一年通过的法律？"

"好像是一七几几年吧，我记不住日期。"麦坎有些支吾。

一位美国人站起来说道："我是独立战争革命英雄的嫡传后裔，我怎么从来没听说这样的法律。"

现场嘉宾对麦坎一片嘘声。

王清福拿起话筒说："对了，我想起来了，这个麦坎就是两年前在麦加佛会场捣乱的人。"台下顿时一片起哄声，齐声要求麦坎下去。麦坎红着脸走下了台，再也没有发声。

一位名叫主教的美国人上台发表意见，他大声说道："凡是出生在美国的男人，我认为都应得到选举权！"会场一片鼓掌声。

接着他又说："每一个土生土长的美国女人也应有选举权！"话音一出，女性们开始热烈鼓掌。这个家伙看来很会调动现场气氛。

主教莞尔一笑，继续说道："至于华人嘛，反正我感觉要比四十年前从奴隶制度下解放出来的那些人更有资格成为美国公民。"

现场华人发出欢呼声，但仍有白人发出抗议声。

主教又说道："华人相比那些从东边（德国、爱尔兰）来的移民更有条件获得公民权。东边的很多人，来美国前都是警察。"

主教的这番话再次赢得华人的欢呼，但却引起了现场爱尔兰人的抗议。

整场大会在一片喧嚣中结束。

《芝加哥论坛报》在社论中称："我们欢迎所有外国人加入美国国籍，但是华人只能在他们居住的这块土地上继续维持侨民身份。"

王清福组织的这次请愿大会仍然没能从根本上改变华人的处境，甚至王清福本人的美国籍证明还被取消了。

1898年，为了筹备美国奥马哈世界博览会的中国馆，王清福赴香港活动。他以1874年密执安州（即密歇根州）巡回法院的入籍证明为凭，向美国驻香港总领事馆申请了护照。没想到，此事被美国国务院发现，责令香港总领事馆吊销王清福的入籍证明和护照。

为华人争取权利多年的王清福，自己却成了没有任何身份的人。

万念俱灰的王清福突然得到一个喜讯，美国朋友告诉他，他的儿子在威海。确认安全后，王清福立即从香港回到内地。阔别26年后，王清福终于回到了家乡蓬莱，见到了妻子与儿子。

就在王清福沉浸在亲人团聚的喜悦中时，突然得知，清政府正在派人抓捕他。王清福立即前往威海躲避，在逃难途中，他突患急症，病情严重。

由于威海没有美国领事馆，他只好致函英国驻威海领事馆请求保护。然而，信函未发出，王清福便不治而亡。

为美国华人争权的事业充满坎坷，王清福出师未捷身先死。有人将他与为黑人争权的马丁·路德·金相媲美，形容他是黄皮肤的"马丁·路德·金"。

四、中国抵制美货**爆**发

1901年9月12日，两名中国学生抵达美国旧金山港。随着拥挤的人流，两人提着行李，忐忑前行。未来等待他们的是什么命运，他们不得而知。

两个人分别是21岁的孔祥熙、22岁的费起鹤，孔祥熙即后来的大资本家。

进入海关检验区，喧嚣顿时散去，所有人员排队过检。排在后面的孔祥熙手持证件，伸着脖子看着队伍前方。他发现，只要是华人通关，海关官员都要盘查好久，态度也比较粗暴。

突然，检查区传来一阵哭声。孔祥熙抬头一看，原来是一名华人被海关官员扭送进了"小黑屋"。

孔祥熙顿时紧张了起来，下意识捏紧了证件，他回头看了看费起鹤，费起鹤的表情也很严肃。

经过漫长的等待后，终于轮到了孔祥熙。孔祥熙将证件双手递给海关官员，海关官员瞄了他一眼后，便开始仔细核对证件。孔祥熙有些紧张，心怦怦地跳。

海关官员骤起了眉头，随即又摇了摇头，孔祥熙心跳得更厉害了。随行的美国女传教士麦美德（Luella Miner）立即与海关官员沟通。

海关官员表示，孔祥熙的签证与李鸿章颁发的官札不符合《限禁来美华工保护寓美华人条约》的相关规定，因此拒绝其入境。麦美德继续与海关官员沟通，请求通融，但海关官员非常严厉，指着李鸿章颁发的官札表示，官札不是护照，而且证件上只有中文，没有英文，而且没有孔祥熙的详细资料。

得知无法进入美国后，孔祥熙从头凉到脚。本来欢欢喜喜来美国留学，结果在入境这一关遭遇当头一棒。

孔祥熙赴美国之前，他也听说过美国正在闹排华。但他听说排华只针对华工，而学生不在此列。没想到，一切华人都不能例外。

孔祥熙和费起鹤也被关进了"小黑屋"，他们的心坠入了冰窟。

中国驻旧金山领事馆得知消息后，立即与旧金山海关交涉，但无济于事。经过美国移民总局批准，旧金山海关将孔祥熙二人关押在"多瑞克"轮船公司的宿舍。

孔祥熙开始了漫长的等待。他们将证件重新寄回国内，等待核发新的证件。谁知事情偏偏不凑巧，1901年11月7日，刚刚签署完《辛丑条约》的李鸿章吐血而死。袁世凯受命署理直隶总督兼北洋大臣。

袁世凯接任李鸿章后，或许是太忙的原因，对孔祥熙二人留学一事没有细致了解，便将证件草草发回美国。结果仍然是不符合要求，旧金山海关再次拒绝孔祥熙、费起鹤二人入境。

麦美德也在四处奔走呼吁，她对两位中国年轻人的前途心忧如焚。麦美德不断向官方解释，孔祥熙、费起鹤二人在义和团运动中曾英勇救助传教士，希望美国民政部门能网开一面。但麦美德的呼声在排华的浪潮中显得过于微弱。

没办法，证件再度寄回国内，需要重新核发。在漫长的等待过程中，孔祥熙、费起鹤二人经常焦躁不安，甚至沮丧至极，大好时光竟然这样被耗费了。

当孔祥熙、费起鹤二人再次拿到证件时，已经过去了一年半。幸运的是，旧金山海关终于将他们放行，准许入境。当走出旧金山海关，重新获得自由的二人大发感慨。

这段经历让孔祥熙、费起鹤二人倍感屈辱，深感祖国强大的重要性。在他们看来，美国的排华已经不仅仅局限于华工，而是对华人的全方位歧视，是明显的种族歧视。这也成为孔祥熙后来发奋学习，决心用所学知识报效祖国的一个重要原因。

孔祥熙或许不知道，美国的华人对排华的各种法案和条约已经忍了很久，他们正在谋划一种全新的抗争。

旧金山海关拒绝孔祥熙、费起鹤二人入境的依据是1894年通过的《限禁来美华工保护寓美华人条约》，此条约又被称为《中美华工条约》。该条约规定，只有中国的官员、学生、传教士、商人和游历者才可以进入美国，而工人则严禁进入美国。即使如此，像孔祥熙这样的学生，美国海关也会以各种理由拒绝入境，甚至遣返回国。

孔祥熙被拒绝入境后，该条约又被推广到了夏威夷和菲律宾等美国最新领土范围内。夏威夷和菲律宾都有大量的华人，他们甚至悲观地认为，如果排华法案再实行十年，中国人将在美国绝迹了。

该条约的期限是10年，即到1904年终止。条约规定，如果双方没有异议，则条约还会自动继续延长10年。

中国政府面对美国排华的各种歧视与暴行，自然也不能无动于衷。在美国华人的强烈呼吁下，1904年1月，清政府外务部照会美国驻华公使康格，表示条约期满后不再续约。结果遭到了美方拒绝，美方霸道地认为，必须再延长10年。

事实上，在孔祥熙入境后，夏威夷的华人已经开始行动，发起反击。1903年2月，《新中国报》总撰稿陈义侃发表《拟抵制禁例策》一文，率先提出"因利乘便，禁办美货"，即用抵制美国货物的方式报复美国对华人的歧视，以此逼迫美国商人向美国国会施压，以废除对华人的不平等待遇。

陈义侃提出的抵制方法是："办货者不办美人之货，用物者不用美人之物，为办此抵制之术之绝妙宗旨。而佣力于码头者，惟美货则不起，买卖于市上者，于美货则有禁，为办此抵制之术之绝妙政策。"

在陈义侃看来，抵制美货，还可以振兴国货。他号召海外广大华侨，积极行动起来，"而其要则先行筹款，次刊说帖。于美国立一总办所，而以诸地为分局。总办所代表各分局办事，派人归国"。

夏威夷自1898年被美国吞并后，华人地位急转直下。美国人认为华人不讲卫生，唐人街充满污垢和病菌，是传染疾病的主要源头。在经历了一场流行大瘟疫后，美国人在1903年焚烧了唐人街，众多华人被迫流离失所。

陈义侃发出了民间抵制美货的第一声，但这种声音也只是对美国政府的一种威胁，或是提醒。因为修约要等到1905年才见分晓。

陈义侃发出抵制美货的声音后，反响并不大。但一名中国驻美使馆武官的死，再次点燃了华人的愤怒情绪。

1903年8月13日，中国驻美公使馆陆军武官谭锦镛奉公使之命从华盛顿到旧金山处理外交事务。暮色黄昏之际，一名美国巡警发现了留着长辫子的谭锦镛。美国巡警一边骂着"中国人！黄猪！"，一边将他的帽子掀掉，并揪住了辫子，大叫道："猪尾巴！猪尾巴！"

谭锦镛立即大声呵斥美国巡警的无礼行为，谁知，一下子惹恼了对方，美国巡警直接给了谭锦镛一个耳光。谭锦镛也不示弱，出拳还击。

美国巡警立即吹哨，叫来多名同伴。美国巡警仗着人多势众，对谭锦镛一阵毒打，并将其用辫子拴到路边栏杆上以示羞辱。街边围满了美国人，人们不断嘲笑着，甚至还有人向谭锦镛吐口水。

一番凌辱后，美国巡警将谭锦镛抓进了旧金山警察局。谭锦镛大声抗议，并亮明证件。谁知美国警察冲他叫嚣道："凡是中国人都得挨打，谁也破不了例！"

当地的美国华商得知后，立即花钱保释，将谭锦镛救了出来。走出旧金山警察局，谭锦镛号啕大哭。

8月14日，身心备受折磨的谭锦镛自感对不起国家，为清政府丢了脸，愤而跳河自尽。堂堂中国的外交官员，竟然被美国警察如此这般凌辱，华人们气愤难消。

在美华人不断致电清政府外务部，强烈要求重新修约，要彻底改变华人在美国的悲惨处境。

眼看修约时期临近，海内外的中国人都坐不住了。1905年5月7日至8日，100多位华人精英和商人联合在《时报》上发表请愿书，呼吁华人行动起来。

福建同安籍的上海商务总会会董曾少卿特别愤怒，因为他的很多同乡在美国正遭受着苦难，同乡的顽强抗争激励着他，他感觉必须为同乡做点什么。

经过筹划，曾少卿决定，在上海发起抵制美货的倡议。

5月10日，一个非常普通的日子，没有引起人们的注意。上海爱尔近路（今安庆路），一座灰砖色的小楼和一座"天后宫"静谧地矗立在路旁。

包括上海各商界领袖在内的近百人陆续走进灰砖色的小楼内，参加在此举行的上海商务总会特别大会。著名实业家兼外务部高级顾问张謇，经营外国棉纺织品的邵琴涛、许春荣和苏葆笙，经营煤油的丁钦斋和徐文翁，经营机器的祝大椿，经营五金杂货的朱葆三等行业头面人物悉数到场。

大会的主旨便是呼应美国华侨，通过抵制美货的方式向美国施加压力，并使其改变对华人的歧视政策。

大家表情严肃，没有了往日的谈笑风生。曾少卿率先登台，他首先控诉了华人同胞在美国遭受的苦难。随即，曾少卿提出，给美国两个月的调整期，若美国不做出改变，将以抵制美货的方式进行报复。他提出了五条抵制办法：

一、美来各货一概禁用，机器等一应在内。

二、美船揽载华人不应装货，各埠一律。

三、美人所设学堂，华人子弟不应入堂读书。

四、美人所开之行，华人不应应聘为作买办及通译等事。

五、美人住宅所雇佣工、勤令、停歇、庖御等人一概在内。

慷慨激昂的曾少卿，感染了现场每一个人，大家热烈鼓掌以示支持。

参会代表、商部右参议杨士琦建议，不要使用"禁用"一词，最好改为"相戒不用美货"。曾少卿表示认可。张謇表示支持，但不建议采取严厉的抵制措施。

大会通过两项决议：一是希望中国不要与美国再签订任何劳工协议；二是要求美国政府在两个月内调整歧视政策，否则将正式开展抵制美货行动。

会后，上海商务总会以"曾铸（曾少卿之名，少卿为字）及沪商同仁"的名义，将两项决议呈送中国驻美国公使馆，并向天津、烟台、南京、镇江、苏州、杭州、汉口、宜昌、重庆、九江、芜湖、安庆、池州、长沙、沙市、广州、福州、汕头、厦门、梧州、香港等全国21个城市发出电报，希望各地商会联手发起抵制美货行动。

出席会议的部分宁波籍商人考虑较多，虽然支持抵制美货，但没有在决议上签字。他们担心的是，抵制行动可能是把双刃剑。

杨士琦与左参议王清穆随即致电商部，希望商部与外务部携手，推迟与美国签约。

第二天，《申报》刊发评论，认为美国限制华工条约不能再续约，否则将"一损害国家之尊荣；二玷辱国民之人格；三失两独立国家彼此同等相待之权利；四失万国通商应享之利益。"《申报》同时对上海商务总会抵制美货的建议予以了肯定。

由此，上海商务总会成为国内抵制美货的首倡者，也是一面旗手。星星之火可以燎原，一场浩大的抵制美货行动随即在神州大地上迅猛展开。

上海商务总会能有如此之威，与它的历史有很大渊源。

1902年，盛宣怀作为清政府的修约谈判大臣，在上海负责与英国谈判订约。盛宣怀发现，英方在谈判期间，可以及时获得英国在上海各商业机构的商业信息。相反，中方这边却没有这样的商业顾问。一个叫严信厚的华商领袖向盛宣怀建议，成立自己的商业组织，以方便搜集情报。

2月，上海商业公议会所成立。1904年5月，改为上海商务总会。其他各省相继效仿，也陆续成立了各地商务总会。上海商务总会由此奠定了行业内龙头老大的角色，拥有着强大的号召力。

作为全国最大的工商业城市、国际贸易中心以及开放前沿，美资企业众多的上海率先开始了抵制行动。

5月12日，一千余名广东籍商人云集上海的广肇会馆。曾在美国遭受歧视的华人现场控诉美国，群情激愤的参会者相约抵制美货，不与美国人有任何往来。

曾少卿按下了抵制美货的"核按钮"后，就再也没有停下来。5月14日，福建籍商人在福建会馆集会，支持上海商务总会发起的抵制行动。5月16日，部分福建商人在上海漳泉会馆集会，曾少卿发表演讲，呼吁大家齐心协力，为同胞争权益。

曾少卿幼年在新加坡成长，是南洋华人的后代，从小饱受各种歧视。后来，他定居上海，主要做海产生意。美国华人的遭遇让曾少卿感同身受，他深知，权益不是对方赠予的，而是自己抗争出来的。

曾少卿清楚，美国货在上海非常畅销，如棉布、煤油、香烟、面粉、香皂等日用品。这些商品无论价格还是质量，中国国货根本不能比，甚至其他洋货也无法比，比如美国棉布，就比英国棉布更保暖、耐用。

据相关统计，美国煤油当时占据了中国市场份额的52%，价格却只有植物油的一半，农村里几乎用的都是美国煤油。再说美国香烟，1902年才成立的英美烟草公司当年便销售了12.5亿支，相当于每个中国人购买了近3支。

备受排挤的南洋兄弟烟草公司借抵制美货的机会，在上海繁华街头打出黑体字的红布横幅，并贴出大幅海报。横幅呼吁国人不要购买美国烟，海报画有讽刺漫画，是一条叼着美国"品海"牌香烟的狗——谁抽美国烟谁就是狗。

年轻的学生最热血，历来是爱国运动的积极参与者。5月下旬，基督教长老教会附属清心书院、上海沪学会的24个学社和学校的学生纷纷举行集会，并走上街头，向市民散发传单，呼吁市民集体抵制美货。怕市民分不清什么商品是美货，传单上罗列出了上千家美货的名称。

著名的人镜学社号召学生在暑假期间将抵制美货运动推向农村，要求学生深入田间地头，向农民宣讲抵制美货的意义。

大学生、中学生，甚至连小学生也参与了进来，学生们纷纷成立组织，有"环球中国学生会"，部分小学生还成立了"中国童子抵制美约会"。这些学生会定期召集集会并举行演讲，目的只有一个，抵制美货。

由于给美国政府留了两个月的缓冲期，上海的商人大多持观望态度，因为抵制运动扩散开来，经营美货的商人将会损失惨重。

7月20日，是要求美方修改歧视政策的最后期限。但美方不惧威胁，坚持不做修改。

7月19日，震旦学院创始人马相伯主持沪学会组织的1500人大聚会。参加此次集会的除上海商人、学生、知识分子、宗教人士外，还有来自广州、汉口、厦门等地的在沪行业公会代表。各路口才极佳的精英相继登台，发表热情激昂的爱国主义演讲。65岁的马相伯带领大家高歌一曲《抵制万岁》。

7月20日下午4时，曾少卿召集上海各界群众约400人，正式宣布开始抵制。曾在美国哈佛大学教授中文的戈鲲化的大儿子戈朋云也参加了此次集会，并发表演说。

一些美国商人希望能在大会上做公开说明和解释，遭到曾少卿的拒绝。部分经营美货的商人希望能将抵制期延迟4个月，因为很多库存需要消化。曾少卿也没有搭理这些商人。

一个烟草商态度诚恳地解释，声明自己早已与美国的烟草公司断绝了关系，只与英国的烟草公司打交道。谁知，有知情者当场揭穿了他的谎言，在一片怒斥声中，这个烟草商灰溜溜地跑了。

最后，大家纷纷在抵制美货的倡议书上签字，邵琴涛、苏葆笙、朱葆三也踊跃地写下了自己的名字。

20日下午，一场千人的大集会在上海举行，长期居住在上海的广东籍著名谴责小说家吴趼人也赶来参会。愤怒声讨美帝恶行成为聚会的主题，情绪激烈之时，一名戴着美国手表的知识分子走上讲台，将自己的美国手表摘下，当场砸碎。这一举动，赢得了会场观众的疯狂叫好，将活动推向了高潮。

作为内地最为开放的城市，上海的女性在这场抵制美货的运动中自然也不甘落后。

7月9日，上海广西路上传来一群女性的振臂高呼声，吸引了众多市民围观。此次集会由上海女权人士施兰英发起，务本女校的百余名女生集体走上街头，发表街头演说，控诉美国虐待华工。女学生们大声疾呼，动员农村妇女，参与成立中国妇女会，大力兴办民族工业，并号召所有男性积极支持女性，同时支持各地的"天足会"参与到抵制美货的运动中来。

另一名著名的女权人士、广东籍人士张竹君更为活跃。7月19日，上海商学会组织妇女大会，百余名妇女参会。拥有丰富运动经验的张竹君刚刚从广州到上海，她曾是拒俄运动的积极参与者。在这次聚会上，她再次发挥了雄辩的口才，她说："此事非独男子之责，亦我女子之责。我广东通商最早，女子用美货最多，故不用美货，我广东女子关系尤大。若男子不用美货，而女子必欲买之，是无人心者也。"

激进的张竹君号召为美国公司工作的工人辞退工作，在美国学校上学的学生勇敢退学。她还谴责留在美国的华人有奴隶意识。

《女子世界》杂志及时跟进，大篇幅报道女性参与抵制美货运动一事。张竹君认为，美国商品大多是日用品，女性使用美国商品的机会远多于男性，如果女性带头抵制美货，相信影响力会更大。张竹君身体力行，在上海成立工艺学校，教授女性缝纫、纺织、刺绣等课程，以减少对美国商品的依赖。

上海各传统行业会所纷纷发布告示，公布售卖美货的惩罚措施，包括罚款、制裁、开除等手段，要求各商户执行抵制倡议。一些投机的商户没有遵守规定，遭到了媒体公开通报的羞辱惩罚。行业会所还建议由宁波商人掌控的华商银行，对仍与美国公司有交易的商户进行制裁。

据上海《北华捷报》的报道，上海市民已经被告诫，不要进入外国酒吧、酒店喝酒用餐，拒绝食用美国产的面包、麦片、罐头、芝士、黄油、威士忌。报道中特别提到，美国轮船停靠上海吴淞港时，中国洗衣工拒绝为美国人服务。

一位接受采访的售卖香皂的商户谈到，近日有两位消费者进店购物，指定购买英国产的香皂。但发现，商店内居然还有美国香皂出售时，他们竟然将英国香皂退掉，表示绝不购买这个商店的任何东西。

随着抵制运动在上海的持续深入，部分有识之士出现了分歧。马相伯等人认为，已经进口美货的应该甄别出售，未进口的一律取消。而戈朋云等人则认为，甄别出售会打击抵制的积极性。鉴于两派的分歧，有人将马相伯等人称为"不定派"，而戈朋云等人被称为"不用派"。一向激进活跃的戈朋云甚至公开称马相伯为"公敌"。

疯狂的抵制还造就了商人与曾少卿之间的矛盾。8月9日，曾少卿收到死亡威胁，两名陌生人闯进他的寓所，警告他不要在媒体上发表煽动性言论。曾少卿认为，不支持抵制美货的商人已经开始记恨自己。

曾少卿没有被吓到，他随即发表了公开信《留别天下同胞书》："当日领衔发电时，已决心以一死许此公益事。既以一死许之，今日从而避之，有此理乎！且仆一人畏死，更惹全球轻视，谓中国人性质不过畏死而已……仆遂为天下罪人矣。……传语同胞，死于美人，死于业美货者，皆仆正当死法，虽死犹生，无遗憾。……所愿曾少卿死后，千万曾少卿相继而起，挽回国势，争成人格，有与列强并峙于大地之一日，则仆虽死之日，犹生之年。至我死之后，不可与死我者为难，抵制办法仍以人人不用美货为宗旨，千万不可暴动，若贻各国以不文明口实，则我死亦不瞑目也。"

曾少卿的公开信经报纸发表后，赢得了更多支持。但有人质疑，部分商户仍在继续订购美货，上海商务总会却没有采取任何措施。

曾少卿没有死，但一位来自广东南海的热血青年冯夏威却死在美国驻上海领事馆门前。后文再详述。

抵制美货的另一个重镇是广州，因为大量在美华人，十有八九是广东人。

上海商务总会发出抵制倡议9天后，即5月19日，广州广济医院、方便医院、崇正医院、四庙善堂、爱育善堂、惠行善院等几大慈善机构联手七十二行共同集会，呼应上海的倡议。

5月27日，广济医院再次举行大型集会，各界领袖人物云集。会议通过决议，今后每周在广济医院举行集会，教师应禁止学生购买制服、鞋袜、文具等美货；派出青年学生赴乡下教导农民参与抵制活动；同时，应在报纸上刊登广告，广泛收集遭美国迫害的案例。

自5月份开始，广州的大小集会几乎每天都有，各种演讲、宣传活动比比皆是。

7月上旬，广州总商会成立，著名实业家郑观应担任副会长。7月16日，专门抵制美货的社团——拒约会成立。

7月的广州，盛夏时节，大街小巷弥漫着抵制美货的热情。印有抵制运动领导者图像和讲话的大幅黄色标牌挂满了大小街道。各商铺纷纷挂出大字招牌"本店无美货出售"。部分市民也在自家门口贴出"鄙舍拒用美货"的声明。

广州各大饼行、茶楼联名盖章，宣布不再使用美国面粉。各商家纷纷改用国产面粉，一时间，国产面粉供不应求。

医药界拒绝使用美国一切医药产品，如美国花旗参用中国古方"生脉饮"代替。航务界停止租借美国商船，禁止为美国货物报关。烟草界全部撤下美国香烟，增加国产香烟供应。就连军队也发出了保证不用美货的承诺。

广州火热的抵制活动正好遭遇美国代表团访华。9月4日，美国第26任总统西奥多·罗斯福（Theodore Roosevelt）的女儿艾丽丝（Alice Roosevelt）和陆军部长塔夫脱（William H. Taft）到访广州。美国代表团此行的目的是缓解两国的紧张关系，顺便看看中国抵制美货的情况。

美国代表团到来前，广东当局开始对抵制活动进行降温处理。但广州四处的揭帖、传单仍然随处可见。最著名的是一幅四只乌龟为美女抬轿的漫画，该漫画流传甚广。广东官府认为此漫画影射美国总统女儿艾丽丝，对美国人造成了人格侮辱，必须彻底撕除。在两广总督岑春煊的指挥下，巡捕搜查了拒约会，并逮捕了三名拒约会骨干，即马达臣、潘信明、夏仲文。

实际上，乌龟抬轿的漫画是《拒约报》创始人潘达微和漫画家何剑士共同所作。广泛散发的漫画，让广州的轿夫不敢再为美国人抬轿，就连艾丽丝进入广州时也遭遇了无轿夫可用的尴尬情况。

拒约会与七十二行立即盖章联保，打算营救马达臣、潘信明、夏仲文三人，但有绅商强烈反对，最终没能成功。有人甚至怀疑，三人的被捕或许与这些反对的绅商有关。

经南海县令秘密审判后，马达臣、潘信明、夏仲文被判刑入狱。三人入狱的消息传出后，引发了社会强烈不满。

直到10月27日，《有所谓报》报道，马达臣、潘信明、夏仲文被捕实为广仁善堂陷害，三人被污蔑为革命党。

面对社会的巨大压力，广州知府和南海、番禺两位县令向督院递交禀报书，请求将马达臣、潘信明、夏仲文做减刑处理。即便从轻发落，三人还是被关了13个月，最终在广东各界的担保下，终得释放。

广州学上海，广东各地学广州。广东各地陆续成立了拒约支会，如佛山的饼行、洋货行积极加入佛山拒约支会，各界以各种百姓喜闻乐见的形式，宣传抵制美货活动。粤语歌曲、通俗戏剧是人们最爱传唱，也是效果最好的一种方式。

在中秋节之际，佛山自强社创作了一首歌曲，号召大家不要用美国面粉。歌词（部分）是这样的：

> 时将秋节，庆贺明月
> 千户万家，香饼盛设
> 倘用美面，饼自不洁
> 花旗之面，中华之血
> ……
> 赠李投桃，改弦易辙
> 宁制米饼，最为快捷
> 味高价廉，魄团体结
> 此物此志，吾食吾力
> 日月重华，先睹吾粤

除上海、广州外，天津、北京、汉口、杭州、苏州、厦门等全国160多个大中小城市都不同程度开展了抵制美货运动。尤其是通商口岸城市，表现更为积极。

厦门的侨胞非常多，美国领地菲律宾85%的中国人都来自厦门。美国驻厦门总领事克鲁德林（George E.Cruderen）在向国内报告时称："厦门人对排华条约问题的情绪格外的强烈，……要比中国其他城市都更为强烈。"

7月18日深夜，一个年轻男子于持利斧悄悄来到美国驻厦门领事馆前，将门前的国旗杆砍倒，随即扯下美国的星条旗，蹲在美国国旗上拉了一坨大便。他的举动赢得了围观市民的强烈喝彩。当美国人发现后，肇事男子已经逃之夭夭。这种做法虽然解气，但仍被不少爱国人士斥为野蛮行为。《时报》为此特别呼吁，要文明抵制，不要暴力。

7月27日，一艘满载8万桶美国美孚煤油的货轮驶入营口港。中国买办陈子澄和秘书立即发起抵制活动，号召工人不要给美国人卸货。7月28日，陈子澄召集300

人，宣布集体抵制美货。无奈，美国人只好求助一家日本企业，提出可用双倍工资雇佣中国工人卸货，但中国工人全部拒绝，他们表示："凡我华人不得代该轮起卸此货，协力钳制，以求实效。"美国人被搞得非常狼狈。

自8月下旬起，北京很多茶楼老板为了提高上座率，也做起了爱国生意。不但在茶楼内张贴被美国虐待华工的肖像，还邀请抵制美货的积极分子来做抵制演说。

广东籍老板开的北京醉华洋饭店也积极响应抵制号召，将美国烟酒全部清空，并对外贴出告示，宣称："华工以粤人为最多，我粤人若不略尽片心，仍买美货，不但无爱国之心，更无爱惜桑梓之意，可谓丧心病狂！"

作为北方最大的工商业城市，天津的表现则与众不同。6月初，天津商务总会发起抵制活动，并对商户发出警告，对不参与抵制者将采取罚款或公开羞辱等处罚。

天津《大公报》特别开设专栏，总经理英敛之、主笔刘孟扬亲自撰文，号召市民群起抵制美货。《大公报》是天津最有影响力的报纸，一纸号召便迅速掀起了抵制活动热潮。

直隶总督袁世凯大为不悦，特召集各商界领袖到总督署，严厉斥责抵制美货的行为。6月21日，天津发布告示，严禁20人以上集会，劝告天津的商人和市民，不要附和上海的抵制活动。

袁世凯警告天津商务总会要讲大局、懂政治，并限令立即停止抵制美货活动。天津商务总会被迫下发通知，告知各行："凡有天津生意，一切照常交易，万勿为流言所动。"

同时，袁世凯命令天津巡警局，查禁《大公报》。由于《大公报》的报馆设在法租界内，无法派警察直接查封。袁世凯便下令"三禁止"，禁止铁路运送、禁止邮局投递、禁止百姓阅读。

《大公报》不为所惧，总经理英敛之以笔为枪，声明文章是"阐发公理也，激扬公论也，开通民智也，维持国力也。之数者，皆执笔之士，临死生患难、刀锯鼎镬而不易其宗旨也"。英敛之虽多次撰文抨击袁世凯，但报纸无法走出租界外，导致销量锐减，不得不于8月20日暂停出版。

同为地方封疆大吏，两广总督岑春煊、两江总督周馥对抵制运动都采取了默许或支持的态度，而袁世凯则强烈抵制。作为一代枭雄，袁世凯自有想法。

1900年，天津饱受义和团拳乱与八国联军兵祸之苦，灾难历历在目。袁世凯担心任由这种排外运动发展，势必演变成新的动乱，若列强再次出兵干预，那后果不堪设想，于国家于自己都非常不利。美军如果调派军舰，兵临天津大沽口，自己控制的北洋新军将不得不与美军展开决战，这是袁世凯最不愿意看到的。

再者，刚刚过去的日俄战争，美国方面有调停之功。今又抵制美国，那必让世界耻笑中国，泱泱中华有忘恩负义之嫌。

在袁世凯的强力干预下，天津的抵制美货运动迅速转入低潮，很快便销声匿迹。

五、老罗斯福女儿亚洲行

7月4日是美国独立纪念日，1905年的7月4日则不太普通。

旧金山火车站内，一个金发碧眼的时髦年轻女郎在站台上亲手点燃了一束烟花。烟花缤纷绽放，噼啪作响，年轻女郎手舞足蹈，探出火车窗口的乘客也跟着笑了起来。光点烟花还不过瘾，任性的年轻女郎又掏出了一把锃亮的左轮手枪，只见她没有丝毫犹豫，迅速扣动扳机，向远处的电线杆射击，砰砰几声枪响，电线杆被打出了几个洞。乘客们一片惊呼，也有人拍掌叫好，称赞女郎的枪法很准。

女郎骄傲地昂起头，端起枪，轻蔑地向枪口吹了口气，然后转头向火车上的乘客吹了一声口哨。乘客们也跟着起哄，欢呼。

任性的女郎不是江湖侠客，也不是撒泼的豪横乘客，而是美国总统西奥多·罗斯福（人称老罗斯福）的21岁女儿艾丽丝·罗斯福。

这个罗斯福总统与人们熟知的二战时期的美国总统罗斯福不是一个人，后者是前者的远房侄子。

艾丽丝从华盛顿乘火车而来，她要开启一趟远行，目标正是中国。在旧金山火车站，她率性而为，或许是为释放旅途的枯燥，也或许是为出发壮行。

与艾丽丝随行的是陆军部长威廉·霍华德·塔夫脱。与1879年美国前总统格兰特访问中国不同，此次访华是美国第一次派出官方代表团。此时距离李鸿章访美已经过去了9年，其间两个大国发生了太多的事情。

李鸿章访美回来后，依然被"冷藏"，还是待业状态。受甲午战败的刺激，1898年，康有为在京城率举子发动"公车上书"，呼吁改革变法。在慈禧的默许下，年轻的光绪皇帝开始亲自改革，没想到仅仅百日后，慈禧便发动政变，制止了这次改革。

朝廷政变，民间也不消停。山东又闹起义和团，义和团树起扶清灭洋的大旗，杀教民、烧教堂。义和团星火燎原，从山东到直隶，再到华北，势力发展迅速。

1900年，借慈禧欲废立皇帝之机，义和团进入京津等地，与列强剑拔弩张。任职两广总督不久的李鸿章与两江总督刘坤一、湖广总督张之洞等人发起"东南互保"。

在慈禧的授意下，义和团与清军围攻北京西什库教堂、使馆区。八国联军攻陷大沽口，由天津攻入北京，慈禧和光绪狼狈出逃西安。李鸿章拖着虚弱的身体回京与列强展开谈判。笔者在拙作《庚子剧变》中有详细描述。

庚子之年，中国动荡不安，而作为列强之一的美国却平静地完成了一次巨大的量变。美国GDP成功超越英国，成为世界最大的经济体。一个世界性的超级大国呼之欲出。

美国排华问题并没有解决，各地屡屡上演针对华人的暴力事件，中国国内陆续出现抵制美货活动，反美情绪强烈。

同样作为列强的俄国，借八国联军侵华之机，强占中国东北大片土地。《辛丑条约》签订后，其他列强纷纷撤军，而俄军依然以各种借口强占东北。因《马关条约》三国还辽一事，对俄国一直耿耿于怀的日本与俄国在东北发生利益冲突。在清政府的暗中支持下，日本在东北发动对俄战争。

随着经济实力的大幅提升，进入新世纪的美国，开始大力实行帝国扩张主义战略，谋求担任"仁慈而进步的警察"。亚洲的不稳定增加了美国的担忧，如何平衡中国、俄国、日本三国势力，关乎美国在远东的利益。

实际上，在李鸿章访美期间，美国正在经历着一场经济危机。此次经济危机导致500家银行与1.5万家企业倒闭，失业人数达400万。1898年，美国的经济危机困境逐渐解除。

美国的改革派与保守派都认识到，需要一些强有力的手段。而部分社会学者则认为，对外实行扩张主义可以减轻压力和预防危机。美国公理会传教士乔塞亚·斯特朗甚至发出了狂热的呐喊："美国是由上帝亲自挑选出来，应带领盎格鲁-撒克逊人改造世界。"

1898年，美国发动第一次帝国主义战争美西战争，重新瓜分西班牙统治的古巴、波多黎各、菲律宾。西班牙战败后，美国占领关岛、波多黎各等地，并实际控制了古巴、菲律宾。美国海军也借机崛起，成为世界海军中一支强劲的力量。

1901年9月，美国总统麦金莱（William Mckinley）被无政府主义者刺死，老罗斯福接任总统。42岁的老罗斯福主张对外实行扩张政策，也可以叫"大棒政策"。

同狂热的斯特朗一样，老罗斯福还是一个白种人高贵论和优越论的鼓吹者。老罗斯福在一次演讲中公开宣称："对于生活在野蛮状态的国家负有责任，那就是要确保使他们从枷锁中解放出来，而且我们只能通过摧毁野蛮主义本身，才能解放他们。"

在美国的媒体看来，中国与其他亚洲"东方人"是一群堕落的、没有骨气的、危险的、昏昏欲睡、愤怒的和诡计多端的人，而且对民主体制所带来的自由无动于衷。老罗斯福则更直接，他只将日本人视为高贵的，而中国是叛逆的、脆弱的、消极的。菲律宾人则是代表了乌七八糟的野蛮与原始人。

"高贵"的美国人普遍认为，有义务对亚洲人进行保护、惩戒与教育。其实美国政客想到的更多是赚钱，他们看到了一个重大商机，即以菲律宾作为"垫脚石"来开采中国这座"金矿"。

为了平衡亚洲各国势力，1905年，老罗斯福决定，派出自己女儿艾丽丝与塔夫脱为代表的美国官方代表团，出访日本、中国、菲律宾。在老罗斯福看来，此次出访至少可达到一举三得的结果。一是调停日本与俄国的矛盾；二是安抚并为菲律宾提振信心；三是消除中国国内民众的反美情绪。

艾丽丝与塔夫脱的组合，显然是精心设计的结果。出生于1884年2月的艾丽丝年仅21岁，被称为"美国的第一女儿"，年轻有朝气且叛逆。48岁的塔夫脱作为军界人物，代表着一种强硬的军事力量。艾丽丝与塔夫脱，一个女子，一个武将，分别代表着怀柔、宣威，也可以看出是胡萝卜加大棒的组合。

艾丽丝从华盛顿出发，塔夫脱从巴尔的摩出发，其他成员也分别从不同的城市出发，所有成员在旧金山会合。美国代表团成员共83人，还包括7位参议员、35位众议员，以及众多外交官、企业家。

夏季出行，正赶上美国国会的休会期，很多议员正好借机出去开阔视野。初进20世纪，美国中产阶级逐渐兴起环球旅游之风，出国成为一种时髦。有些议员便主动自掏腰包搭便车。

值得一提的是，就在议员休会无聊期间，26岁的瑞士籍技术员爱因斯坦正在忙于写作论文。3月，他在《物理学年鉴》上发表光的量子理论，提出光量子假说。4月，爱因斯坦向苏黎世大学提交的《分子大小的新测定法》获得通过，顺利取得博士学位。包括老罗斯福、艾丽丝、塔夫脱在内的美国人似乎都没有注意到，一个未来将入籍美国的世界级科技巨星正在冉冉升起。后来，人们将1905年称为"爱因斯坦奇迹年"。

言归正传。7月8日，艾丽丝一行搭乘世界最大的豪华邮轮"满洲里"号轮船从旧金山出发。进入20世纪，轮船的速度有了飞速提升，以往横渡太平洋大约需要一个月的时间，而"满洲里"号轮船只用17天便到了日本横滨。一路上，活泼叛逆的艾丽丝有些放荡不羁，和追求自己的尼克·朗沃思常聊荤段子，"讨论一些比他们年纪大得多的男女之间所禁忌的话题"。

8月31日，艾丽丝一行抵达香港。9月4日，在反美的浪潮中，一直担心受辱的美国代表团等人毅然赴广州，两广总督岑春煊因病卧床，没有出席欢迎宴会，让美国人产生了误会。

由于广州的风险过大，代表团原本希望让塔夫脱赴广州，让艾丽丝留守香港，但艾丽丝不惧危险，执意要去广州见识一番。在多位代表团夫人的陪同下，艾丽丝乘坐美国炮艇至沙面附近的一个小岛处，由于未获准上岸，艾丽丝只能从远处眺望繁华的广州。

一些激愤的广州人获悉美国代表团访问广州后，画了一张针对艾丽丝的海报。海报是一幅漫画，四只乌龟抬着一顶轿子，轿子里坐着艾丽丝。海报看起来像侮辱艾丽丝，其实是在劝说广大轿夫，不要给艾丽丝抬轿。这张海报四处散发，很多美国人都看到了，艾丽丝后来也拿到了一张。艾丽丝并没有感觉侮辱到自己，她一直将这张海报保存在身边。

9月6日，塔夫脱回到香港后，美国代表团便兵分两路。艾丽丝等30人前往北京，塔夫脱等人前往厦门和上海。

艾丽丝搭乘"洛根"号北上，同船的还有美国陆军上尉哈里斯·李率领的100名美国海军陆战队士兵。美国大兵的目的地也是北京，任务是根据《辛丑条约》规定，与保护公使馆的美军第九步兵团的一个连进行换防。用海军代替陆军，是美国陆军总参谋长阿德纳·罗曼扎·查菲（Adna Romanza Chaffee）的建议，他认为用海军比陆军省钱，因为陆军的物资给养需要商业船只，而海军不同，只需海路即可。

9月11日夜里，"洛根"号抵达天津大沽口，美国驻华公使柔克义（William W. Rockhill）到大沽迎接。因为意外遭遇海潮，代表团成员无法及时上岸，只能在继续待在船里喝茶等待。9月13日，经过海关检疫检验和简单的欢迎仪式过后，艾丽丝换乘拖船与汽艇至塘沽火车站。在那里，直隶总督袁世凯为美国客人准备了一趟进京的豪华专列。

在塘沽火车站，天津警察部队组成的仪仗队排列整齐，候车厅飘扬着美国国旗。当艾丽丝等人走进豪华专列的车厢时，被精美的装饰惊呆了。车厢内富丽堂皇，座椅配有软垫，窗帘是丝绸的，漂亮美观，车厢两侧还挂有绘有各种图案的壁毯。列车启动，军乐队演奏美国国歌送行。

当列车进入天津城，停靠在天津火车站时，在军乐队的伴奏下，艾丽丝下车检阅了两个连规模的仪仗队。在这种舒适的环境中，艾丽丝等人享受了一顿丰盛的午餐，据随行的成员回忆，这顿午餐是使团数月来最好的一顿午餐。

列车继续驶向北京，艾丽丝等人感到旅途很无趣，他们观赏着窗外的风光。广阔的平原，一片沃野良田，成片的高粱红似火。美国人将高粱当成了像玉米一样的甘蔗。一些未种植庄稼的地方，耸立着大大小小的土丘，美国人看到墓碑才明白，土丘原来是坟头。一些农民在坟墓的周围小心耕作，仿佛怕惊动了坟墓里的祖先。望着平坦的土地，有人感觉很像置身在美国的内布拉斯加州。

下午5时许，列车抵达北京。没有隆重的欢迎仪式，美国部分驻京官员及中方外务部右侍郎伍廷芳等官员来迎接，代表团成员被分配到北京城仅有的两个涉外旅馆。一个是位于使馆区的六国饭店，一个是位于外城的北方客栈。艾丽丝与随行女士则入住美国公使馆内。

北方客栈原来是一座千年古庙，后改为客栈。客栈由法国人经营，所有房屋都是单层，美国很多人不习惯中国式的院落，感觉像迷宫，需要向导才能找到自己的房间。

正式踏上东方帝国的都城土地，美国人用敏锐的眼神打量着这座城市，并用随身携带的柯达牌便携式相机一阵猛拍。北京城街道宽阔笔直，但却非常脏。艾丽丝的这种感觉与5年前进入的八国联军完全一样。1900年，八国联军进入天津、北京，他们非常难以忍受的便是城市的肮脏。

在艾丽丝随行成员摄影爱好者弗朗西斯·W. 弗罗斯特的日记中，有着这样的描述："北京外国租界之外的地方很脏，刺鼻的味道要比广州更浓一些。街道一般都很宽，但坑洼不平。中间部分大概有20英尺宽，但两边却各有两英尺是向下倾斜的，有时甚至有三至四英尺，道旁还各有一条三至八英尺宽的水沟，然后才是人行道（如果可以这么称呼的话），人行道上摆着零售食摊和货摊，再边上才是房屋，通常都是单层的。没有排水系统，雨水直接流入水沟，沟内是漫溢或半满的臭水。"

弗罗斯特感叹，除非为了参观和研究，否则在北京待两天就足够了。弗罗斯特非常想念日本的干净道路与百姓。

北京的街道上还见不到汽车，街上跑的是大量的黄包车，还有骆驼队、骡队。倒是街道两旁古色古香的店铺门面充满中国传统韵味，感觉非常耐看，让美国人很感兴趣。

北京百姓穿着也非常枯燥，基本都是蓝色或黑色。弗罗斯特在日记中写道："各种深浅不同的蓝颜色是北京的主色调。站在哈德门朝弯曲的哈德门大街瞭望时，这一点尤为明显。假如不是仔细地盯着某物看，那放眼望去，无论是人还是车篷，给人的整体印象还是许多在街上穿梭的蓝色斑点。女人们也穿蓝色的衣服，但也有不少是穿黑衣，而且戴着非常特别的头饰……"

9月14日，艾丽丝与随行女士一起参观天坛，感受东方文化的魅力。天坛作为皇家禁地，并不允许外国人参观。格兰特访问北京时，也是被特批后才得以进入天坛。当晚，艾丽丝等人入住庆王府。或许是精神愉悦，艾丽丝在那晚没少吃，中西餐通吃，玫瑰酒也喝了不少，艾丽丝感觉自己已经醉了。

9月15日，艾丽丝与柔克义的夫人等人被允许入住颐和园，等待第二天觐见慈禧。觐见慈禧的名单很早已经确定，艾丽丝还在香港时，就向大清国外务部提交了具体名单。有人后悔没有提早进入名单内，错失了颐和园美景，也无法目睹中国最高女统治者的风采。

第二天清晨5点，住在北京城里等待接见的成员早早起来梳妆打扮，穿戴整齐，然后坐轿赶往20千米外的颐和园。一路上尘土飞扬，让大家苦不堪言。

艾丽丝等三位女士被轿椅抬入宫中，其他成员跟随进入，每走几步便需要鞠一次躬。艾丽丝充满了激动，同是女性，她对慈禧这位东方传奇女性能统治中国这么长时间感到好奇。

见到慈禧的那一刻，艾丽丝印象终生难忘。她在回忆录中写道："我们第一眼见到她是透过谒见厅的门口看到的。她笔直地坐在高出地面几个台阶的御座上，把一只纤细和带着金指甲套的手放在椅子扶手上，另一只手放在膝上。她穿着一件宽松的点缀着刺绣的旗装，脖子上戴着珍珠串和翡翠。光滑的黑发梳成高高的旗人发型，头饰上点缀珍珠、翡翠和人造花。"

柔克义夫人按身份高低依次向慈禧介绍艾丽丝等人，伍廷芳担任翻译。63岁的伍廷芳早年曾自费留学英国，就读于伦敦学院并取得法学博士学位及大律师资格。后在香港任律师，还曾担任李鸿章的法律顾问。1896年，他担任驻美国公使。伍廷芳不仅英语流利，外事经验还非常丰富，是清政府不可多得的人才。

不知是什么原因，慈禧突然严厉喝令伍廷芳跪下。年老的伍廷芳只好额头贴地，跪倒翻译。跪下后，他只能提高声音，甚至有时不得不抬起头。

34岁的光绪皇帝也出席了接见艾丽丝的活动。艾丽丝自然也留心观察了这个名不副实的皇帝，"皇帝坐在宝座最低一级台阶上，刚30出头的样子。他软弱无力地蜷缩着，嘴巴微微张开，眼神呆滞游离，面无表情。没有人向他引荐我们，没有人关注他。他只是坐在那里，茫然地四处环顾"。

在艾丽丝看来，光绪好像一个犯了鸦片瘾的瘾君子。

中午，慈禧与艾丽丝一行共进午餐。宫廷午宴非常奢华，但让艾丽丝最难忘的则是一道叫"雪片鱼翅"的菜。早在美国时，艾丽丝就听说中国人爱吃燕窝、鱼翅，并视这种食物为高级滋补品，但美国人完全不懂这两种食物是什么东西。

餐后交流，大家都放开了很多。慈禧也很随意地走到艾丽丝等人中间，与大家交流。活动结束，慈禧赠送给艾丽丝两个戒指、一对耳环、一些白玉和一件用白色狐皮和貂皮缝制的装袍。奇怪的是，男士们并没有礼物。

通过这次接见，艾丽丝既感受到了慈禧严酷的一面，也领略到了她亲切随和的一面。艾丽丝将慈禧与俄国的凯瑟琳女皇、英国的伊丽莎白女王、埃及的哈特谢普苏特女王、埃及艳后克利奥帕特拉等人并称为历史上最伟大的女性统治者。

下午，艾丽丝一行在颐和园内参观。作为皇家园林，颐和园的美景深深吸引了这个美国女孩，她说："没有什么建筑能够与中式屋顶的曲线和由鲜艳的碧绿、深蓝和朱红等颜色交错而成的雕梁画栋相媲美的了。这些中式屋顶的屋檐和屋脊上往往还会装饰有龙、凤、狮、狗等奇特的雕像。"

秋季的颐和园，天高云阔，碧水连天，爬山观湖，风景曼妙。在一个舒适的季节，艾丽丝欣赏到了北京最美的景色。

第二天一早，一阵响亮的马蹄声向美国公使馆袭来。原来是一队骑兵，专门为艾丽丝送礼物而来。骑兵队送来一顶黄色轿子，轿子里装着一个精美的大盒子，爱丽丝打开盒子后，发现里边是一幅镀金相框，装裱着一幅巨大的慈禧照片。

所有人都发出了惊叹声。

与照片一起送来的还有一只京巴小狗，小狗活泼可爱的样子让大家非常开心。

或许都是女性的缘故，慈禧允许艾丽丝进入紫禁城参观。当年格兰特也非常想进入这个古老的皇宫看一看，但没有被允许。

紫禁城已有近五百年的历史，富贵典雅，古朴庄重，让人流连忘返。艾丽丝除参观建筑外，还观赏了众多精美的雕刻品、玉器、珊瑚石、钟表、青铜器、景泰蓝、瓷器、丝绸等艺术品。不过，让美国人不明白的是，紫禁城内虽然铺着地砖，但仍有很多杂草在地砖缝隙里钻出来。漫步在等级森严的宫廷内，艾丽丝感觉到，在皇宫奢华的背后则是权力斗争的残酷。

伍廷芳全程陪同艾丽丝一行参观游览，由于语言没有障碍，伍廷芳与一众美国人聊得很开心。弗罗斯特私下询问他对慈禧的印象，伍廷芳坦言，慈禧是很聪明的人，尽管经常自以为是，认为自己无所不知，但慈禧并没有出过国，眼界狭窄，见识有限。总理衙门大臣庆亲王虽然比较开明，但也没有出过国。

中午，清廷特别在中南海紫光阁设宴，款待艾丽丝一行。宴会厅内，悬挂有西式水晶吊灯，包括家具、餐具等一切装置摆设都是西式的。显然，这是专门为招待美国人重新进行布置的。

9月18日，艾丽丝赴天津参加接风晚宴。袁世凯早已向艾丽丝下了隆重的邀请帖，热情邀请艾丽丝等人到天津一叙。精明的袁世凯不会放过此次机会，他还史无前例地让夫人出席，一同参与会见艾丽丝。

代表团的部分成员不喜欢应酬，没有跟随艾丽丝赴天津，他们想在北京多游览几天。

弗罗斯特便去了鼓楼、先农坛、长城等地，他意外发现了一个破败的北京。在给家人的信中，他记录了这一切。"与其他景点一样，年久失修，破败不堪。""无论走到哪里，都是一片疏于管理和杂草丛生的景象，茂密的野草覆盖了原本宏伟壮观的石板大道和赏心悦目的花园。""这地方过去很美，但现在破败不堪，在这方面中国的寺庙和日本的很不一样。"

参观过明十三陵后，他又写道："此处已经逝去的辉煌要比其他任何地方都要让我感到震惊。五条宽阔的石板路上长满了杂草，年久失修的辉煌汉白玉桥都已经倒塌，被河水冲刷得只剩下零零散散的桥拱。"

驻菲律宾的美军副官长亨利·C.科尔宾将军在完成北京的活动后，在给朋友的信中评价道："我们对北京的访问非常有趣。年老的太后和明显痴呆或近于痴呆的年幼皇帝必定会在短期内使中国政府发生重大变化。到处都昭示着这个国家的衰落。甚至在一些最神圣的殿堂里所见之处也是杂草丛生，这些杂草比视野范围内任何植物都要茁壮成长，并且完全覆盖了殿堂的地面。宏伟的殿堂和高耸的城墙见证了这个民族早已不复存在的繁荣和富强，或者说，如果它们真的还存在的话，那就是被遮盖住了，无法被漫不经心的观察者所看到。然而中华民族的特色是勤奋。"

最让美国人难以忍受的是中国各城市四处闻到的恶臭。"然而广州最糟糕的是那无处躲避的恶臭味，尤其是当我们经过那些小饭馆时，这种恶臭味尤为浓烈，但在其他地方也能闻到同一种或混杂其他味的恶臭。"

在北京，美国人同样闻到了这种臭味。"最好的中国客栈也不适合用作避暑旅馆。这些客栈通常都是单层，厨房里散发着恶臭……"

其实，这种所谓的"恶臭"有一部分是中式餐饮烹饪的味道，浓烈的调料，多样的食材，美国人肯定没有闻到过，且难以适应。另外，还有中国人生活的味道，或是长期不洗澡的汗臭味。就像中国人也闻不了外国人身上的怪味一样。

美国人到了上海，感受又大不同。黄浦江畔的上海外滩，全是西式砖石建筑，外资银行、俱乐部、轮船公司林立，整体气势非常恢宏。黄浦江上，商船云集，飘扬着欧洲各国国旗。站在浦江路与百老汇大厦的桥上眺望，马路上的车辆川流不息，西洋马车、汽车、中国独轮车，众多的各国士兵与水手穿梭其中。静安路上，满眼漂亮的马车、汽车，有的马车夫和脚夫甚至还穿上了西服。

美国人感叹，上海无疑称得上是世界上最都市化的城市，也是中国秩序最好的城市。但弗罗斯特认为，上海的秩序是高大帅气很有贵族相的印度锡克教信徒警察、保安与中国人、英国人共同管理的结果。

在北京，美国人看到了辉煌文明极度衰落的迹象。在上海，美国人又看到了文明与秩序。

吃完袁世凯的欢迎宴，艾丽丝等人给天津留下一句"和上海规划一样好"的礼貌性赞美后，便从天津乘坐"俄亥俄州"号战舰去了朝鲜。朝鲜同样给了艾丽丝盛大的欢迎，但这个夹在大国之间的小国在艾丽丝看来，更多是悲伤。

她在自传中写道："朝鲜不情愿和非常无奈地陷入了日本掌控之中。全国人民看起来都有些悲伤和沮丧，似乎他们所有的力量都已被消耗殆尽。随处可见好战和技术娴熟的日本军官和士兵，这与贫困卑微的朝鲜形成了鲜明的对比。"

10天后，艾丽丝再次去日本。日本人正处在愤怒中，原因是美国调停了日俄战争，让双方9月4日在美国新罕布什尔州的朴次茅斯签署了和平条约。

俄国承认日本在朝鲜的特殊地位，将旅顺口和辽东的非法权益移交给日本，同时将满洲里的铁路也让给日本。双方同意，18个月内撤离满洲里。同时，日本还获得了俄国的大量赔款，但这笔钱根本没有拿到手，日本人便把气撒到了美国人身上。

但这丝毫没有影响老罗斯福为世界和平所做的贡献，1906年，罗斯福荣获西方人颁发的诺贝尔和平奖。

有人劝说艾丽丝，最好假装是英国人，否则容易发生危险。作为美国总统的女儿，艾丽丝代表着美国官方形象，怎能做这种事。在这种情况下，艾丽丝玩性不减，去镰仓朝拜了大佛，游览了中禅寺湖，还参观了幕府将军墓。

10月13日，艾丽丝携带着27箱贵重的礼物与那张乌龟抬轿的海报一起回了国。一个月后，艾丽丝便与朗沃思确定了婚期。回国后，艾丽丝将乌龟抬轿的海报贴到了家里，一直保存至今，她的孙女在近年接受采访时，人们依然能看到这幅贴了百年的海报。

对于艾丽丝的访华之旅，美国蒙茅斯学院历史系教授斯泰茜·科德里（Stacy Cordery）认为，在一定程度上是怀柔中国，对于消除抵制美国货运动起了重要的作用。因为老罗斯福曾想派军队赴中国，企图用军事力量压制中国的反美力量。

美国北卡罗来纳大学历史系退休教授韩德（Michael Hunt）则认为，艾丽丝一行的访华，更多是基于美国人试图了解一个更广阔的世界，美国人能为世界做什么或者美国人能和世界一起做什么。至于说和慈禧的会面并没有起到很大的作用，对消除抵制美货也没有产生很大的影响。

韩德还认为，老罗斯福与塔夫脱是有分歧的。老罗斯福认为中国市场不够大，不足以为保护在华利益而发动战争。塔夫脱则认为，美国在太平洋地区有"门户开放"政策，美国有义务维护中美之间的贸易。

回到美国的塔夫脱认真竞选，1908年，成功当选美国总统。那年冬天，慈禧与光绪先后逝去。美国仍在强势崛起中，而大清帝国真正到了风雨飘摇的地步。

六、抵制美货中的 激 烈外交争端

席卷全国的抵制美货浪潮让大量美货滞销，美国人无法淡定。

据相关统计，在1905年抵制高潮的7月份，广州当地2000万包美国面粉积压，美孚煤油销售量暴跌，相比上半年减少了142万箱。至8月中旬，据美国驻上海领事馆估计，约有800万美元的美国棉布被积压，在抵制范围内的所有美货价值大约在2500万美元。

1905年7月20日上午9时，美国驻上海总领事罗志思（James L．Rogers）悄悄走进了上海商务总会，要求与曾少卿展开沟通。对于美国人的来访，曾少卿多少还是有些意外，霸道的美国人居然可以降低身段来登门拜访，这说明抵制运动至少起到了杀美国人威风的作用。

抵制归抵制，双方见面还是要按正常礼节行事。两句客套话过后，美国人不喜欢绕圈子，直接进入正题。

罗志思说："曾总，有个问题我不明白。关于条约的问题，我们要到10月份才开会讨论，你们为何现在就抵制我们呢，这不是强人所难吗？"

看罗志思的表情略有不悦，曾少卿严肃地说："事有常变，不能概论啊。贵国领事馆日常之会通常不会变化，遇到礼拜便不再办公。假如贵国的属岛被人占领，是不是就要临时召开紧急会议，或是紧急决定，派出军舰呢？"

罗志思连忙摇头说："这是战事，与约事不同啊。"

曾少卿又说道："寻常合约嘛，无非就是静候开会，但此次之事岂是寻常？政府不能争，百姓也不能争。如果按旧约的年限，在去年就应该议定，何必等到今年呢？"

罗志思说："此事我们已经在逐渐改良中，昨天我国公使来电说，希望此事能早日定妥。"罗志思的口气明显软了一些。

曾少卿淡淡一笑说："如此极好，甚好，那就请阁下立字为据，也好让我传阅给他人，让大家知晓。"说话间，曾少卿眼睛直直地盯着罗志思。

罗志思又摇起了头，说："凭据我不方便写的，难道您不相信我们吗？"

曾少卿大笑道："我肯定相信你的，但我担心大家不相信我啊。"

罗志思接着又说道："昨天，我向上海道袁树勋大人写了一封信，我告诉他，我们罗斯福总统已经发布了行政命令，他要求美国的官员善待在美国的中国官员、商人、游客和学生。"

曾少卿说："那很不错啊，用中国话讲，知错能改，孺子可教也。"

罗志思继续补充道："中国的抵制活动实在有损两国贸易，导致大量美国商品积压，众多销售美国商品的中国商人也损失惨重，给中国人民的生活也造成了诸多不便。我想说的是，抵制运动是一把双刃剑，对谁都没有好处。"

曾少卿回复道："是啊，但你们要想一想，我国人民为了表达自己的正当诉求，要做出如此大的牺牲，难道你们还能无动于衷吗？"

一直严肃的罗志思略微挤出了一点笑容，他说："我理解你们的努力，我和我们的总统对未来都充满乐观，我相信，最终会达成一个令两国商人都感到满意的条约。"

"但愿如此吧。"曾少卿点了点头说道。

罗志思谈到的"令两国商人都感到满意"这句话，自然包含了美国商人。中国的抵制运动让美国商人遭受了巨大的损失，也让他们非常愤怒和焦虑。部分人在美国国内发起倡议，希望以同样的方式对付中国人。部分美国商人组建了反抵制联合会，期待用同样的方式对中国进行对等报复。

美国的反抵制运动不成规模，也只是小范围发起，如反抵制联合会禁止成员购买中国商品，禁止与中国商家进行任何交易。一些人还解雇了华人厨师、女佣，让其他国家的人来代替。

走出上海商务总会的罗志思没有一丝笑容，表情略显沉重。在回领事馆的路上，罗志思一直低着头沉思，沿途仍然听到了部分上海市民的集会演讲。罗志思没有抬头理会，一些洒落的抵制美货传单偶尔会飘进车内，罗志思直接将其捡起扔出了窗外。

罗志思前脚刚走，曾少卿立即召集商界人士，并贴出告示，准备下午在上海商务总局门口举行公众集会。

下午3时许，上海商务总局的门外千人云集，人声鼎沸。曾少卿手持喇叭，高声宣布，美国没有废除条约，希望各界正式对美国实行全面抵制，继续给美国施压。

现场掌声雷动，欢呼不断。商界巨头苏葆笙率领部分销售美国商品的代理商当场向众人宣誓，绝不再订购美国商品，欢迎大家监督。商人的宣誓再次赢得了剧烈的掌声。

一位激动的观众也走到台前，高举右拳向大家保证，从此不再使用任何美国商品。观众怒目圆睁，表情愤怒。众人也随之高高举起拳头，怒吼声讨。

作为上海乃至全国抵制美货运动的发起人与领导者，曾少卿敢于如此大胆行事，显然是受到了清政府的鼓励。从清政府到外务部，再到两江总督周馥，全部都是支持的态度。

美国方面可谓被动参与，从美国政府到美国驻华公使，再到各地的领事，也在逐级与中国方面进行沟通，甚至施压。中国与美国的交涉一直在进行，底下的民众在愤怒抵制，上面的外交沟通也不时充满火药味道。

自从上海商务总局宣布抵制美货后，美国方面不相信涣散的中国人会有多少作为。就连旧金山的华人也不相信中国国内真的要抵制美货，更不相信能搞出多大的动静，因为这在历史上没有过。

5月20日，刚刚调任美国驻华公使的柔克义来到了上海。50岁的柔克义不是第一次来华，曾在1884年在美国驻华公使馆工作。此次赴上海，是柔克义上任后的初次考察，只有深入抵制美货运动的中心，柔克义才能摸清中方的底细。

第二天，柔克义会见了上海当地商界领袖，包括曾少卿、苏葆笙等多位上海商界大佬出席。美国驻上海总领事罗志思、副领事达飞生共同出席了此次会议。会谈气氛自然不会很融洽，柔克义首先不承认美国排华的事实。

"诸位商董，你们总说敝国排华，甚至说我们要继续制定严苛的华工条约，这其实真的是一种误会。以此为借口抵制美货，是没有道理的。我们正在改良条约，希望能照顾到两国共同利益，彼此均沾。"柔克义说道，"续约的问题，还需要下议院批准，至少也要半年时间。贵国现在抵制美货，根本不是时候嘛。再者，也会伤害两国来之不易的友谊。"

闻听此言后，曾少卿按捺不住气愤，立即回击道："如果续约真的会改良，我们当然支持。阁下说旧约没有排华，那为何你们国内屡屡上演各种排华暴行呢？"

会谈气氛骤然紧张，柔克义没想到中方代表如此咄咄逼人，他马上辩解道："续约改良，还需要双方继续沟通，只需再等待一段时间即可。但抵制美货，实在不妥，是不理智的，希望在座商董，能劝谕商户与百姓，不要再继续下去。"

为了缓和气氛，苏葆笙平静地说道："既然贵公使说了，半年后就会续新约，相信不是空话，但贵国一日不定新约，华人也一日不得定心啊。"

柔克义笑了，连忙说道："是啊是啊，理解理解。两国友谊弥足珍贵，还需双方多加呵护。敝国感谢华人做出的贡献，我们作为文明之国，举世皆认，也会让他们相信，我们没有苛待他们。"

上海商务总局董事周金箴说道："贵国不是号称人类文明之国吗？那就不要让人授以口实，为何要偏袒加州工人党呢？若真的是文明之国，必天下公认。"

柔克义尴尬一笑，连忙举杯让大家喝茶。

双方都没有说服对方，会谈最终不欢而散。

其实，根据罗志思提供的情报，柔克义相信，上海抵制美货掀不起太大的风浪，理由是，中国没有相关社团，很难组织起来，即使勉强组织起来，也很容易涣散。

几乎是同一天，柔克义在上海会见上海商董，中国驻美国公使梁诚则在华盛顿谒见了美国总统西奥多·罗斯福。

老罗斯福承认，现行针对华人的禁例确实过多、过当，表示将会让外交部门、工商部门设法予以通融，并订成新约，增加华人的权利。老罗斯福还怒斥了加州工人党，对该党的排华暴行进行强烈谴责。

对于梁诚的主张，老罗斯福表示，华工入美，仍然要禁限，但华人其余的各项权利，将与其他各国人民一样，同等优待。

梁诚从老罗斯福探得口风后，立即致电清政府外务部，建议不可续约，并请自禁华工赴美。同时，梁诚提出六条举措：

　　一、工外不禁。

　　二、标列工类。

　　三、禁外人及合例工人来往居游均按最优国条约与各国人民一律相待，不得稍异。

　　四、合例工人抵境留难准赴法庭控诉。

　　五、檀香山、飞猎宾（菲律宾）两处宽禁。

　　六、禁例章程我可照行。

　　梁诚认为，美国迫于压力，已经出现妥协的迹象。他希望国内抵制美货运动一定要坚持到底，最终逼迫美国低头，并求于中国。

　　梁诚建议向美国政府索赔，他还嘱咐旧金山的领事，认真统计被虐待的华工情况，并填表登记。

　　不过，对于梁诚提出自禁华工的建议，外务部没有理会，认为此举对于国人过于残酷。

　　梁诚找了罗斯福沟通，柔克义开始找庆亲王奕劻交涉。6月3日，双方第一次见面，柔克义向奕劻表示了对抵制美货日益激烈的担忧，恐中国引发暴力排外。柔克义希望清政府能从大局出发，进行约束。

　　奕劻有些漫不经心，声称个别极端的抵制美货行为，只是不明真相群众的愚蠢举动。同时承诺会对抵制运动采取措施，尽快降温处理。

　　奕劻答应后并没有丝毫行动，柔克义对奕劻的敷衍很是不满。6月17日，他致电奕劻，兴师问罪。

　　奕劻强调，责任完全在美方，“美国政府反对中国人进入美国的限制太严苛，并且美国的排华法给中国人带来了极大的不便。此劳工移民条约现在已经到期，尽管这个条约已没有价值，但排斥、限制条款仍被强制实行。基于此原因，才导致了这场运动，但是，如果你们的政府能够减轻限制条例，并用友好的方式缔结一个新条约，那么这场运动将会自动停息”。

　　6月26日，柔克义再次致电奕劻，口气严厉：“贵政府不行严禁，又不分饬各省督抚立禁，敝国政府不能不疑中国各大员以此法为有益于中国，由是中国百姓再行议办。”

奕劻意识到了事态的严重性，迅速向南北洋大臣及广东、江苏、福建、四川等多省发去电令，担心各地匪徒借机生事，引起他变，希望当地务必进行着力开导。

不是禁止，只是开导。奕劻又耍了一个手腕。

随着抵制运动的深入，双方互不让步。柔克义将续约的草稿交与外务部，表示要重新订立新约。奕劻发现，对待华工的苛刻条件并没有改善，还把禁止华工的范围扩展到了檀香山、菲律宾，同时要求华工受到不公正对待后不准控告。

奕劻态度强硬，坚持要求取消上述严苛条例后，才能订立新的条约。柔克义也不妥协，依然坚持如故。双方陷入僵局。

中国抵制美货运动持续，美国《巴里每日时报》报道称，面粉贸易、石油贸易在7月份呈断崖式下跌，跌幅达90%，面粉贸易几乎瘫痪。一家面粉公司的代理人绝望地称：东方的贸易订单、合同全部被取消。

美国继续施压，这次搬出了《中美天津条约》，威胁要中国承担赔偿责任。

8月7日，柔克义再次致电奕劻，指责中国部分官员授意并支持了抵制运动，同时对曾少卿批评道："他用大量的时间和金钱来加强和发展这场运动，他所做的已经超过了任何一个人，为了引起抵制美货运动，他用虚假的和恶意的陈述来增强对我们的政府和人们的敌意。"柔克义严厉要求对曾少卿进行革职查办。

同时，柔克义转达了罗斯福总统的威胁："美国总统对于帝国政府对这件事情表现出的非常消极的态度很是惊讶，他不同意中国人这样的不友善，他认为他有理由对中国政府寄予期望。美国总统让我去通知殿下，美国政府会让中国政府承担美国的贸易损失和今后就中国政府不能阻止这场运动而使美国造成的损失。"

8月12日，罗斯福总统再次命令柔克义，要求其用"强硬的语气"向中国施压，让中国遵守《中美天津条约》并承担第15款的责任。

《中美天津条约》是1858年6月18日在天津签订的条约，是第二次鸦片战争的产物。美国以中立之名，试图与英国、法国分享同等利益，竟然抢在英法两国前面，逼迫中国签订了条约。

其中第15款的内容是："大合众国民人在各港贸易者，除中国例禁不准携带进口、出口之货外，其余各项货物俱准任意贩运，往来买卖。所纳税饷惟照粘附在望厦所立条约例册，除是别国按条约有何更改。即应一体均同，因大合众国人所纳之税，必须照与中华至好之国一律办理。"

柔克义正告，抵制运动不结束，任何条约草约一概不讨论。

清政府面对列强索赔已经不是一回两回，听到赔偿，着实让人胆寒，但表面上，还是要强硬。奕劻回复柔克义，明确表示，中国不会做出任何赔偿，因为抵制运动是商贸人员倡议并执行的，清政府并没有参与。且外务部已经向各地发出了电令，要求各地大员对运动进行镇压、疏导，并要求他们与绅商代表进行磋商，以妥善处理此事。

对于惩罚曾少卿的要求，奕劻给予了拒绝。

事实上，各地抵制运动确实在降温，柔克义也感觉到了。作为美国驻华公使，他随时与各地领事馆的领事保持着密切沟通。各地信函不断发往北京，透过这些内容，柔克义明显意识到，抵制运动的高潮期已过，距离结束之日不会太远。

柔克义及时向美国政府做了汇报，中国政府确实在镇压。

在拒绝了美国的赔偿要求后，奕劻乘机拿出一套续约新方案，方案也是六条，大体内容就是，除华工外，其余人一律不得禁止进入美国，且华工的界限要重新界定。另外，檀香山、菲律宾等地不能以此条例对待华工。

外务部指示梁诚与美国交涉，梁诚与老罗斯福再次坐到了一起。老罗斯福没有了电函中的强硬，表示在冬季召开国会时，一定会建议国会做出调整，但鉴于美国三权分立的制度，并不能保证成功。

双方开始进入良性对话通道。

8月31日，清政府正式颁布禁止抵制美货命令："公愤既兴，人众言庞，风潮过激，恐宵小生乘机窃发，恐误大局等语，亟应明白宣示以免误会，而释群疑。中美两国睦谊素敦，从无彼此抵牾之事，所有从前工约，业经美国政府允为和平商议，自应静候外务部切实商改，持平办理，不应以禁用美货辄思抵制，既属有碍邦交，且于华民商务亦大有损失。……倘有无知之徒，从中煽惑，滋生事端，即行从严查究，以弥隐患。"

外务部立即照会柔克义，表达了中国政府禁令之意。老罗斯福获悉后，也要求参议院改变对华人不公正之处。

中国让步，禁止抵制运动也是无奈之举。抵制运动初起，袁世凯曾向清政府发出提醒，他希望"应由外务部分电沿江海各省，速速谕禁各埠华商，万勿再倡此议，致碍大局。"8月，御史王步瀛上折，希望清廷警惕抵制运动变成动乱，将国家带入危险的边缘。

同其他地方大员默许或支持抵制运动不同，袁世凯是全国唯一公开强烈反对抵制美货的地方大员。袁世凯担心这场排外运动若任意发展，恐会重演义和团的悲剧。

1900年的中国，义和团高举"扶清灭洋"大旗，慈溪冲动地与列强宣战，接着八国联军侵入中国，灾难历历在目。若抵制运动变成动乱，列强再次出兵干预，那后果不堪设想。

事实上，美国已经有人提出调兵的建议。就在美国驻厦门领事馆的美国国旗被砍倒后，驻厦门领事安德森就曾向柔克义建议，需要调派军舰来向中国示威。

袁世凯治下的天津，抵制运动只持续了几天，便很快销声匿迹。袁世凯再次展示了高瞻远瞩的一面。

华北义和团运动盛行之时，刚刚调任山东巡抚的袁世凯就显示出了过人的谋略。为了扫清山东境内的义和团，袁世凯抛出"真假论"，凡自称爱国的义和团必须北上京津保家卫国方能得到承认，而不愿意北上的则一概视为假义和团，就地剿灭。

袁世凯不仅让山东免于动乱，而且还避免了八国联军的战火烧至山东。袁世凯控制的北洋新军也因此成功躲过一劫，保存了实力。

袁世凯指责天津《大公报》煽动抵制美货"有碍邦交、妨害和平"，是考虑到日俄战争还没有结束，美国正在居中调停。艾丽丝与塔夫脱的亚洲之行，中国、日本都在行程之中，调停日俄矛盾便是主要内容之一。相比其他高官，袁世凯似乎更具战略眼光。

9月中旬，在艾丽丝访问北京时，袁世凯在天津迎来送往，非常热情周到。艾丽丝离开北京后，袁世凯在总督衙门大摆宴席，隆重招待这位美国总统的"公主"。

另外，停止抵制运动对争取美国退还庚子赔款也很有好处。5月中旬，梁诚就曾致电外务部，称美国有望退还庚子赔款。这么一大笔钱，既然人家要退，没有理由不要。

最重要的是，抵制运动会促进民族意识觉醒，这对清廷统治是极其不利的。事实上，海内外革命党经常以抵制美货的名义开展反清活动。孙中山、康有为、梁启超等各方势力都在借此机会扩大自己的影响力。

清政府发出禁令后，曾少卿代表上海商务总会下发通知，让上海各商户恢复正常营业秩序，不要再抵制美货。上海抵制运动逐渐进入低潮。美国人本以为抵制运动会迅速消退，没想到一个广东人的自杀，让抵制运动再起波澜。

7月16日，广东南海人冯夏威在美国驻上海领事馆门前服毒自杀。冯夏威的死最初并没有引起什么反响。直到8月21日，才有报纸报道了此事，迅速引发了广泛的同情与愤怒，各地轮番为其举行追悼会，其中冯夏威的家乡广东的追悼会规模最大。

冯夏威的追悼会让美国驻广州领事雷优礼（Julius Gareché Lay）非常不爽。岑春煊不顾他的指责，回击道："粤民追悼冯夏威之事，乃为血性所激，共表同情，准之法律，衡以公理，从未闻有赞叹节烈，追悼前人，而遂可致人於法者。"

雷优礼声言，如果演变成动乱将对中国采取军事行动。他致电华盛顿，希望派一艘战舰到广东。

事实上，广东的抵制运动仍在继续。艾丽丝与塔夫脱的到来，让广东当局对抵制运动进行了暂时打压，但风头过后，抵制运动再次恢复。

柔克义发现，中国政府的禁令并没有立即让抵制运动停止，便继续致电奕劻，希望清政府能再次出手制止。柔克义尤其对岑春煊不满，指责其纵容抵制运动蔓延。奕劻也没有直接回复，而是将岑春煊上奏的信件原封不动转给了柔克义。

岑春煊在信中重点强调，广东的抵制运动已经在镇压，但平息仍需要时间，大概要到11月才可结束。如果采取严厉的镇压手段，恐怕会引发革命。

柔克义立即予以反驳，称中国政府的禁令只能在广州城内看到，两广地区其他城市根本没有。

事也不凑巧。10月28日，广东连州的美国长老会教堂遭到攻击，5名传教士被杀死。这个事件顿时让美国人联想到了义和团。

老罗斯福亲自过问此事，愤怒的他于11月15日命令海军司令"向中国港口尽可能派遣最强大的海军力量，而且越快越好"。位于菲律宾马尼拉的美军炮舰和驱逐舰随即出发，直抵广州。

12月6日，美国如期召开议会，老罗斯福对中国的抵制运动也表示了理解。但最终议会讨论的结果仍是禁止华工赴美，中国也不答应续约。也就是说，关于华工的问题，美国并没有做出任何改变，持续半年的海内外抵制运动并没有产生多大效果。

1906年2月13日，清政府再次发布禁止令："……经此次宣谕后，著各省将军督抚严饬该文武各官认真防范，所有外国人命财产及各教堂均应一体切实保护，即遇有不平之事，应侯官为理论，如有造言生事任意妄为者，必非安分守法之人，即著赶紧查拿，立行究办。倘或防护不力，致出重情，定将该地方官从重惩处，决不姑容。"

1906年4月18日，一场7.8级的大地震重创旧金山，旧金山唐人街未能幸免。这场突如其来的巨大灾难，让华人无暇再顾及抵制运动。

海外的抵制运动热潮慢慢退去，国内也逐渐回归平静。

据相关统计，1905年，美国对华出口大幅下降，其中棉布下降1/2，汽油下降1/3。

塔夫脱回国后曾称："中国人因为抵制美货运动损失了1500万美元，如果说中国人是失败者，那我们是什么？"

七、一个**热**血青年的自杀

在上海抵制美货运动如火如荼之际，谁也没想到会有人以死抗争。

夏日的苏州河静静流淌，阳光照到河面上发出刺眼的白光。1905年7月15日午后，烈日当空，吃过午饭的人们大多懒洋洋的，有人进入了午睡时间。

苏州河北岸的美国租界内，安静如初，偶有几辆马车匆匆驶过。一名穿着和服的青年男子面无表情地缓慢走在大街上，街上行人不多，没有人注意到他。烈日下的树叶一动不动，似乎被定住了一样。

在一座红色建筑物前，该男子停了下来。他在建筑物门前远远驻足了一会儿，然后缓慢围着建筑物绕行。

大楼的门前竖立着一根高高的旗杆，星条旗无精打采地悬垂着。这就是美国驻上海领事馆。

几分钟后，青年男子再次走到领事馆门前。他缓慢坐在地上，双腿盘起，双眼紧闭，似打坐状。

美国领事馆大门紧闭，没有人注意到他。一会儿，他从怀里掏出一个小纸包，缓慢打开，仰脖快速吞下。吃卜后，他突然站起，双手挥拳，高声大喊："华工不可欺！国人当自强！"

连续几次喊叫后，惊动了美国领事馆的工作人员。他们透过窗户观察着门外的青年男子。他们感到很奇怪，一个日本人为何用中文喊口号。

几分钟后，青年男子突然倒地，口吐白沫，身体抽搐，很快便没了动静。美国领事馆的两名工作人员发现不好，立即下楼，开门出来。他们在俯身观察了一下后，急忙将该男子抬到树荫下，其中一名工作人员立即跑去找医生。

20分钟后，医生赶来。经过检查后，医生认为是服毒自杀。

一个日本男子为何要在我们这里服毒自杀呢？美国人想不通。他们立即联系车辆，将该男子送往日本驻上海领事馆。

听说有国民服毒自杀，日本驻上海领事馆的日本人很是震惊，多名工作人员对此男子进行了仔细辨认，发现此人完全陌生，平时并没有见过此人，身上也没有任何可以证明身份的证件。

男子还没有死，嘴巴在微微蠕动，但没人知道他在说什么。在检查中，工作人员发现男子的怀里有两封遗书。遗书用中文书写，内容很简单，就是与美国华工受虐和抵制美货有关，最后一句还在鼓励后人，"未死者应持以坚忍，无贻外人讥也"。

日本领事馆工作人员断定，此男子不是日本国民，而应是一个中国人，与近期的抵制美货有关。中国人为何穿上日本和服，这个谁也解释不清。日本领事馆为此拒绝负责。

美国领事馆工作人员立即将此男子送往广济医院救治。在救治过程中，医生依稀听见此男子好像用西班牙语说着什么。

一个中国人穿着日本服装，却说着西班牙语，这究竟是怎么回事，每个人都感到十分好奇。

有一位医生似乎想起来了什么，他连忙和美国领事馆的工作人员沟通。医生推测，此中国男子很可能是来自菲律宾的华侨。因为菲律宾当时使用的正是西班牙语，而自1898年后，菲律宾成了美国殖民地。

美国领事馆的工作人员还是比较狐疑，如果是菲律宾华侨，那他为何要穿日本和服呢？

第二天一早，医生发现，此男子脸色惨白，已经没有了气息。

没有姓名，没有家属，没有证件，无法证明此人的身份。美国领事馆也没有与中国方面交涉，便将死亡男子视为美国属民处理，将其埋葬在美国人的公墓中。

该男子的死没有引起什么波澜，美国领事馆恢复了往日的秩序。

几天后，上海人镜学社的梁渡和其他成员都在寻找一个叫冯夏威的人。冯夏威同是人镜学社的成员，大家朝夕相处，感情深厚。但大家已经多日没有见到他，冯夏威似乎失踪了。

大家四处打听冯夏威的下落，有人说，冯夏威在失踪前打听过美国领事馆的位置。有人在冯夏威的房间内找到了两封遗书，其中一封是写给美国领事馆的。遗书内容通篇是对美国虐待华工的痛斥和警告，"如果不废除条约将有更多像我这样的中国人不惜牺牲反抗到底"。

另一封遗书则是写给全体中国人的，他号召"凡我华夏同胞，有人性者，不要用美货，不要卖美货，贫富一样，务使办到废苛约而后止"。

在遗书中，冯夏威还表示，自己赴美国领事馆自杀时，会将两封遗书各留一份放到怀里，以方便美国人辨认自己的身份和动机。

梁渡等人立即赴美国领事馆寻找冯夏威。

在美国领事馆，美国工作人员向梁渡表示，前几日确有一名疑似中国人的男子服毒自杀，但不能确定就是冯夏威。

梁渡向美国工作人员出示了冯夏威的两封遗书，美国工作人员又说，仅仅通过遗书也不能确定死亡男子就是冯夏威，因为死亡男子穿着日本服装。

梁渡有些急了，大声向美国人抗议，希望美国人能尊重中国人的生命，不要企图掩盖什么。美国人不顾抗议，断然拒绝了梁渡的要求。

梁渡等人没有退缩，他们坚持每天去美国领事馆交涉，希望美国人交出冯夏威的遗体。梁渡等人怀疑，美国人草草下葬，很可能是怕因为此事激起中国人的愤怒，给抵制美货运动火上浇油。

经过多日的坚持，美国领事馆最终答应交还冯夏威的遗体。

8月9日，梁渡等人按约早早来到了美国公墓，他们为冯夏威提前准备好了一口材质较好的棺材。

美国领事馆请工人将冯夏威的墓打开，并把其遗体取出，向梁渡等人移交。在简短的交接仪式上，美方的乐队演奏哀乐，中美双方人员表情肃穆，大家集体为这个年轻生命的逝去哀悼。

虽然中国与美国存在巨大分歧与矛盾，但在对待生命上，则是一致的。

梁渡等人护送着冯夏威的遗体，驶向上海的一处广东人公墓。在下葬时，梁渡等人抚柩痛哭，为失去一位好同事、好战友、好老乡而哀伤不已。

人镜学社的创始人何剑吾作为冯夏威的同乡，建议集体为冯夏威召开追悼会，此建议得到了大家的积极响应。但何剑吾希望将追悼会控制在小范围内，因为他已经预感到，清政府要镇压抵制美货运动。

8月20日，冯夏威去世一个月后，上海的广东会馆召开了冯夏威追悼会。黑幔低垂的追悼会现场摆满了菊花，每个人都胸戴白花，庄严肃立。

追悼会由何剑吾主持，人镜学社学员悉数出席。何剑吾回顾了冯夏威短暂的一生与奋斗经历，高度赞扬了冯夏威的爱国壮举，"冯君以死抵制禁约之故，冀唤醒同胞始终坚持不用美货"。说到动情处，何剑吾哽咽难言。

学员们低头沉思，眼圈红润，梁渡泪洒追悼会。大家依次向冯夏威的遗像鞠躬致哀，为失去这样一位同学感到无比惋惜，悲伤的气氛弥漫整个会馆。

8月28日，梁渡将冯夏威的生平发布在《大公报》上，题目是《为华工牺牲生命冯夏威先生行状》。关于冯夏威的点点滴滴，人们逐渐清晰。

原来，冯夏威并不是菲律宾华侨。后来美国驻上海总领事罗志思在给美国的报告中也承认了这点，"Fernando Ruis（冯夏威的英文名）肯定不是菲律宾人"。

冯夏威，1880年生（一说1876年），广东南海县（今广东省佛山市南山区）沙头镇北村乡六约坊人。父亲叫冯标，母亲称黄氏，两个弟弟分别叫冯翰升和冯遇升。冯夏威家境贫寒，幼年时母亲去世，少年时父亲又不幸撒手人寰。

1898年，经同乡人介绍，孤苦伶仃的冯夏威远赴墨西哥做苦力。墨西哥的华人虽然也不少，但地位与在美国差不多，同样受到各种歧视和虐待。冯夏威饱受欺凌，但人高马大又年轻气盛的他不甘受辱，在一次斗殴事件上，狠狠地痛揍了一名西班牙人。

西班牙人扬言让冯夏威吃官司、进监狱，冯夏威只好拿出不多的积蓄贿赂墨西哥官员，最终才逃过一劫。

在履行完两年的劳工协议后，冯夏威凭借聪明的头脑，做起了小生意，为华工提供小商品服务。生意日渐兴隆，冯夏威的婚事也提上了日程。

1905年3月，海内外华人反对美国苛约的高潮渐起，冯夏威准备回国结婚。在家乡完婚后，住了一段时间，冯夏威计划去美国。

5月9日，冯夏威南下香港，在香港登上了赴美国的轮船。在轮船上，他结识了人镜学社的梁渡。两人同是广东老乡，年龄相仿，志向趋同，彼此感觉非常投缘。

经过一个月的颠簸后，他们在旧金山登岸。谁知，正值美国排华期间，旧金山海关禁止两人入境，并将二人遣返回国。对此，二人感到异常愤怒。

无奈，二人只好打道回府。冯夏威跟随梁渡到了上海。在梁渡的介绍下，本来就非常喜欢文学的冯夏威进入了人镜学社。

人镜学社的成员大部分为知识分子，并有少量上层商人，是一个研究机构。冯夏威与梁渡是好友，两人常与何剑吾讨论如何抵制美货的问题。

冯夏威积极参与各种抵制美货活动，结合自己的海外亲身经历，他不断向市民宣讲，控诉美国人对华工的不公正待遇。

或许出于尽快唤醒国人的迫切心理，性情刚烈的冯夏威决定以死明志。他在服毒自杀前，没有同任何人商量，其他人也没有任何察觉。在那个骄阳似火的午后，他以决绝的心态，毅然走向了美国驻上海领事馆。

冯夏威死后，成了国人抵制美货运动的著名人物。很多文学作品将其塑造成一位英勇无畏且具有侠义精神的英雄。

在戏剧《海侨春传奇》中，冯夏威身穿一身西服，在少年中国魂的激励下，孤身前往美国领事馆，并仰药而死。剧作家谈了创作体会，说："要使美人知我国人心之不死，即以救中国之死。"

果然不出何剑吾所料，8月31日，清政府向全国发布禁令，对疯狂的抵制美货运动紧急叫停。随着美国总统老罗斯福的女儿艾丽丝和陆军部长塔夫脱的到访，9月3日，广州将马达臣等三名抵制积极分子抓捕。

马达臣等三人被当局抓捕后，广州的抵制运动并没有停止，反而让更多人感到更加愤怒。

在此情况下，冯夏威服毒自杀的消息传到广州，人们找到了合适的发泄口。各团体纷纷以追悼冯夏威的方式举行群众集会，暗中进行抵制活动。

9月19日，上海广东同乡会将冯夏威的灵柩运抵广州。9月21日，广州南武学堂举行冯夏威追悼会，南武学堂的师生及数百名群众共同参与。在追悼词中，南武学堂称赞冯夏威是"抵制烈士"，评价冯夏威比古代的忠臣义士更为伟大，因为所谓忠臣义士只是为一家一姓而死，只是出于私义，而冯夏威以身殉社会，是出于公义。

冯夏威灵柩回到家乡的消息，点燃了广东人民的激情。各界纷纷举行追悼、哀思活动，以悼念这位殉国的广东籍烈士；同时，以悼念冯夏威的名义公开集会，宣传抵制活动。

10月15日至17日，广州华林寺连续三天举行追悼大会。追悼会规模空前，社会各阶层人士均有参与。第一天便有1万余人，第二天增加至2万人，第三天更是达到了3万余人。

此次追悼会不仅规模大，而且形式特殊。祭文中没有采用光绪年号，而是以黄帝纪元。这是人们向清政府表达不满的一种特殊方式。

追悼会现场是花的海洋。花圈摆满了会场，鲜花环抱着冯夏威的巨大遗像，中学生们手捧鲜花，高唱爱国歌曲《冯夏威激励国人》。据说，这首歌曲是专门为这次追悼会创作的。

有演讲者高声朗诵诗词，赞颂冯夏威的大无畏牺牲精神，鼓励大家继续以顽强的意志继续抵制美货。很多人高举拳头，跟着一起高喊口号："美约一日不废，吾知冯公之灵更不安也。"

由于悼念人数众多，寺院前的大堂根本无法容纳，主办方只好临时搭建了一个大棚，但仍然不够用。各界人士纷纷向冯夏威献花、鞠躬、焚香。超长的队伍，蜿蜒曲折，俨如一条长蛇。

3天追悼会结束后，灵柩从广州启程，经佛山运往冯夏威的家乡南海沙头。部分积极抵制团体利用此机会，向沿途群众发表演讲、散发传单，大力宣讲反美拒约。灵柩每到一处，都是观睹如潮。

经过族人决定，冯夏威的灵柩被安葬在西樵山白云洞口。人们为冯夏威立下墓碑，竖排一行大字写"伟人冯夏威墓"，旁边一行竖排小字写"拒约同人立"。

25岁的冯夏威从此长眠在西樵山上。

人们对冯夏威的悼念并没有停止，相反逐渐在扩大。从冯夏威的家乡沙头到佛山，从香港到澳门，甚至远到广西梧州，人们都在以不同的方式凭吊着这位民族英雄。

10月28日，香港资深报人郑贯公在香港杏花楼举办追思会。由于担心被英国方面误以为是义和团，现场布置简化了很多。除了接受花圈和挽联外，其他一概禁止，尤其是诵经、烧香活动。

冯夏威在香港的影响非常大，出席追思会的人士包含了社会各阶层，有学生联合会、妇女团体，还有商会、报社、公民组织及个人。吊唁大厅内，光挽联就有

134副。

无论是正常的追悼会，还是追思会，美国人始终都在关注着，因为他们知道这是抵制活动的一部分，抵制派积极人士很容易利用冯夏威的死煽动、造势。

作为广西的边界口岸城市，梧州一直与广东联系紧密，不仅有西江水系相连，还是共同的粤语言区。冯夏威安葬后，梧州部分爱国人士商讨，决定要在梧州举行大规模集会，悼念冯夏威。

听闻梧州也要悼念冯夏威后，当地的20名美国传教士开始不淡定了。为了确保安全，他们决定尽快先离开梧州，暂时躲避一下，以避免遇到不必要的麻烦。

追思会还没有举行，美国人先吓跑了。梧州的部分积极抵制人士听闻后，笑坏了，他们耻笑美国人胆小如鼠。美国人的逃跑，让这些人士气高涨，他们决心要搞出一些大的动静。

美国驻广州领事馆及时得到了相关消息，一直密切关注着事态发展。在广州领事雷优礼的建议下，美军调派"卡拉奥"号军舰沿西江而上，直接开到梧州进行示威。奇怪的是，在广州等地的追悼会上，美军并没有做出如此激烈的反应。

11月19日，梧州追思冯夏威大会正常举行。活动规模达千人，但大家都比较克制，没有出现像其他地区个别追悼会群情激愤的场面。

不知为何，冯夏威家乡的悼念活动却比较晚。

11月20日，佛山举行盛大的追思仪式。数千人的规模，让仪式现场水泄不通，周围街巷拥挤不堪。佛山各界包括抵制运动委员会、新闻记者、阅书报社会员、何善堂成员及众多师生参加了追思活动。

在这次活动中，人们第一次挂出了"拒约烈士"的横幅。在乐队的伴奏下，来自广州的学生现场为冯夏威高歌，慷慨悲壮的旋律让所有人闻之动容。

12月1日，在冯夏威安葬一个半月后，他的家乡沙头也举行了隆重的悼念仪式。

由于是家乡的悼念活动，这次仪式被认为最隆重、最具纪念意义。活动由当地拒约会和两所学校联合发起。组织者在一所学校前面的空旷场地上搭建起了一座巨大的吊唁大堂。

大堂四周墙壁挂满了挽联，密密匝匝。大堂东西两侧，各有一个讲台。大堂中央摆放着祭坛，各色鲜花和彩绸将祭坛包围，祭坛上方是冯夏威的遗像，遗像前是一个木质灵牌，"当代伟人"四个烫金大字刻于上。冯夏威的两封遗书赫然陈列在祭坛上，苍劲有力的笔迹仿佛在诉说着主人的光辉事迹。

这次悼念仪式，也是第一次将冯夏威拔高到"伟人"的高度。

现场万余名各界群众赶来参加悼念，人们为家乡出现了这样一位英雄而自豪。冯夏威的两位兄弟——冯翰升、冯遇升任主祭人。在二人的带领下，所有参会者向冯夏威遗像行三鞠躬之礼。

全场肃静，主持人高声宣读祭文，声声回荡。悲伤写满了每个人的脸上，很多人难抑泪水，有人还哭出了声。

仪式结束后，抵制团体人员走上讲台，进行抵制宣传。他们以冯夏威的经历，讲述了华人在美国遭遇的种种歧视和暴行，观众中不时传来叹息声和唏嘘声。

对于冯夏威精神宣传，从英雄到烈士，再到伟人，逐步升级，后来甚至到了造神的地步。

肇庆的抵制团体为冯夏威塑了一尊雕像；有商家用"壮士冯夏威"作为香烟的商标；有人将冯的头像制成耳坠、纽扣；有人建议用冯夏威的名字命名学校；有人用戏曲传唱冯夏威的故事；还有人为冯夏威写了书，如1906年《国侠新史：冯夏威史新刻》一书在香港发行。

为了传播冯夏威的精神，人们在举行追悼活动的同时，还在媒体上刊登相关纪念文章。广州一家报纸的文章是这样写的："这是现代以来中国人第一次显示出如此强大的爱国主义精神……这是我们民族历史上的一个庄严的转折点，也是考验我们为国奉献爱心的时刻。我们是强大起来还是衰败下去？现在是决定炎黄子孙是否亡国灭种的时候。"

在冯夏威之后，12月8日，30岁的湖南人陈天华因抗议日本歧视留学生，在留下万言《绝命书》后，毅然在日本蹈海自尽。这封《绝命书》同样成为唤醒国人的不朽佳作。

目睹了中国人轰轰烈烈的抵制运动后，一位美国医生在1906年初回国时果断预测，中国即将爆发革命。

第五章

冲突：刀光剑影

一、被杀死的美国传教士

北京南城外的马家堡车站，是京津铁路的终点，不仅连接着北京、天津两大城市，也是北京与华东沟通的重要交通枢纽。在这座车站，常能见到来往京城的外国人，往日秩序井然的火车站在一个中秋节悄然发生了变化。

1898年9月30日，是中国传统的节日——中秋节。北京城秋风微凉，树叶渐黄，节日的喜庆中掺杂着诡异，敏感的人们仿佛嗅出了一丝异样的举动，各国的洋人们感觉到，中国人对洋人越来越不友好，甚至开始仇视。

马家堡火车站旁的一条大街上，人流如织，熙熙攘攘。节日里逛街的人群充满了整个街道，各种闲散的人也夹杂其中。中国人的脸上似乎有着难得的轻松。

从天津乘火车而来的美国卫理公会主教克兰斯顿（Bishop Earl Cranston）一家走出了火车站。站前嘈杂一片，杂乱无序，克兰斯顿一家人明显有些不适应。

58岁的克兰斯顿紧紧拉着妻子的手，妻子与三个女儿略有些拘谨与不安。此时的北京非同寻常，轰轰烈烈的戊戌变法在慈禧的强力干预下夭折，谭嗣同等人的热血还没有干。

克兰斯顿一家人观察着眼前的每一个北京人，看着每个男人脑后粗黑油腻的大辫子。克兰斯顿感觉，那辫子就像一道绳索，顽固地束缚着中国人的大脑。

克兰斯顿的朋友刘海澜（Hiram H. Lowry）带着女儿来接站。双方一阵寒暄过后，一众人分乘轿子与马车进城。克兰斯顿的妻子与一个女儿乘坐轿子，其他人则分别乘坐马车。

行进途中，克兰斯顿不时向外观望着。原本说笑的行人看到克兰斯顿后纷纷变得严肃起来，他们不时盯着克兰斯顿，从中国人的警惕目光中，克兰斯顿感到了一些紧张。

突然，一大块泥巴不知道从何处飞来，正打在克兰斯顿的车子上。车子上沾满了泥，路人一阵大笑。车夫张望了一下，没有发现肇事者，只好继续前行。几乎与此同时，克兰斯顿妻子乘坐的轿子也遭到了袭击。

或许正是这块泥巴激起了行人的勇气，一些闲杂行人开始哄笑，有些人也捡起泥巴、土块扔向了克兰斯顿等人的车子、轿子。克兰斯顿发觉不妙，立即让车夫尽快赶路。

快速逃离的他们反而引发了行人追逐的兴趣，围观的人群里突然有人大喊："别让洋鬼子跑了！"有人抄起了砖块狠狠地砸向了轿子，虽然有轿子的阻挡，但还是砸伤了克兰斯顿的妻子。克兰斯顿的妻子痛苦地向轿夫大叫着，催促轿夫继续加快。

行至永定门，一块飞来的砖头隔着车砸中了克兰斯顿的胳膊，克兰斯顿大叫了一声，嘴里大骂着。车里的人们立即蹲了下来，尽量缩小目标，并紧紧护着脑袋，以躲避行人的攻击。外面开始出现阵阵叫骂声，各种杂物密集砸向他们。

刘海澜立即下车，一面找清军巡防营帮助，一面派人立即向美国驻华公使馆报告。见有洋人下车，人们将攻击的目标瞄准了刘海澜，一块巨大的石块砸得他肋骨处剧痛。

一队清军骑兵恰巧经过，刘海澜上前寻求保护，但带队的官员只是让他们尽快往前走，不要与肇事者纠缠。失望的刘海澜又找到一个巡防营，但巡勇说，此地不是他们的管辖范围。

为了避免受到更多的攻击，一行人乘坐的车子与轿子只好贴着天坛的墙边走。但仍有很多人行人追着袭击克兰斯顿等人。有的轿夫被砸伤后，血流满面，只好停了下来。刘海澜再次寻找附近的巡防营帮助，但对方却表示无能为力。

美国公使馆得到美国人被袭击的消息后，美国驻华公使爱德文·康格（Edwin Conger）立即找到总理衙门与步兵营，要求保护美国人的安全。但当步兵营赶过去的时候，针对克兰斯顿等人的袭击已经结束，步兵营逮捕了为首的6名肇事者。

到达目的地后，心有余悸的克兰斯顿马上向康格做了汇报。克兰斯顿不知道的是，在北京城内多个地方发生了多起针对外国人的袭击，如法国神父、意大利代办的妻子均在大街上遭到了攻击。

克兰斯顿等人不会想到，这样的袭击仅仅只是开始。身为公使的康格忧虑较重，他多次向美国国务卿海约翰致电，希望美国派出护卫队，以保护美国人的安全。

北京的传教士的担忧在加剧，山东的传教士日子更不好过。1898年8月11日，山东段的黄河多处发生决口，造成34个县城和数不清的村庄被淹。山东西北部的农民在洪灾中挣扎生存，境遇悲惨。

这不是一场普通的洪涝灾害，大灾加速了大刀会、义和拳等组织在山东的崛起。鲁西北地区的农民在流离失所中纷纷加入神拳组织，各地的义和拳空前壮大。

早前的义和拳一直处于滋长状态，频繁的教民冲突，触发了农民的反抗。1897年11月，山东的两名德国传教士在巨野县被杀害，酿成著名的"巨野教案"。德国以此为借口，出兵占领胶州湾。进入内地测路、探矿的外国人大量增多，同时宗教渗透在山东继续强势蔓延，各种针对外国传教士及中国教民的袭击事件不断发生。

巨野县所在沂州府，德国圣言会的传教势力分布非常广泛，但莒州的刘村、日照的满堂峪却是美国北长老会的传教地区。由于势力微弱，巨野教案后，美国传教士普遍感到了恐惧。他们不断致信美国驻芝罘（今烟台）领事法勒，希望美国政府能积极保护受到威胁的美国公民。

济宁的莫约翰等美国传教士在给法勒的信中诉说自己的担忧与恐惧："我们是美国公民，是传教士，而且在两名德国传教士被杀的地方工作。我们与他们处在同样的危险之中。事实上，两年前有人在晚上遭到袭击，其中一人受伤严重，被偷了几十两银子。当地政府给了我们一百银两，处决了七个人，他们之中只有两到三个人确实在那晚袭击了我们。……这一地区官方处理这类事务基本采取这一原则，我们在中国法律之下，他们抓住并惩罚罪犯，事情就此完结。真正受到惩罚的是少数。结果是什么？整个山东地区，江苏北部，河南东部事实上都处在威胁之中。……美国和其他国家还有中国公民，都应该获得安全保护。补救措施显示，当权者想要通过赔偿银两表示诚意，这是政府一贯采取的方式。"

进入1898年10月后，沂州府辖区的教堂多次出现遭围攻、焚烧，传教士、教民被抢事件，美国传教士自然也无法逃脱。一位德国神父还被绑架至深山，险些被杀害。

尽管外国传教士面临着种种威胁，但他们没有逃走。

11月8日，美国传教士纪立宝、方伟廉、富维思等人从沂州府出发，前往当时的诸城县、日照县的两个布道点。冬日的阳光打在脸上，似有一些暖意。纪立宝乘坐的马车行驶在乡村的路上，放眼望去，满处萧瑟，只有蓝天、阳光才能让他感到些许的生机。

在行驶途中，巧遇一个从日照过来的基督教教友会的教友，疲惫、沮丧的表情写在教友的脸上。寒暄中完全没有热情的交流，教友告诉纪立宝，日照县满堂峪布道点附近的何家楼村昨天被暴民袭击了，一伙人携带着武器，抢劫了教会学校，砸毁了家具，将可以搬动的东西全部劫掠一空。

这真是个坏消息，纪立宝心情低沉，一路无语。

第二天，继续赶路的纪立宝又遇到了一位从布道点过来的教友。教友带来的仍是坏消息，满堂峪的多个教民遭遇暴民洗劫，一位教师被绑架。纪立宝平静地听着对方的描述，他清楚满堂峪的恩怨纠纷，教民与普通百姓冲突早已有之，但当地的县衙只会和稀泥。

11月12日，连日赶路、一路颠簸的纪立宝有些疲惫。距离目的地越来越近了，坏消息一个接一个传来。他听说被打劫的学校又被暴民烧毁，有德国神父被打后遭拘禁。行驶在空旷的山野间，纪立宝无精打采，心情糟糕到了极点。

黄昏时分，纪立宝抵达林村，这里距离满堂峪只有20多里。纪立宝刚刚坐下休息片刻，有人气喘吁吁过来送信，说大事不好，何家楼的人放言要攻击林村。纪立宝不敢怠慢，立即通知村中的长辈，希望能做好防备。

村外加强了戒备，增添了放哨人员，纪立宝与所有村民一起在忐忑不安中熬过了一个不眠的夜晚。

第二天一大早，纪立宝立即派人向90里外的诸城县和沂州府报信求助。送信人刚走，何家楼的人便携带着武器，气势汹汹而来。他们站在山顶，俯瞰着林村，林村的村民纷纷拿起武器，迅速在村口集结。双方遥望对视，空气骤然紧张，械斗一触即发。纪立宝发现，对方大概有二百多人，气势较盛，便主动讲和。

对方代表一看纪立宝是外国人，便没有发作。对方向纪立宝历数了教民的种种罪行，指责教民危害一方。纪立宝点头承认，因为他知道，教民在很多事情上确实比较过分。

对方提出条件，表示若不被接受，将诉诸武力。纪立宝连忙摆手，同时掏出总理衙门颁发的护照给对方看。这份护照明确了外国人在中国境内传教的权利。

护照确实镇住了对方，纪立宝向对方提出，希望把抢走的教民财物归还，把烧毁的学校重新建好。对方没有发怒，也没有答应。

双方僵持了一天，临近傍晚，当地一名士绅赶到，劝导何家楼的人尽快回去。紧接着，诸城县衙派来的典史带着两名兵勇赶到，规劝纪立宝等人尽快离开林村。

纪立宝拒绝了典史的要求，坚持要与教民一起，以确保教民的生命与财产安全。在纪立宝看来，自己一旦离开，教民就会受到攻击。

天色已黑，寒气袭人，何家楼的人在接受继续谈判条件后，便逐渐散去，林村的村民也开始回家，紧张的一天终于过去。

吃完饭，躺在教民家里烧热的土炕上，纪立宝感觉到从未有的放松。

11月15日中午，林村升起了袅袅炊烟，人们开始忙活午饭。原以为风波平息的林村村民突然听到一声枪响。纪立宝立即紧张起来，有人告诉他，何家楼的人又来了。

林村教民纷纷拿起武器，准备迎战。纪立宝急忙劝导大家要冷静，不要参与斗殴，同时通知驻扎在村里的县衙调解人。

纪立宝这次脾气有点大，质问何家楼的人为何在谈判期间用暴力威胁。何家楼的人也不示弱，将一名人质五花大绑押了出来。纪立宝大惊，原来此人质正是一个教民的儿子，是学校的一名教师，只是不知道他什么时候被绑架了。

纪立宝没有妥协，声言不怕恫吓，不接受各种屈辱性解决方案。

就在僵持期间，被绑架的教师的父亲火急火燎地赶到。还没等他和儿子说句话，这位父亲也被何家楼的人绑了起来。纪立宝立即大声制止，但根本没有效果。

对方一脚将这位父亲踹跪在地上，掏出一把锋利的刀子，刀尖直接抵在他的喉头处。何家楼人的提出具体要求，必须赔偿200元（墨西哥银元，于1854年流通入中国）。纪立宝无奈，只好好言安抚何家楼的人，并答应赔偿，但银两需要一些时间筹措。

稳住何家楼的人后，纪立宝忙回村与教民商量办法。有些教民态度强硬，主张抵抗到底。有些教民态度缓和，希望最好谈判解决问题。

大家七嘴八舌讨论了很久，仍没有一致认可的解决方法。天色擦黑，正在大家准备吃晚饭的时候，有村民慌慌张张跑来通报，另一伙六七十人的暴徒带着武器正在向林村杀来，据说这伙人是义和拳，已经到了村北面的山沟里。

气氛骤然紧张，纪立宝让一部分教民藏到防守坚固的房子里，同时动员大家拿起武器，随时进行自卫反击。一向不主张用武力解决争端的纪立宝这次也强硬起来，他把行李中随身携带的左轮手枪也拿了出来。

大家立即进行躲藏，手持武器，进入防守状态。时间一分一秒过去，但一切平静，对林村的进攻并没有发生。

就在大家疑惑的时候，一位从诸城赶来的千总带着5名骑兵、20名士兵及时赶到。看到清兵的到来，大家顿时舒缓了一口气。

何家楼的人被劝走，义和拳听到风声后也没敢贸然行动。

这又是一个不平静的夜，寂静的山谷里不时传来枪声。

义和拳闹事的消息惊动了日照知县、诸城知县。第二天，日照知县来了，但没有进入林村，而是停留在附近20里远的地方，命令附近有钱有势的头面人物进行调解。诸城知县亲临林村，劝说纪立宝等人尽快离开是非之地，纪立宝坚持要和何家楼村的人谈出满意的结果。

或许是何家楼的人也怕义和拳，他们最终答应归还抢劫的教民财产，并重建学校。双方签订协议后，人质得到释放，何家楼的人撤离。

林村的阴霾并没有散去，义和拳的威胁仍在。不过，有知县和官兵在，大家心里踏实了不少。

次日，诸城知县带领官兵护送纪立宝等人上路，果然一路平静。中途，纪立宝拜访了出差在外的沂州府知府丁晟。

丁知府告诉他，自己从沂州去兖州的中途，听说了日照的骚乱。日照的事情打乱了自己的计划，这几天四处奔波，自然也希望救援纪立宝等人，不想再出任何乱子。

丁知府的脸上写满了真诚与疲惫，让纪立宝无法不相信。

丁知府向纪立宝等人承诺，会迅速逮捕闹事者。但他低估了义和拳排外的情绪，形势一天比一天恶劣。

11月19日，一支从济南府派出的四五十人规模的骑兵队伍向诸城方向飞奔。纪立宝顿感出大事了，原来两名天主教教民在诸城一带被义和拳所杀，教堂被打砸、洗劫。大量教民被殴打成重伤，教民财产被抢，房屋被拆毁。一位满堂峪的老妪被扒光衣服，吊在房梁上，暴徒逼迫她交出房契。

围攻教民的拳民规模达上千人，当地几十名兵勇根本无法制止暴乱。诸城知县一直被拳民怀疑收受了外国人的贿赂。诸城知县多次申辩，他甚至被拳民逼迫下轿，并赌咒发誓没有收受过洋人的钱财。

针对山东各地布道点被袭击的情况，纪立宝、富维思、方伟廉坐不住了，他们联合致信法勒，将近来各地遭受到的围攻如实做了汇报。在信中，他们将这种袭击定义为"暴乱"。

法勒收到信后，也皱起了眉头。大量的传教士来信让他应接不暇，但他也有苦衷，美国传教士在山东分布广泛，零星且分散，由于通讯不便，根本无法及时提供保护。

1898年12月，针对纪立宝等人在信中反映的暴乱，康格两次照会总理衙门，催促派兵镇压。与对教案主张强硬的上一任驻华公使田贝不同，康格不主张保护中国教民，他只想保护美国传教士。

总理衙门不敢怠慢，电告山东巡抚张汝梅，命其进行镇压，张汝梅如实照办。法勒却认为张汝梅派兵过少，至少应派500名士兵驻扎沂州，实际上，偌大的沂州府只有100名士兵。张汝梅对义和拳一直持同情态度，早在5月份，张汝梅就向清廷大胆提出将义和拳、大刀会等组织改组为民团，并由官府和乡绅控制，在张汝梅看来，此举对百姓与教会皆有益。

改组的方案最终没有成功，但义和拳逐渐变成了义和团，并还打出了"扶清灭洋""顺清灭洋"等口号。

1899年3月，毓贤接任山东巡抚。这个极端排外的官员，比张汝梅更支持义和团。

美国方面与总理衙门多次交涉，但事情的处理结果让美国方面非常不满意。1899年5月11日，康格拜访总理衙门，与徐用仪、许景澄等五位官员坐到了一起。西服纽扣上喜欢别着丝带的康格没有了往日的绅士风度，此时一脸严肃。他严厉指出，美国公使馆与总理衙门通信无数次，但一样事情也没有办成，山东巡抚的各种指示如同一纸空文。

徐用仪等人没有做过多的辩解，表示愿意尽力逮捕5名首要肇事者，以尽快了结案件。

康格最后向徐用仪等人重申，没有任何一个国家比美国同中国的关系更友好。徐用仪等人频频点头，尴尬地笑了笑。

山东恩县（今山东平原县、夏津县、武城县一带）的庞庄是美国公理会的传教总站，外围有17个传教站，遍布100多个村庄，信徒众多。可谓冤家路窄，这一带也是大刀会、义和拳等组织活跃的地方，进入1899年，该地区有上百个拳场。气氛越来越紧张。

1899年9月，平原县杠子李庄爆发义和拳抢劫教民一案，知县蒋楷率兵镇压，由此引发著名的森罗殿之战。美国公理会的教民陷入极度恐慌之中，10月16日，300多名拳民扛着大旗闯入李炉庄，把公理会的教堂一通打砸，教民财产或被毁坏，或被洗劫。

义和拳如此行为，在传教士看来无疑是毓贤在鼓动与支持。各国使馆不断致电总理衙门，表达对毓贤的不满。清廷不得不下旨训斥毓贤，同时给外国一个交代："纯系地方文武弹压缉捕不得力，巡抚毓贤固执己见，以为与教民为难者系良民，意存偏袒，命即查明各种会匪名目，言行禁止，以靖地方。"

毓贤开始走上层路线，带领义和团拳民在京城各王府内表演神功，如生吞活鱼等法术。慈禧向毓贤赠送了一幅自己亲手书写的"福"字。

康格得知后，非常愤怒，立即照会清政府，对清廷这种表里不一的做法提出了强烈抗议，并要求撤换毓贤。

经各国集体施压，清廷无奈换掉毓贤，命袁世凯接任。在天津训练新军的袁世凯思想开明，是各国非常中意的人选。12月7日，康格向海约翰汇报："我高兴地报告您，昨天武卫军袁世凯将军将受命代理山东巡抚。他是一个能干勇敢的人，和外人交游甚广，相信皇上给予适当的谕旨以后，则扰乱即可停止，秩序即可恢复，我们希望如此。"

12月25日，是西方的圣诞节，外国人忙着过节狂欢。袁世凯悄悄抵达了济南，正式接任山东巡抚。

对于毓贤，传教士们没有放过他。美国公理会传教士明恩溥指控毓贤等山东官员，煽动义和团作乱，对传教士保护不力，并敷衍各国。明恩溥建议将毓贤降职，永不叙用，并在《京报》上公布。

袁世凯接任后，山东各地官员要求，没有中国军队的保护，传教士尽量不要外出，并且要求提供各传教点清单。美国美长老会表示反对，他们致信法勒，担忧义和团会根据名单按图索骥进行针对性袭击。

法勒赞同这种做法，但康格却很震惊，指责传教士不配合中国政府与美国政府的工作。传教士认为，若提供了名单，就是"放弃成千上万个中国基督徒，让他们任凭义和团宰割"，康格则认为"那不关我们的事"。在康格看来，教民并不在自己的保护范围内。

1900年6月，清廷正式公开利用义和团对抗洋人，山东的传教士与教民再次处于恐惧中。袁世凯随后与英国、美国领事协商，希望外国人集中到烟台避难。除个别传教士继续坚守当地外，大多数人在中国军队的护卫下，纷纷向烟台迁移。

法勒租借了一艘日本"广谷丸"号轮船，任命北长老会烟台传教士韦丰年为负责人，专门负责从山东各地接送美国人到烟台。

潍县的传教点还是遭到了义和团的攻击，7月26日，方维廉向郭显德牧师发去电报，描述了惨象："教会的大火整整燃烧了一个晚上，教会所有的东西都被烧光了。"据后来统计，潍县的一座教堂、两所中学、两家医院及其他地方多处房屋被毁，大约损失1.8万美元。

听说外国人全部到烟台避难，义和团对外放出狠话，扬言要攻打烟台。此消息让所有外国人再次处于心惊胆战中。所幸的是，义和团并没有真正行动。

1900年春，一场百年未遇的干旱席卷华北。美国公理会传教士罗威那·伯德在日记中记载道："这是一个极度痛苦难熬的时期，饥饿威胁着人们，干旱炎热的天气使瘟疫流行，义和团的成员威胁着……杀传教士和教民……形势变得越来越糟，如果再不下雨，真不知道会发生什么。"

清廷并没有理会美国人的指控，而是将毓贤调到了山西。1900年3月，毓贤带着十几名手下得力干将赴太原上任，随后，山西义和团的运动开始进入高潮。

6月的华北，骄阳似火，形势更似火上浇油。义和团早已占领天津、北京，北京西什库教堂、外国使馆区被清军与义和团联合围攻；八国联军攻占大沽口炮台。

看到清廷与列强开战，毓贤非常兴奋，他立即将此消息传达至各州县，要求驱逐外国传教士，若洋人被义和团杀死属于咎由自取。

6月17日，20岁的孔祥熙陪伴美国公理会女传教士贝如意（Susan Rowena Bird）去看望太谷县的教民。一路上，孔祥熙与贝如意屡遭讥笑与谩骂。当地百姓竟认为，造成干旱的原因完全是外国人所为。人们骂这个孔子的第75世孙是二鬼子。

顶着火辣的太阳，脸色铁青的孔祥熙与贝如意不敢接触谩骂者的目光。深感压力巨大的他们改变了以往计划，缩短了探望教民的时间，他们不得不考虑安全问题。

6月24日，一群美国传教士躲在太谷福音院里紧急商讨着如何自保的问题。福音院外，成群的义和团拳民舞刀弄棒示威，并不停高喊着："杀！杀！"炎热的天气下，美国人的心情更感到焦躁，热汗止不住地流。

随后几天，山西各地传教士遭到攻击。大同、平遥、介休等地暴乱不断。据英国传教士爱德华兹记载，6月27日晚，一伙暴徒袭击了太原城东南角的天主教堂，房屋遭焚毁，负责女子教会学校的库姆斯小姐被暴徒扔进火堆烧死。

6月29日，朔平府的10名瑞典传教士和3名基督教布道联合会成员被杀死。同一天，汾州的美国公理会传教士艾渥德的家遭到抢劫，幸好官兵及时赶到，驱散了拳民。

就在山西各地外国传教士陷入巨大恐慌中时，各地陆续接到官府通知，要求所有外国人7月9日到太原的山西巡抚署衙集合，官府会将外国人集中护送到天津。谁也没想到，这是毓贤的诱饵。

7月9日，太原的天空飘着细雨，巡抚署衙西辕门前，50名各国传教士与家人集合于此等待出发。谁知，毓贤大喝一声，历数传教士罪状，要求立即就地正法。毓贤亲自动手杀人，毫不手软，在他的示范下，清兵大开杀戒。50人全部被杀害，其中包括11名儿童。

6月至8月，山西一片血雨腥风。据统计，约有130名外国人，2000余名中国教民被杀。另据《义和团档案史料续编》记载，1902年，山西布政使赵尔巽曾在奏折中称，庚子事变期间，在晋的外国人死亡总数为191人。

很多传教士在死前都记录下了自己的遗言。

52岁的美国传教士贾侍理（Rev.Charles Wesley Price）在山西汾州被杀，他在临终前说："可怜的中国，将要为自己的所作所为自食其果。我们祷告无论发生什么事情，都能使神的国度得以扩展……虽然我们力求刚强壮胆，但总感觉到为了神的国在中国生根、长大，山西省的宣教士们将要付出生命的代价……"

"当心慌意乱时，无论怎样极力保持镇静，仍不免膝盖打颤。唯有单单信靠神，这是我们的见证。目前发生的一切暴乱、危难、战争的谣言和可怕的邪恶事件，我们都坚定相信这些事，最终不过是为了成全神对中国的无限美意。"

7月31日，年仅35岁的贝如意在太谷县被杀。临死前，她在日记中写道："昨夜，我们以为尚存一线生机，真想往山上跑，但权衡到拳民、盗贼和四伏的危机，风险实在太大，我们还能做什么呢？假如你我从此诀别，请记住，我没有后悔到中国来。神是知道的，究竟我曾否为他找回一个失丧的灵魂？我们为他而来，也为他而去，我所最亲爱的，再会吧！"

这一天，与贝如意一同被杀的还有美国人来浩德牧师及其妻子、魏路易牧师、德富士牧师、帕特丽奇小姐。

在直隶，也有多名美国人被杀。6月下旬，保定11名美国公理会传教士被杀；北京美国圣经会书店的16个伙计被杀了14个；另据统计，各地美国新教人士被杀者为28人。

二、美军**攻**占北京

各地频发的教案，让美国人坐立不安。他们不相信中国的军队，只相信自己国家的军队才能真正保护他们。

1898年中秋节，美国卫理公会主教克兰斯顿一家进京被袭击后，10月7日，预感到形势严峻的美国驻华公使康格致信美国国务卿海约翰，希望美国政府派兵护卫使馆。

"在使馆院子里，单有一支小而武装精良的护卫队，大概可以保证任何一个公使馆的安全，无论如何，它能够提供保护，不为任何规模的中国暴民所困。

别的使馆鉴于事态的严重，感到有必要设置使馆护卫队。俄国人今日已在他们的使馆院子里配备了二十五名哥萨克骑兵，英国人配备了三十名海军陆战队士兵和一架机枪，德国人配备了二三十名海军陆战队士兵，法国人、日本人和意大利人也已在为他们各自的使馆调遣护卫队。

……

据我判断，从海军陆战队精选出来一支十二至二十人的护卫队，就足够调用了。"

康格的信非常及时，信中所说的俄国、英国、德国三支军队当天刚刚抵达北京。这也是最早的一批八国联军雏形。

各国纷纷调遣军队的原因，与9月30日中秋节的骚乱有很大关系。已经嗅到排外气息的各国公使第二天便联合召开会议，集体向总理衙门施压。英国人等不及，立即调派48名士兵到天津，准备乘火车进京。没想到，袁世凯给拦了下来。

各国集体商议，强行要派兵进京。几番交涉后，清廷无奈，只好接受，但条件只有一个，每个国家的士兵人数控制在30名左右。在答应外国军队进京的同时，清廷立即电告甘肃提督董福祥，率甘军移驻南苑，并部署于北京周边及京津铁路沿线，以防不测。这一举动，自然也被康格等人获悉。

10月7日，英、德、俄三国士兵率先进入北京东交民巷。随后，意大利、日本、法国、奥匈帝国相继调兵进入北京。

康格建议，最好在天津封锁前，派遣一支海军陆战队到中国。其实，美军方面早有考虑，10月4日，美军"波士顿"号、"佩得雷"号就已经从马尼拉出发，驶往天津大沽口。

11月5日，"波士顿"号巡洋舰上的R．M．达顿上尉和18名海军陆战队士兵携带着一挺格林机枪进入北京。

至此，在一个月内，历史上第一支八国联军正式形成。

东交民巷使馆区与紫禁城咫尺之隔，大清帝国的皇帝从没有面对过如此之多的外国军队，总有一种惊恐与不安笼罩在紫禁城上空。

甘军的到来，让各国公使颇为不满，尤其是甘军多次与外国人发生冲突，甚至出现互殴的现象。各国公使提出强烈要求，清廷必须撤走甘军。无奈，清廷只好再次妥协，将甘军移驻较远的京东蓟州一带。

列强总是咄咄逼人，这让慈禧憋着一口气。

1900年1月，慈禧有意废掉光绪，立"大阿哥"溥儁为储君，但遭到列强的集体反对。就在慈禧郁闷之际，义和团从山东蔓延到直隶，然后进入天津、北京。溥儁的父亲端王载漪不甘心儿子被冷落，在自己的王府内设立总坛口，招安各地拳民，以对付洋人。打着"扶清灭洋"旗号的义和团大举进入京城，排外的情绪空前高涨，目标直指洋人与教民。

5月27日，义和团占领与北京近在咫尺的涿州。28日，拳民将丰台铁路破坏，机车房与外国人的房屋被焚毁，电杆被推倒，京津铁路停驶。这也就意味着，北京的使馆成为孤岛。

列强立即召开紧急会议，决定调遣卫队进京保护使馆与教堂。虽然清廷用各种办法阻止，但没有成功。

5月30日16时30分，满载八国19名军官、423名士兵的列车从天津开向北京。

其中，美军军官3名，士兵53名。八国联军成倍增加，慈禧再也坐不住了。

列强并不满足派兵护卫使馆与教堂，6月6日，八国海军高级将领在英军"百人长"号战列舰上召开会议，决定联手进行军事行动，也就是发动战争。

随后局势再度恶化，京津电报中断，北京使馆与各国指挥官失去联系。6月10日至12日，包括111名美军士兵在内的第二批八国联军2129人编组完成，在英国海军中将爱德华·西摩尔的率领下，乘火车开赴北京。火车上架着的机枪似乎是一种严厉的威慑。但机枪没有吓倒义和团，八国联军在杨村、廊坊等地遭到了拳民的多次激烈阻击，最终，西摩尔狼狈逃回天津。

"刀枪不入"的义和团让慈禧有了底气。6月中旬，在经过多次讨论后，慈禧决定招抚义和团，向列强集体宣战。京城上空阴云密布，气氛骤然紧张，外国人再次陷入不安与恐慌中。法国主教樊国梁预感，一场针对外国人的大灾难即将到来。

列强自然也不甘心失败与威胁，大批军舰已经陆续抵达大沽口。俄国从旅顺调集了200名海军陆战队士兵，英国、法国从山海关派遣了2000人。云集大沽口的各国军舰达30余艘，总兵力2万余人。美军"莫诺卡西"号军舰就停在铁路码头的煤堆附近。

大沽口，是天津海河的入海口，距离天津城50千米，距离北京城170千米，大沽口炮台驻军3000人，号称"天下第一防"。1860年，英法联军曾两破大沽口，正是从这里登陆，直取北京。

天津城里的义和团同样疯狂，租界里的美国侨民坐立不安。得知美军"莫诺卡西"号军舰在大沽口后，众多美国侨民纷纷向大沽口逃离。

6月16日，列强召开了两次联席会议，向清军发出最后通牒，限期交出大沽口炮台，否则将动用武力。当各国一致同意发动战争之时，美军海军少将肯普夫（Kempff）则表示，按照美军的要求，不能率先使用武力，只有美军受到攻击时才能参战。参会的各国指挥官默默地看着他，没有说话。他们都知道，美国在迅速崛起，经常喜欢扮演一种另类的角色。最终，美国没有参与签订议定书，也没有签署对清军的最后通牒。

傍晚6时，美国侨民开始陆续登上"莫诺卡西"号军舰，他们得到通知，必须在一小时内上舰。

　　指挥官威斯镇定地站在甲板上，大声指挥着士兵，让他们维持好秩序，帮助妇女和儿童上舰。战争即将来临，侨民们没有慌乱与吵闹，大家按照指挥，相互帮助，有序地登舰。大人们的脸上写满了焦虑，小孩子们则一脸轻松，彼此嬉戏打闹。

　　6月17日0时50分，大沽口之战打响。不甘放弃阵地的清军在守将罗荣光的指挥下率先向联军发动攻击。渤海海面的上空，百门大炮齐鸣，无数的炮弹飞过，冲天的火光、惊天的爆炸声打破了帝国深夜的宁静。

　　正在甲板上昏昏欲睡的美国侨民听到炮声后顿时被惊醒，大家远远观望着联军与清军的激战，害怕不已。有些懵懂的少年，还在为巨大的爆炸火光拍手叫好。威斯舰长安慰大家不要怕，因为军舰的位置在炮台与联军作战军舰之间，炮弹只会从空中飞过。美国人非常好奇的是，美军为何没有参战。

　　原来在美国侨民登上军舰的时候，肯普夫少将接到美国国防部指示，美军不要参战，美国不能向一个和美国处于和平状态的国家发动战争。美军的目的只是保护美国的利益。

　　但清军的炮弹毕竟不长眼睛，炮火也不是烟花。正在美国人神情专注地旁观战事之时，一发炮弹的流弹向"莫诺卡西"号军舰的船头袭来，剧烈的爆炸声让美国侨民血肉横飞，顿时，美国人哀号一片。

　　肯普夫少将立即下令，进入作战状态。受到攻击，即为宣战，美国人无法置之度外，必须进行还击。美军的还击力度并不大，只是放了几炮而已，其他时间更多是在抢救伤员。

　　17日5时30分，战斗结束，大沽口炮台被联军占领。据统计，此次参加战斗的联军共904人，其中英军最多，达到321人，美军最少，只有22人。

　　拿下大沽口炮台后，1.4万人规模的八国联军陆续开始登陆，但直隶地区的清军约有11万人，再加上数不清的义和团拳民，八国联军自感力量不足，开始继续增兵。

　　美国参与了调兵，美军主要来自两个地方，一个是马尼拉的海外军事基地，一个是旧金山。第十四步兵团、第五炮兵团瑞利连、骑兵第六团、另外还有一个营的海军陆战队，共约2000人，7月底前到达天津。

　　八国联军的目的，是尽快进入北京，解救被清军与义和团围困的使馆区与教堂。那里的外国人正在炎炎的夏日下，遭受着前所未有的煎熬。

大沽口刚刚陷落，朝霞笼罩下的硝烟尚未散尽。170千米外的京城，已经是杀气腾腾。

17日清晨，经历了两天的劝降与吓唬后，义和团对紫禁城西北的西什库教堂的进攻正式开始。1万余名拳民手持大刀长矛，疯狂叫喊着冲向教堂，教堂的41名护卫士兵迅速开枪，压制住了义和团的攻击。

义和团哪肯罢休。他们改变策略，向教堂内投掷火把、燃烧包。教堂随即陷入一片火海，树木、花草全被烧，躲藏在教堂内的众多传教士与中国教民忙着四处扑火。他们不知道，他们接下来要面临着长达两个月的围攻。

在紫禁城的东南边，正是东交民巷使馆区，众多的外国人正面临着同样的遭遇。

6月20日下午，酷热难耐，没有一丝风。甘军士兵率先用来复枪袭击肃王府，肃王府是英国大使馆的屏障，双方开始正式交火。

美国公使馆比较小，南面紧挨着内城的城墙，北面与俄国公使馆隔街相望。美军负责防守的重点是使馆区西侧防线，美国公使馆虽然不是清军攻击的重点，但零星的战斗还是常有的。

6月24日清晨，暑热尚未来临，清军在前门开始用15磅大炮轰击使馆区，一发炮弹正好落入美国公使馆内，随着一声巨响，炸起一片尘土，躲在使馆里边的传教士与中国教民一阵惊呼。

6月24日7时15分，一路清军猛攻俄国公使馆，一路清军登上内城的城墙，对美国使馆形成两面威胁。清军攻下俄国华道胜银行后，直接攻击美国公使馆，试图冲进使馆内。

美军多名陆战队士兵奋力阻击，击退清军。同时，俄国陆战队士兵也悄悄登上了城墙，城墙上的清军士兵被吓退，美国公使馆南面的威胁被解除。打退清军后，美军抓紧修筑防御工事。

清军的进攻时断时续，由于受到荣禄的暗示，有清军的炮击故意"打不准"，直接飞过了使馆区。6月26日、27日，两天内，清军有两次猛烈的进攻，美国公使馆压力巨大，不过，幸好美军士兵顶住了压力。

27日8时左右，两百多个拳民被清军用枪逼着进攻美国公使馆，当他们快接近使馆的防御工事时，美军士兵果断开枪。枪声一响，拳民四散惊逃，但还是有50个拳民被打死。

7月1日9时，战斗再次打响。守卫在城墙堡垒处的美国士兵发现，他们遭受到了来自哈德门与前门的两股火力攻击。15分钟后，他们又发现，清军的三门野战炮瞄准了他们。惊恐之下，他们放弃了堡垒，带着机枪，退回到更北面的英国公使馆。

7月3日，对美国人来说，是一个不同寻常的日子，这一天正是美国的独立纪念日。盛夏之季，在遥远的中国北京，遭受清军围攻，随时可能死掉的美国人开始想念祖国、想念家乡。

清军可不知道美国的什么独立纪念日，他们的炮击依然不断。美国公使馆的东北面炮声隆隆，偶有炮弹在公使馆附近爆炸。在这种战事紧急的情况下，美国人放下了武器，将《独立宣言》写在一块布上，然后像升国旗一样升起。

美国人集体肃立，向这面特殊的旗帜敬上庄严的军礼。谁知，没多久，不知道哪里飞来的一颗子弹，将这面旗打了一个大洞。

最终，美国公使馆像其他使馆一样，没能抵御住清军的攻击。所有外国人全部退守到面积最大的英国公使馆内。

无论在西什库教堂，还是英国公使馆内，3000余名外国人与中国教民的心情都是万分焦急的，甚至是度日如年。他们迫切希望联军能尽快开进北京，拯救他们于水火之中。

在天津的各国联军对在北京的同胞的处境自然也身怀同情，但他们的进京之路要突破清军的各道防线，也是艰难之极。

八国联军侵夺大沽口炮台后，若想要进攻北京，必须先拿下天津。大沽口陷落后，清军与义和团开始围攻天津紫竹林租界，英租界南端的河对岸是武备学堂，清军在此架设了3英寸口径的克虏伯炮，频繁对租界发起短距离纵射。

占领租界，任务危急。6月21日，100名侵华美军与400名侵华俄军组成前卫队，抵达距离天津城约5千米处，但遭到了清军的强势火力阻击。侵华联军损失惨重，被迫撤退。随后，更大一支规模的联军继续向租界挺近，联军由美军、德军、日军、俄军组成，规模达8000人。这回清军败下阵来，23日，联军成功抵达租界。

清军没有放弃，继续组织兵力攻击租界，他们用步枪与大炮不时袭击着租界的防卫者。6月27日，联军决定攻打清军最大兵工厂与军火库——东局子。

2000名俄军凌晨向东局子发起突袭，没想到遭受清军地雷重创。随后，由美军、日军、英军组成的800名联军开始增援俄军。在战斗僵持之际,海河上英国"恐惧"号军舰射来的炮弹击中了东局子炸药库,引发了连锁爆炸。

侵华联军不可阻挡,在占领西局子与老龙头车站,并在八里台杀死直隶提督聂士成后,开始计划进攻天津城。

7月13日,天津阴雨连绵,为多日的炎热送来了一丝清凉。联军在天津南门发动总攻。部分美军与日军、英军一起,从西侧向天津城内炮击。

在南门总攻的侵华部队中,日军是主力,英军在左侧,法军在右侧,美军的海军陆战队在最左侧,美军第九步兵团在最右侧。

清军在城墙上与城墙外的芦苇地里向联军进行反击,联军被困在沼泽地里,死伤众多。美军里斯库姆上校的一名旗手被打倒,星条旗落入泥潭中,他捡起国旗接着率兵冲锋,结果中枪而死。第九步兵团陷入被动,战斗打到傍晚,美军共伤亡120人,包括90名陆军和30名海军陆战队士兵。直到14日拂晓时刻,日军炸开南门,联军才得以攻入城内。

事后统计,24小时内,联军死伤750人,总体伤亡比例为14%,美军参战人数900名,统帅美军攻城的白勒将军身负重伤,伤亡比例仅次于日军。

侵占天津城后,美军与其他联军一起,四处闲逛、抢劫。美军士兵常常与英军士兵一起,抢劫造币厂、盐道衙门、总督衙门、珠宝店、丝绸店。纹银、珠宝、金条是他们最喜欢的"三大件"。

美国人比较轻视艺术品,陶瓷器皿往往会被他们摔碎。他们无法区分价值5分钱的银壶和价值1000元的银壶,在他们看来,都是一分不值。美国人只喜欢搜寻金条、银锭,尤其是4英镑的元宝。抢劫到手后,他们会立即换取现钱。在其他联军看来,美国人似乎更有商业头脑。

在盐道衙门的废墟上,美军雇佣中国俘虏挖掘财宝。仅仅4天时间,就挖出了几百万元的纹银。每天,美军用骡子队将财宝运到租界,存到第九团的团部里。

美国人对武器也有着强烈的兴趣,在攻打天津城期间,他们缴获了40门崭新的克虏伯炮和新式鲁登佛特炮,及各种小武器和各种口径的炮弹。为此,第九步兵团专门派了一个小分队负责看守军械所。

然而,部分美国媒体却声称,美国士兵品行在联军中最优秀,没有发生任何抢掠行为。这种说法让其他国家记者极度不屑,但他们也承认,美国人更像真正的军人,与其他联军相处更融洽。美国士兵更注重亲情，嘴里经常念叨"家中的老婆"。

8月4日下午3时，一个暑气蒸腾、黑云笼罩、闷热无比的下午，1.8万余名侵华联军从天津启程，向着帝国的都城进发。左路为日军、右路为英军，中路为美军，美军规模为2100人。第一天出发就被大雨淋成落汤鸡，所幸没有遇到清军。

美军担任进攻主角的战役发生在杨村。商业重镇杨村位于天津以北30千米处，清军在此不仅跨运河建起了5米高的砖墙，另外还设置了4道防线。

8月6日，美军人困马乏，尤其是口渴难耐，很多士兵因为中暑倒在路边，个别士兵还进入了疯癫的状态。由于担心中毒，美军被告知不得随意饮用井水。

在联军密集的炮火掩护下，2000名美军向清军发动进攻。清军大炮被联军炮火压制，美军轻松攻破清军防线，清军开始溃散而逃。

战事紧张，通信不畅，引出了大麻烦。后方联军不知道美军已经占领了清军阵地，炮火没有停止，美军第十四步兵团E连被联军误击，导致8人死亡，9人受伤。一名美军中尉迅速往回跑，想通知联军停止炮击，没想到因中暑晕倒。

美军被激怒，调转炮口，向后方的联军开炮。联军第一次出现内讧，自己人开始打自己人。

下午2时30分，杨村战役结束，美军死亡21人，伤54人（一说是死亡23人，伤42人）。在这场战役中，直隶总督裕禄因兵败自杀。美军为阵亡将士举行了隆重的葬礼，所有联军中，只有美军有铜管乐队，在阵阵乐曲声中，死者被庄重下葬。

接下来，联军并没有遇到太多抵抗。8月11日，联军直接推进到了通州。无心恋战的清军放弃了抵抗，12日清晨，联军侵占通州。美军达格特上校回忆道："本来以为中国人会在通州进行抵抗的，日军前卫在12日一早就出发了，没有遇到抵抗就到了南门。炸开南门后发现城里空无一人。"

8月14日凌晨2时，俄军在大雨中率先抵达北京东便门外城的城门，第一个开始攻城。直到上午10时，美军才到达沙窝门，即广渠门。清军由于全力防守俄军，兵力被分散，美军在没有任何伤亡的情况下，第九步兵队带着星条旗，从东便门的拐角处直接用梯子就爬上了城墙，清军发现后大惊，与美军在城墙上交火。

很快，美军格罗基尔上尉带领20多名士兵冲过清军的火力线，与俄军汇合。美军大部队与俄军从东便门进入城内，随后他们将俄国、美国、英国国旗插到了靠近使馆的一段城墙上。插上英国国旗就是给后来的英军传递一个信号，这里是安全的。

英军姗姗来迟，通过广渠门顺利进入外城，然后通过地图，从一条御河水门进入内城，蹚着臭水污泥，直接进入了使馆区。遭围困56天的英国公使馆被解围，使馆里的人们换上新衣服，迎接联军的到来。

一小时后，美军试图进入使馆区。城墙上守卫使馆的水兵认出了美军沙飞上将，大声喊道："你是及时雨，我们欢迎你！"沙飞问道："我们从哪儿进去？"水兵们齐声高喊："从下水道进来！"沙飞向四周望了望，略微有些失望，只好低头屈身，钻进排放污水的城洞。饱受围困之苦的美国传教士特奇斯伯里看到美国的国旗后，兴奋大叫："美国国旗万岁！"

康格也在美军步兵队伍中，进入英国公使馆后，美军士兵满身灰土泥渍，帽檐压得很低，显得非常困乏。

沙飞上将带领美军军官慰问美国使馆的工作人员与家属，他激动地说："昨晚我们听见激烈的炮火声，知道你们还活着。我们赶紧前进，但当炮火一度停息下来时，我们确信已经迟了，一切已经结束了，你们都被杀害了。失败的可怕想法占据了我的心，但你们并没有失败。"

联军攻陷外城，紫禁城内的慈禧与光绪皇帝如坐针毡，准备逃离。联军连夜从外城炮击内城，这次遭遇的抵抗小了很多。当联军进入内城时，慈禧与光绪等人已经悄悄坐马车逃出。

8月15日清晨，美军登上前门城墙，架起了4门大炮，3门用于轰击顺治门（今宣武门），1门用于轰击紫禁城。但紫禁城有多道大门，每一道门都很厚重。几声炮响过后，门楼上的黄色琉璃瓦横飞。但沙飞上将收到了美国使馆指令："停止进攻皇城，因为那会激怒中国人。"

大清帝国的皇宫，俨然就是一座东方的宝库，站在紫禁城的脚下，各国士兵都跃跃欲试，企图进入皇宫抢劫宝物。当天，联军开会决定，禁止攻击皇宫。美军第九步兵团派出一支分队负责把守午门。

8月16日清晨，随着西什库教堂的解围，北京城全部被联军占领。北京城内，各国国旗飘扬，四处可见洋兵。

美国总统麦金莱向康格发来贺信："全体美国人民为你和你的同伴能获救，从而获得安全而高兴；为与你共患难的我国与他国人民的安全而欢呼；为你们的坚毅和勇气以及你们以少御多的英雄主义精神而自豪。我们所有人都对那些倒下的人表示哀悼，并向上帝感恩，是他保佑了你们并引导英勇的军队去解救你们。"

为了有效管理，八国联军对北京实行分片划区，内城北部归日本人，美国人只分得南边从前门到宣武门的一小块地方。美军将部队驻地设在了先农坛，这里芳草如茵，井水甘甜可口。尽管沙飞上将不满意这里的驻军环境，但士兵们还是将枪支架放到一起，并搭起了帐篷，享受着难得的休闲。

在美国所辖区域内，美军成立了"协巡公所"，以方便管理。基尔邦中尉负责外城，主要任务是掩埋尸体、打扫街道、接济饥民，恢复秩序，尤其是中国人的抢劫活动，让他很是头疼。不到一个月时间，美军辖区便恢复了昔日的繁荣，相邻的德军辖区，仍是一片萧条。

美国人对中国妓女问题非常关心，据《义和团·拳乱纪闻》记载，美国人要求妓女每七天到美国士兵行营进行检查，第二天才送回。坊间多传闻，美军根本就是在嫖妓。

不过，美国人的"管理"似乎值得称道，北京市民仲芳氏在日记中认为，日本、美国的"管理"最好。

1900年8月28日，为了宣示对中国都城的占领与征服，侵华联军在紫禁城举行盛大的阅兵仪式。美军在日军、俄军、德军、英军后，第5个进入紫禁城，一路沿中轴线，穿过午门，太和门，经太和殿、中和殿、保和殿，再过乾清门、乾清宫、交泰殿、坤宁宫、坤宁门，最后穿过御花园，从顺贞门而出。

美军没有英军那样崭新的军服，但士兵年轻，充满朝气。士兵们全部穿着卡其色服装，沙飞上将身着蓝色制服。美国人一路挥舞国旗，欢呼而过。作为公使，康格一身白色服装，脚蹬高筒军靴，笨重地与一群翻译、学生跟在后面。

在八国联军侵华这段历史中，美国并不是主力，甚至要排到英国、俄国、日本、德国的后面。一直自诩最开放、最文明的美国人，始终遭到各国士兵的嘲笑。他们说美国人就是英国强盗在美洲随意留下的孽种。但美国人则积极反击，说我们美国人不仅赶走了英国强盗，还建立了世界第一个民主国家，前途必是一片光明。这种自信在其他人看来，明显就是自大。

事实上，1900年的美国经济总量已经雄踞世界第一，一个世界超级大国正在冉冉升起。

美国人常以民主、文明而自豪，他们认为，俄国人与日本人最为凶残，两个国家都被暴君统治，未来两国之间必有一战。果然，4年后，日本与俄国就在中国的东北爆发了大战。

1901年，各国开始商讨撤兵问题，彼此猜疑不断，担心有人赖着不走。5月5日，美军率先开始从北京撤兵。

在清廷看来，相比其他侵略者国家，美国是一个与中国关系"相对较好"的国家。

三、光绪向美国总统求救

　　紫禁城西面的中南海，一片湖光水色。与充满着钩心斗角、恩怨不绝的皇宫相比，中南海里静谧婉丽、秀色宜人。在南海中有一个小岛，四面环水，犹如一个仙岛。

　　优美的景色却难掩一个帝国皇帝烦躁的心。曾经雄心勃发，欲改革图强的光绪在戊戌变法后被慈禧幽禁于瀛台涵元殿，即所谓的仙岛内。

　　湖水将光绪与外界彻底隔离，他每天只能望着湖水痴痴发呆，多少烦闷、多少忧愁，似乎也无法化解。

　　并不是所有人都知道光绪被囚禁，戊戌变法后，关于光绪被害的传闻就已经在海内外有所流传。

　　清廷选择以为皇帝招聘医生的方法对外辟谣。1898年10月15日，先是国内医生进宫为光绪看病。10月18日，法国医生多德福被特例允许为光绪诊病。

　　中国医生认为，光绪肝肾久亏，身体非常虚弱。法国医生则认为，光绪的病只是慢性肾炎，只需调养即可。慈禧罕见地将光绪的病情对外公开，引起外界哗然。

　　皇帝的健康状况，历来是一个国家的最高机密，慈禧的做法非同寻常，她的目的只有一个，即废掉光绪。

　　不仅慈禧想要废掉光绪，一些在戊戌变法中饱受打击的守旧派也对光绪恨之入骨，如刚毅、徐桐、载漪等人。至1899年夏，另立新君的传闻已经在北京沸沸扬扬。

　　1900年1月24日，小年刚过的紫禁城正沉浸在迎接新年的喜悦中。百无聊赖的光绪被李莲英叫起，匆忙乘轿赴勤政殿。

光绪不知出了什么大事，一路忐忑不已。当他赶至勤政殿时，发现皇亲贵族、御前大臣、内务府大臣等都在，大约有30人，所有人都面色凝重。而众人也在暗中观察着光绪，人们发现他面无表情、脸色发白，身体确实感觉比较虚弱。

慈禧当着光绪的面宣布，要行立储大事，并将事先拟好的谕旨给光绪过目，事已至此，光绪没有反对的可能，只好同意宣旨。

事实上，早在1月1日，慈禧就召开过一个秘密会议。会上，慈禧指责光绪背叛自己，并扬言要废掉皇帝，另立新君。每次慈禧发怒，光绪都很惧怕，他不敢有任何反对意见。

慈禧选中的"大阿哥"为端王载漪次子溥儁。溥儁是道光帝的曾孙，一个15岁的少年，比光绪小了14岁。

光绪即将被废，引来各国集体反对。英国驻华公使便向李鸿章表态，只承认光绪帝，其他任何人，英国一概不予承认。

溥儁被立为大阿哥，最兴奋的非他老爹端王载漪莫属。慈禧宣布立储后，载漪立即将端王府上下装饰一新，准备迎接各国公使的祝贺。没想到，列强谁都不给面子，这让极为好面子的载漪大为光火，并对洋人产生了仇恨。

义和团的崛起，让载漪看到了对付洋人的希望。被免职的山东巡抚毓贤回京后，专门拜访了载漪，毓贤建议用义和团打击光绪势力，消灭洋人。

6月初，载漪在端王府设立总坛口，招揽全国义和团，誓言保家卫国。狂热的义和团成为载漪手中最重要的一股政治力量。

6月25日一早，刚刚移居宁寿宫不久的光绪听到外面一阵吵闹。他探窗一望，顿时大惊。载漪与其他三兄弟率领一伙拳民，手持大刀、长矛，不顾太监等人的阻拦，直接杀了进来。

载漪大骂光绪是洋鬼子，叫嚷着要杀掉光绪。光绪没想到，端王竟然能闯进宫里，还要杀皇帝。光绪的心提到了嗓子眼，躲在屋里没敢出去。

慈禧正在吃早餐，听到动静的她，立即出来制止。她训斥载漪等人胡闹，不成体统。载漪几兄弟一见到慈禧便没了脾气，慌忙跪在地上认罪。慈禧后来承认虽表面严厉，但心里却一直在打鼓，害怕载漪做出过分举动。

载漪的猖狂与当前的火爆形势不无关系。经过多次御前会议讨论后，慈禧决定招抚义和团，向洋人开战。大清帝国的都城，很快陷入动乱与浩劫中。

6月16日，北京繁华的前门大街被烧。在浓烟之下，紫禁城内，慈禧与众多保守派大臣执意要向列强宣战，无力挽救危局却心忧天下的光绪只能以泪掩面。

6月17日，义和团正式攻打西什库教堂。6月20日，清军围攻东交民巷外国使馆区。两个地方距离紫禁城都比较近，喊杀声、枪炮声、爆炸声，让居住在宁寿宫的光绪心惊肉跳。

列强方面也在加紧进行军事干预。6月17日，以英国为首的联军占领大沽口炮台，进而于7月14日攻陷天津。

兵祸连结，眼看八国联军要打进北京，光绪终日寝食难安。没有了权力，也没有了自由，还差点被杀。作为一位皇帝，对于如此国难，光绪不可能无动于衷。

如何摆脱这种困境，光绪苦苦思索，久无良策。

7月16日夜，辗转反侧的光绪突然从床上坐起，呆呆坐了一会儿后，开始动笔写信，时而停笔苦思，时而下笔如飞。写完后，光绪端详了这封信很久，随即唤来心腹太监，嘱其秘密送出宫，并另派他人火速送往山东济南。

北京到济南有千里之遥，送信人快马加鞭，向济南飞奔。17日，山东巡抚袁世凯接到光绪的来信，打开一看，大为惊讶。原来，光绪的信是写给美国总统麦金莱的，而且还是求救信。

由于义和团与战乱影响，京津之间的通信已经中断，甚至整个华北的通信网络都已经被破坏。反对义和团的袁世凯比较聪明，保持了通信的畅通。

光绪要向美国发电报，只能将信先送到济南，再由济南传递到上海。接到皇帝的信，袁世凯不敢怠慢，立即以电报的形式发给上海道台余联沅，余联沅自然也不敢耽误，迅速将电报发往美国华盛顿。一封紧急的越洋电报通过海底光缆在大洋两岸传递。

中国驻美公使伍廷芳接到电报后也非常震惊，但还是将此信转呈给了麦金莱。麦金莱不敢相信，中国的皇帝会向自己求救。

光绪的信是这样写的：

大清国大皇帝问大美国大伯理玺天德（英语"总统"译音）好。中国与

贵国交好已久，深知贵国专意通商，彼此毫无顾忌。中国近因民教相仇，
各国疑朝廷袒民嫉教，遂有攻占大沽炮台之事。于是兵连祸结，时局益形纷
扰。昨接使臣伍廷芳电奏，知贵国慨念邦交，近事深蒙垂念。曷胜感佩。今
中国为时势所迫，几致干犯众怒。排难解纷，惟贵国是赖。为此开诚布臆，
眈切致书，惟望大伯理玺天德设法图维，执牛耳以挽回时局。并希惠示德
音。不胜急切翘盼之至。

　　光绪的意思很简单，期望美国出面调停，帮助中国摆脱危机。读着这封信，
麦金莱非常高兴，甚至有点兴奋。个中原因主要有三个：一是崛起的美国及奉行的
价值观得到了中国的认可。美国的影响力虽不及英国，但已经成为世界第一经济大
国，奉行的价值观也与各列强不同，如在大沽口之战中，美国没有参与联合军事行
动，坚决不主张向与美国处于和平状态的国家开战。二是中国一向以天朝上国自
居，向来看不起外国，如今这番求救，前所未有，说明中国（至少是皇帝）已经低
下了高贵的头颅，而且还是向美国低头。三是中国认可了中美间的友谊，也是对以
前美国付出的认可。

　　有着中国这份沉甸甸的信任，麦金莱如何能不高兴。

　　光绪看中了美国，原因也很简单。列强都在做着瓜分中国的大梦，但美国的做派
在光绪看来，还算一股清流。

　　麦金莱经过三天思考后，正式给光绪回信，信是这样写的：

　　　　我已收到陛下7月19日来函，欣悉陛下认识到，美国政府和人民对中国
除了希望正义和公平以外别无他求这一事实。我们派部队到中国的目的，是
从严重危险中营救美国公使馆，同时保护那些旅居在中国并享有受条约和国
际法保证之权利的美国人的生命财产。……同时，本政府在取得其他国家的
同意后，将乐于以此目的为陛下进行友好的斡旋。

　　光绪的信是17日发出，麦金莱却说是19日来函，主要原因很可能是伍廷芳没有及
时送到麦金莱手中。麦金莱在信中解释了美国出兵的原因，目的不是瓜分中国，只是
解救美国人而已。同时，美国提出，希望中国政府恢复并保障使馆与外界的联系，并

消除一切威胁。

麦金莱答应从中斡旋，其实并没有什么动作。同时，清政府也没有答应麦金莱的条件，光绪做不了主。北京城内，西什库教堂、使馆区依然枪炮声不断，所有外国人都在提心吊胆，美国人自然也不例外。

8月4日下午，约2万名八国联军士兵从天津出发，扑向北京。慈禧本意希望通过攻击在京的外国人，达到以打促谈的目的，逼迫八国联军退兵，但恰恰适得其反，八国联军必须进入北京，解救被围的外国人。

光绪极度失望，因为向美国求救也没有什么效果。

8月15日，八国联军攻陷北京，慈禧带着光绪西逃，一路逃往西安。

10月17日，逃到山西蒲州府时光绪以感谢美国的名义再次致信麦金莱，希望美国在中外谈判中能发挥友好作用，信中说道：

> 大清国大皇帝问大亚美理驾和众国大伯理玺天德好。此次中国变起仓猝，道蒙大伯理玺天德顾念邦交，允为排解，并先撤兵。感佩之忱，曷有既极。用特派四品卿衔出使大臣伍廷芳呈递国电，先伸谢悃。还祈大伯理玺天德保全大局，永敦和好，转商各国，尽捐嫌隙，速定和议。则感荷高谊，益无涯矣。不胜盼切祷切之至。

光绪希望美国念及两国友好关系，能够率先撤兵，为各国做出垂范，同时希望美国在接下来的谈判中，尽量能居中调停。

第二天，麦金莱给光绪回了信，信中写道：

> 我由衷地表示与陛下抱有共同的愿望：中国同其利益和侨民在贵国遭到严重侵害的各国之间所存在的一切问题均可和平解决，以达到完全消除他们之间一切嫌隙的结果。本政府希望能这样迅速解决，这一点已经为各国所了解。

麦金莱的回信很客套，同时也确实做了一些有益中国的事。第一个撤兵真的做到了，1901年5月5日，美国率先撤兵。

在赔款问题上，美国人与其他列强的狮子大开口不同，提出要根据中国的偿付能力，确保赔款在一个"合理"的范围。为了赔款这事，美国不惜得罪其他列强，还闹上了海牙国际仲裁法庭。

四、《辛丑条约》谈判中美国的**奇**怪表现

在内城通往天坛前门的路上，英国人设想，要修建一条铁路。八国联军占领北京，也意味着对北京城市"改造"与"治理"的开始。

沿途的铁路工地一片忙碌，工地上到处是大量被征用的中国劳工。在经历了夏秋的动荡后，四处躲藏的人们终于有了喘息与谋生的机会。这是北京城内历史上的第一条铁路，谁也不敢怠慢，尤其是在英国人监视的情况下。

有的劳工负责运土，每两名劳工抬着一筐土，将土倒至铁路的路基上。由于铁路要经过一片墓地，有的劳工在搬移棺材，散了架的棺材，遗骨四散，劳工们将其捡起，装到篮子里，并标记上名字。

与喧嚣的外城相比，内城里则是安静异常。1900年12月16日，一辆马车从贤良寺驶向了美国大使馆。作为全权谈判代表，李鸿章要拜访美国驻华公使康格先生。

一阵客套寒暄过后，两人话题转向正题。

康格首先询问李鸿章："中堂是否拿到了清廷授予谈判的全权证书？要知道，这个问题已经耽误三个月了。"

李鸿章略显尴尬，说道："阁下不要着急，朝廷已经电旨，保证在议和开始时授予盖有御玺的全权证书。"

康格又说："对于董福祥的处理意见我们已经收到，但我们仍然认为，处罚还是太轻了，他的罪行不足以抵消。"

李鸿章忙解释说："董福祥在军中威望很大，若对他处以极刑，恐会发生军队哗变，威胁朝廷安全。"

康格严肃地说："董福祥不可饶恕，我们还会提出加重惩办的要求。"

李鸿章点头，随后又问道："听说近日各国联合召开了会议，在惩凶的问题上，剔除了'死刑惩罚'的选项？"

"我们主张用'最严厉的惩罚'代替'死刑惩罚'表述，但德国、奥匈帝国、意大利均表示反对，可他们也愿意在更改后的照会上签字。也就是说，这个已经不是问题。"康格停顿了一下，又说，"我们在提交给你们的照会引言中坚持要用'绝对必须'一词，但其他各国认为使用'不可更改'更好，以防你们诡辩和拖拉。"

两人的对话并不轻松。李鸿章既要向美国人解释清廷的态度，同时还要试探列强的底线。

公务会谈结束后，重新进入了寒暄时间。

"阁下是否允许我见见您的家人？"李鸿章微笑着问。

"当然可以。"康格也笑了，立即请来了自己的夫人。

李鸿章向康格夫人致意后，笑着问道："听说你们在使馆围困期间，竟然吃起了马肉，有这么夸张吗？"

康格夫人有些不悦，略有不快地回道："吃马肉的事情是真实发生的，但这并不是最重要的，最让我们难过的是，那些在围困期间被杀的人、饿死的人。那些疯狂的拳民与清军对我们来说，完全是噩梦般的存在。"

李鸿章感觉似乎有些失礼，连忙说道："非常抱歉，给你们造成了伤害。我们的皇帝已经下了一道密旨，一定会严惩这些肇事的头领。"

临告别前，李鸿章转头又对康格说："我希望阁下能发挥您对各国的影响力，说服他们去相信，这些惩罚对我们的百姓来说已经很重了。"

康格回答说："在引导各国公使这样想之前，我必须首先说服自己去相信那些惩罚已经足够了。"

联军占领北京不久，8月29日，另一个美国人到了上海。此人便是肩负重任、准备接替康格的柔克义。罗斯福总统对他寄予厚望。

参与了东南互保的上海依旧繁华，但柔克义没有在上海过多停留，立即北上京城。战火刚刚平息后的北京城没有了往日的风采，柔克义不是第一次来北京，早在1884年，他就曾在美国驻华公使馆任职。

再次走进熟悉的公使馆，建筑上的伤痕依稀可见，似乎正在无声诉说着过去的创伤。

在北京的日子很短暂，柔克义没有立即接替康格的工作，而是首先向康格了解了事态进展和处理情况。两人边喝着咖啡边讨论着当下局势，柔克义建议，要加快恢复北京秩序，并提出了保护美国人民生命与财产的各种措施，康格表示欣然接受。康格也向柔克义交换了自己的意见，对当前与清廷议和的条件谈了自己的看法。

柔克义在北京摸清情况后，立即南下上海，再次与美国驻上海总领事古纳沟通。古纳建议，若想争取主动，最好要听听刘坤一、张之洞两位南方总督的意见，因为二人是清廷的重要枢臣，对清廷的决策有着至关重要的影响。同时，作为新任驻华公使，与两位总督搞好关系也非常有必要。

柔克义随即沿长江而上，先后到南京、武汉拜访两江总督刘坤一、湖广总督张之洞。两位总督对柔克义的来访，都持非常友好的欢迎态度，并予以热情款待。柔克义代表美国政府，对两位总督维护东南的稳定并积极保护外国人的举措表示了高度赞扬与衷心感谢。

在一番夸赞与感谢后，柔克义开始打探两位总督对未来秩序的恢复及两宫回京一事等问题的意见。刘坤一对各国大幅增兵上海表示了担忧，张之洞对英国势力不断向长江腹地延伸感到不安。刘坤一与张之洞都认为，美国总体对华态度友好，既然列强可以接受美国提出的"门户开放"政策，说明美国在列强中有一定的威望，希望美国能做出和平的示范。刘坤一希望美国不要效仿其他各国，张之洞则向美国主动示好，希望联手美国，制衡英国。

这一年的中秋节，没有了喜庆，更多的是悲伤与不安。北上的李鸿章站在天津直隶总督署的废墟前落泪感伤。西逃至山西的慈禧仍在诚惶诚恐，担忧联军进攻山西。上海的百姓则担忧北京的战乱会在上海重演。

转了一圈的柔克义回到上海后，先后与部分美国商业团体与教会团体召开座谈会，对下一步的局势发展交换了意见。美国商业企业代表希望美国政府提出的"门户开放"政策能够在列强之间继续保持。美国教会代表则表示，对于攻击教堂与杀害传教士的行为必须予以严惩，并提出赔偿，如此方能让传教事业继续发展下去。

在中国的半年，其实柔克义一直在摸底，一边观察着中国方面的动静，一边征求着在华各界美国人的意见。

1901年春节，庚子年变为辛丑年，毓贤等在义和团运动中负有主要责任的官员被处死。

这个春节人们放的鞭炮比往年更多，也许是希望用鞭炮尽快驱走邪恶。踏着鞭炮皮，闻着火药味，柔克义再次到了北京。2月23日，农历正月初五，康格正式与柔克义交接。康格被批准回国度假，柔克义接任赴华专使，全权代表美国，与中国方面展开谈判。

在柔克义四处摸底的同时，康格也没有闲着。

首先就中国谈判代表的问题，列强最不能接受的是荣禄，因为荣禄是清军统帅，在围攻使馆区时，武卫军属于荣禄直接管辖。康格还发现，无论是回到北京的庆亲王奕劻，还是已经北上的李鸿章，或是逃出京城的荣禄，他们都没有清廷授予的全权证书。

康格在与柔克义会面时，二人就谈判问题达成了一致意见，即谈判地点必须在北京，一旦中国政府表现出诚意，便可立刻开始。

1900年9月27日，康格致电美国国务卿海约翰，汇报了自己与柔克义达成的共识。共识包括：要求中国政府必须停止敌对行动、恢复秩序；尽快商定对各国公正合理的赔款；保障今后所有国家享有的条约权利和国际权利，保护外国公民的一切财产和利益；每个国家使馆保留卫队士兵1000名，其余则撤到沿海各处。

与中国政府谈判，大致就是两个问题：一个是惩凶；一个是赔偿。如何惩凶是最先要解决的问题，在这个问题上，列强中自然也有激烈的争议。

俄国是第一个提出惩办祸首的列强，9月初，德国公使穆默致电张之洞，要求将惩办祸首作为先决条件。但美国人则认为，如果坚持以这个条件为前提，恐怕谈判无法实现。

英国、德国认为，第一祸首便是慈禧，只有惩办了慈禧才能展开谈判。俄国因为要与英国争霸，希望扶植皇太后的势力，并不赞成惩办慈禧。

9月15日，李鸿章、张之洞等人联名上奏，要求惩办祸首。迫于压力，9月25日，清廷公布第一道惩办祸首命令。此次共惩办9人，其中庄亲王载勋、怡亲王溥静、贝勒载滢、载濂被革去爵职；端郡王载漪从宽处理，革去所有职务，交宗人府议处，并停发俸禄；辅国公载澜、都察院左都御史英年交该衙门严加议处；协办大学士兼吏部尚书刚毅、刑部尚书赵舒翘交刑部议处。

这样的惩办力度让列强极为不满，为了尽快就惩凶问题达成一致，列强们专门召开了一次会议。

10月26日，北京进入深秋，落叶四处飘零，城内飘荡的各国旗帜提醒着人们，这里已被八国联军统治。

各国公使在联军攻占北京后，第一次坐到了一起。他们没有过多的客套与寒暄，直接进入主题，如何惩处中国凶犯，各国纷纷表态。

英国公使萨道义说："义和团兴起后，各地祸乱不断，在华的外国人生命与财产损失惨重。这种罪行不仅触犯了国际法，也违背了人道原则及文明准则，是人类历史上极度罕见的罪行。因此，此次暴乱的凶犯，必须以死刑惩处。"

"对！我赞成阁下的意见。"德国公使穆默站起来说道："我国公使克林德男爵被杀害，这是对国际法与我们国家最大的侮辱。不仅要将凶犯处以死刑，还要派出亲王代表中国皇帝赴柏林去道歉，同时在克林德遇害处建立纪念碑。"

日本代表西德二郎也附和说："我国公使书记官杉木彬同样被杀害，中国政府必须交出凶手，做出体面的赔偿。"

经过一番"控诉"后，各国代表商议出了一份惩凶名单，除了载漪、载勋、溥静、载濂、载滢、载澜、刚毅、英年、赵舒翘外，另加甘肃提督董福祥、山西巡抚毓贤。

英国、德国等公使提出，要扩大惩凶名单，并以最严厉的方式惩处凶犯。

看着大家激烈的情绪，康格站起来说："中国政府必然要为此付出代价，这毋庸置疑，但我们也要考虑的是，不能让中国政府垮掉，否则，我们在华的利益如何保证呢，因此，凶犯名单应该适当缩减。"

俄国公使格尔思说："大量处决中国罪犯，尤其是处决亲王等级别高官，这不符合德国在华的利益。"西德二郎轻蔑地瞄了一眼俄国人。日本人最清楚俄国人的小心思，因为俄国与中国接壤，大量的俄军已经占领东北。

法国公使毕盛大声说："必须让中国政府交出主要罪犯，以此作为与中国谈判的先决条件。"

康格立即表示了反对，他说："前段时间，德国方面也有类似想法，但中国政府不可能将罪犯交给外国处理，尤其是亲王等皇亲国戚，这对中国人来说，无疑是巨大的侮辱，甚至比丢掉京城还无法容忍。"

毕盛又说道："杀害传教士的时候你们知道有多可怕吗？处死这些祸首是必须的，只是如何死的问题，或是被斩首，或是让他们奉旨自尽。"

第二天，李鸿章向康格发了一份照会，说刚毅已经死了，毓贤也已吞金自尽。

不知道李鸿章是故意撒谎，还是得到的消息不准确。刚毅确实死了。10月17日，刚毅随慈禧西逃至山西侯马镇时，因患腹泻而死。但毓贤并没有死，直到1901年春节才被处死。

11月6日，联军在呼啸的寒风中，将直隶总督廷雍、城守蔚奎恒、参将王占奎斩首于保定凤凰台。三个官员的首级被悬挂示众，这让清廷震惊不已。

11月11日，清廷再次颁发惩凶谕旨。这次惩办力度略有加强，同时增加惩办毓贤。但列强仍然非常不满意，就是李鸿章等人也认为处罚过轻。

康格建议，再次召开联合会议。12月4日，各国代表又坐到了一起。就惩凶问题进行磋商。德国、奥匈帝国、意大利等国公使认为，与中国谈判，必须坚持用"死刑惩罚"一词，且在照会中使用"不可更改"一词。康格则提出，最好用"最严厉的惩罚"代替"死刑惩罚"，用"绝对必须"代替"不可更改"。美国人意识到，让清廷处死载漪、载澜、董福祥等人已经没有可能，希望大家不要再提此要求。

西班牙与比利时的公使则希望美国做出妥协，在照会中使用"不可更改"一词。他们认为，任何更改都会削弱各国的地位，让中国人受到鼓舞，保留"不可更改"可让中国人玩弄诡辩和拖拉的机会大为减少。

在向美国政府请示后，康格最终放弃了自己的主张。

在反复拉锯中，不知不觉进入了1901年。

2月5日，腊月十七，年味渐浓。在各国的强烈要求下，奕劻与李鸿章正式与各国公使见面，共同商议惩凶问题。

列强提出，要严惩祸首，并扩大惩凶名单，如增加礼部尚书启秀、刑部左侍郎徐承煜。

带病参加会议的李鸿章无奈地建议各国公使说："懿亲关乎皇室的尊严，希望在座的各国公使能谅解。我建议，可以给他们两人一个假死罪，比如先判处斩监候，再由皇帝赦免，给皇帝个面子，最后改为流放新疆或永远监禁。"

康格忙问："到底让谁来真的受死呢？"

"清廷可以下令，赐载勋自尽。自尽也是死刑，这样能给王公大臣留个体面。"李鸿章说。

康格对李鸿章说："毓贤作为山西巡抚，不仅煽动义和团屠杀外国传教士与教民，还设计诱骗他们在巡抚门前集合，结果被集体屠杀，毓贤还亲自动手杀人。敢问中堂大人，这样的人，仅仅流放就可以了吗？"

李鸿章身体比较虚弱，略显有气无力，他说："毓贤已被革职，并让其流放极边，至于是否处死，倒是可以再考虑。"德国公使穆默要求李鸿章就毓贤问题当面做出承诺，但李鸿章拒绝了。

2月8日，各国提出，要求将载漪、载澜定为斩监候，流放新疆，永远监禁；载勋赐令自尽；英年、赵舒翘、毓贤、启秀、徐承煜应当斩立决；董福祥则彻底剥夺兵权。

无奈之下，2月13日，清廷第三次发布惩凶谕令，同意列强对于载漪、载澜、载勋、毓贤的惩办要求。但英年、赵舒翘、启秀、徐承煜等人仍然免于死刑。

列强仍很不满，联军统帅瓦德西甚至发出威胁，欲向西安进攻。

受到威胁的慈禧终究还是害怕了。为了安抚列强，2月21日，大年初三，清廷发布第四道惩凶谕旨，将英年、赵舒翘定为斩监候，赐令自尽。启秀、徐承煜二人则即行正法。

这道谕旨犹如催命符，大清帝国曾经叱咤风云的高官纷纷以不同形式被处决。1901年的辛丑年春节，充满了血腥。

3月，确定地方官员的惩处名单。新任美国公使柔克义代表美国总统表态，不希望再看到流血，不再坚持死刑要求。3月28日，柔克义在联合照会上签字。至此，惩凶一事全部完结。

在惩凶一事上，美国总体表现比较平和，这与美国在中国的利益息息相关。英国、德国态度强硬，背后有打算继续增兵，企图称霸的原因，而俄国为了达到占领东北的目的，表现最为温和。相比之下，美国对中国没有更多的企图。

除了惩凶之外，如何赔偿同样是一个大问题。

1900年10月，法国提出了赔偿原则，即要合理地赔偿各国政府与私人。法国的提议得到了各国的赞同。

没有谁比任中国海关税务司的英国人赫德更会算账，他估计，这次赔款要远大于甲午战争。甲午战争只赔一国，这次要赔多国，总额不会低于5000万磅（约合平银3.51亿两）。

德国人认为，如果赔偿5000万磅，德国至少要得1500万磅。公使被杀，出兵又多，必须拿大头。唯有日本比较担心，若这次赔款过多，恐怕会影响甲午战争的赔款。

美国政府则主张，赔款总额应由各国联合向中国提出，不附细节和说明，以后在各国之间按照大家的损失和费用加以分配。至于具体赔款数量，不应超过一个合理的数目，应在中国政府的偿付能力之内。

经过仔细调查和分析，美国总统罗斯福提出，按中国现有的财力和负债情况，中国对各国赔款的偿付不能超过2亿美元。同时给予中国各种支付的便利，债款最好通过按票面价值发行的债券进行偿付，利息为3厘，在30~40年还清。

英国人用英镑、美国人用美元、中国人用银两，换算起来比较麻烦。按照1901年的汇率，大约1英镑=70.2两，1美元=0.74两。按此计算，罗斯福总统提出的2亿美元，折合成中国的白银便是1.48亿两。

根据赫德的报告，当时清政府每年的财政收入为8820两，岁出1亿两，其中2400万是借款开支。在赫德看来，中国若想偿付天价赔款，恐怕只能通过增加税收的方式。

12月29日，美国国务卿海约翰（John M. Hay）向康格发出指示，对于赔款问题提出三个要求：一是希望将中国赔款保持在一个限度内，以确保中国的偿付能力；二是赔款尽量以货币支付，而不是领土支付；三是赔款总数尽量限制为2亿两白银。

美国总统提出的是2亿美元，约等于1.48亿两，而国务卿提出的是2亿两，实际是提高了。

一个月后，1901年1月29日，海约翰再次致电康格，提出了更多要求，具体电文翻译如下：

一、使公使们同意一次总付赔款。

二、使这项数额尽可能合理。根据这里得到的最可靠消息，中国政府支付数额不能超过一亿五千万美元。这很可能需要对各国的要求做一定的缩减。

三、当一次总付赔款获得一致同意并被批准之后，要坚持美国应按比例得到公平的份额，美国政府将把它公正地分配给申请人。

四、如果在赔款问题上拖延不决，应提议按海牙法规的规定将该问题提交仲裁。

五、我们的损失和支出总数约为2500万美元。

短短一个月后，美国人将中国赔款总额限定在1.5亿美元，约合1.11亿两白银。其中美国索要的赔款额为2500万美元，约合1855万两白银。

英国人赫德向清政府建议"拟四五十年内，每年须筹三千万，系指分期四五十年本利一并在内，如能不借银行之款，即与各国商定担保之法，分年归还，免出利息，数目不必商减，便宜实多"。

按赫德的算法，中国至少要赔12亿两白银。这让奕劻、李鸿章及专门负责赔款事务的盛宣怀都惊讶不及。他们担心，如果真按这个数额赔，中国必会陷入万劫不复的地步，根本没有发展的余地。李鸿章估算，列强索要的赔款额应该不会超过6.55亿两白银。

德国公使穆默私下向康格透露，德国目前已经花费4500万美元，而且还在不断增加。德国政府肯定不会同意一次性付款，或是削减德国的赔款要求。

虽然大多数公使还没有收到国内的指使，但人们都倾向认为，中国政府的赔款额应该在2.5亿~3亿美元，约合1.85亿~2.22亿两白银。

英国人等不及了，提议各国成立赔款委员会。1901年2月22日，英国、法国、美国等14国列出了索赔清单。这14国中，包括了西班牙、比利时、荷兰、葡萄牙、瑞典、挪威等未出兵的国家。

接下来两个月，赔偿委员会反复对中国官员进行询问，进行摸底调查，如各项税收比例、征收手段，各省情况等。

5月7日，赔偿委员会拿出了最终的赔款方案，总额为4.5亿两白银。各国公使认为，中国人每人摊派1两是可以承受的，中国共4.5亿人，因此要赔偿4.5亿两白银。

方案一出，英国驻上海参赞杰弥克逊会晤了刘坤一，答应帮助中国政府努力劝解各国，希望能减少到3.1亿两，4厘息减到3.5厘。美国授意刘坤一、张之洞，希望他们反对赔款额过高，但刘坤一、张之洞的意见根本没有任何效果。

4.5亿两白银赔款，低于李鸿章的预期，这让他比较满意。对于美国人的行为，李鸿章并不理解，主要怕再生波澜。李鸿章认为美国是借此讨好中国，指责英国杰弥逊既没有决断权，也没有把握。

5月22日，各国公使再次开会，德国公使穆默指责美国袒护中国，柔克义进行了辩解，他表示，适当的赔款可以保证中国不会崩溃，否则再多的赔款也毫无意义。柔克义希望各国进行表决，其他国家公使当场表示拒绝。

对于联合担保问题，各国态度同样不一。俄国急于得到现款，希望各国联合担保，好处是中国可少赔1000多万磅。法国附议俄国，但英国不愿意与信用很低的俄国一起担保，享有中国财政独占权的英国担心联合担保会引起对中国财政的国际管制。美国则坚持"三不"原则：不反对，不主张，不参与。

对于关税问题，美国提出五点建议：

一、全面修订关税税则，改从价税为从量税。

二、撤销禁止输出大米的规定。

三、废除一切厘金税，包括子口税及对所有进口的外国商品课征的各种内地税。

四、修改对供输出的土产，特别是茶叶、棉花、生丝及其他输出的重要商品所征的厘金税率。

五、中国政府参与疏浚通向上海和天津的河道。

美国建议将关税率增至值百抽五。对此，日本表示赞成，但遭到了英国的全面反对，尤其是对废除厘金税一项。其他各国也有不同程度的反对。这让柔克义很郁闷。

由于各国争执不下，美国国务卿海约翰指示柔克义，将所有问题提交海牙国际仲裁法庭进行裁决，但海牙国际仲裁法庭并没有站在美国一边。

9月7日，奕劻、李鸿章代表中国与美国、英国等11国公使在西班牙大使馆内签署《辛丑条约》。中国向各国赔款白银4.5亿两，39年还清，本息共计9.82亿两。

4.5亿两白银被列强瓜分，其中俄国最多，为1.3亿两，占比28.79%。美国为3293.9055两，排在各国的第6位。

随着《辛丑条约》的签署，持续一年的谈判彻底宣告结束。这笔赔款也叫"庚子赔款"。

世纪之交的美国，经济实力已经超越英国，成为全球第一。纵观美国在谈判中的策略与表现，美国谋求的正是欲求从经济强国向政治强国过渡。

特立独行的美国在谈判中总体比较受孤立，这也从侧面反映出美国试图谋取世界领导权的野心。美国不愿意与其他国家结盟，更不想依附于任何一方，美国希望以此获得外交自主权，并扩大国际影响力。

美国的价值观，决定了美国不是一个普通的国家。三年后，美国第一个提出，要退还部分赔款，从而带动各国退钱。

五、"门户开放"背后的*较*量

　　美国的对华"门户开放"政策，具体还要从一场战争说起。

　　1898年5月1日凌晨5时，古老的北京紫禁城内已经亮起了灯，慈禧正在进行着梳妆打扮，李莲英小心翼翼地给她梳着头。他们不知道，在中国的南海，一场表面看似与中国无关，但实际决定中国命运的战争即将打响。

　　此时的马尼拉湾，天色渐亮，一缕细微的阳光正在穿过被西班牙占领的马尼拉城。城内的百姓大多还在酣睡中，他们丝毫没有察觉到海湾里的异动。

　　轻柔的海风里夹杂着紧张的气息，西班牙太平洋分舰队的官兵一夜没有睡好，因为昨天他们发现，海面上突然增加了一只从中国香港调来的美军舰队。

　　美军的到来，骤然打破了马尼拉湾昔日的平静，但西班牙人并不感到奇怪。4月25日，在遥远的古巴哈瓦那，美军与西班牙已经开战。这就是美西战争。

　　美军压境，西班牙人再也不敢懒散地在军舰上打牌了，各级官兵连夜召开会议，商讨对策。拂晓之际，西班牙人感到很疲惫。

　　突然，伴随着冲天的火光，一发发炮弹划过长空，集体飞向西班牙舰队。美国率先向西班牙发起了攻击。

　　美国海军亚洲分舰队司令乔治·杜威准将镇静地站在"奥林匹亚"号军舰的指挥舱内，目光如炬，平视着远方。

　　西班牙舰队一片惊慌，在忙乱中开始还击。映红的海面上不断掀起巨大的水柱。

　　坐镇"克里斯蒂娜皇后"号指挥的西班牙舰队司令帕特西奥·蒙托霍海军上将赫然发现，美国海军全部是新式装甲舰，且是快速移动作战。美军9艘军舰排成一路纵队，先是快速向港湾泊位行进，待逼近西班牙舰队时，突然又开始调头远离港湾泊位，在反复行进中，边移动边开火。

尽管蒙托霍已经命令各炮台的大炮全部开火还击，但似乎对美军的杀伤力并不大。更要命的是，西班牙的军舰设备陈旧，疏于保养，官兵平日又缺少训练，导致大战来临时，各种手忙脚乱，战斗力锐减。

作为旗舰，"克里斯蒂娜皇后"号显然成了美军攻击的重点目标，美军炮弹倾泻而至，军舰很快陷入一片火海中。在官兵的保护下，蒙托霍在浓烟中慌忙撤离了军舰。

转移到"古巴岛"号上后，在蒙托霍的注视下，"克里斯蒂娜皇后"号慢慢沉入了海底。蒙托霍仰天大吼，直呼上帝。

那个上午，马尼拉湾的炮火一直没有停。尽管西班牙军舰有数量上的优势，但无奈美国海军火力实在太强，最终经过数轮激战，西班牙舰队所有12艘军舰不是被击沉，就是被打残。蒙托霍受伤后逃到了岸上，面对全军覆没的舰队欲哭无泪。

大战过后，西班牙伤亡381人，而美国只有7人受伤，1名工程师因天热虚脱致死。

马尼拉海战是美西战争的一部分，古巴、波多黎各等地都以美军胜利告终。西班牙惹不起美国这个刚刚崛起的世界第一经济强国，只好认尿。1898年12月10日，美国与西班牙在巴黎签订合约，西班牙承认古巴独立，并将关岛与波多黎各割让给美国。至于菲律宾，西班牙干脆以2000万美元卖给了美国。

慈禧不会关注美西战争，光绪帝也不会注意到。西方列强发现，这场战争的胜利，彻底让美国膨胀了。一直奉行孤立主义外交政策的美国开始转向对外扩张主义，一个冉冉升起的新兴大国正式进入海外扩张阶段。

菲律宾与中国隔海相望，近在咫尺，美国占领菲律宾后，开始剑指中国。

1900年1月，美国参议员贝弗里奇在参议院发表演讲，他直白地说："菲律宾群岛从现在起永远是我们的了，在菲律宾群岛的那边，现在就有巨大的、实际上是广阔无垠的中国市场。我们不能放弃这个市场，就像我们不能放弃菲律宾一样……太平洋是我们的海洋……能统治太平洋的国家必然会统治世界。"

美国总统麦金莱则略带含蓄地说："菲律宾是一把通向东方，首先是通向中国的钥匙。"

戊戌变法失败后逃亡的梁启超在《美菲战争与中国》一文中，不无忧虑地指出："美之构难于菲律宾也，实美经略亚洲第一者……我卧榻之侧，又增一虎矣。"

1899年7月的一天，盛夏的阳光洒满了华盛顿总统大厦的草坪。一位神秘人物乘车悄悄抵达总统大厦，他快速穿过一段长廊，径直走进国务卿海约翰的办公室。这个人就是美国国务院的中国问题专家柔克义，他是海约翰的老朋友。

两人坐下后，海约翰端给柔克义一杯茶。

"这是刚刚到的中国茶。"海约翰朝柔克义一笑。

"谢谢，中国茶的味道确实不错，就像中国的市场一样不错。"柔克义漫不经心地说道。

"你很喜欢，也很熟悉中国悠久的文化，比我这个诗人、历史学家强多了。"海约翰向对方恭维着。

柔克义大笑起来，说："我宁可在中国和朝鲜走一趟，也不愿在中国待50年。"柔克义原来在朝鲜工作过，至今难忘。

紧接着，柔克义收起了笑容，他对海约翰严肃地说："不过，中华民族是一个妄自尊大和无知的民族，政府软弱、腐败，人民自私、贪婪。"

海约翰点了点头，说道："中国人哪是什么Chinese，完全是Chink！"海约翰一脸蔑视的表情。

Chink，本意是裂缝的意思，但在英文中还是一个带有种族主义的侮辱性词语，意思类似"支那猪""中国猪"。

海约翰笑了一下，继续说道："中国问题还是很复杂的，现在各国都在中国竞争，俄国人野心最大，对我们威胁也最大。我是希望通过与英国联合来维持美国的地位。国会与媒体那帮蠢货经常骂我，他们总是反对我。"

柔克义轻轻摇了摇头，笑着说："你这个诗人还是天真了些，我们要做出平衡，首先不与他们任何一个国家结盟，同时要保持一个完整的中国市场向美国开放。"

"保持中国的完整性，这个也是我的一贯主张。德国占领胶州湾时，我就认为，我们只要商业，不要领土。我是反对肢解中国的。"海约翰说话间加重了语气。

顿时，柔克义陷入了忧虑中，他说："这些帝国的行为正在把中国推向极端，很容易导致内部分裂，中国政府的合法权利如果被推翻，外贸就会顷刻遭到毁灭。"

停顿了一下，柔克义又说道："现在中国国内已经出现了排外和反传教士运动，这些都是那些国家瓜分领土造成的。他们伤害了一个妄自尊大与无知民族的感情。"

海约翰站起来，注视着窗外，阳光下的宾夕法尼亚大道宽阔笔直，车来车往。他转过身，对柔克义说："总统麦金莱先生曾经问过我，说一旦中国遭到瓜分，我们有没有可能获得一份？公使康格先生也曾建议说，美国不应坐失机会，割让与租借都是必要的，甚至可以直接把直隶省作为美国的势力范围。"

柔克义摆了摆手，说道："瓜分中国需要强大的军事实力支撑，尤其是海军。虽然我们打败了西班牙，但正像您说的，这只是光辉的小战争。相比英国、法国、德国、俄国，我们还弱得很。比如巡洋舰，英国有176艘，我们只有13艘。"

柔克义抿了一口茶，又接着说："我们应该走一条与欧洲殖民扩张不同的道路，因为我们是美国，一个具有全球领导力的世界强国。"

柔克义接着又说道："我最近见了一个老朋友，他叫贺壁理，是英国人，他在中国的海关任职。他给了我很多启发，最后我们达成共识，也就是搞一个'门户开放'政策。"

海约翰来了兴趣，忙问："门户开放？具体怎么操作？"

柔克义笑着说："老兄，别着急。我所说的门户开放是，作为新的世界领袖，我们不参与瓜分中国，但要保持中国整体向美国开放，同时，美国还要与其他大国利益均沾。毕竟中国4亿人的市场，太诱人了，我们不能失去。"

海约翰沉思了一会儿，对柔克义说："你来起草照会吧，然后我们再和总统先生商量。"

柔克义答应了下来，和海约翰握手后便离开了总统大厦。

柔克义提到的"门户开放"其实并不是一个新词，早在1818年就曾在华盛顿一家报纸上出现过。那年，"康格尼斯"号巡洋舰访问中国，这家报纸呼吁，东方沉睡的大国应该实现"门户开放"。1844年，中美两国在澳门签订《望厦条约》，美国在给全权特使顾盛的训令中，就使用了"门户开放"一词。

柔克义很快将照会草稿拟好，经海约翰润色后，再呈给总统麦金莱。麦金莱一改以往希望瓜分中国的态度，对柔克义的照会非常赞赏。

1899年9月6日，一封具有重大历史意义的电报从华盛顿发出，分别发向了伦敦、圣彼得堡、柏林等地。几天后，又相继发给了法国、日本和意大利。电报发给美国各驻外大使后，再由他们致信给所在国外交部门。

9月22日，美国驻英国大使超特致信英国外交大臣赛莱斯拜莱，信是这样写的：

阁下：

我奉国务卿训令，向阁下申述一事。总统认为，此事在维持远东商业贸易方面，对英美两国具有同等重大之意义，其关系两国之利益，虽程度上有所不同，而实质上并无差别，且总统认为，此事与英国政府一贯宣扬之传统和政策完全一致，对商业之繁荣亦将大有裨益，因此拟请女皇陛下政府就此采取行动。

我们总统认为，英国政府既定之政策与目标，决不以在华所获得的优例作为排除一切商业上竞争者之工具，英国在华的贸易自由，其意义即全世界在华的贸易自由。

英国政府虽与德、俄订立正式协定，承认两国在华保有"势力范围"或"利益范围"，及在此项"范围"内享有种种特权和优例，尤其在铁路及矿业方面，但同时也会力图维持所谓"门户开放"政策，以确保各国在该"范围"内之商务及航运平等待遇。维持此项政策为英美两国商业界同样急切要求的，他们正当地认为，这是唯一能够改善现状，使他们能够维持在中国市场中的地位，并能扩大将来活动的政策。

美国政府固然决不承认，任何国家在中国任何部分有排他性的权利或控制权，有如近来协定中所规定者，但美国政府不能不忧虑，与中国缔约各国间实有发生纠纷的危险，而这种纠纷势必危害中美条约所保障的美国权利。

美国政府切望美国公民的利益，不因任何强国在其所控制的"利益范围"内之排他性待遇而遭受损害，并希望在该范围内为全世界商业保留一个开放的市场，消除国际摩擦的危险根源，从而促使各列强在北京采取一致行动，以赞助为巩固满清帝国政府及维持中国完整所急需之行政改革，相信此事为所有西方各国所一致关怀者。

美国政府相信，在中国要求"利益范围"的列强，如能就其在该范围内对于外国贸易之待遇宣布其意向，则将大有助于上述结果之达成。现时乃是向英国政府表达美国愿望的最良好时机，希望英国政府除本身发表宣言外，并鼎力支持美国向其他在华要求"利益范围"之列强取得同样宣言，宣言内容主要承认下列各项原则：

（一）各国对于其在中国任何所谓"利益范围"或租借地内之任何条约

口岸或任何既得利益，绝对不加干涉。

（二）中国现行的约定关税率，对于运往在前述"利益范围"内（除自由港外）装卸之所有货物，不问其属何国籍，均应适用，其税款概归中国政府征收。

（三）各国在其"范围"内之任何口岸，对他国船舶，不得课以高于该国船舶之港口费，并在其"范围"内所敷设、控制或经营的铁路上运输属于他国公民或臣民的货物通过此种"范围"时，所收运费不得高于本国公民运输同样货物经过同等距离所收之运费。

总统有充分根据相信，俄德两国政府对此处提议的谅解必将给予合作。俄皇陛下最近颁布敕令，宣布大连湾在俄国全部租借期内，对各国商船开放，此事一举而消除他国对俄国政府宽大和好政策的任何疑虑，由此可见，俄皇陛下必将同意美国政府现在向其提出之同样要求，并发表美国所希望的宣言。

德国政府最近宣布胶州港为"自由港"，德国政府且会帮助中国政府在该处设立中国海关，并会对美国口头保证，美国及其公民在德国"范围"内之利益，不因德国占领山东省胶州湾稍受影响，凡此足以令人相信，德国对总统要求的同样宣言，不致加以强烈反对。

对于中国贸易利害关系仅居第二位的日本，不待言亦将完全赞同此处所提出之意见。同时，上述办法将对日本大大有利。且去年内，日本政治家所发表的各项声明完全符合此处所提之意见，是以日本政府的合作，自可信赖无疑。

因此我以最快慰的心情，提请阁下注意此事，并敦促英国政府迅速加以考虑，相信此项行动与贵国政府的一贯主张和目的完全符合，并且对于一切商业国家的利益将同样大有帮助。英国政府对此项重要问题所给予美国及时的同情和合作，对一切关系国共同采取此项政策将发生强有力之影响。

（略）

超特

美国向各国发出的照会，内容大同小异，核心的意思无非两点：一是经济利益大家要均沾，谁也不能吃独食，更不能把美国排斥在外；二是美国承认各国在中国的租借地、势力范围，但要加强合作，共管中国。

美国敢于向各国提出这个要求，根本原因还是在于自身强大的经济实力。虽然各国还不承认美国是世界领袖，但大家多少都会对美国礼让三分。

各国在答复美国时，原则上都表示同意，但又有不同的附加条件。英国收到照会后回复说，只能在自己的租借地威海卫实行这个原则，香港九龙岛不行。德国、法国、日本也差不多，同意可以，但也有各种条件。

唯独俄国不同，他们认为，不能让美国进入自己的势力范围——"满洲"。而柔克义却认为，"满洲"是"门户开放"政策的试金石。

"满洲"，即中国东北地区，美国何以如此看重呢？据统计，美国向"满洲"输出的棉织品占中国总额的90%，是英国的48倍。不仅中国东北，华北也是美国棉织品的重要市场。美国商品也不仅有棉织品，还有面粉、煤油等，东北都是最大的销售地。

俄国在"满洲"的利益其实更大。美国的门户开放政策要求俄国对各国商品运输的铁路运费实行均等，但俄国认为，根据当年修建中东铁路的合同规定，俄国有自行酌定铁路运费的权利。如果满足美国的要求，那么俄国财政就要对中东铁路公司进行补贴。

另外，美国的要求对俄国的出口也非常不利，因为俄国的商品制造成本、运输成本都比美国商品高。

11月22日，俄国驻美国大使喀西尼紧急走进了海约翰的办公室。当面会谈是俄国外交大臣穆拉维约夫的要求。

"国务卿阁下，我们对贵国照会提出的问题感到吃惊！"喀西尼没有客套，直接切入主题。

海约翰笑了一下，对喀西尼说："先生有何吃惊？即使是我们国内反对派，也会要求确保美国在外的利益。"

喀西尼又试探着问："反对派给了阁下很大压力？"

"1898年，中国提出变法改革，我们错过了干预中国事务的机会。这次，我们必须有所作为。"海约翰说。

"贵国的照会是否得到了其他国家的回复？"喀西尼又问道。

"当然，美国的意见还是很重要的。"海约翰自信地回答。

"他们是如何回复的呢？"喀西尼忙追问。

海约翰淡淡一笑，说："各国有各国的情况，先生只需关心自己的国家即可。"

喀西尼还不满意，他紧接着又说："阁下对其他国家的回复满意吗？"

"我相信，各国所说的情况是真实的。"海约翰回答道。

喀西尼也笑了，他说："我们也有自己的条件，那就是希望贵国政府承认俄国在中国长城以北各省的特殊地位。同时在租借地关东地区，俄国享有行动自由。在俄国的势力范围内，俄国享有修建和经营铁路、开矿与开办其他工业企业的特权。"

海约翰思考了一下，说："这个请你相信，我们会慎重研究。不过，我们希望要承认中国的关税率，并且将俄国和美国的商品确立同样的铁路运费。"

喀西尼又说："英国已经和我们签订了协定，英国人做到了。"

海约翰专注地看着喀西尼说："但我们是美国。"

喀西尼也注视着海约翰，半晌没有说话。

少顷，喀西尼默默起身告别。

喀西尼知道，美国是最难对付的。同样，海约翰也清楚，在"满洲"问题上，俄国是最大的麻烦。

中国方面自然也注意到了美国的门户开放政策，清政府命驻美国公使伍廷芳向美国国务院询问。海约翰安慰伍廷芳，说机会对等、势力均衡都是对中国有利，对清廷统治有利的。

就在各国与美国就门户开放照会进行各种谈判的时候，中国华北地区爆发了以反洋为主的义和团运动，在中国的美国资本坐不住了。

纺织工业巨头美亚协会不断向美国政府求救，说正常贸易被义和团破坏，导致利润大幅下降，希望政府尽快向中国派驻军队，协同其他国家镇压义和团。美亚协会同时还对严重威胁自己在"满洲"利益的俄国政策表示了很大不满。

美国从殖民地菲律宾调集军队北上中国天津，与英国、法国等国一起组成了八国联军。1900年6月，联军攻破了天津大沽口，逼近天津、北京。

这期间，清廷一度请求美国出手帮助，甚至光绪帝还写信给美国总统，请求出面调停。饱受使馆围困之苦的美国驻华公使康格愤怒地说："如果我有一千士兵，那么在北京的全部拳民会被杀得一个不剩。"

美国政府虽然参与了联军行动，但自己也在不停打着小算盘。美国政府担心的是，中国有被列强肢解的可能。《巴黎报》刊发评论说："英国之意，甚愿南北分办，似有意以南京为东南数省之都城。如果实有其事，法国为自保起见，亦不能不有事于滇粤之边。"

更让美国担心的是俄国，种种证据显示，俄国将要占领东北。

炎热的夏季让人情绪越来越浮躁，毒辣的太阳炙烤着北京与华盛顿。

清廷向各国宣战后，各国公使与外交人员全部被围困到英国公使馆内，忍受着清军与义和团不断的攻击。

美国国务院内也是忙碌不停，第二份照会正在加紧起草中。

7月3日，海约翰向各国发出了"门户开放"政策的第二份照会。美国政府在照会中强调，北京已经陷入无政府状态，美国政府寻求的解决方案意在保持中国领土和行政权完整，保护由条约及国际法所承诺给各友好国家的一切权利，并保障全世界与中华帝国之间同等的公平贸易原则。

此时焦头烂额的清政府对这个照会非常重视。负责和谈的李鸿章命伍廷芳向海约翰确认，美国保持中国领土完整是否为真。海约翰回答自然是肯定的，他还说相信其他国家也会是这样的。

伍廷芳信了，李鸿章信了，光绪帝也信了。伍廷芳拿着光绪帝的求救信直接递交给了麦金莱总统，麦金莱没想到，中国皇帝玩真的。麦金莱回信，要求中国与联军紧密合作，共同镇压义和团。但在清政府看来，这根本是不可能的。

其他列强对美国第二份照会反应平淡，都是原则上答应，只有俄国反应最强烈。

俄国在回复美国时表示，俄国非常乐意为美国解除关于"满洲"的担忧，俄美两国的谈判不需要经过其他国家。俄国向美国保证，无意破坏俄国理解的门户开放原则，"满洲"也将归还给中国。

俄国使用的是俄国理解的门户开放原则，显然是告诉美国人，我们的理解是不一样的。不过，在俄国看来，美国提出的要求更像是对自己的警告。俄国人这种玻璃心，缘于俄国心虚了。

几乎与美国发出第二份照会同时，俄军分多路大举入侵中国东北，俄国企图占领东北的野心暴露无遗。俄国的侵略行为，引发了日本的不满，美国陷入了俄国与日本的争夺之中，成了两者争取的对象。

在中国与列强谈判的同时，李鸿章与俄国方面也在就俄军撤军的问题频繁交涉着。美国报刊多指责俄国入侵"满洲"，俄国大为不满，声明无意占领"满洲"，俄国认为美国佬在侮辱他们。

在俄美反复谈判中，1901年9月14日，美国总统麦金莱遇刺而死。42岁的西奥多·罗斯福紧急就任美国总统。

罗斯福同样视俄国为远东地区最大的竞争对手。在麦金莱遭刺杀的前两个月，罗斯福在一次演讲中就表示，俄国是美国在亚洲关注的最主要对象，俄国对中国的野心让美国感到不安。但罗斯福与麦金莱不同，不再积极奉行对外扩张主义。

中国同样对俄国感到头疼。11月初，将要走到生命尽头的李鸿章在北京约见康格。李鸿章告诉康格，如果列强不进行干涉，中国无能为力，将被迫接受俄国的要求。李鸿章一再问康格，美国能否帮助中国。康格却支支吾吾，不愿意做出肯定回答。

其实，美国也有难处。总统刚被刺杀，国内的矛盾吸引了政府大部分精力。再者，美国的军事实力也无法对俄国形成威慑，普通民众对东亚事务也基本漠不关心。

1902年2月12日，农历正月初五，是中国传统的"破五"日子。这是慈禧与光绪帝回銮后在北京度过的第一个春节，刚刚签订不久的《辛丑条约》也没有影响紫禁城里的喜庆氛围。

自2月12日起，在接下来的一段时间，华盛顿总统大厦频繁迎来一位熟悉的客人——喀西尼。他的目的只有一个，试探美国政府对"满洲"的态度。

尽管海约翰还是以国务卿礼节性的微笑迎接这位俄国大使，但喀西尼的表情似乎比以往更严肃了。

"阁下，在我们与中国缔结协定前，我们是不会从'满洲'撤军的！"还没等落座，喀西尼就甩出了这句话。

海约翰还是比较绅士，他说："我们也对贵国表示同情，但是我们也不能眼看着我们在'满洲'的商业遭到破坏而无动于衷。我们宁愿贵国完全占领'满洲'。"

喀西尼愣了下，他没想到对方表态这么明确。

"你说的是真的吗？"喀西尼问道。

"是的，我们宁愿贵国完全占领'满洲'。"海约翰重复了一遍，紧接着，他又说道，"不过，占领朝鲜的日本也在争夺'满洲'。日本人认为，贵国对'满洲'的占领是对日本利益的侵犯，这是他们不能容忍的。我相信，如果有我们的支持，贵国在'满洲'的利益才能更加巩固。"

"听说英国与日本结盟了，请问阁下怎么看？"喀西尼问道。喀西尼之所以问这个问题，是因为俄国怀疑，美国可能在英日之间存在反俄约定。

海约翰坚定地回答说："我们对英国与日本缔结什么协定毫无所知，请先生不用对此怀疑！"喀西尼注意到，海约翰有些激动。

喀西尼快速追问说："若我们与日本发生冲突，请问贵国会支持谁？"

喀西尼的问题把海约翰逗笑了，他说："美国将永远给那些在中国维持和平的国家以道义上的支持。"

喀西尼还不罢休，继续问道："我们是诚恳地要求和平的，贵国对我国到底持什么态度？"

海约翰没有再回答，而是说："我已经说过了，请先生直接转达给你们的外交大臣就行了。"

喀西尼盯着海约翰看了一刻，又说道："阁下在北京给我们制造的困难，是违反贵国自身的利益的。"

"不！你们与中国要签署的'银行协定'实在是威胁到我们在'满洲'的利益。"海约翰立即进行了反驳。

海约翰所称的"银行协定"，就是中国将续签与俄国华俄道胜银行的协议。协议将赋予俄国在"满洲"修建铁路和开矿的优先垄断权。

也许是巧合，2月12日，清政府在列强的要求下，拒绝与俄国签署"银行协定"。但还是在4月8日与俄国签署一项政治协定。

这份协定规定，俄军在一年半时间内分三阶段撤军，但俄国提出了撤军条件，即"如果再无变乱，并他国之举动亦无牵制"。同时俄国要求中国，"不邀请他国参加保护、修筑和经营铁路，并不准他国占据俄国归还的领土"。

这条看似正常的协定，为俄国继续赖在"满洲"提供了借口，也为后来爆发的日俄战争埋下了隐患。

第六章

缓和：解冻回暖

一、女人的闺密**外**交

《辛丑条约》签订后，庚子国变的硝烟基本散尽。

1902年1月7日，在漫天的风沙中，逃亡西安的慈禧与光绪在万众簇拥下，回到紫禁城。他们与紫禁城分别了近17个月，重新装饰过的正阳门城楼难掩残破的痕迹。

虽然在世界面前丢尽了面子，但慈禧归来仍是太后。刚刚经历了一次劫难的大清帝国将走向何方，各国都在拭目以待。

1月28日下午，英国等六国新任公使第一次从正门，也就是午门进入紫禁城，在乾清宫正式向光绪帝递交国书。这是双方撕破脸后的第一次见面，或许光绪帝多少有些尴尬。在慈禧接见各国公使时，泪花闪烁的慈禧提出，要见见各国的公使夫人们。

这是一个不同寻常的信号，消息传到各国公使馆，公使夫人们心情非常复杂。刚刚经历的战火摧残，成了她们痛苦的回忆。1900年的夏季，她们被围困在使馆内，在清军与义和团的炮火中饱受煎熬。

美国公使康格的夫人萨拉·康格（Sarah Pike Conger）由于资历较深被选为本次觐见的领班，她决定召集大家商讨一下。

美国公使馆内，各国公使夫人展开了热烈讨论。对于乘坐马车还是轿子的问题，大家没什么争论。毕竟，大家都坐过马车，却很少人坐过中国的轿子，而且乘轿也是尊贵的体现。

紧接着，康格夫人说："中国是一个非常讲究礼仪的国度，但与我们发生了不愉快后，我们该使用什么礼仪去见他们的太后呢？"

英国公使夫人抢先说道："我想，我们不应该使用任何礼仪，只需一起走到中国皇帝和太后的面前，与他们平等地坐在一起。"英国公使夫人的建议得到部分人的附和。

"我看，我们还是行屈膝礼吧。"一个温柔的声音传来，人们一看是奥匈帝国公使的夫人。她接着说："虽然他们与我们发生过冲突，而他们还是过错方，但我们仍然要体现出我们的文明。"

"什么，行屈膝礼？"突然，法国公使索西纳夫人发出了愤怒地质问，"是她（慈禧）应该拜倒在我们的脚下来谢罪，并祈求我们原谅她试图开枪打死我们才对，而不是我们向她行屈膝礼!"

索西纳夫人越说越激动，她大声痛斥清军与义和团的暴行。美国公使馆的布班里奇夫人也有着相同的痛苦经历，她压抑得低声啜泣起来。

康格夫人赶忙安抚两位夫人，她说："我与二位有着相同的经历，但外交是大事，我们还是按国际通行的鞠躬礼仪来办吧。"

康格夫人没想到，这次碰头会差点成为声讨会。

对于慈禧的这张外交牌，各国媒体也纷纷进行了评论，大多是反对与批评声。冲突刚过，阴影仍在，各国公使夫人集体去觐见这个祸首，似乎很不妥当。

但康格夫人认为，应该尽快摒弃前嫌，她在给国内的信中说："把悲愤与复仇的刺更深地扎进我们心里的话，将永远不会松开那根可怕的过去的弦，也不会让我们在和平中得到安宁。"

尽管在觐见前，各国之间存在着一定的情绪，但其他几位公使夫人由于刚刚来到中国，她们对这次觐见还是充满了期待。能够见到中国的最高统治者，显然是幸运的。

西方舆论认为，这次觐见多少有点耻辱的感觉。但他们不知道，对于中国来讲，同样是一种屈辱。中国急于改善国际形象与外交关系，只能被迫对外示好，这显然是妥协的表现。

2月1日，农历腊月二十三，正是中国传统的小年。

这天一早，各国公使夫人和孩子们早早来到美国公使馆集合。冬日的阳光洒在每个人身上，孩子们的脸上洋溢着欢乐。

29台绿呢轿子在清政府护卫队与公使馆警卫队的保护下显得尤为壮观。队伍行至东华门，换乘红呢轿子进宫，红墙黄瓦的东方宫殿在这些外国人看来如此的神秘。

时任外务部总理大臣的庆亲王奕劻带领诸王公大臣在午门迎接，并陪公使夫人一行喝茶休息。等吉时已到，大家再次出发，这次多了众多格格和宫女的陪侍。会见的地点在养心殿，养心殿是皇帝召见群臣理政与休息的地方。

穿过一个又一个庭院，长廊环绕，大理石与汉白玉点缀其间，人们仿佛走入了画中，一幅中国式的油彩画。

康格夫人后来在给女儿的信中这样描述道："我从未见过什么艺术作品能与之相媲美。中国人追求色彩与重影的效果。我从未像此刻这样希望借助笔墨所创造的艺术效果来表达我从这幅特有的中国图画中见识和感受到的一切。"

行至养心殿，大家按序列排队，康格夫人作为领班排在前面。进入殿内，慈禧首先注意到了康格夫人，向她微笑致意，因为这是慈禧见过的唯一熟人。早在戊戌变法那年的冬季，慈禧就与康格夫人有过接触。

那次会见，是七国公使夫人，慈禧与夫人们与一起喝茶、用餐、看戏。那时，康格夫人刚刚到中国不久，第一次见到慈禧后非常兴奋，她在给女儿的心中写道："令人愉快的一天就这样过去了，这一天我们仿佛置身于梦幻之中，回到家以后，仍然沉浸在新奇和美妙的感觉之中。想想吧，中国闭关锁国几个世纪，现在终于打开了大门。"

康格夫人真的想多了，她万万没有想到，所谓刚刚打开国门的中国，突然就爆发了义和团激烈排外的冲突。康格夫人无法理解，因为慈禧在会见她们时，还把"我们是一家人"挂在嘴边。

再次见到慈禧，康格夫人心情是复杂的。

慈禧端坐在一张长桌后面，桌上放着一根精美的珊瑚权杖。大家依次向慈禧行三鞠躬礼，行礼后，康格夫人进行致辞，美国公使馆中文秘书进行翻译。

康格夫人的致辞是这样说的：

"尊敬的陛下，外交使团的女士们非常荣幸能够受到您的邀请，我们衷心地祝贺您和皇室其他成员。不幸的局势曾使您抛弃美丽的京城，但现在一切都已圆满解决，您现在又回到这自由而和平的京城了。您能安全回到北京，回到这未遭破坏的宫殿，这将载入目前尚无人了解的未来史之中。

过去两年中发生的事情对您和世界其他人民一样都是痛苦的，但是这种悲惨经历带来的刻骨疼痛是可以消除的。我们真诚地希望，通过在中国和世界其他国家之间建立一种更完善、更开明、更互信、更友好的关系，这种疼痛能够得以消除。这个世界正在前进。进步的潮流无法阻挡，希望中国在这场伟大的前进中加入由各国组成的伟大的友好联盟中来。祝愿所有的国家都联合起来，显示出克制、尊重和善意，为了所有民族共同的利益继续前进。

最近皇上发布了要给他的子民和他巨大的帝国带来更多利益的承诺，我们真诚地祈盼上帝能够保佑太后和皇上，帮助你们顺利实现承诺。"

致辞中提到的皇上发布的承诺，其实就是庚子事件后颁布的新政。

现场安静如常，康格夫人的声音回荡在养心殿内，这是养心殿第一次大规模迎来外国人。在这里接见外国公使团夫人，清廷也是别有苦心。

康格夫人致辞完毕，奕劻躬身走到慈禧身旁，跪倒在地，从慈禧手里接过回复公文。然后，奕劻起身再交给康格夫人。

奕劻已经64岁，年事已高的他行动明显有些迟缓，或许主持大清帝国外交多年，让他疲态尽显。

慈禧的回复是这样说的："庚子年宫中谣言甚大，使余不能不出走，然时以友谊素敦之诸公使所受灾厄为念，深抱不安。今前事已过，盼此后仍如昔日之和好。"

致辞环节过后，其他女士领着孩子依照等级依次觐见慈禧。她们都是第一次见到中国的最高统治者，眼前的这位老年女性个子比较矮，但让她们感到敬畏。每位女士的觐见，慈禧都报以微笑，并拉起女士和孩子的手，以表示真诚的欢迎。

拜见完慈禧，公使夫人们再拜见光绪帝。光绪帝个头也不高，他很绅士地依次与每位女士握手。中国的皇帝与外国女士行握手礼，这显然是罕见的，是一种非常大的历史性突破。因为在中国传统观念里，男女授受不亲，中国皇帝与外国女人进行肢体接触，实在不成体统。

觐见仪式没有复杂的礼仪，但结束后也基本到了午餐时间。公使夫人团被带到另一处殿内等待用餐，她们发现，慈禧已经在等候她们。

康格夫人刚进门，慈禧就非常亲热地打招呼。康格夫人快步走到慈禧身边，慈禧用双手紧紧握住康格夫人的手。康格夫人发现，老太太的表情有点激动，内心似乎有波澜。

这不是两人的第一次拉手。在上一次戊戌会见时，慈禧也是同样的动作，同时还向大家说："一家人，大家都是一家人。""一家人"，这明显是东方式的套近乎用词，显然有拉拢的意思，不知道外国人听后是什么感想。

慈禧拉住康格夫人的手，竟然开始抽泣起来，稍稍平稳情绪后，她说："我非常抱歉！为发生了这些不该发生的事感到痛心。这是一个沉痛的教训。大清国从今以后会成为外国人的朋友。同样的事将来不会再发生。大清国会保护外国人，我希望将来我们能成为朋友。"

慈禧就刚刚过去的冲突向康格夫人道歉，但不再提"一家人"。不过，从慈禧的表现来看，她确实很后悔，这与1900年夏季那个对外宣战时的慈禧简直判若两人。

康格夫人淡淡一笑，说："我相信您是真诚的，通过进一步的相互了解，相信我们会成为朋友的。"

康格夫人的意思也很明显，翻译成大白话似乎就是，想做朋友？那还有待考察。

慈禧尴尬一笑，然后又关切地问："你们还有谁经历过去年的围困？"康格夫人介绍说，还有美国公使馆的班布里奇夫人、法国公使馆的索西纳夫人。慈禧立即对这两位夫人微笑示意，眼神中充满了歉意。

慈禧刚刚松开的双手又紧紧拉住康格夫人，对她各种安慰。说到激动处，慈禧从手指上取下一枚大金戒指，直接给康格夫人戴上。这枚大金戒指上有一颗大珍珠，还有精美的镂刻花纹。随后，慈禧又从手腕上取下一个精美的镯子，不由分说直接套到了康格夫人的手腕上。

丝毫不用怀疑慈禧的诚意，礼物人人有份。慈禧为每一位太太和孩子，包括翻译都准备了一份精美又贵重的礼物。

殿内第一次充满了欢声笑语。

正式用餐在另一处大殿内，殿内放置有三张长桌，桌上已经摆满了各种珍馐美馔。公使夫人们相继落座，隆裕皇后和奕劻的格格们也陪着一起入座，荣寿公主等女眷则站立在慈禧的后边。

慈禧和康格夫人一同被安排坐在长桌的尽头。宴会开始，慈禧端起酒杯向大家敬酒，大家纷纷起立、举杯。就在大家等待一饮而尽的时候，慈禧并没有喝，而是将自己的酒杯放到康格夫人的左手上，康格夫人双手举着两个酒杯，有点不知所措。慈禧用双手握着康格夫人的两只手腕，优雅地合拢到一起，两只酒杯碰到了一起，慈禧微笑着说："一起碰杯。"

然后，慈禧取走康格夫人的酒杯，将自己的酒杯给了对方。慈禧举杯向大家敬酒，公使夫人们回敬。宴会进入第一个高潮。

敬完酒开始上茶，这是中国最传统的饮品。几乎与敬酒同样的程序，慈禧用双手端起一只茶杯，放在康格夫人的手上，并把它送到对方的嘴边。康格夫人饮了一小口，公使夫人们也开始细细地品了一口茶。

再次落座，慈禧拿起一块糕点，撕下一块，送给康格夫人。然后，慈禧又给各公使夫人每人分了一块。慈禧也没忘自己身边的荣寿公主等人，同样给她们分了一块，荣寿公主等人双手捧着糕点，很开心。

宴会上大家都比较放松，气氛显得非常融洽。

似乎没有人注意到，有一个人既紧张又辛苦，他要跪在地上，为慈禧担任翻译，这个人就是55岁的中国驻英国公使张德彝。虽然这不是张德彝第一次跪在地上为慈禧担任翻译，但长时间跪在地上，还是让张德彝吃了不少苦。

张德彝出身汉军八旗，是京师同文馆的优秀毕业生。1866年，他随斌椿出使欧洲，成为清政府第一批官派考察团的成员。后来，张德彝多次出访外国，是一位精通外交工作的难得人才。这位刚刚上任的驻英国公使，还没有来得及赴任，就成了慈禧的翻译。

有一点不得不说，张德彝一生出洋八次，在国外生活了27年，论见识没人能比得上他，但他直到1918年去世，始终认为自己是大清的奴仆。张德彝根据长期的海外见闻，写了多本"述奇"类著作，但内容也仅仅限于述奇，并没有进行独立思考。张德彝的故事也告诉人们一个道理，奴才是没有希望的。

这次翻译的经历也是让张德彝惊到了，堂堂大清帝国的太后慈禧竟然如此殷勤，频频将酒杯、茶杯、糕点递到洋人嘴边，而在外国，洋人断然不会这样对中国公使夫人的。

宴会进行中，慈禧与康格夫人展开了热烈的交流。两人交流的话题涉及很多领域，慈禧谈了她和皇帝西逃的种种尴尬经历，每每谈到动情处，慈禧的眼里都会泪光闪烁，甚至泪湿衣襟。李鸿章的去世也让慈禧哽咽起来，或许慈禧惋惜的是，再也没有人为自己背锅了。

康格夫人还就自己与大臣的会面问题以及在中国考察学校的事情向慈禧做了介

绍。慈禧静静地倾听着，不时提出问题。慈禧向她保证，类似围攻公使馆这种事，以后绝对不会再发生。

谈话间，康格夫人发现，慈禧的眼睛明亮又犀利，同时又充满着警惕，观察力非同一般。慈禧的声音低沉、柔和且充满磁性。慈禧的双手触摸温柔而亲切。

交谈间隙，康格夫人也没有忘记观察光绪帝。这位中国皇帝有时站，有时坐，年轻俊朗的面孔，总是带着喜庆的笑容，仿佛连眼睛里都在笑。而就在两年前，光绪患有大病已经成为公开的新闻，甚至还让法国的医生进行诊治。通过近距离观察，康格夫人发现，光绪帝一点也不像有病的样子。

宴会结束，慈禧再次站起来说："我希望我们能经常见面，更加了解对方，从而成为朋友。"然后，慈禧与各位公使夫人和孩子一一告别。

康格夫人与其他公使夫人们一起，带着欢愉离开了紫禁城。她们在走出东华门的那一刻，东华门厚重的大门便悄然锁上了。

紫禁城的大门并没有为康格夫人关上。2月27日，康格夫人再次率领公使夫人团进宫，慈禧直接将康格夫人单独领到了自己的寝宫里，并偷偷塞给她一个男童式样的玉雕。

康格夫人为慈禧的真诚所感动，就与丈夫商量，是否应该进行回请。康格夫人提出，想邀请宫里的女眷们在3月的某一天到美国公使馆吃英式下午茶。丈夫对妻子的提议非常支持。

经慈禧批准，清廷很快确定了出席宴会的11名人员名单。这些人中全部为格格与福晋，其中包括荣寿公主、恭亲王的孙女、庆亲王的三格格等人。

美国公使馆位于水门附近的寺院里，完全是一座中国特色的建筑，包括内部结构和装饰，都是浓浓的中国风。为了迎接紫禁城里的贵妇，康格夫人特意嘱咐，在使馆内摆满鲜花。其实很多鲜花都是慈禧赠送的。在公使馆里招待清廷的尊贵女宾，在所有驻京外国公使馆中，美国公使馆还是第一个。

当日午时刚过，清廷贵妇代表团浩浩荡荡而来。贵妇只有11名，但陪侍、跟差的人数量众多，一名贵妇就需要8个太监伺候。整个贵妇代表团共计541人，其中包括60名卫兵。

美国公使馆很久没有这么热闹过，上一次还是在义和团和清军围困期间。

美方出席宴会的女性也有11名，双方的人数恰好像两支足球队。

宴会开始，康格夫人举杯致辞："让我们举起酒杯，对中国皇帝、皇太后和皇后的健康与快乐，以及中国的繁荣昌盛，致以最美好的祝福。愿中美的友好关系继续下去！"

荣寿公主代表中方致辞，她说："皇太后让我代她问大家好，她希望中美目前的友好关系能够像现在这样永远延续下去。"

宴会是西餐形式，自然没有筷子，全部都是刀叉。在场的格格和福晋们从来没有吃过西餐，更不会使用刀叉。如何吃这顿饭，成了一个难题。

好在中美两方女性都是相对而坐，美方女性展示如何使用刀叉，中方女性睁大眼睛，仔细观察着每个细节。只见她们笨拙地拿起刀叉，切割着食物，尴尬又窘迫。毕竟是外交场合，有些人想笑又不敢笑。

在中国加速向世界融合的当下，学习西方礼仪是必不可少的。这些格格和福晋其实还肩负着一项重任，就是熟悉西餐礼仪，如餐桌的布置、餐巾的摆放、刀叉的使用等。

用餐完毕，格格和福晋们顿时轻松了很多。后面还有饮茶环节，虽然是英国茶，但喝茶是中国人擅长的，宫中的贵妇又找到了主场的感觉。

接着还有钢琴弹奏、唱歌的环节，格格和福晋都没有见过钢琴这种大家伙，自然非常好奇。整个房间充满了跳动的音符，气氛达到高潮。伴随美妙动听的音乐，美国女性引吭高歌，格格和福晋只能静静地听着。

这场英式下午茶给中方女性留下了深刻的印象，让她们大开眼界，原来外国人还可以这样活。康格夫人成功举办了这次聚会，自然也很满意，她认为，中方女性将开始对旧习俗进行脱离。

有了第一次的友好接触后，双方加强了频繁互动，你来我往，不亦乐乎。在一次宫中回请康格夫人的聚餐中，格格和福晋们竟然蹦出了几个英语单词，如告别时，大家集体向美国人说"Goodbye"。

当然，这一切活动都是在慈禧的批准下进行的。由此也可以看出，慈禧真的把美国当成了朋友，中美关系的亲密程度远远超出了其他中外关系。

慈禧是个女人，对这种女人社交与夫人外交的形式非常喜欢。事实上，她与康格夫人见面多达九次，庚子过后的这次为第二次。

九次会面从1898年12月至1905年4月，跨度为六年半。会面地点或是颐和园，或是紫禁城，有时游园，有时看戏。在频繁的会面中，慈禧与康格夫人建立了非常深厚的友谊，而其他国家的公使夫人却没有这个待遇。

清末的中国，中美外交有了一个鲜为人知的女性通道。康格夫人的背后是自己的丈夫美国公使，还有美国国务卿。康格夫人如何向丈夫吹"枕边风"，则对美国对华政策有着重要的影响。

1902年2月，康格夫人两次觐见慈禧，事后她向美国国务卿海约翰做了汇报："太后对夫人们表示了深厚的感情，而且在和她们谈话的时候抽泣了。她自由地招待客人，用最大的热忱和她们谈话，并且保证她们未来的关系一定是友好的。整个过程可以说体现了迄今为止中国在与外国交往中非比寻常的真诚和尊敬，而如果中国人是真心的话，这件事的确意义重大。"

纵观慈禧与康格夫人的九次会面，则是深意满满。第一次在戊戌变法后，或许慈禧希望改变自己政变后的形象，特别想出了这种新颖的形式。1902年的会面次数最多，多达四次，主要目的就是，慈禧西逃回銮后急欲改变国家形象，意在取得列强谅解。后边的几次会面，都与康格夫人介绍美国女画师卡尔为慈禧画像有关。

一直以来，西方媒体都对慈禧的形象进行着丑化，媒体上刊登的慈禧漫画多是丑陋、狰狞的形象。同样作为女人，和慈禧有过多次近距离接触后，康格夫人认为有责任为慈禧扭转这种负面形象。

1903年6月30日，康格夫人在给女儿的信中写道："好多个月以来，我一直对那些插图报纸中的可怕的与不公平的有关慈禧太后的讽刺画感到震怒。我想让整个世界看到更多的真实的她，这个愿望日渐强烈，因此我想出了一个主意，想得到她的允准后，给她画一幅油画。我已经给卡尔小姐写了信，发现她乐意和我合作。

觐见皇太后的那天对我而言是个谈论此事的黄金机会，我毫不怀疑和畏惧地陈述了我的意见，因为我有着对女性的强烈关爱，也是要把公平带给这位皇家女士。太后认真倾听着，表示有兴趣，真诚地用一颗女士之心和我交流。谈话结束的时候，皇太后同意让一位美国女画家给她画幅油画，并送到圣路易斯博览会去。这项工作将从8月开始。想一下吧！这幅油画或许只能向整个世界呈现这位被误解的女士的真实表现和性格的万分之一，但这种真实的表现是我最热切希望的事情啊。

我亲爱的女儿，我并没有忘记那些被围困期间的黑暗的日子、遭受的苦难、血腥与悲伤，但是，我不能让这些黑暗去彻底埋葬了明媚的阳光。我极其热切地希望我们家乡的人民能够看到皇太后陛下，正如我多次见到她那样。我很清楚，这些做法只是一种尝试，但是我一直认为皇太后会成功地应对的。她的本能的感知和认识能力是不容易被超越的，无论是男人还是女人，甚至都难以比肩。"

在康格夫人的介绍下，45岁的美国女画师凯瑟琳·卡尔（Katharine A. Carl）于1903年8月7日正式住进宫中，专职为慈禧画像。这一住，就是近11个月。

卡尔此时正在上海，她生于新奥尔良，毕业于法国朱利安学院，主修绘画专业。她虽然是美国人，但与中国也有着不解之缘。卡尔的母亲是中国海关总税务司赫德的远房亲戚，她的弟弟任山东芝罘海关税务司。

8月5日上午，在康格夫人的陪同下，卡尔在颐和园觐见慈禧。没有见到慈禧以前，慈禧给她的印象都是西方媒体描述的那样，即慈禧是一个残暴的老妖婆。

初见慈禧，卡尔即被征服。她上前就拉起了慈禧的手，并放到唇边吻了一下，而这种吻手礼并非事先约定的外交礼节。

为了方便卡尔作画，慈禧就让她住在宫中，时间一长，人们都称卡尔为"柯姑娘"（根据Carl音译而来）。

给慈禧画像不是一件容易的事。宫中规矩繁多，布景复杂，还要挑选吉日吉时。慈禧通常只会坐在椅子上待一个小时，一天时间能画两次就已经很不错。慈禧对西方绘画中的阴影使用非常不满，在慈禧看来，脸上一边白一边黑，貌似阴阳脸，非常丑陋，卡尔只好迁就慈禧。

卡尔总共为慈禧画了四幅画像，全部为巨型油画。前三幅画像命运坎坷，最后不知所终，第四幅画像幸得裕德龄的哥哥裕勋龄拍照保存，照片底片被美国华盛顿赛克勒艺术馆收藏。

第四幅画像是慈禧最满意的一幅，整幅画高2.845米，宽1.626米。画中的慈禧身穿冬季朝服，披着珠翠披肩，左手搭在椅背上，头上插满了珍珠首饰。背后是一面屏风，左右各一面孔雀掌扇。画像上书：大清国慈禧皇太后。

这幅画将被送去美国圣路易斯博览会参展，慈禧最初并不同意，康格夫人曾和慈禧进行过长谈。康格夫人告诉慈禧，说英国维多利亚女王等欧洲君主的画像也会参展，您的画像参展会扭转外界对您负面形象的传播。卡尔则一个劲地夸慈禧，说慈禧是雍容华贵，智慧过人，说您的外貌一定会征服世界。慈禧听后非常高兴，便同意了送展。

在邀请了各国公使夫人、王公大臣参观后，这幅画像外镶上了太后亲自设计的紫檀木画框，上雕二龙戏珠，间以寿字花纹。画像被放入一个明黄色绸缎夹衬的樟木箱内，上面再盖上同样的绸缎，画像的雕花底座被放入另一个大箱子内。然后将两个箱子再放入两个更大的箱子内。

两只超级大箱子被绣有黄龙图案的绸缎覆盖，外务部和其他在京高官一路护送画像到火车站，并在火车站举行送别仪式。画像到天津后，换乘轮船前往上海。最后从上海乘太平洋邮轮赴美国。

6月19日下午4时，画像在美国圣路易斯美术馆举行开箱仪式。皇族亲贵、固山贝子溥伦出席，圣路易斯博览会艺术馆馆长、副馆长及美术馆的部分职员也一同出席。

圣路易斯博览会持续长达七个月，60余个国家参展，慈禧画像到达的时候正值观展高峰期，人流如潮。"美颜"后的慈禧像个30岁的女人，非常年轻貌美，吸引了大量观众驻足观看。人们没想到，中国的最高统治者竟然如此年轻。

这次展会还有一个小插曲。最初开展时，除了中国的瓷器、地毯、茶叶外，还有一件精美的烟具，也就是抽大烟的烟枪。在美的中国留学生看到后非常气愤，因为在文明国家面前展示自己愚昧的一面很是可耻。溥伦得知后，立即命人将烟枪移出展柜。

博览会结束后，慈禧决定将画像赠送给美国政府。中国驻美国公使梁诚代表中国政府，在白宫出席了赠送仪式。梁诚在致辞中说："皇太后陛下的肖像将成为美国政府的财产，用来纪念她对美国人民幸福与发展的永恒祝愿。"美国总统罗斯福代表美国政府接受了赠送。目前，这幅画像仍在华盛顿赛克勒艺术馆展出。

卡尔走后，经过康格公使的推荐，一位叫华士·胡博（Vos Huber）的荷兰裔美国籍画家继续为慈禧画像。胡博的水平明显高于卡尔，但他只给慈禧画了两幅画像，一幅在颐和园保存，一幅在美国哈佛大学福格美术博物馆保存。

卡尔后来专门著书，回忆了自己为慈禧画像的经历，由此知名度大增。由于胡博的影响力不如卡尔，导致很多人看到胡博的慈禧画像时误以为是卡尔所作。其实，胡博不只是给慈禧画像，很早还给奕劻、荣禄、李鸿章、袁世凯等人画过像。

1905年4月1日，康格公使离任回国，康格夫人最后一次觐见慈禧。慈禧送给她一个"女官"名号，还送给她一块鸡血石玉佩，以保佑她平安回国。

1908年11月15日，慈禧病逝。得知消息后，太平洋彼岸的康格夫人非常悲伤。她高度评价了慈禧："太后对她的国家的认识深刻，她时常给我谈起美国对中国的态度，并对此十分感激。尽管经过各种激进的主张，面临过各种危波激流，但她仍岿然不动。历史会记录下这一切，这也会得到全世界的公认。在我与这个不平凡的女性的谈话中，我注意到她热爱她的国家、她的子民，她想要提高民众的意识，提升妇女地位。"

在六年半的时间内，康格夫人与慈禧频繁互动，她对慈禧的评价与外界有很大不同，大都持正面态度。康格夫人的意见对美国制定对华政策产生了积极的影响。

二、日俄战争的暗战

　　慈禧与光绪帝回銮后，俄国与中国签订了关于分三阶段撤军的政治协定，这让日本感到很意外，因为日本没有了发动战争的理由。日本外务大臣小村寿太郎发表声明说："如果这一协定除已宣布的那些外，不再包括任何其他条件，那么日本将会怀着极其满意的心情加以接受，其他有关国家也会如同日本一样，表示赞许。"

　　此时距离日俄战争还有不到两年时间，日本真的是对俄国"极其满意"吗？似乎非常让人怀疑。或许日本对外释放的只是一个烟幕弹，用来迷惑外界。

　　不过，日本人显然也错估了其他国家的判断，美国对俄国仍然有着很大的担忧。

　　华盛顿的白宫外，鲜花绽放，草木葱茏，不时有几只蝴蝶飞过，更显生机盎然。罗斯福总统上任后，这座总统办公场所就由"总统大厦"改成了"白宫"。

　　喀西尼再次来到了白宫，还是要见海约翰，他很想知道美国政府的态度。

　　二人相见，没有客套寒暄，开门见山，直奔主题。

　　"请问阁下，您对目前的中国局势有何高见？"喀西尼直接将问题抛给了海约翰。

　　海约翰还是不紧不慢，他淡定地说道："目前列强在中国都达成新的联合，比如德国、法国支持你们，英国支持日本。我看这是对和平最重要的一种担保嘛，当然也是对美国工商业在远东顺利发展的担保。"

　　喀西尼幽幽地说道："贵国果然是喜欢搞均势外交。"

　　海约翰看了喀西尼一眼，然后说道："我们自然也会支持你们，但前提是你们要能听进去我们的建议，也就是我们之前提出的照会。"海约翰的意思很明白，希望俄国要遵守美国提出的"门户开放"政策。

喀西尼又问道："在我们同中国签订协定前，英国报刊发表了贵国的一份备忘录。我们注意到，这份备忘录是从未公布过的，请问阁下，这是怎么回事？"

海约翰略微怔了一下，说："这份备忘录按说只能向俄中两国政府提供，没想到成了报刊的财产，我们感到很遗憾。"

"遗憾？我们是本着宽宏大量的情感同中国缔结协定的，你们的行为是对我们的贬低，我们实在无法接受！"喀西尼的声音迅速提高了八度。

看到喀西尼有些愤怒，海约翰忙解释说："先生可能误会了，这份备忘录应该是遭到了窃取。"

喀西尼对海约翰的解释非常不屑，他继续说："如果我没猜错的话，应该是你们驻北京大使康格将备忘录交给英国公使馆秘书，然后再透露给英国媒体的。"

海约翰吃惊地看着喀西尼。

喀西尼又说："公布这份备忘录，只能对英国有利，但会让我们对贵国以前声明的诚意表示怀疑。"

海约翰镇定了一下，说道："我们可以再次重申，我们与英日同盟之间没有任何的协定。"

"你们会一直保持中立吗？"喀西尼问道。

海约翰说："假如……我是说假如，美国在中国的利益遭到威胁，那么美国总统可能会采取激进措施去捍卫！"

喀西尼注意到，海约翰的口气似乎有些重。

"阁下能说说贵国会采取什么激进措施吗？"喀西尼追问。

海约翰转身看着窗外，没有回答。

沉默了一会儿，喀西尼又问道："阁下认为，究竟哪个大国威胁着美国的利益？"

海约翰回过身，注视着喀西尼说："我们反对的是那种制造威胁的大国集团！"

"那请问，如果我们与日本发生冲突，贵国会支持谁呢？"喀西尼不死心，继续问道。这个敏感的问题也是喀西尼最想知道的答案。

再次陷入沉默，气氛略显微妙。

"美国将永远给那些在中国维持和平的国家以道义上的支持。"海约翰回答道。

喀西尼忙说："我们一向是诚恳地要求和平的，因此希望贵国给予我们在道义上的支持。"

海约翰强挤出了一丝笑容，说："先生只管把我的回答一字一句地转述给拉姆兹道夫即可。"拉姆兹道夫是喀西尼的上司，即俄国外务大臣。

喀西尼感觉碰了一鼻子灰，略有不爽，有些悻悻地走出了白宫。白宫外的阳光有些刺眼，喀西尼习惯性地戴上了宽檐的礼帽。

别看海约翰比较强硬，事实上，他心里对俄国也没有底。美国要想巩固在中国"满洲"的商业利益，就必须向俄国靠拢。与此同时，日本驻美大使高平小五郎每天出入白宫，拜访海约翰。对于日本，美国更希望用这个俄国的死敌来牵制俄国，防止俄国势力过大。

正如喀西尼所讲，美国此时秉持的外交方针就是均势外交。具体到中国"满洲"问题上，美国既想用日本阻止俄国独霸"满洲"，又想让俄国拖住日本，防止日本南下，以减轻美国在亚太地区的压力。

美国人的算盘拨拉得很好。

俄国人也在打着如意算盘。本来计划好的十八个月内分三期从中国撤兵，俄国人只执行了第一期。当1903年4月要进行第二期撤兵时，俄国人不想走了，同时还向中国政府提出了《七项撤军条件》。

《七项撤军条件》很符合俄国一贯的霸道作风，如"列强势力不得进入满洲""俄国参与北满行政管理"等条款，俄国企图吞并"满洲"的野心彻底暴露。

清政府外务部接到《七项撤军条件》后，倍感震惊，外务部官员静静地将内容告诉了日本驻华公使，日本人被彻底激怒。

随后，日本国内举行了御前会议，会上一边倒都是拒俄的声音。日本外相小村寿太郎认为，俄国人的目标不只是控制中国"满洲"，还会染指日本占据的朝鲜。日本认为，俄国的不诚信行为直接威胁着日本帝国的存亡。小村寿太郎提出，日本全国上下，要排除万难，不惜一切代价，阻止俄国扩张。

在英国的支持下，日本开始与俄国举行谈判。日本提出，俄国要承认日本在朝鲜的主导地位，同时尊重中、朝两国的独立与领土完整，保持各国在中、朝的势力均等。作为条件，日本承认俄国在满洲的铁路经营权利。

俄国也提出了条件，俄国认为，可以承认日本在朝鲜的特殊地位，但对日本出兵朝鲜提出了诸多限制条件，同时俄国反对日本出兵"满洲"。

日本与俄国在谈判的同时，双方在底下也是一阵紧忙活，加紧调兵。

俄国人很乐观。一是俄国综合国力是日本的8倍，陆军共207万人，兵力是日本的7倍。海军拥有四大舰队，可以抵达世界任何国家，总吨位在80万吨以上。二是俄国修建的中东铁路接近完工，发达的铁路网将让俄国短时间调遣20万大军入侵朝鲜不是问题。

俄国命令波罗的海的舰队开赴远东地区，同时，以每个月7000人的速度向中国东北地区调兵。

日本也没闲着。日军参谋本部开始制定作战计划，加紧筹备军费，购买船只和各种战略物资。日本陆军兵力只有17万人，海军舰艇总吨位在27.89万吨。

俄国人非常轻视日本的军事实力，曾经参观过日本军舰表演的一位俄军舰长甚至不屑地说："我怀疑日本的海军军官会不会操纵那些设备先进的舰只。"

不过，日本人也看出了俄军的种种不足，如西伯利亚是俄军传统的薄弱地区，加上铁路并没有完全贯通，俄军想按计划完成远东军事部署没有那么简单。另外，俄国海军军费明显不足，且军舰分布在海参崴、旅顺两地，战斗力比较分散。

中国方面对俄国意图吞并"满洲"的行为也表示强烈抗议。《七项撤军条件》提出后，内地十八省爱国人士在上海张园集会，声讨沙俄的野心，并痛斥清政府的亲俄外交政策。北京、安徽、湖北、福建、江西等地也纷纷举行集会，或是成立爱国组织。在东京的中国留学生更是愤慨，在举行集会的同时，还成立了拒俄义勇队，黄兴等人甚至要亲赴东北，誓与俄军决一死战。

清廷方面对日本与俄国可能在"满洲"爆发战争也表示了担忧。"满洲"是清廷龙兴之地，两拨外国人在自己祖宗的地盘上干仗，这搁谁也接受不了。

当时正在清宫里为慈禧画像的卡尔后来回忆说："听到日俄关系紧张，战争一触即发的消息，太后忧心忡忡，脸上布满愁云，看上去很是疲惫，仿佛内心充满了焦虑和担心，简直与平时判若两人。我推测，她是觉得国家目前毫无准备，很担心中国被拖入这场战争。即使清帝国不会卷入，敌对双方也毕竟是在自己的国土上相争，而'满洲'一旦燃起战火，那么大清王朝的摇篮、那片美丽盎然的国土将丧失祥和与平静，祖先的陵寝也可能遭受亵渎。这会给她的家族带来可怕的后果，一个纯粹的中国人宁愿付出任何物质代价，也不愿去冒祖先陵寝被侵扰的风险，这一切都迫在眉睫，太后陷入了深深的忧虑和痛苦之中。"

日俄谈判注定没有结果。日本主张的权利不断在扩大，诸如进入"南满"，继而又提出在"北满"的权利。俄国采取"拖字诀"，这让日本实在不能忍。

10月24日，中国外务部致电驻美公使梁诚，命其与美国协商调停日俄争端。但海约翰只是应付说，俄国主战派当权，美国此时调停，恐引火烧身。

梁诚不罢休，当面追问海约翰。海约翰只好坦诚，说美国原本有意调停，但美国得到俄国有意出兵的情报，一旦引发战事，怕招致国内民意不满，只好先看一看。

中国方面也在做着两手准备，军事准备是必需的。嗅觉灵敏的美国人察觉到了。康格向海约翰汇报，中国军队正在购买武器，并进行军队重组与扩充。

1904年2月4日，日本召开御前会议，决定对俄国开战。2月6日，日本单方面宣布与俄国断交，同时，旅顺等地开始紧急撤侨。

2月8日的夜静悄悄，俄军太平洋舰队16艘战舰像往常一样停泊在旅顺港内。

"总督府"的海军俱乐部舞厅内，一场别开生面的生日舞会正在进行。乐曲悠扬，美酒飘香，在伏特加的刺激下，各级海军军官正在忘情地舞动着。

突然，一封从圣彼得堡发来的加急电报送到俄国"远东总督"阿列克谢耶夫面前。电报是俄皇尼古拉二世的指示，内容是这样的："在今天白天的御前会议上，外交大臣拉姆斯多夫预言'战争可能未经正式宣布即行开始'，日本人'日内想必有惊人之举'。"

这显然是战前预警信号，但阿列克谢耶夫似乎没有当真。

如果紧急叫停舞会，全员进入战时状态，那未免太扫大家的兴了，阿列克谢耶夫不愿意这样做。再者，他也相信，以日本的海军实力，断然不敢挑战强大的俄国。

舞会继续进行，望着众部将军官尽情欢愉的场面，阿列克谢耶夫也禁不住想要跳上一曲。他端起一只酒杯，一饮而尽，然后邀请女主人玛丽娅进入舞池。两人在波兰圆舞曲的伴奏下翩翩起舞，望着玛丽娅痴情、动人的眼眸，阿克列谢耶夫完全忘记了刚才的军情电报。别看他的身材比较肥胖，但舞步依然轻盈，在不停地旋转中，他真的陶醉了。

23时32分，旅顺港方向突然传来了一阵恐怖的爆炸声。舞厅的窗户开始不停抖动，亮光照得玻璃发白。

所有人都怔住了，大家不知道发生了什么。正搂着玛丽娅舞动的阿列克谢耶夫也愣了一下，他停下来询问下属，究竟是怎么回事。

阿列克谢耶夫应该有预感，日本真的打过来了？

很快，下属回来禀报，是停泊在港外的"列特维赞"号战列舰在进行实弹射击演习。这下，阿列克谢耶夫释然了，微笑示意大家继续跳舞。

但外面的爆炸声并没有停，一阵紧似一阵。突然，刺耳的警报响起，大家顿感不对，气氛骤然紧张。有人大叫："日本人打过来了！"

阿列克谢耶夫猛地甩开玛丽娅，与众将官冲出舞厅，迅速进行战斗准备。俄国人实在是太松懈了，当各将急行进入警戒线后才发现，有人脱离了队伍，有人没有带弹药，甚至有的炮台根本没有炮弹。

俄国人判断得不错，日军正是在深夜不宣而战，用鱼雷艇对俄国舰队展开突然袭击。日军的突袭，让俄军狼狈不堪。

一波又一波的进攻，伴随着惊天的爆炸与火光，同时也惊醒了睡梦中的旅顺口中国百姓。

俄军在仓促中进行猛烈还击，一发发炮弹呼啸着划过，旅顺口的夜空被激烈的炮火点亮。

此时的北京，紫禁城内的人正在沉睡，统治者们不知道，日本与俄国两个列强已经开始交手，日俄战争正式爆发。

日本与俄国终于干起来了，这在美国看来，完全是意料之中的事。

战争爆发后，各国都希望美国带头宣布中立。2月10日，美国政府向日本、俄国、中国分别发出照会，要求各方在战争中尊重中国的中立选择，并使战争限于局部地区，不要扩大化，用一切可行的方式确保中国的行政主体完整。20日，美国又向《辛丑条约》的其他签字国也发出了同样的照会，并警告德国、法国不要介入战争。

日本、俄国都同意美国的倡议，2月11日，美国正式宣布保持中立。第二天，中国也宣布保持中立。清政府提醒日本与俄国，"满洲"属于中国领土，希望不要破坏城市和人民的生命财产安全。清政府强调，无论最终谁赢得战争，"满洲"的主权都要归还中国。

美国选择中立，其实是支持日本的。据统计，日俄战争中日本实际支出的军费为

14.6亿日元，其中6.94亿来自英国与美国，而最大债主是美国。美国银行家各布·希夫、铁路大亨哈里曼都曾向日本提供资金支持。

事实上，中国、日本、俄国都在暗自盘算，动着小心思，试图打破中国的中立。中国表面选择中立，其实也是在背后支持日本。

清政府暗中支持日军，其实还是"联日拒俄"的思想在作怪。例如日本驻沪领事小田切暗中会晤盛宣怀、端方等人，希望他们以红十字会的名义帮助日本政府为日军伤亡士兵家属提供抚恤金，这些地方大员置中立的立场不顾，竟然答应了日本的要求。

建议朝廷中立的直隶总督兼北洋大臣袁世凯似乎也丧失了原则，背地里招募精兵强将深入旅顺、大连等地，暗中收集俄军动态，为日军输送军事情报。同时，对于日军在直隶地区招募华人义勇队的行为，袁世凯也采取默许的态度。

暗中给钱、给情报也就算了，直隶提督马玉崑在清廷眼皮底下，一边拿出数千两银子为日军购买炸药，一边招募士兵加入日军。甚至还有神秘的清军部队从关内调往东北加入日军，参与对俄军的直接攻击。俄军怒斥清廷，"兴京厅以南所扎之华队随同日人攻打俄人"。

如此大规模、赤裸裸地支持日军，几乎完全可以断定，这绝不是个别地方官员的私下行为，而是得到了清廷默许，或是授意的。清廷表面一套、背后一套，其实在下一盘很大的棋，那就是赌日本会赢。

后来日本果真赢了，但清政府仍然麻烦不断。日本提了各种要求，完全赖在东北不走，清政府又陷入了新的尴尬中，这自然是后话。

其实，美国也不相信中国能完全保持中立。战争刚进行两个多月，美国驻天津领事若士德（James W. Ragsdale）就发现，中国政府正将8万余名清军士兵陆续部署在"满洲"边境，似乎是在防止俄国入侵。俄国方面表现出了排斥态度，可能会向中国宣战。若士德不敢怠慢，及时向美国政府做了汇报。

如果中国被迫加入战局，这是很多国家不想看到的。此时，世界主要大国再次希望美国带头，出面进行调停。当时的美国并不具有最高话语权，但美国凭借世界第一的强大经济实力又让各国折服。

众望所归，没办法，美国又干起了劝架的活儿。

8月13日，暑热未退的上海吴淞港笼罩在一片紧张的气氛中。

当天，两艘挂着俄军军旗的军舰突然驶入吴淞港，一艘驱逐舰护卫着"阿斯科尔德"号巡洋舰。两艘军舰显得异常狼狈，"阿斯科尔德"号破损严重，似乎是受到了重创。果然，身后就是挂着日军军旗的日本中队鱼雷艇。

原来是俄军被追击，无路可逃，到中国港口来避难。

中国是中立方，中国方面立即告知俄国驻上海总领事，"阿斯科尔德"号只能在吴淞港停留24小时。俄国方面不干，中国方面反复催促，但这个军舰就是赖着不走。

没办法，中国政府请求同样是中立国的美国出面调解。美国驻上海总领事古纳（John Goodnow）向各国政府通报，同时向国内报告。此时，日军鱼雷艇已经逼近"阿斯科尔德"号，日本方面承诺，采取行动前会通知美国。

形势骤然升级，吴淞港内弥漫着火药的味道。

暑热同样侵袭着华盛顿，罗斯福躲到纽约牡蛎湾避暑，身体欠佳的海约翰则躲到了新罕布什尔州的家中。由于海约翰在养病，两人只能通过电函进行磋商，助理国务卿阿尔维·阿迪负责居中协调。

罗斯福首先命令在上海附近的美军太平洋舰队，不要试图干预日俄之间的战斗。同时，罗斯福建议，由中国方面宣布将中国港口纳入交战范围，以此来让日俄双方放弃争端。美国人最担心的是，维护中国的中立地位，很可能让美国卷入战争。

就在美国方面反复沟通时，日本驻美公使高平小五郎向美国转达了日本政府的观点，即"阿斯科尔德"号必须驶离上海或原地解除武装，否则日本将采取行动。

在强大的压力下，俄军不得不认怂，选择了解除"阿斯科尔德"号武装。不过，俄军也没有跳日本的坑，因为他们知道，"阿斯科尔德"号一旦驶离上海，一定会被日本击沉。

这个事件在海约翰看来，俄国的目的很不简单。在写给罗斯福的信中，海约翰说："自战争开始至今，俄国一直企图向中国宣战——尽管遭遇了种种失败，俄国仍然非常希望打败日本，然后尽可能多地占领中国北方以满足所需。"

海约翰似乎看穿了俄国的野心，俄国无非是想占领中国港口，做自己的海军基地，以此作为打败日本、占领中国北方的手段。海约翰认为，这是一个疯狂的计划。

这个事件进一步暴露了中国衰弱的一面。罗斯福与海约翰都认为，衰弱的中国无法坚持或捍卫自己的中立立场，但美国也不会扮演守护者的角色。说白了，美国鄙视中国的软弱，欣赏日本的强悍。

日本的胜利是美国乐于看到的，不过，罗斯福还是有一些隐忧，他清楚地知道，日本将成为美国在东北亚地区的强劲对手，而且可能是一个比俄国更难对付的敌人。罗斯福担心，如果日本成为美国在东北亚的劲敌，那么美日之间恐怕早晚会有一战。

战争仍在继续，一个特殊的日本人冒着严寒悄悄走进了白宫。

暑往寒来，日俄战争已经打了快一年，日军不断占据着优势地位，但也付出了惨重的代价。

在整个旅顺争夺战中，战斗异常惨烈，日军以死亡6万人的代价攻占旅顺，夺取了制海权。俄军死亡4.4万人，最终还是签订了投降书。

1905年1月14日，阴沉的天空下，一个矮小的日本人紧裹着衣服走进了华盛顿白宫的罗斯福办公室。这个人就是日本联系美国总统的特使金子坚太郎。

金子坚太郎大罗斯福5岁，但两人是哈佛大学的同学。因为这层关系，早在日俄战争爆发时，日本就将金子坚太郎派往了美国，作为联系罗斯福的特使。

事实上，两人已经成了好朋友。或许这是日本外交公关非常有力的一招。

金子坚太郎此时见罗斯福，目的也非常简单，就是希望美国进行调停。

"哈哈，老同学，我们又见面了。"罗斯福张开双臂，给了金子坚太郎一个大大的拥抱。

"新年好，老同学。"金子坚太郎向老同学问好。

罗斯福赶忙让金子坚太郎坐下，亲手泡上热茶，并端上了午餐——美式比萨。

"闲话少说，这次来，我是希望你们能在日本与俄国之间做出调解。"金子坚太郎直接进入了主题。

"现在的形势不是对你们很好吗？"罗斯福不解地问。

"没有，我们也很吃力，仅仅旅顺一战就失去了6万名官兵，代价太沉重啦！"金子坚太郎语气沉重。

"那你们需要我们怎么调解？"罗斯福又问。

金子坚太郎真诚地望着罗斯福说："我看还是召开一个和平会谈更靠谱。"

"可以，但我希望'满洲'最终还是要归还中国。"罗斯福的语气似乎不容置疑。

"这个不是问题，我们也同意。"金子坚太郎边吃边说道。

"列强也要确保中国的中立。"罗斯福继续说，"日本嘛，必须保证'满洲'的门户开放，因为那里的商业机会对我们很重要。"

"那是肯定的。"金子坚太郎应允着。

美国答应进行调停，毕竟是老同学的关系，罗斯福对金子坚太郎非常尊重。后来在两人的一次午餐中，罗斯福向金子坚太郎"请假"，说自己要暂时离开华盛顿六周，要去猎熊。如果金子坚太郎有问题需要商讨，罗斯福表示可以立即回来。

事情就是这么神奇，日本连连取胜却要让美国调停，而且日本停战的想法越来越强烈。

3月8日，日本陆军大臣寺内正毅中将在东京设宴，招待来访的菲律宾总督阿瑟·麦克阿瑟中将。这个麦克阿瑟就是后来大名鼎鼎的五星上将麦克阿瑟的父亲。

在宴席上，寺内正毅向美国人转达了日本希望停止战争并媾和的想法。在场的美国驻日公使格里斯科姆非常震惊，简直不敢相信自己的耳朵。

第二天，格里斯科姆询问日本首相桂太郎和外相小村寿太郎，结果二人又含含糊糊。格里斯科姆深感事情重大，向在日本外务省担任顾问的美国人丹尼森咨询，丹尼森让他赶紧向美国政府询问。

没想到，罗斯福回电说："对日本政府的想法，总统不准备为此效劳，但如有比较实际的方式，他希望选择那种方式。"

罗斯福也没把话说死，日本也难以摸清美国的态度，便只好硬着头皮继续与俄国打。

其实，美国这边也有同日本联络的负责人，这个人就是美国陆军部长塔夫脱。此人在前面章节中专门提到过，他曾在1905年7月至10月对日本、菲律宾、中国进行访问。塔夫脱肩负的一个重要任务就是调停日俄战争。

在塔夫脱出发前的4月30日，罗斯福对他说："我坚决同意日本的看法：关于一切和平条件应该在日俄两国间谈判。我竭诚同意日本的包括如下范围的和平条件：日本拥有对朝鲜的控制权，保留对旅大港的所有权，经营哈尔滨、沈阳至旅顺港的铁路，同时在保证门户开放的条件下将'满洲'归还中国。至于提出赔偿和俄国的领土割让，我自己还不准备明确表态……承诺。"

1905年5月26日，风大浪急的对马海峡景色宜人，偶有几只海鸥在鸣叫。

对马海峡位于日本西海岸与朝鲜半岛之间，是一个交通要冲。日军得到情报，俄军第二舰队正从南海北上，穿越对马海峡后，将抵达海参崴。

日军动了杀机，命联合舰队在对马海峡巡航等待。

5月27日3时左右，月色朦胧，日军"信浓丸"号率先发现敌舰，后又陆续查明，俄军大小舰船多达38艘。

凌晨6时30分，天色大亮，海峡依然风大浪高。日军联合舰队司令东乡平八郎亲率40多艘战舰（俄国方面称，日军为140艘战舰）扑向俄军。

一场世界海战史上战损最为悬殊的日俄对马海战正式打响！

结果又是日本大胜。日军仅仅损失3艘鱼雷艇，而俄军几乎全军覆没。

此战结束后，俄国也有了停战的想法。此时的俄国国内爆发了反对沙皇专制统治的革命，对外战争已经顾不上。日本这边，国库里的钱已经见底，很难再拼下去了。

6月上旬，罗斯福向俄国方面反复暗示，俄国已经没有获胜希望，美国可以让日本与俄国坐到一起谈判，焦头烂额的俄国沙皇只好同意。

随后，美国政府分别向日本、俄国递交了建议和谈的照会。

不出意外，两国均表示接受。最终和谈地点定在美国新罕布什尔州的海军军港——朴次茅斯。

新罕布什尔州正是海约翰的老家，这位为美国在远东事务操劳多年的国务卿，没能等到日俄和谈的到来就因病去世了。1905年7月1日，海约翰停止了心跳，终年67岁。作为老搭档，罗斯福认为，海约翰虽然忠诚坚定，是政府的宝贵人才，但过于软弱。

得知日本与俄国将在美国谈判的消息后，中国方面对外表达了希望出席的消息。中国的意思是，在我的地盘上打仗，你们和谈，不能撇下我。

美国驻华公使柔克义的意思是，日俄和谈不太可能达成关于中国主权权利的条款，劝中国不要出席。英国、法国也纷纷劝中国，先围观，别上桌。中国政府只好作罢。

美国政府看出了中国政府的担心，立即发出安慰，说他们会尽可能保证中国主权不受到损害，并保护中国领土完整。中国告诉美国，如果没有与清政府商定，中国不会承认由日本与俄国签订的涉及中国利益的条约。

8月10日，朴次茅斯，日本、俄国、美国三方代表坐到了一起。

既然是谈判，双方自然争执不下。在就是否割让库页岛和赔偿军费的两个问题上，日本咬得很死，双方僵持不下。罗斯福亲自出面斡旋，美国警告日本，不要贪求过多。

经过十次昏天黑地的和谈，1905年9月5日，日俄双方签订《朴次茅斯和约》。

和约主要分为六项，明确了日本对朝鲜的控制权，俄国不能干涉。同时，日本与俄国在18个月内从中国东北撤兵，将东北交还中国。经过中国同意后，日本将获得大连、旅顺港和南满铁路的租借权。

和约留下了一个小尾巴，也就是日俄商定，为了保护各自的铁路，在铁路沿线，每千米要配备15名守备兵。

没人会想到，正是这个尾巴，会在1931年引发"九一八"事变，并导致日本全面侵略中国。

由于调停日俄战争有功，罗斯福获得了诺贝尔和平奖。

三、第一个退还庚子赔款的内幕

浙江杭州，一条装满西瓜的商船正在河中穿梭行驶。

西瓜主人准备将西瓜运进城里贩卖，主人在船头悠闲地抽着烟，看着满仓的西瓜，他在盘算着这次买卖的收益。

西瓜船正要穿过一座桥，突然几名穿着稽查制服的工作人员拿着竹竿跑到桥上，待西瓜船从桥下穿过时，稽查人员突然用竹竿上的挠钩将船钩住。西瓜船被拽到岸边，另外几名稽查人员手持铁棒跳上船，他们一边骂骂咧咧，一边用铁棒对西瓜乱敲乱捅，顿时，西瓜碎了一地。

西瓜主人慌了，忙向稽查人员求饶。稽查人员瞪着眼睛，用铁棒一指附近热闹的地方，西瓜主人忙点头赔不是。

原来，附近热闹的地方就是抽厘的关卡，西瓜船没有交厘金，不管是不是故意，西瓜主人都是在逃税。

以上是北京大学教授蒋梦麟在少年时的亲历场景。

20世纪初的中国，这样的抽厘关卡遍布全国各地，他们只有一个任务，为《辛丑条约》庚子赔款筹集资金。高达4.5亿两白银的赔款犹如　道沉重的枷锁，让迈入新世纪的国人喘不过气来。

4.5亿两的庚子赔款确实太多了。

前面章节提到过，在《辛丑条约》谈判时，美国不同于其他列强，居然认为赔款过多，甚至不惜"背叛"列强集团，希望海牙国际仲裁法庭来裁定赔款金额。

更"另类"的是，在条约签订后不久，美国还有一种想法，就是要将多余的赔款退还给中国。

接替海约翰成为美国国务卿的罗脱在1907年6月著文，回忆了当时的情形："当赔款之初定也，美国政府本已定意，……于合宜之时，将派定数目改正，除本国政府、国民应得之数外，所有溢数，愿请中国勿庸担任。"

或许美国有事后美化自己的嫌疑，不过，1902年1月，也就是《辛丑条约》签订四个月后，《纽约时报》刊登了一条不起眼的消息，内容正是时任国务卿的海约翰有意将多余的款项退还中国。

之所以说这条消息不起眼，是因为没有人注意到，在美国的华人、中国驻美公使也都没有看到。

吃进去的还嫌多，还要吐出来，美国为什么要这样"好心"呢？主要原因是，美国怕过重的赔款压垮中国财政。另外，特立独行的美国人，似乎也要建立一套自己独特的大国价值观。而且，美国曾有过向中国退款的先例，如1885年，美国曾退还广州洋行多余赔款。

虽然美国早在1902年1月就萌生了退款的想法，但一直没有任何行动，更大可能是，美国在观察，观察中国政府的运行情况，观察世界各国的反应。也可能是，美国一直没有找到合适的机会。

这个机会无意间落到了中国驻美公使梁诚的身上。

1904年12月5日，梁诚在白宫面见海约翰。这次会谈主要是谈赔款的汇兑率问题，梁诚希望美国能帮助中国，取得一个在支付各国赔款时较为有利的汇兑率。

梁诚在向海约翰倒了一番中国的苦水后，便提出："如果每一个国家都减少其赔款数额，那就将大大有助于中国的财政。而您那可尊敬的国家如能率先，无论表示什么样的公正意愿，各国都将起而效法。"

梁诚只是希望美国带头削减赔款数额，其实梁诚也没有抱多大希望。

谁知，海约翰又动了退还庚子赔款的"恻隐之心"。第二天，海约翰命柔克义草拟了一份提交国会的备忘录。

备忘录大意是这样的：经调查，美国公民在义和团运动时期所遭受的损失以及美国军队的开支并非最初估计的那么多。鉴于这一事实，以及中国目前的财政困难和我们以前也有过向中国退还多余部分赔款的政策，故而向国会提出对中国存在不公正问题是我的职责。退还部分庚子赔款对减轻中国沉重的债务来说是十分必要的。如果这一建议获得国会的批准，我建议授权行政部门通知中国政府，此后美国只要原求赔款数的一半。

这份提交国会的备忘录，梁诚自然是不知道的。

转眼就到了1905年的新年，清政府命梁诚就还金还是还银的问题与美国商谈。原来，庚子赔款向各国赔付时，其他他国家都是用金折价，而美国一直使用银折价。对于中国来说，银折价显然更合适，但美国这次要改变主意了。

元月的华盛顿，新年气氛浓郁，连日来的大雪让华盛顿的道路非常难行。

马车踏雪而行，梁诚预感此次会谈可能不是很顺利，但中国有句俗语：瑞雪兆丰年，梁诚希望今年有个好的开端。

"阁下，自1902年5月起，贵国首先倡议，用银折价，且一直执行至今，给我们减轻了很多负担，我代表中国政府向贵国表示感谢。"梁诚的态度是真诚的。

熟悉了中国人谈话套路的海约翰笑着问："你们又要提条件了吧？"

梁诚也笑了，他继续说："我们是希望，贵国仍然使用银折价，这样更便宜，也更方便，还能给我们减轻一些负担。"

海约翰马上收起了笑容，当即表示了拒绝，他不客气地说道："当时天津谈判时，还金还银没有定。我们念及邦交关系，就首先提出用银，然后再等待各国公议。现在各国都要用金，而且你们也愿意用金。我们也不能再搞特殊，否则国会那边也说不过去。"

梁诚马上又说："贵国政策一向独断独行，对待东亚的事务还是赔款用银的方法，美国从不跟随别人，也不会受欧洲各国影响，这种精神尤为可贵，国会两院怎么会指责呢？"

海约翰没好意思再拒绝，只好说："贵国的难处我们也能理解，不过还是待我转达给总统，再交政府高层和参、众两院讨论后再说吧。"

梁诚感觉对方似乎有了一点松动，感觉还是有的谈。

几天后，梁诚又来找海约翰商讨此事，梁诚急切想知道结果。

没想到，海约翰再次拒绝了他："我们总统与各部院商量了这个事，经过再三考虑，我们认为，如果不与各国一致，麻烦会很多，议院也不会同意。而且，还金还银也相差不大，希望贵国不要因为这些小事，搞两套方法。"

海约翰这么一说，梁诚感到很失望。他思索了一会儿，非常无奈地解释道："还金还银出入确实不大，但贵国若坚持用银，将来其他国家还有转机。若大家都用金，以后就没有改变的机会了。我们政府所争的就是这点，而并非对贵国故意歧视。"

海约翰看着梁诚，没有说话。

梁诚又说："中国财政非常困难，这个阁下也是知道的，现在为了筹赔款，已经穷尽了各种方法。如果一概还金，势必会增加租税，那民间更难于负荷，百姓仇洋的情绪定会高涨。那样一来，中美大局可能就会动摇，后果不堪设想。阁下向来重视两国邦交，我相信一定会为我们考虑的。"

没想到，梁诚这番话，真的触动了海约翰，这个国务卿不禁有些动摇起来。

沉默了很久后，海约翰语气有所缓和，他说："庚子赔款确实有点多了，现在各国已经达成了还金的决议，美国的钱比较少，即使收银也少不了几个钱。"

海约翰说话语气轻柔，声音也不大，却让梁诚一愣。

这句话让梁诚似乎有点触电的感觉，美国人居然认为赔款过多了。

梁诚迅速跟进，试探性地问道："贵国也认为赔款多了吗？如果各国都核减掉多余的赔款，那对我国财政大有帮助。贵国如果能首先倡议，一定能带动其他国家跟进。"

海约翰点了点头，他告诉梁诚："先生言之在理，我会竭力斡旋。现在罗斯福总统刚刚在大选中连任，还不能操之过急，要慢慢向前推进，或许有成功的可能。"

看海约翰已经表态，虽完全是外交套话，但梁诚也当即点头致谢，他说道："好，我一定将阁下的好意立即报告给国内，希望能尽快办理。"

海约翰忙叮嘱梁诚说："不要着急，这事千万不能声张，否则在国际上会有阻力。一旦被其他国家知道，这事就难办了。"

梁诚忙点头，说："明白明白。"

走出白宫，梁诚感到从没有过的轻松。

海约翰与梁诚的这番对话，被认为是美国退还庚子赔款的真正开始，是海约翰首先发出了暗示，功劳在美国人。

不过，也有人提出了不同看法。后来的庚款留学生吴宓在任清华学校文案处翻译员时，阅读过大量珍贵的档案资料。他认为，美国退还庚子赔款完全是梁诚首先提出的。

据吴宓所说，梁诚在美国期间，阅读了大量美国国务院秘密档案，同时还在美京国会图书馆查阅了各种记载、文件。梁诚发现，美国人提出的生命、财产损失并不准确，导致赔款数目过大。梁诚掌握了资料后，命人编录成册。后来，梁诚每每与美国官员交流时，都会批评美国对中国赔款索取过多，不合道德。

据说在一次与海约翰交谈时，梁诚直言不讳地说道："以美国之富，与中美邦交之厚，美国岂吝此区区资财。若能根据切实之调查，将其中'多取、不应取'之部分，全数退还中国，又须善为使用该款，例如派遣中国男女学生，赴美国留学，则在美国既光明正大、改正其错误，中国亦感激受惠之深，从此更诚心倾向美国。"

如果这个史料为真，梁诚不仅是美国退还庚子赔款首倡之人，还是提出庚子赔款用于美国留学的第一人。

不过，作为一个驻美公使，如何能看到美国国务院的秘密档案呢？这点似乎又有点不合常理。

海约翰与梁诚会面时讲的那番话，并不是随便应付，而是真真切切有了行动。

1905年4月底，即将赴中国就任驻华公使的柔克义专门拜访了梁诚。

柔克义询问："如果美国人退还了庚子赔款，你们是摊还民间，还是移作别用？"

梁诚顿时很不理解，你们美国人只管退钱就完了，为啥还要问我们怎么处置这笔钱，这难道不是我们的自由吗？

梁诚回答说："退还不应得的赔款，美国在国际上会声名远播，但如何使用退款则是中国的内政事务，不能预先奉告。"

柔克义解释说："这个并非我们总统有心要干预，如果知道你们的使用宗旨，我们更方便向议院解释。"

梁诚坚持认为，无可奉告。

柔克义还进一步暗示，应该将退款用于教育。梁诚再次不客气地回绝，他说："钱应该归还，而且不应该有任何附加条件。"

在梁诚看来，美国人有些荒唐。

5月13日，梁诚向清政府做了汇报，在给外务部的秘密电文中，这样写道：

诚惟今日列强环伺，若不觇我措施，定其应付，不有非常举动，无由戢彼奸谋。今美总统所言，无论是否有心干涉，均应预为之地，庶免为彼所持，尤应明正其词，庶彼为我必折，似宜声告美国政府，请将此项赔款归回，以为广设学堂遣派游学之用。在美廷既喜得归款之义声，又乐观育才之盛举。纵有少数议绅或生异议，而词旨光大，必受全国欢迎，此二千二百万金元断不至竟归他人掌握矣。在我国以已出之资财，造无穷之才俊，利益损益已适相反。况风声所树，薄海同欢，中兴有基，莫或余侮，其为益又岂可以尺寸计耶！

梁诚告诉外务部，美国有意退还庚子赔款，但肯定会在用途上加以干涉。但如果拒绝美国干涉，可能又无法得到退款。因此，梁诚建议，要提前准备好应对之策。

这个电文中有个细节，就是提到了"广设学堂遣派游学"的用途，也就是将退款用于教育。有人据此认为，梁诚是第一个提出将庚子退款用于教育的人，而非美国人首倡。

但若真是梁诚所想，那他完全可以在与柔克义会面时提出来，而没必要回怼。当然也有可能是，会谈时，梁诚并没有想法，而后来逐渐又有了用于教育的想法。

不过，柔克义暗示梁诚将庚子退款用于教育的可能性也很大。原因是，作为著名汉学家的柔克义，一直关心中国的改革，尤其重视中国的教育问题。

后来的档案显示，在与梁诚会谈前，柔克义曾致信一位参议员，建议接收中国的学生到西点军校就读。

美国人要退款本是好事，怎奈又出现了波折，一度让退款陷入了停顿。

6月，清政府与美华合兴公司达成初步协议，收回粤汉铁路让与权。这事让罗斯福有些不快。

粤汉铁路本是当年清政府向美华合兴公司借款所修，而所谓的美华合兴公司，其实就是美国人投资的公司，也就是说，有了美国人的借款才得以修建了粤汉铁路。如果清政府彻底收回，那么美国就失去了对粤汉铁路的控制权，美国在华利益将会受损。

紧接着，由于美国限制华工赴美，中国境内爆发了大规模的抵制美货运动。一时间，中国各主要城市的美国商品或迅速被下架，或被直接销毁，美国在华的商业利益遭到了前所未有的重击。

这让罗斯福更为不快，对中国起了敌意。

浩大的抵制美货运动在美国国内盛传，中国爆发了第二次义和团运动。美国国内的民众也表示出了愤怒，部分人组建反抵制联合会，不仅抵制中国货，还阻止美国人和中国商人进行交易，甚至有些人还解雇了华人厨师、保姆。

7月12日，也就是海约翰去世后的第五天，刚刚就任驻华公使的柔克义致信罗斯福，主要表达了三个意思：一是纪念海约翰，希望能早日解决退还庚款的问题；二是用退款的方式来平息中国人抵制美货的愤怒；三是正式提出，将退还的庚款用于中国学生留美之用。

柔克义特别提到，中国各项改革事业中急需的就是接受现代教育，只有这样才能确保中国的生存。

然而，一波未平一波又起。

10月28日，广东北部的连州爆发了广东历史上最大的基督教教案，5名长老会的美国传教士被杀。

罗斯福真的愤怒了，命令海军大臣从马尼拉调派炮舰和驱逐舰开赴广州。

接二连三的事情，让退还庚款一事成了奢望。

罗斯福更是直言不讳，他在同柔克义的信件交流中表示，在对待移民与赔款的问题上，他都比任何一个总统更愿意公正对待中国人，但中国人的不友好让他非常犹豫，自己无法向国会提出退还庚款的决定。后来，罗斯福在接见丁韪良时直接表态，退款庚款不可能。

但美国民间对退还中国庚款的努力并没有停止。

7月17日，广州岭南学堂的校长威士纳联合32名美国人，共同致信罗斯福，信中说，大批的中国青年离开美国人开办的学校，并加入反美行列。威士纳认为，美国人在教育上领导中国的机会是前所未有的，但此举是灾难性的，对美国在华教育事业的发展极其不利。威士纳暗示，要用教育控制中国。

同是教育行业的大学教授也发声了。8月10日，康奈尔大学教授金克斯也致信罗斯福，他说，中国在美国的留学生实在太少了，只有可怜的50人，而德国、法国、比利时都各有500人，而比利时还是个小国。日本更是有3000人之多。金克斯担心，优越的美国文明若不能在中国很好传播，美国就控制不了中国年轻一代，也就无法控制中国。就目前来看，在争夺中国青年一代的竞赛中，美国已经远远落后于日本。

美国驻日代办亨廷顿·威尔逊也有类似的担忧，他告诉罗斯福，留学日本的中国学生在正大幅增长，仅仅官派的留学生就有2000名。这样下去，有利于日本势力向中国渗透，反观美国，就做得很不好。

伊利诺伊大学校长詹姆斯同样表示了忧虑，他在给罗斯福的信中写道："中国人从欧洲回去后，他们将劝告中国效仿欧洲，效仿英国、法国、德国，而不效仿美国。……他们将购买英国的、法国的、德国的货物而不买美国货，各种工业上的特许权将给予欧洲而不给美国。"

别人都是给总统写信，唯有明恩溥（Arthur H. Smith）不同，他决心要见见罗斯福。作为传教士，他有着一般人没有的执着。

1906年初，借在华教会回美国募捐的机会，明恩溥赶回美国。能不能见到总统本人，他心里没底，于是先拜见了罗斯福的好友阿巴拉文。

明恩溥首先向阿巴拉文表达了自己的失落，他回忆说："我初到中国时（1872年），凡是通商大港，无不飞扬着美国的国旗，我们感到无比的光荣。可现在，变得寥若晨星，几乎看不到美国的身影。"

明恩溥是带着建议来的，他说："政府既然有重新振兴对华贸易的打算，就应该继续采取海约翰制定的邦交政策，要使这一政策得到恢复，最好的办法就是退还庚款，让中国逐年派学生来我国留学，中国人必然会感激我们的做法，接受我们的情谊，这样不要多久，两国的政治经济就会日益亲密，同受其利。"

明恩溥一番真情的说辞，让阿巴拉文非常感动，他答应约见罗斯福。没想到，罗斯福爽快地答应了。

3月6日，在一个乍暖还寒的下午，明恩溥被迎进了白宫红客厅。

红客厅是白宫专门接待贵客的地方，走在软软的地毯上，明恩溥感受到了罗斯福对自己的重视。

"久闻先生大名，听说您在中国山东的西南地区工作了很久，那里不是义和团诞生的地方吗，您有没有受到伤害？"罗斯福很关心地问。

"谢谢总统阁下的关心，我还好。那些地方确实很贫困，当地百姓饱受干旱、民教冲突的困扰，对他们的行为，我表示理解。"明恩溥解释道。

"先生接触的中国人是怎样的？"罗斯福好奇地问。

明恩溥沉默了一会儿，接着说："中国人生命力顽强，勤勉、坚毅，但缺乏效率，不讲信用，注重孝道，过于保守，又很爱面子。"

"是吗？怎样理解爱面子对于中国人的重要性？"罗斯福紧接着问。

"面子是理解有关中国人一系列复杂问题的关键所在，如果说，中国人的特性还有很多'暗锁'没有打开，那么，面子就是打开这些'暗锁'的金钥匙。"明恩溥说道。

罗斯福对明恩溥讲述中国人的特点很感兴趣，明恩溥也一下敞开了话匣子，从自己身边的经历，到所见所闻，滔滔不绝。明恩溥的讲述极富热情和感染力，罗斯福听得入了迷。

罗斯福留下明恩溥共进晚餐，吃完饭，两人又继续聊到深夜。

最后，罗斯福严肃地问道："我完全同意你的意见，你就告诉我，要我做些什么？"

明恩溥注视着罗斯福说："总统阁下，我所要求的，就是把这两千万美元的庚子赔款用于对中国有益的事业，特别是供给中国学生到美国来留学。"

罗斯福点点头，对他表示真诚感谢。临别前，明恩溥送给罗斯福两本自己写的书——《中国的文明》《动乱中的中国》。

这次会面让罗斯福坚定了将退还庚款用于中国教育的信心。

后来，明恩溥在自己的《今日之中国与美国》一书中，回忆了这次会谈。明恩溥说，总统就像一个电机似的，感觉非常灵敏，易为磁力所吸引，简直不能使他片刻安静。

果然，罗斯福加速了退款一事的推进。1907年12月3日，罗斯福在国会施政报告中郑重宣布："我国宜实力援助中国推进教育，使这个人口众多的国家能逐渐融合于近代世界。援助的方法，宜将庚子赔款退赠一半，招导学生来美，入我国大学及其他高等学校，使他们修业成材，希望我国教育界能够理解政府的美意，同力同德，共襄盛举。"

事情推进很顺利，次年5月25日，美国国会正式通过了相关议案，授权美国总统以合适的方式退还部分庚款。当天，美国国务卿罗脱（E. Root）指示柔克义，尽快征询中国政府的意见。

尽管美国各界有识之士都认为，退还庚款应该用于中国教育，但也有不同声音，康奈尔大学教授金克斯最早曾提出，退款最好用于清政府的货币改革。此建议遭到了柔克义的强烈反对。

美国驻奉天（沈阳）总领事司代德（Willard Straight）却另有一番想法。司代德指责美国政府对"满洲"的事务不够重视。他认为，美国在中国的优势地位不是通过中国教育来获得的，而是取决于能否实现对"满洲"的控制。与日本争夺"满洲"才是至关重要的，否则"满洲"很可能像朝鲜一样被日本吞并。

自己在"满洲"任职，要求美国要加强对"满洲"的投入，司代德明显有私心。美国助理国务卿威尔逊也同意司代德的意见，威尔逊认为，日本对"满洲"的控制，将极大损害美国支持中国领土完整的方针，严重危机"门户开放"政策。

在中国方面，没有一个人愿意将退款完全用于教育。

早在梁诚致电外务部汇报时，朝廷上下就有了打算。直隶总督兼北洋大臣袁世凯认为，中国正在新政改革期间，要办的事情很多，而财政又非常紧张。当务之急是兴办路矿，尤其是东北边陲，要防止日本与俄国的蚕食。然后将赚到的钱再用于教育也不迟。

清政府的意见是，用于东北振兴，筹建东三省银行。具体方法是，设立本金2000万美元的东三省银行，然后去美国发行债券，再以东三省的一部分收入和退款为抵押，将东三省的银行盈余用于中国学生留美。

清政府提出振兴东北的考虑，是用以防止日本、俄国的渗透和侵吞。东三省总督徐世昌、奉天巡抚唐绍仪为此四处活动，不断游说司代德、柔克义，期望得到他们的支持。

柔克义一直提倡退款用于教育，面对什么振兴东北的计划，他非常火大。他警告清政府，若不接受美国的建议，将会撤销退款议案。

没办法，奕劻只能出面示好，承诺将退款用于中国学生留美。外务部将派遣留学生的具体计划送呈柔克义，"从归还赔款之年起，四年内每年派送一百名学生赴美。……自第五年起及至整个归还赔款期内，每年至少派送五十名学生赴美。"

清政府并不死心，以感谢美国退款为名，任命唐绍仪为专使大臣出使美国。感谢是假，推广振兴东北计划是真。柔克义的心里跟明镜儿似的，他提醒国务院远东司司长菲利普斯，要坚决阻止唐绍仪的活动。美国政府更绝，将奕劻承诺的外交照会直接发表到报纸上，公布于天下。结果，唐绍仪自然在美国碰了一鼻子灰。

12月28日，罗斯福签署命令，将中国的赔款改为13 655 492.69美元，年息四厘，退还金额为10 785 286.12美元。退还时间为1909年至1940年，连本带利总计将退还28 922 519.55美元。

随后，罗脱正式通知中国驻美公使伍廷芳，自1909年1月1日起，美国正式开始退款。

退款并不是人们想象的那样，直接从赔款中减免，而是该赔的还是正常赔，然后再退款。

1909年4月，美国制定了具体计划，规定中国政府每月仍按原来的既定金额向上海花旗银行缴付赔款，再由美国驻上海总领事通知银行汇往美国的金额。然后，由上海海关道代表中国照数购得汇票汇往美国，最后由美国驻上海总领事核验、签字后，将剩余之款退还给上海海关道，并由上海海关道转交给中国政府外务部。

为何多此一举呢？柔克义认为，只有这样才能确保中国学生留学美国的基金专款专用，避免清政府改作他用。

美国退还庚款这事，其他列强非常不理解。好不容易抢到的钱，而且是付出了大代价抢的钱，为什么要退呢？或许这就是美国的英明之处。美国也曾游说各国，你看，我都退了，你们不退好意思吗？英、法等国说，我们好意思！

直到十多年后，进入1920年代，英、法等国脸上终于挂不住了，再不退实在不好意思。这个时候，各国才开始提出要退款。而这时，美国已经退还第二批庚款，也是最后一批庚款。

1924年5月21日，美国国会通过退还庚款余额案，应退还庚款余额为6 137 552美元，至1940年12月止，连本带利共计12 545 437美元。

9月，中美两国共同成立"中华教育文化基金董事会"，专门负责接收、保管、支配美国退还的庚款。

如果说美国第一次退还的庚款用于赴美留学的话，那么，第二次退还的庚款主要用于发展中国文化教育。

四、庚款留美如何成为**潮**流

1908年冬季的中国，非同寻常。

就在中美两国就退还庚款问题进行紧张谈判时，光绪帝、慈禧先后去世。

1908年11月14日18时33分，年仅37岁周岁的光绪帝暴死于北京中南海瀛台涵元殿。坊间疯传，光绪帝是被慈禧毒死的。百年后化验证明，光绪尸骸、头发的砷含量高于常人，系砒霜中毒。

仅仅一天后，11月15日14时45分，73周岁的慈禧崩于北京西苑仪鸾殿。

四个月后，美国政坛也发生了巨大变化。

1909年3月，老罗斯福卸任，在日俄战争期间曾访问中国的美国陆军部长威廉·霍华德·塔夫脱就任美国第27任总统。

有意思的是，老罗斯福不想再当总统，而塔夫脱也对当总统没多大兴趣。

一边是东方的统治者视权力如生命，一边是西方的统治者视权力如粪土。对待权力的不同态度，决定了两国不同的命运。

尽管中美两国都发生了权力更迭，但退还庚款与派遣学生留美的事情并没有受到多大影响，只是清政府对派学生赴美留学的热情并不高。

在柔克义的反复催促，甚至发出停止退款的威胁下，1908年12月，中美两国共同拟定《派遣美国留学生的章程草案》。该草案对留学生的资格、留学考试和选拔，以及留学监督等问题作了规定。如要求留学生熟练中英文，中文能作文，英文能听讲。听讲不是普通的日常交流，而是进入美国大学直接听讲。

直接听讲的要求即使放到今天，也是非常难的，估计雅思要考到7.5分以上。

1909年7月10日，清政府外务部与学部共同起草的《收还庚子赔款遣派学生赴美办法大纲》获得批准。

这个大纲规定，在退款的前四年里，每年派遣100名学生赴美留学。从第五年开始，每年派遣50名学生，直到退款用完为止。

十天后，清政府在北京史家胡同设立游美学务处，并附设游美肄业馆，专门负责留学事务与考生的筛选工作。所谓肄业馆，就是预备学校。

由此，"庚款留美"正式拉开了帷幕。"庚款留美"是继"幼童留美"后的又一次大型官派留学生赴美的活动，两者相隔了37年。

中美两国终于达成了一致，但中国的内部还有很多分歧。

本来清政府让外务部负责主管"庚款留美"一事，但学部不干。学部的意见很简单，学生教育怎能离开学部，不能欺负我们学部资历浅。清政府干脆让两个部门同时负责。

但两个部门协同，就会掐。

对于如何选拔学生的问题，学部尚书荣庆的意见是，必须在出身、品德、年龄上达标方有资格参加选拔。至于选拔途径，一是从京师大学堂的学生中挑选；二是在留日学生中挑选；三是在各大城市中挑选。荣庆认为，应在天津、上海、香港、武汉等发达城市设立考点，以方便各地学生报考。

外务部尚书梁敦彦的意见是，造林要广植幼苗，门槛不应太高。梁敦彦是幼童留美出身，他甚至觉得，100名学生太少，干脆不如直接送过去1000名，学成之后，每县分配一名。

浙江旅沪学会建议，按庚子赔款各省摊派份额进行名额分配。简单来说，摊派多，名额就要多。江浙等地明显是出钱最多的省份，浙江旅沪学会显然不想吃亏。

最终，浙江旅沪学会的建议被采纳，外务部与学部各负责选拔50名学生。

在游美学务处主管及驻美监督的人事上，外务部与学部又有了争执。

按编制，游美学务处要设立总办一名，会办两名。外务部推选自己部门的周自齐任总办，唐国安任会办。学部推选自己部门的戴展诚为总办、范源濂为会办。

双方争执不下，最终经张之洞及邮传部等多方面平衡，确定外务部左丞兼学部丞参上行走周自齐担任总办，外务部候补主事唐国安、学部员外郎范源濂为会办。

周自齐是山东单县人，出身官绅世家，曾祖父、祖父都是进士。受张之洞的赏识，周自齐赴美国哥伦比亚大学留学，后在美国任驻纽约、旧金山领事。周自齐在民国北洋政府期间，一度做到了国务院总理的高位。可以说，周自齐任游美学务处总办非常合适。

一场覆盖全国的海选开始了。

按《收还庚子赔款遣派学生赴美办法大纲》的规定，要招考两格学生，第一格是15~20岁，人数100名。第二格是15岁以下，人数200名，这部分人要先进入肄业馆学习。所有学生必须身体强壮，性情纯正，长相得体，身家清白。

办法大纲出台后，几天内便将招生通知迅速下发至各部、各省，各地的劝学所、教育会通过报纸发布招生广告。各地的学校也积极行动起来，动员学生参加选拔考试。

正式报名时间只有一周，8月25日始，31日止。即便如此，报考者也不少。据《申报》报道，报名者达千人之多。媒体有些夸张，但实际人数不低于600人。

除自己报名外，各地还有保送生，如两江地区选送31人，河南选送14人，四川选送16人，山东选送8人，江西选送7人，浙江选送2人。上海高等实业学堂先后选送50人，北洋大学堂选送10人，顺天高等学堂选送6人。各地选送的学生大概有150人之多。

其余学生只能到北京报名。那段时间，小小的一条史家胡同热闹非凡，咨询、报考的人络绎不绝。他们怀揣着同一个梦想，到美国求学。

9月4日，是正式开考的日子。北京城暑热未退，宣武门内学部衙门附近早就搭好了长长的考棚。继1905年科举被废除后，京城似乎还没有举办过这么大规模的考试。

这天一早，骡马喧嚣，人声鼎沸。周自齐、唐国安、范源濂等游美学务处官员，个个身着官服，一脸严肃，早早就在考场就位。

操着各种口音的630名考生比官员更早赶到考场，他们或互相说笑，或静静看书。有人轻松，有人紧张。每个人的脑后虽然都留有一条辫子，但这群年轻人同中国的其他年轻人明显不同，他们不仅学识渊博，而且很多人还英语流利。

忙碌的北京市民没有时间围观这群考生，休闲的旗人、满人也不知道他们在考什么。他们都不会想到，这群年轻人对未来的中国有着怎样的巨大影响。

年仅20岁、来自天津的梅贻琦就在这群考生中，他丝毫不起眼，年轻的脸庞上充满了镇定。没有人会预知，此人未来会成为清华大学的校长。梅贻琦自己也不会想到，他将来还会负责庚款留学的事务。

考试准时开考，630名学生对号入座。当天是初试，只考中文，主要以国文、历史、地理为主，时间为3小时。

主考官宣读完考场纪律后，考生拿到试卷就开始低头作答。

考题是这样的，国文题目是"学然后知不足论"。历史题目三道，分别是"诸葛亮自比管乐，而杜诗以伊吕许之，具品诣究居何等""李德裕张居正具功过若何""王守仁为名世真才，试言其作用"。地理题目也是三道，分别是"秦伐匈奴略取河南，河南当今何地""晋楚争郑城，虎牢楚汉交兵夺成皋，试言其故""汉孝武通西域，光武不许西域内属，试言其故"。

那时的考试没有人给提前划考试范围，也没有人给押题，更没有考前辅导班，相比之下，难度还是不小的。

第一天考完，考生总体还是比较轻松的，说明大家的基本功都相对扎实，毕竟他们是学霸级的人物。

9月5日，考英文。

英文试卷题目都是英文，作答更要求全部用英文。英文试卷共六道题，内容基本都是围绕美国展开的，就像是一个美国科普知多少。

各地推荐的考生自不必说，敢报名参加这种考试的，英文都不会太差。但考场上风景却是很奇特，穿着长衫、留着辫子的中国年轻学生拿着中国传统的毛笔书写英文，总感觉不是很协调。

英文考完，考生们的表情便有了很大差别，有人摇头叹息，有人淡定自若。梅贻琦自然属于后者。

在焦急地等待两天后，9月8日，学部发布了复试名单，共有68人进入第二阶段考试，录取率只有10.79%。江苏籍考生裴昌运名列第一。

9月9日，复试正式开始。这时的考场清静了不少，因为大部分考生已经打道回府。

复试的内容非常繁杂，涉及的学科众多。9日考代数、平面几何与法文、德文、拉丁文任选其一。10日考立体几何、物理、美术、英国史。11日考三角、化学、罗马史、希腊史。

经过初试、复试两轮筛选后，最终录取47人。

9月13日，录取的红榜在史家胡同贴出，江苏籍考生程义法高居榜首，裴昌运则降至第18名。

众人争相围观看榜，考生们紧张地寻找着自己的名字。有人喜笑颜开，有人沮丧异常，有人兴奋得跳了起来，有人不停跺脚捶胸。围观者中有一名考生却不喜不忧，根本看不出他到底中没中。

这个沉稳的考生就是梅贻琦，他考了第6名。

第一批录取的47人中，除梅贻琦外，还有中国近代物理学奠基者之一的胡刚复、中国现代化学的开山者张子高、王琎。与梅贻琦一样，后来同样成为清华学校（清华大学前身）校长的金邦正。

在考生籍贯方面，江浙地区最为突出。在这47人中，其中江苏21人、浙江9人、广东6人、湖南3人、北京1人、天津1人、安徽1人、福建1人、直隶1人、河南1人、湖北1人、山东1人。

在就读城市方面，沪京领先，其中有27人来自上海，7人来自北京，3人来自天津，3人来自苏州，2人来自保定，2人来自唐山，1人来自南京，1人来自武汉，1人来自广州。在就读学校方面，上海高等实业学堂一枝独秀，有14人，上海圣约翰大学6人，上海复旦公学3人。另外上海还有震旦公学、同文馆、南洋中学、尚贤堂。上海的学校有7所之多，另外北京有4所学校，天津有3所学校。

上海高等实业学堂是盛宣怀创立的公立学校，先后隶属于商部、邮传部。考试前，该校通过邮传部向学部索要了10个名额，结果一下子录取了14人。

名额为何会内定呢？其实只要是考试，就可能会有猫腻。在初试后，有报纸就曾质疑，照顾"巨公大老之子"，比如外务部邹姓官员的儿子进入了复试。

这个外务部官员就是邹嘉来，儿子是邹应欢，邹应欢确实出现在了复试名单中，但并没有被最后录取。有人揭露说，邹应欢是京师译学馆的戊级学生，曾经因为英文不及格被开除。邹应欢未能被录取，有人推测，很可能是因为媒体捅出，引发舆论关注的结果。

相比之下，与邹应欢同为京师译学馆同学的戴修驹就幸运很多。戴修驹的三叔是学部官员戴展诚，戴展诚曾被学部推荐为游美学务处的总办。戴修驹早年通过三叔的关系进入京师译学馆，成为丙级学生，后因为英文不及格而被降级。在这次考试中，戴修骐被低调录取，名次排在了最后，没有引起怀疑。

还有人发现，在最终的47人录取名单中，来自湖南的曾昭抡是曾国藩胞弟曾国潢的曾孙子。有人猜测，这里边肯定也有猫腻。

浙江籍考生罗惠侨后来在回忆录中披露了评卷阶段的异常。评卷时，学部负责评阅国文，外务部负责评阅英文。由于学部和外务部一直不合，于是学部对英文成绩好的学生，给予极低的国文成绩。外务部同样如此，对国文成绩好的学生，给予极低的英文成绩。复试阶段，原本只有39人合格，为了照顾曾昭抡，也为了掩人耳目，将分数高于曾昭抡的考生也全部录取。最终，才形成了47人的录取名单。

1909年10月12日，47名年轻的学子身着统一的西服亮相上海。在唐国安的护送下，47人在上海登船出发，正式开启了中国学生"庚款留美"的求学生涯。

对于这段求学旅程，唐国安也曾有过一样的经历。他是第二批留美幼童，1873年，15岁的唐国安也是在上海登上轮船，走向了外面的世界。

36年后，51岁的唐国安面对这群年轻的后生，感慨万千。站在甲板上，望着滔滔的海水，唐国安在祈祷，希望这次"庚款留美"，不要像当年"幼童留美"那样半途而废，否则那将是国家的大不幸，大清帝国已经禁不起折腾。

47名学生在旧金山登陆，然后乘火车，一路向东，11月13日到达华盛顿。

对于中国学生的到来，美国社会表现出了很大的热情。美国基督教青年会发起了接待运动，他们号召美国各地的基督教组织和基督教家庭，以最大的善意接纳中国学生，将中国学生接到家里，共同生活，让中国的年轻人尽快融入美国社会。当年的留美幼童也是由美国家庭接待的。

本来这次考试准备就比较匆忙，但中国学生仍没有赶上美国正常学期的开学时间。

唐国安挑选了两名最优秀的学生，让他们直接进入美国大学，其他人全部进入高中阶段的补习学校，第二年再进入大学。这也导致了他们与第二批"庚款留美"学生同一年入学。

1910年4月15日，一名18岁的青年从南京乘火车来到北京，住到了大姐的家里。

这名青年是南京江南高等学堂的高材生，他到京城的目的只有一个，参加"庚款留美"考试。

正值春暖花开之际,这名青年骑着姐姐家的自行车,在北京城内四处游玩,串胡同、吃美食、观名胜、赏美景,玩得不亦乐乎。本来是参加考试的,还到处闲玩,高材生这心确实够大的。

这名青年就是赵元任。

相比之下,远在上海的另一名19岁青年就焦虑多了。

这名青年百无聊赖,一度放纵颓废,他过得很郁闷,被失学、失业交替袭击。身处上海这个十里洋场,他感觉自己在加速堕落,根本混不下去了。

听说清政府在招收第二批"庚款留美"学生,他有些动了心,便四处打听去年的考试情况,听说要考十几科,他又有些胆怯了。

正在他灰心丧气的时候,他二哥的痛骂让他猛醒。在朋友的激励下,这名青年决定向命运赌一把。他彻底把自己关了起来,专心闭门读书。

这名青年就是胡适。

胡适原名胡洪骍,受"物竞天择,适者生存"影响,于1910年改名为"胡适",字"适之"。

6月23日,胡适在朋友的资助与二哥的陪同下,乘"新铭轮"北上京城。

燥热的天气让胡适感到非常焦躁,因为的他数学底子太差,便临时请了一个家教老师,进行恶补。

7月21日,暑热如桑拿一般,400余名考生赶到地安门附近的政法学堂参加初试。

第一科还是国文,题目是"不以规矩不成方圆说"。胡适觉得很难发挥,便大胆将议论文写成了论文,开篇就写道:"矩之作也,不可考矣。规之作也,其在周之末世乎?"

胡适的文章,考据味道十足,虽然也有很多错误,但意外赢得了阅卷考官的欣赏,获得了满分100分。原来阅卷考官也是考据癖。

胡适的命运在这一刻被彻底改写,未来的中国命运也随之改变。

国文、英文初试结束,合格者272名考生,胡适列第10名,赵元任列第24名,还有一名考生竺可桢列第137名。

竺可桢曾经是胡适的同学,共同就读于上海澄衷学堂。胡适还曾讥笑身体瘦弱的竺可桢，说他活不过20岁。

赵元任考完英文后，觉得实在没有挑战性，他决定过几天在考第二外语时，选择自己从来没有接触过的拉丁文。没想到，经过几天突击学习，赵元任竟然考过了。一代中国语言奇才就是这样自信。

胡适的自信就差了很多，除了国文、历史、地理感觉考得不错以外，其他科目感觉一团糟。

7月28日，最后一天考试，赵元任凌晨2点就起床复习立体几何。但当天下起了大雨，因为路难行，很多人无法赶到考场。主考官临时决定，延期一天举行。

全部考完后，照例在史家胡同公布榜单。胡适坐着人力车去看榜。对于这段经历，胡适在1928年悼念共同考取"庚款留美"并同时进入康奈尔大学的同学胡明复（胡达）时，回忆了自己当年的看榜经历：

"那一天，有人来说，发榜了。我坐了人力车去看榜，到了史家胡同时，天已黑了。我拿了车上的灯，从榜尾倒看上去（因为我自信考得很不好）。看完了一张榜，没有我的名字，我很失望。看过头上，才知道那一张是'备取'的榜。我再拿灯照读那'正取'的榜，仍是倒读上去，看到我的名字了！仔细一看，却是'胡达'，不是'胡适'。我再看上去，相隔很近，便是我的姓名了。我抽了一口气，放下灯，仍坐原车回去了，心里却想着，那个胡达不知是谁，几乎害我空高兴一场！"

第二批"庚款留美"学生共录取了70人，赵元任高居第2名，竺可桢列第28名，胡适列第55名。初试合格的前10名考生中，有4人没被录取。这4人与其他初试合格但复试未被录取的考生，一同进入游美肄业馆高等科学习。这些学生中，很多人第二年又考取了第三批"庚款留美"生。

8月16日，70名第二批"庚款留美"学生在上海踏上了"中国号"轮船。

出发前，他们集体到美国驻上海领事馆办入境手续，领事馆要求，将中国的农历出生日期改为西历，同时要穿西装，剪辫子。剪辫子可是大事，理发馆的师傅向赵元任再三确认后，才动起了剪刀。

旅途虽然很枯燥，但正是大家相互熟悉的过程。竺可桢找来一张油印的学生名单，对照名字，挨个熟悉。胡适与竺可桢毕竟是老同学，二人又开起玩笑来。

"你还说我活不过20岁，现在我已经20岁了，如果我活到60岁怎么办？"竺可桢不服气地问。

胡适大笑，说："你要是活到60岁，我就在你寿宴上，当着所有人给你磕三个响头。要是你比我活得长，你可以在我尸体屁股上踢一脚。"周围同学一阵哄笑。

"好，说话当真，你可要记住你今天说的话。"竺可桢说。

胡适比竺可桢小1岁，结果竺可桢活了84岁，而胡适只活了71岁。竺可桢在大陆，胡适在台湾，他们的赌约也根本没法兑现。

在赵元任的印象中，胡适精气神十足，能言善辩，自尊心极强，似有万丈的雄心。

胡适是一个很爱玩的人，在船上他经常与其他同学打牌，其中胡明复和他不投机，赵元任也和胡适玩不到一起。赵元任喜欢与胡明复、胡敦复等人讨论数学问题。而胡适根本听不懂，除了默默佩服，只能知趣地走开。

9月10日，轮船在旧金山靠岸。70名中国学生初到异国他乡，感到新奇不已，滨海山城里充满了中国年轻学生欢乐的笑声与好奇的目光。

胡适对美国的好感倍增，他兴奋地给老家人写信："美国风俗极佳，此间夜不闭户，道不拾遗，民无游荡，即一切游戏之事，亦莫不泱泱有大国之风。对此，真令人羡煞。"

从旧金山到华盛顿，需要四天时间，正好横跨美国，中国的学生们一路饱览沿途风景。

火车在绵延无尽的山岭中穿行，穿过内华达山脉，进入内华达州盆地。从崎岖的山地，一下子进入平坦的峡谷，犹如时空转换。当五彩缤纷的岩石映入眼帘时，大家一片惊呼，感觉仿佛进入了另一个世界。

火车在飞奔，沿途风景不断从窗外闪过，从干旱地区进入大草原，再穿越水草丰美的密苏里河流域。从平原又进入高原，当穿越阿巴拉契亚山脉后，便有海风徐徐吹来，人们知道，美国东部到了，这是大西洋的海风。

位于华盛顿的留美学生监督处，负责为中国学生分配专业和学校。中国政府对此早有规划，那就是"十分之八习农工商矿等科，以十分之二习法政、理财、师范诸学"。很简单，清末的中国需要实业救国。

民以食为天，中国是农业大国，胡适、竺可桢、过探先（后成为农学家）纷纷选择农业，赵元任更喜欢数学。胡适、赵元任、周仁、胡宪生、胡明复进入康奈尔大学，竺可桢、钱崇澍（后成为植物学家）等人则进入了伊利诺伊大学。

康奈尔大学位于纽约州西部小城伊萨卡，是美国常青藤盟校之一。学校不仅环境幽美，而且声望崇高，学风严谨，思想开明。

加上首批"庚款留美"生金邦正（后成为教育家）、秉志（后成为动物学家），康奈尔大学里一下子增加了很多中国学生的身影。后来的梅光迪、朱经农、戴芳澜、茅以升、杨石先等人也进入该校就读，他们个个都是学霸。

胡适有些不同，他发现自己对农业没有感觉，尤其是对农作物嫁接实验更是提不起兴趣。胡适是文科生，便转到了文学院，与赵元任、胡明复成为同班同学。

康奈尔的留学生活让胡适终生难忘，他在晚年回忆时说："在伊萨卡城区和康奈尔校园附近，也是我生平第一次与美国家庭发生亲密的接触。对于一个外国学生来说，这是一种极难得的机会，能领略和享受美国家庭、教育，特别是康奈大校园内知名的教授学者们的温情和招待。"

送走第二批"庚款留美"生后，游美肄业馆开始迎来大动作。

建设游美肄业馆需要大片土地，1910年12月，外务部申请将隶属于皇室且长期闲置的清华园拨给游美肄业馆。没想到，清廷还真批准了。

清华园原本是康熙帝的行宫，到了道光朝，皇帝将园子一分为二，西园为熙春园，分给四儿子奕詝，就是后来的咸丰帝，东园为清华园，分给奕譞。后来熙春园与圆明园一同被英法联军烧毁。清华园在奕譞死后由大儿子载漪继承。载漪后来成为端王，因为领导义和团而获罪。清华园自此被收回、闲置。

清华园被划给游美肄业馆后，开始大兴土木，建校舍，盖洋楼。一座西洋风格的大门拔地而起，大学士、学部大臣那桐亲自手书"清华学堂"四个大字。如今这座大门已经成为清华大学的地标性建筑。

有了新的办公楼，游美学务正式从史家胡同搬到清华园。

1911年3月，清华学堂开始选拔学生。第二批备取生143名，各省选送学生184名，在京招收学生141名，共468人。说是考试选拔，其实就是走个形式，因为468人全部录取。

4月29日，阳光和煦，温暖如初，清华园内外繁花似锦，清华学堂装饰一新。大门前，热闹非凡，开学典礼在这里举行。三类人群的四种服饰分外吸睛，游美学务处大小官员身着朝廷官服，486名学生身穿西服，美国教师身着燕尾服、中国教师一身长袍马褂。东西服饰，中外文明，两道风景。

这一天，游美肄业馆正式更名为"帝国清华学堂"，也有译为"清华帝国学堂""清华国立学堂"，英文名为"Tsing Hua Imperial College"。周自齐被任命为学堂监督，范源濂、唐国安为副监督，胡敦复受聘为教务长。

至此，由庚款资助建立的清华学堂正式成为选派"庚款留美"生的主要机关与学生集散地。

《清华学堂章程》正式发布实行，明确清华学堂以培植全才，增进国力为宗旨，以进德修业，自强不息为教育方针。

清华学堂的学制为四年，中等科毕业后，经考试合格方能进入高等科，高等科毕业再经过考试，合格者方能赴美留学。首批468名学生中，374人进入高等科，余下94人进入中等科。这些人也可以说是清华大学历史上最早的一批学生。

清华学堂的课程设置紧扣时代脉搏，有中国文学、世界文学、哲学、物理、化学、数学、历史、天文、生物、地质、体育，甚至还有手工。手工，自然不是今天人们理解的手工，而是各种体力劳动。

毕竟是美国退还庚款建立的学校，美国方面有要求，学生必须学习美国历史、地理、文学、公民教育。美国驻北京公使馆进行监督，美籍老师负责教学。

清华学堂的学习，是一道特殊的风景线。一群中国学生在课堂上不停地背诵着美国各州、各大城市的名字，历任总统、历史名人的名字，甚至山川河流、风物特产也要一一背诵。

在当时的清华学堂读书，虽然没有今天清华大学的至高荣誉感，但至少待遇是非常不错的。书本费、伙食费全部免费，每月发2银圆洗衣费，每人每月伙食标准为6.5银圆。伙食很丰富，八菜一汤或四盆八碗，在当时的条件下，基本就相当于任性吃，想吃啥就吃啥。每到11月1日，进入冬季开始生炉子后，就开始吃大火锅，大米干饭、白面馒头随便吃。

1911年7月，63名第三批"庚款留美"学生正常出发赴美。这批主要来自第二批剩下的备取学生。中国现代数学重要奠基人姜立夫、中国生物化学开创人吴宪、中国首个化工研究所创办人孙学悟等人均在这一批。

1911年是清朝与民国的分水岭，也是庚款留美的一个分界线。前三批庚款留美学生与后面的学生不同，前三批180名庚款留美学生为"甄别生"。所谓甄别生，就是没有在国内经过留美预备培训而直接赴美留学，主要原因还是时间仓促，条件有限，准备不充分。后来有人笑称，这180人是清华大学的"史前生"。

1912年1月1日，古老的中国又隆重掀开了另一页。

中华民国成立，清华学堂由北洋政府外交部管理。5月1日，停课、关闭大半年之久的清华学堂正式复学。唐国安重整河山，将游美事务处撤销。

10月17日，清华学堂正式更名为"清华学校"，英文名为"Tsing Hua College"，唐国安任校长，1907年自费留美的周诒春任副校长。

新朝新气象，随着女子教育越来越受重视，女子留学的呼声随之高涨。都是中华好儿女，新时代的中国女性也要负笈于美国。

1914年，清华学校开始招收女生。男女平等嘛，男生考啥，女生也要考啥，国文、英文、代数、几何、化学、历史、地理、德文或法文，一样不能少。

但不平等的是，名额少，女生每批只有10人，而且还是两年一批。

1914年，10名第一批庚款留美女生正式赴美。中国第一位女硕士、女教授陈衡哲成了第一批的幸运儿。

陈衡哲祖籍湖南衡山，是一位追求女权的新时代女性。陈衡哲到了美国后，进入美国瓦沙女子大学，专攻西洋历史、西方文学专业。

陈衡哲的到来，还引发了一段"三角恋"。

因为《留美学生季报》约稿，该报主笔任鸿隽与陈衡哲相识。任鸿隽非常欣赏陈衡哲，二人诗书往来不断。

任鸿隽，四川垫江人，早年曾在日本学习化学。作为辛亥革命元老，因不满袁世凯称帝，负气到美国读书，在康奈尔大学攻读化学。读书期间，与赵元任等人一起创办了享誉中国的《科学》杂志。

工作再忙，年轻人也需要谈情说爱。本来是陈衡哲与任鸿隽的小秘密，任鸿隽居然将陈衡哲的诗分享给正在哥伦比亚大学哲学系读硕士的胡适。

胡适当时已经暴得大名，陈衡哲也非常仰慕胡适，尤其是支持胡适提倡的白话文运动。陈衡哲写给胡适的第一封信就是一篇白话文小说《一日》。

这篇《一日》打动了胡适，二人感情距离迅速拉近，彼此同样也是书信不断。有段时间，胡适每天最大的乐趣就是早上躺在床上读陈衡哲的信。陈衡哲也差不多，成为大名鼎鼎的胡适的红颜知己，让她非常兴奋，每天写信、读信成为感情寄托。

陈衡哲在与胡适热情交流的时候，同时也与任鸿隽保持着密切沟通。1916年的夏天，陈衡哲穿着最漂亮的裙子来到伊萨卡度假，与任鸿隽见面，两人一起泛舟湖中，论文论学。那段短暂的时光，甜蜜得让人陶醉。

半年后，任鸿隽像胡适一样，从康奈尔大学转入哥伦比亚大学就读。任鸿隽与胡适成为同学，陈衡哲便成了他们谈论的共同话题。

在一个春意盎然的日子，任鸿隽与胡适相约，一起去伊萨卡看望陈衡哲。三人在一起，玩得很愉快，非常和谐。任鸿隽与胡适，两个年轻的男生竟然都没有把对方当成"灯泡"。胡适笑称是"我们三个朋友"。

后来，还是任鸿隽与陈衡哲走到了一起。胡适因为留学前就定了亲，根本没有胆量冲破家庭阻力。

庚款提供的留学费用共为5年，很多学生读本科只用两三年，余下的时间便转入哈佛大学、麻省理工学院、哥伦比亚大学等名校深造，攻读硕士、博士。

至1927年，"庚款留美"女生共派出了七批共53名学生。在这些人中，同样涌现了一批优秀的知名人物，如女教师有张瑞珍、袁世庄、陆慎仪等，女医生有陈翠贞、王淑贞、章金宝等，女音乐家有王瑞娴、周淑安、顾岱毓等。

相比之下，"庚款留美"男生就多了很多。至1929年清华大学成立，"庚款留美"男生共派出1289人。

但"庚款留美"的事业并没有结束。1944年，最后一批"庚款留美"生赴美。后来的诺贝尔物理学奖得主杨振宁就在这批学生中，但他是极少数学成没有回国的学生。

从清末到民国，一批批的"庚款留美"生始终秉持着实业救国、科学救国的信念，在美国苦心求学，归国后在各自的岗位上绽放着光辉，说他们是近代中国的国家脊梁毫不为过。

1919年6月，28岁的北京大学教授胡适在北京发表演讲，他引用了一句荷马史诗作为总结，"You shall see the difference now that we are back again"，翻译过来就是"请看吧，我们已经回来，未来的世界应该从此不同了"。

五、赴美考察宪政与背后的**枪**手

　　1905年9月24日，凌晨的北京还没有完全醒来。天未破晓、黎明未至的时刻，一阵喧闹开启了北京的一天。

　　伴随着阵阵鼓乐声，一队队年轻的学生走向了街头。乐曲激昂，欢情歌唱，古老的京城街道顿时充满了青春的活力。

　　在高等实业学堂学生及军乐队学生的带领下，测绘学堂、崇实学堂等学校的学生身着统一、整齐的校服，列队行进。在学生队伍的两旁，内城工巡局警察、消防队官兵列队进行守卫。

　　学生队伍要去的地方是正阳门火车站。

　　今天的正阳门火车站，明显不同于以往。车站周围比往常拥堵了很多，各种马车、轿子陆续而至，有身着清廷官服的官员，也有身着西服的外国人。维持秩序的卫兵紧张忙碌，这种冠盖云集的场面，他们不敢怠慢。

　　上午9时左右，外务部、商部等各部官员和英国、美国等各国驻华使馆的官员先后抵达车站。这么多中外官员同时出现在火车站，显然今天有大事发生。

　　火车站的站台上，军乐队学生列队整齐，他们仍在加紧排练着。京城大小报馆的记者也早已摆好了架势。他们要记录的这一刻对大清帝国有着特殊的历史意义。

　　一列高插龙旗的火车最为显眼，漂亮的花车，豪华的头等车，让这列火车倍加高贵荣耀。火车在喧闹声中静静地停在铁轨上，静候着一群特殊的乘客。

　　车站外早已围满了看热闹的市民，一名学生打扮的27岁年轻人也好奇地盯着站台。

　　10点左右，人群发生一阵阵骚动，真正的主角来了。

首先到达车站的是兵部左侍郎徐世昌。面对热闹的欢迎场面，一身崭新官服的徐世昌格外精神，他面带微笑，不断向欢迎人群挥手致意。

随后，商部右丞、高等实业学堂监督绍英的马车也来到了车站，湖南巡抚端方、户部左侍郎戴鸿慈、镇国公载泽先后到达车站。

今天的正阳门火车站正是要为这五位特殊的官员送行。五位官员作为大清帝国的考政大臣，将远赴欧美，开启一段考察宪政之旅。

五位考政大臣陆续走进候车室，先与外务部、商部等官员进行闲叙、告别，然后又来到各国驻华使节中间，与他们一一问候、寒暄。

火车站外欢声笑语，候车室内笑意盈盈。

火车上正在做着行驶前的最后准备中，铁路工人察看着车辆，车站工作人员搬运着行李，车厢服务人员正在对包厢进行着最后检查。

一个头戴红缨帽、脚蹬皂靴，身穿蓝布袍的年轻人与其他仆役一样，也在三等车上忙碌着。这个年轻人就是刚刚在围观群众中的那个27岁青年。

上午11时许，五位考政大臣与众随员开始登车。站台上鼓乐齐鸣，气氛达到高潮。中国官员与外国官员齐齐走到站台上为五位考政大臣送行。

火车拉响了笛声，列车即将启动。

载泽、徐世昌、绍英坐在前车厢，端方、戴鸿慈坐在后车厢。包厢里的五位考政大臣隔窗向外挥手，站台上的送行人群也纷纷举起手臂……

突然，火光爆闪，一阵震天巨响传来。火车前半部分爆炸了！

这响声惊天动地，似乎要震破整个火车站。

送行人群的微笑僵住了。顿时，站台上乱作一团，人们蜂拥向外逃跑。人喊马叫间，正阳门火车站乱成一锅粥。

再看那列火车，被炸车厢残破不堪，车顶已经开花，鲜血四溅，硝烟不断飘散，碎屑撒满周围。部分人体残肢掉落在车厢与站台上。有人倒地不起，血肉模糊，场面非常血腥、恐怖。

绍英受伤严重，徐世昌受了灼伤，载泽的眉毛处破损，端方、戴鸿慈由于在后面，并没有大碍。

一颗炸弹改变了五位考政大臣出洋计划，一次刺杀让大清帝国的宪政改革蒙上了悲壮色彩。

人们不知道，扔出炸弹的就是那个车厢中假装忙碌的年轻仆役，也是最初混迹在围观群众中的那名年轻人。刺客名叫吴樾，安徽桐城人，时年27年。他是革命党，当场被炸死。

其实，清廷派出五大臣出洋考察实在是迫不得已之举。清末的形势，内外交困愈加严重，不改革，不进行宪政改革就没有出路。

近四十年内，清廷曾多次派遣出洋使团。如1866年3月，山西襄陵知县斌椿跟随海关总税务司、英国人赫德出访欧洲11国；1868年2月，卸任的美国驻华公使蒲安臣代表中国，率使团出访欧美等国；1887年10月，兵部候补郎中傅云龙等12人作为海外游历使出洋考察21国。

这三次出洋考察，并没有真正让清朝统治者有大的触动。但庚子事变后，一切都变得不一样了。

1901年1月29日，流亡西安的清廷发出变法革新上谕，宣布实行新政。这次改革主要是政治改革，包括废除科举、改革司法体制等。但政治改革的痛点是实现宪政，这点始终没有进步。

进入1905年，直隶总督兼北洋大臣袁世凯率先看不下去了。7月2日，燥热的天气，让袁世凯爆发了焦躁的脾气，他与湖广总督张之洞、两江总督周馥联合上折，奏请十二年后实现宪政。其中一个重要的建议就是，派遣官方代表团出洋考察宪政。

革命党激烈排满，立宪的日本打败了专制的俄国，国内立宪的呼声越来越高，清廷也实在没法淡定。

针对袁世凯等人的奏请，清廷立即召开专题会议讨论。那几天，东方的紫禁城内罕见地集中讨论着西方宪政制度。酷暑之下，汗水多次打湿了大臣们的朝袍。

在出洋人选的问题上，清廷考虑在宗亲、枢臣、户部、督抚中各选一人。经过商议，确定宗室为贝子载振，枢臣为军机大臣荣庆，户部为尚书张百熙，督抚为湖南巡抚端方。

当时人们把出洋视为畏途，高官们以各种理由逃避。载振、荣庆、张百熙都不愿去。清廷只好换上军机大臣、外务部尚书瞿鸿禨，谁知瞿鸿禨也推脱不去。据说，庆亲王奕劻与瞿鸿禨不合，奕劻想借出洋之机，将其排挤出军机处。

最后，清廷只好将载泽、徐世昌、戴鸿慈推上前台，加上端方，四人组合正式确定。

7月16日，清廷正式发布《派载泽等分赴东西洋考察政治谕》。

"方今时局艰难，百端待理，朝廷屡下明诏，力图变法，锐意振兴。数年以来，规模虽具，而实效未彰，总由承办人员向无讲求，未能洞达原委，似此因循敷衍，何由起衰弱而救颠危。兹特简载泽、戴鸿慈、徐世昌、端方等随带人员，分赴东西洋各国，考求一切政治，以期择善而从，嗣后再行选派，分班前往。其各随事咨询，悉心体察，用备甄采，毋负委任。所有各员经费如何拨给，著外务部、户部议奏。"

仔细分析这个谕旨，发现全文中根本没有提"宪政"二字，只说是"考求一切政治"。原因大概有两点，一是为清廷后期决策留出回旋空间，二是当时的朝廷上下对宪政普遍比较反感。但也不能据此指责清廷没有实行宪政的诚意，因为袁世凯曾经有一个绝妙的建议，即"可有立宪之实，不可有立宪之名"。很简单，一旦有了立宪之名，必须完全学习西方，朝廷的统治就很难稳固。

载泽由于没出过洋，提议增添一名副手，清廷便派商部右丞绍英一同出洋。

出洋考察不是好差事，戴鸿慈接到上谕后，深感惶恐，甚至夜不能寐。相信其他几人，也不会轻松。

五位大臣被称为"钦差出使各国考察政治大臣"。在经过拜见各国公使，各国公使又到外务部回拜后，开始选调随行人员。随员主要由京官、军官、地方官及留学生组成，以具有留学背景或对外国熟悉为佳。在选调的48名随员中，内阁中书陆宗舆、商部主事章宗祥、分省补用道袁克定最为后人所熟悉。

陆宗舆、章宗祥在后来的五四运动中被人们称为"卖国贼"，袁克定则是袁世凯的大儿子。

一切都在按计划准备着，谁也没想到，一颗炸弹在出行那天响了。

9月24日，天还未亮，戴鸿慈就早早起了床。

今天要出洋，祭拜祖先必不可少。他给祖先的灵位点上一炷香，然后跪下磕了三个头。众多亲友也赶了过来给戴鸿慈送行，面对亲人的盛情，52岁的戴鸿慈鼻子一酸，眼睛湿润了。

正阳门火车站的剧烈爆炸声震动了京城。全城戒严，严查凶犯，同时紫禁城、颐和园、庆王府等地都加强了保护，颐和园的围墙加高了三尺。当晚慈禧一夜未眠，在召见戴鸿慈等人时，慈禧不断流泪，以至不能正常讲话。

暗杀案发生后，各界纷纷谴责，同时又担心出洋考察计划停止。就在清政府慌乱之际，俄国突然启动了政治改革，这下对中国形成了刺激。

10月，俄国沙皇尼古拉二世颁布《十月宣言》，宣布人民有言论、出版、结社、集会、信仰、人身自由和参政的权利。俄国政府决定召开国家杜马（议会）会议，正式启动立宪改革。

俄国作为西方列强，最后一个放弃了集权体制，消息传到中国，慈禧沉默了很久。俄国"转学"了，中国再不"转学"就尴尬了，慈禧下令，尽快继续出洋考察。

五位考政大臣受暗杀影响，心理波动很大，普遍都受了惊吓。载泽、绍英伤势较重，慈禧有意让载振替换载泽，载振仍推脱不去。关键时刻，载泽毅然请命，决心出洋。端方立宪心切，仍愿意继续出洋。戴鸿慈尽管年龄大，但也没有推辞。徐世昌已经出任巡警部尚书，不再出洋，邵英只能在家养伤。

最终，新任驻比利时公使李盛铎、山东布政使尚其亨进行替补，再次组成五人出洋考察团。

革命派对这五个人非常不看好，因为除了李盛铎曾出任日本使臣外，其他人都没有人出过洋。外界最看好载泽、端方，两人都是少壮派，开明派，威望也都比较高。戴鸿慈年纪最大，但也是坚定的改革派。事后证明，尚其亨表现很差，算清廷看走了眼。

随员也进行了大范围调整，有很多随员受了惊吓，加上各种顾虑，不想再出去，章宗祥、袁克定最后没有跟随出行。

五位考政大臣分为两路，载泽、李盛铎、尚其亨一路，主要考察日本、英国、法国、比利时等国。端方、戴鸿慈一路，主要考察美国、德国、俄国、奥地利、意大利等国。

我们单说端方、戴鸿慈这一路。

为了安全起见，端方、戴鸿慈考察团的出行一直严格保密。12月11日，正阳门火车站、巡警部突然得到通知，考察团要出行。火车站紧急调度火车，巡警部临时抽调警力进行保卫。

12时30分，在严密的护送下，端方、戴鸿慈考察团正式出京。列车启动，戴鸿慈回望灰色的京城，不由产生了一丝眷恋。

考察团在天津停留后，换乘汽车至秦皇岛，再乘轮船南下上海。

12月19日，美国太平洋邮船公司的"西伯利亚"号邮船静静地停靠在上海吴淞口码头。端方、戴鸿慈考察团一行50人在寒风中登上巨轮。

刚一上船，大家就被震撼了。四层高的轮船设施齐备，装修豪华，连厕所都如此洁净。

出发前，中国驻美国公使梁诚早已照会美国政府，美国外交部拟定了考察团的行程。

考察团两天后到达日本，在日本停留几天后，于1906年1月5日抵达夏威夷州州府檀香山。当时，夏威夷刚刚并入美国不到八年。

美国是端方、戴鸿慈考察团的第一个正式考察国。当这群中国官员踏上美国土地时，逐渐被浓郁的资本主义氛围感染。

在檀香山码头，华侨二百余人奏响了军乐，并打出了多个横幅，"宪法万岁""立宪除专制""平权享自由"。沿途数万人手持写有"宪法"字样的小旗，口中高呼"皇上万岁""宪法万岁"。戴鸿慈深感，立宪是众望所归。

夏威夷风景旖旎，海风徐徐，让人流连忘返，但考察团不是来旅游的。檀香山华人比较多，且多以广东人为主，很多华人纷纷向考察团诉苦，诉说如何受歧视，生活如何艰难。戴鸿慈就是广东人，他对同乡同胞的遭遇深感同情。

考察团发现，华人的小孩普遍都不懂中文，戴鸿慈不免皱起了眉头。细究原因，原来当地实行强迫教育，即使家庭再贫困也要接受教育，因此华人没有开设私立学堂。

所谓强迫教育其实就是义务教育，美国教育界认为，"无学者国之贼也"。当时的中国刚刚废除科举，但文盲率依然非常高，戴鸿慈想到国内有那么多小孩无法上学，难免有些黯然神伤。

1月12日，考察团登陆美国本土，抵达旧金山。直到2月14日离开美国，加上在檀香山的时间，考察团在美国共停留35天，足迹遍及旧金山、芝加哥、匹兹堡、华盛顿、纽约、费城、波士顿等大城市。在所有考察的国家中，在美国停留的时间最长，考察的内容也最多。

教育是重点考察的领域，考察团的足迹遍及斯坦福大学、加利福尼亚大学伯克利分校、哥伦比亚大学、康奈尔大学、哈佛大学、耶鲁大学及水师学堂、武备学堂、实业学校、女子学校等美国多所名校，涉及物理学、工程学、机器学、生物学、法学、医学、化学、矿学等十几个学科。

康奈尔大学的医学院、兽医学室，让考察团真的开了眼界。人体、禽兽的骨骼，各脏器的模型齐全，还有用福尔马林浸泡的尸体、死婴，以供医学研究。看到这些，考察团成员都惊讶得张大了嘴巴，原来医学还可以这样研究。

走进哈佛大学宽阔的食堂，只见一千多名学生在有序打饭、进餐，队伍整齐，没人插队，没人起哄、喧哗。此情此景，让考察团对学生素质与食堂的管理暗暗钦佩。

饭后，端方、戴鸿慈等人召见中国留学生，学生们极为安静，甚至完全默不作声。这个场面让校方的美国人大为惊讶，他们以为，中国留学生实在太没礼貌，怎能不欢迎自己国家的考察团。后来中方人员跟美国人解释，说这是学生对官员的恭敬与顺从，美国人大呼看不懂。

当时的革命思潮在海外非常流行，端方、戴鸿慈召见中国留学生的目的主要还是以训导、笼络为主。端方特别召见了自己任湖北巡抚时派出的留学生，在召见在哥伦比亚大学就读的刘成禹时，端方一脸严肃，他首先批评对方，不应该在自己主编的《大同日报》上宣扬排满思想。

端方以长者的身份对刘成禹说："你讲出口的那些话，你也明白，我也明白，从今以后，都不要讲了。同是中国人，一致对外，此次考察回国，必有大办法。"

美国实行男女同校，女性受教育的程度非常高，考察团对比国内女性的教育情况，倍感汗颜。在一个仍在讲究男女授受不亲的国度，女人受教育的程度实在可怜。

斯坦福大学、加利福尼亚大学伯克利分校、哥伦比亚大学的女生占比都达到了35%~45%，且女教师明显多于男教师。不仅如此，美国还有专门的女学，考察团专门参观了加利福尼亚女学院、维尔士女学校、威士利女学校，青春靓丽又活泼的美国女学生让考察团成员耳目一新。

美国女学的兴盛直接刺激了戴鸿慈，他多次上奏清廷，希望在中国推行女学。端方对美国的女学也非常羡慕，但他认为，12岁以下的女生可用男老师，一旦女生达到12岁，再用男老师应该算违法。

1月24日午后，一阵清脆、整齐的马蹄声在华盛顿街道上响起。

14时30分，华盛顿白宫迎来了一批特殊的客人。在梁诚的陪同下，端方、戴鸿慈等十余人乘马车抵达白宫。

美国总统罗斯福率政府高官在草坪上迎接，端方、戴鸿慈等人向罗斯福行两鞠躬礼，然后一一握手。

中方首先致颂词，也就是说两句吉祥话。戴鸿慈照稿念道："今奉大清国大皇帝之命，赍呈国书，觐见大美国大伯理玺天德（大总统）。本大臣等伏见大伯理玺天德与我大清国大皇帝，重友国之邦交，复能持太平之全局，至为荣幸。谨颂大伯理玺天德福寿康强，并大美国人民太平幸福。"参赞施肇基进行翻译。

罗斯福始终保持着绅士微笑，然后他致答词，答词中有这么一句："余所以欢迎彼等者，盖欲显明吾美对待支那之真诚也。"这里边竟然有"支那"一词，不知翻译为何没有直接翻译成"中国"。

考察团呈上国书后，被引进白宫高级会客厅，美方以茶酒招待。这是中国官方代表团第一次走进白宫。

觐见活动很简单，一如美国奉行的简约风格。活动结束后，罗斯福亲自致信光绪帝，同样是祝福中国。美国总统亲自给中国皇帝写信，这应该是第三封，前两封发生在1900年。庚子年间，因为八国联军发难，光绪帝两次致信美国总统麦金莱求救，麦金莱也回了两封信，但无法按中国的要求帮忙。

美国官方的招待非常简朴，但民间的接待则异常隆重。

2月2日，纽约教会委员会秘书长布朗联合纽约各宗教团体，在阿斯托里亚的宴会大厅招待考察团一行。

当晚，不仅宴会大厅，连画廊与音乐厅都坐满了人，现场大约800人。盛大的宴会震动了考察团每一个人。

美国教会的目的也很明显，他们希望用如此高规格的宴会来打动中国人，以缓解中国国内抵制美货的情绪。

美国人没有遮掩。宴会中，布朗首先表达了对美国移民法案的不满，并对美国严格限制中国劳工进入美国的原因做了解释，称是中国部分劳工假扮商人或学生想混进美国。同时，布朗强调，基督教不会将宗教中的种族性特征强加给中国。

考察团到美国考察，一直不想谈排华问题，这回美国人似乎有点哪壶不开提哪壶。端方、戴鸿慈仍耐心聆听着美方的致辞，并适时报以掌声。

哥伦比亚大学校长尼古拉斯·默里·巴特勒（Nicholas Murray Butler）则向中国人表示道歉，他真诚地说："我们的欢迎将以向他们道歉而开始，为我们以错误而可耻的方式对待那些中国的学者、商人和官员而道歉。"

美国人很客气，考察团积极做了回应，但没有提及排华问题。考察团认为，排华问题不是此次考察团来美的重点，会有专人解决，所以不想涉及。

端方诚恳地说道："我们很高兴地证明美国传教士在促进中国人民进步方面所做的贡献。他们将西方文明之光带入中华帝国的每一个角落。通过将宗教和科学著作翻译成中文的艰苦劳动，给中国做出了不可估量的贡献。通过设立医院和学校，他们帮助我们把快乐和满足带给那些穷苦的人们。中国的觉醒——这个似乎已经近在眼前了——可以追溯到传教士所作的贡献。为着这些贡献，你们将发现中国不是没有感恩之情的。"

端方一番话讲完，全场报以热烈的掌声。美国人被端方的魅力折服了。

端方在宴会中十分活跃，是全场的焦点。或许这晚他心情不错，总是笑声不断，或是兴奋得激烈鼓掌。

端方不会想到，仅仅五年后，他就被革命党砍下了头颅。

要说让考察团最震撼的城市，那非纽约莫属。

2月1日，考察团抵达纽约。纽约是美国最繁华的国际大都市，高楼林立，车水马龙，川流不息，彰显着无尽的活力。

汽车在高架桥上、隧道里不停穿梭，地铁在地上、地下奔驰，红绿灯让交通井然有序。28层的大楼高耸入云，考察团要使劲仰着脖子向上看。这一切都让考察团的视觉受到了巨大冲击。

此时的中国城市，除了租界地区有一些楼房外，北京的平房则占据了绝大多数。至于汽车在中国就更是稀罕物，北京马路上跑的都是马车、人力车。一个是平面的北京，一个是立体的纽约，对比异常强烈。

最让考察团不理解的是，美国人人手一张报纸，无论是候车，还是坐车，都安静地看着报纸。

那晚，躺在纽约高级酒店舒适的床上，考察团中很多人失眠了，他们感觉自己仿佛穿越到了另一个世界。

纽约的夜生活同样让考察团连连称奇。2月3日晚，考察团前往纽约市立大剧场观看演出。首先映入眼帘的便是雄伟壮观的建筑，宽大的剧场有三层座位，可容纳万余人。演出开始，舞台上电光闪烁，几百名演员化着各种特色的妆容，身着艳丽的服饰轮番登场。舞台还可以根据剧情进行各种变换，让人大有身临其境之感。裸露的女演员，美轮美奂的场景，又一次颠覆了考察团的三观。

著名的美孚石油公司也是重点考察对象。2月5日，端方、戴鸿慈等人详细参观了炼油过程。

林立的高大贮油罐、条条粗大的管道，顿时将人带入美国发达的工业制造场景。刚进入车间，便有一股刺鼻的气味直冲鼻腔，大家都皱起了眉头。戴鸿慈赶忙掏出手帕捂住了鼻子，其他人或许不好意思再捂鼻子，也或许很快适应了。

戴鸿慈虽然捂着鼻子，但没有停止思考。他不停就石油提炼和副产品制造的问题询问身边的伍光建，如果是不懂的问题，伍光建又用英文询问美孚公司的高管。

"美国马路上跑的汽车都要烧石油吗？"在机器轰鸣的车间里，戴鸿慈大声地问。

"不是，汽车烧汽油。"伍光建也大声回答着。

"汽油和石油有什么不同？"戴鸿慈又问。

"汽油是石油提炼出来的，从油田开采出来的原油叫石油，原油并不能直接使用。"伍光建回答道。

"中国也有油田嘛？"端方突然来了兴趣。

"这个，好像只有四川那地方有，但那里没有美国这样的工艺。"伍光建回答说。

美孚高管过来介绍说："我们公司在贵国的上海、汉口、天津已经建立了油库，相信未来中国还会有很多石油矿藏被开采出来。"

"国内的美国产煤油也是你们的公司提炼的吧？"端方又问道。

"是的，美国产的煤油在中国销售很好，很受百姓的欢迎。"美孚高管比较得意地说道。

"为什么你们的煤油卖得比较便宜呢？"端方不解地问。

"这个嘛，主要原因就是大工业的规模化生产。"美孚高管用手指着车间，不断比画着。

"对了，我们坐的轮船应该是烧的美孚汽油。"戴鸿慈说。

端方又对戴鸿慈说："看来，石油的前景很广阔，未来一定应用很广泛。汽车、轮船、油灯，都要烧油。中国一定要好好开发下油田。"

"对的，未来石油工业一定大有可为。"戴鸿慈边捂着鼻子边点头。

考察团先后参观了油桶厂、制罐厂、粗油厂、沥青车间，共用时三个小时。美孚公司由于非常看好中国的巨大市场，非常耐心地给考察团做着各种介绍、解释。

出了车间，油味散去，大家呼吸着新鲜空气，顿觉身心舒爽。大家纷纷感叹美国工业的强大，立志要让中国早日追赶上来。

作为宪政考察团，美国的政治制度自然更是考察重点，但这些仅靠走马观花式的参观是难以理解透彻的。

涉及宪政的活动，在美国只有三次。1月27日，美国国务卿罗脱宴请考察团，并邀请上议院议员讲解华盛顿地方自治章程。1月31日，在华盛顿参观国会大厦。2月12日，考察团在波士顿听了上下议院辩论。当时正值上院讨论河道疏浚的经费问题，下院讨论进出口关税的问题。端方、戴鸿慈等人静静地坐在一边旁听着。

会上，议员们激烈辩论，口舌交锋，甚是精彩。考察团发现，如此讨论政事，有点像吵架。但与吵架不同的是，辩论双方都很文明，不爆粗口，更不动手，而且严格遵守辩论规则。虽然会上吵得脸红脖子粗，貌似成了仇人，但一旦达成统一意见，双方便鼓掌相贺，握手言和，丝毫没有产生嫌隙。

考察团后来又到法国、意大利、英国，对宪政制度有了更全面的了解。考察团研究最深入的还是英国，毕竟英国的两院制议会是世界最早的。

中国考察团在美国引起了美国各界的极大关注，每天都有媒体的跟踪报道。媒体观察发现，考察团每天的日程都非常紧凑，很少有休息的时候。美国媒体评价他们是一个"寻求知识的使团"，犹如一个不停旋转的陀螺，或者是一个穿上红舞鞋不停跳舞的芭蕾舞演员。

肩负救国图强使命的考察团自然不是旅游团。为了提高效率，考察团早就进行了内部分工，当端方、戴鸿慈等人参观访问时，其他随员要到各部门去收集信息。

每天早上，各路随员携带着笔记本，须提前到要参观的地方了解情况，甚至有时还要待上一整天。在访问美国财政部时，随员提前做了调查，在财政部待了一个下午。戴鸿慈考察时，连珠炮式地提出问题，中国人认真的态度获得了美国人的高度赞赏。每天晚上，各路随员还要进行详细汇报。

美国媒体对两位充满魅力的考政大臣也做了细致观察。《华盛顿邮报》这样写道："作为使团首脑的戴鸿慈中等身材、体格健壮，他有着中国人典型的圆胖脸庞，脸上没有任何线条或者皱纹，留有短短的黑色胡须。"

"另外一个官员，那位巡抚，年龄则更大一些，跟大多数巡抚一样，他留着长长的杂乱的胡子，带着大框架眼镜。从相貌上来看，他与大约十来年前来我国访问的那位著名的李鸿章有许多相似的地方。"说端方长得有点像李鸿章。

美国媒体搞错了，以为端方年纪更大。其实端方46岁，戴鸿慈53岁。

不过，中国人的一些陋习也引起了美国媒体的注意。《华盛顿邮报》以《特使在基督教青年会抽烟》为题，报道了考察团的抽烟经历。

1月26日，在华盛顿参观基督教青年会。《华盛顿邮报》写道："此次参观中一件最重大的事情是打破了青年教育会的最重要的纪律之一———在教会中不许抽烟。特使和他们的随员都是积习已深的烟民，在他们吃完午餐不久，他们就表示希望允许他们好好抽一次烟。在接下来的半个小时里，那间大图书室中便充满了浓烟，考察者们正舒适地坐在柔软的椅子中抽烟。为了使他们感到随意，基督教青年会会长以及几个教员加入进来，并且开始向天花板吐出蓝色烟雾。不用说，许多雇员、服务员和会员聚集在这间屋子的门口，以惊奇的目光看着这个不同寻常的场景。"

总体来看，中国考察团在美国还是获得了高度认可。有很多学者认为，中国考察团的到访是中美关系的重大转折点。美国学者哈罗德·伊罗生认为，1905年是一个重要的分界点，美国人对中国人的态度发生了逆转，从厌恶和鄙视转为同情和喜爱。

1906年7月17日，端方、戴鸿慈一行结束所有考察工作，回到香港。戴鸿慈的家人到香港码头迎接，刚刚下船的戴鸿慈突然得知，自己的六子已经在半年前就夭折了。戴鸿慈一阵怆然，心情久久不能平静。

考察回国后任务并没有结束，相反工作更繁重，甚至头疼。从国外带回的大量资料都需要整理、翻译，这些工作可把考察团愁坏了。

端方、戴鸿慈命熊希龄提前两个月回上海，协调后期编译工作。熊希龄在上海成立了译局，并四处找人，包括枪手。最秘密的是，私下找了梁启超，因为梁启超算是国内最了解宪政的专家。同时，熊希龄还联系了日本的宪政专家有贺长雄，恳请对方帮助起草宪政考察报告书。

7月21日，端方、戴鸿慈到了上海，资料整理工作进入紧张阶段。

革命阵营的上海《民报》嘲讽考察团的工作是乱搞，文章写道："他们回国以后，派了几个随员，在上海设了一个翻译局，几个随员又要天天坐马车、吃花酒，并不自己翻译，又恐怕上头要书，没有法子去回复，就在上海雇了十几个没吃饭的人，把日本的法政书，随意翻译，翻得半通不通，东抄两页，西抄几段，便成了一部书。倘若日后果然立宪，这几种书，便是中国宪法并刑法、民法的蓝本，你说能用不能用呢？"

说起来，还是袁世凯情商高。8月6日，端方、戴鸿慈到了天津，袁世凯大设酒宴给考察团接风洗尘。袁世凯直接拿出了一份官制改革的草案，交给考察团。

袁世凯建议，将预备立宪形成条款再上奏。端方、戴鸿慈不顾旅途的疲惫与暑热，与袁世凯连续开了三天的会，专门讨论如何改革官制的问题。

袁世凯提前准备的草案，无疑给考察团解决了大问题。当然，这也暗藏了袁世凯的野心。

8月10日，端方、戴鸿慈终于回到北京。

慈禧高度重视，连续三天召见考察团。端方、戴鸿慈在两个月内，连续上了八道奏折。考察团汇报了在外国的所见所闻，同时比较了中外体制的优劣，最后建议尽快开启宪政改革，并给出改革方案。

10月23日，端方、戴鸿慈将一套厚厚的《欧美政治要义》进呈给慈禧与光绪帝。这套书算是一份最终的考察总结报告。

慈禧与光绪帝万万不会想到，端方、戴鸿慈上奏的奏折与《欧美政治要义》主要都是梁启超起草的。也就是说，梁启超是考察团背后最大的枪手。

清廷确实被打动了，立即命众大臣展开大讨论。

1906年8月底的北京，千年专制的中国开启了一场从未有过的改行立宪大讨论。醇亲王载沣、庆亲王奕劻、军机大臣瞿鸿禨、鹿传霖、荣庆、铁良、徐世昌、世续，政务处大臣张百熙，大学士孙家鼐、王文韶、那桐，地方重臣袁世凯等人悉数参加。

大家都同意立宪，奕劻、袁世凯等人主张立宪从速，而孙家鼐、瞿鸿禨等人主张缓图徐进。

尽管还有很多反对立宪的声音，但清廷决心已定。9月1日，清廷发布"仿行宪政"上谕。从此，实行宪政成为大清帝国的基本国策。西方现代文明曙光正式照进了古老的帝制中国。

美国"三权分立"的民主共和体制由于太过"纯任民权"，被集体拒绝，

为了防止走偏，1907年9月9日，清廷再次派出宪政考察团。外务部右侍郎汪大燮、邮传部右侍郎于式枚、学部右侍郎达寿分赴英国、德国、日本考察。这次针对性非常强，考察的都是君主立宪制国家。

这是一场立宪与革命的赛跑，不过，革命奔跑的速度远远大于立宪。

六、美国对孙中山与袁世凯的选择

海风熏陶下的洛杉矶长堤市让人倍感温暖、舒适，春季的阳光格外柔和、暖心，静谧、清幽的小城始终淡定、从容。

一个54岁的中年人一路从旧金山南下，抵达长堤后，他没有闲暇欣赏旖旎的海边风光，而是径直扎进了一座私人住宅内。

这个中年人就是孙中山，这一天是1910年3月10日。

住宅的客厅比较局促，一个身材矮小且驼背的"半残疾"青年人与好朋友忙招呼孙中山坐下。这个青年人就是荷马·李（Homer Lea），他的好朋友则是退休的美国银行家查理士·布思（Charles Booth）。

一阵寒暄后，三人开始进入正题，进入"锵锵三人行"时间。

"孙先生，中国国内的革命现在有什么新的变化？"荷马·李问道。

"我们同盟会组织、发动了多次起义，最近刚刚在香港成立了支部。我们从运动会党到运动新军，总体比较顺利，但上个月的广州新军起义失败了，现在革命士气普遍比较低落。"孙中山向荷马·李介绍道，表情中透露出了一丝沮丧。

荷马·李马上说道："孙先生，我建议你们停止游击战，积蓄力量，重点在一个地方突破。"

孙中山迟疑地看着荷马·李，没有说话。

荷马·李紧接着又说道："没有军队，你不可能建立一个政权，更不可能维持政权不倒。其实中国人经过恰当的训练就可以组成一支出色的军队。"

孙中山点了点头，无奈地说道："先生说得不错，阁下的'中国红龙计划'我也很赞成，但这需要大笔的资金，现在筹款非常困难，我刚在法国的筹款也失败了。"

所谓的"中国红龙计划"，就是荷马·李针帮助中国搞革命的行动。

"筹款不是问题，我的朋友布思就是银行业的大亨，现在做着大生意，资源与人脉都不缺。"荷马·李边笑边看着旁边的布思。

布思也笑了，他说："资金筹措问题我可以帮助来做，我们有一个'中国革命公司'，就是筹钱的，但比较松散，我希望尽快成立一个紧密的商业财团。"

"那太好了！只要解决钱的问题，中国革命一定会成功。"孙中山的脸上终于浮现出了笑容。

"我原来帮助康有为训练了大批的维新军，现在大约有2100多人，以后，我们在美国训练军官，包括一些华裔子弟，然后把他们派到中国去，增强起义指挥力量。同时，再训练一支华人武装部队，作为革命的主力军。"荷马·李胸有成竹地说道。

布思经过思考后，又继续说道："资金这块，我以为大概需要350万美元，可以向美国各财团贷款，分批支付。给他们的回报就是，革命成功后，允许他们进入中国开矿筑路，总之，就是在中国的商业利益换取他们的资金支持。"

孙中山认真地看着眼前的两位美国人，似乎有些小激动。

荷马·李又说道："孙先生，您是中国著名的革命家，在美国也非常知名，接下来，我们在美国的所有行动希望得到您的一个授权。"荷马·李真诚地看着孙中山。

孙中山马上就明白了，他对荷马·李说："这个没问题，容闳先生是我们共同的朋友，之前我们都进行了无数次的沟通，彼此都有了深厚的信任和了解，否则也不可能坐到一起。"

"当务之急是，我们三人要成为紧密的联合组织，大家需要做一个明确的分工。"荷马·李说。

"对，我看阁下既有军事谋略，又有指挥才能，干脆就任中国革命武装力量的总指挥吧。"孙中山认真地说道。

"我任总指挥，那您呢？中国革命需要一个像秦皇汉武那样雄才大略的人物，我感觉您更合适。"荷马·李笑着问。

"这个过奖了，指挥权完全可以交你，我可以做最高统帅嘛，毕竟是中国的革命，我还有很大的号召力。"孙中山也笑了起来。

布思也笑了，他说："我筹钱，就当个军需处长就行了。"

"哈哈，这个有点小了，革命贷款与购买军需品的重任就交给您了。"孙中山握住了布思的手。

三人大笑起来，房间内充满了欢乐的气氛，仿佛革命马上就要胜利了。

连着四天，三个人都在商讨着如何重新组织革命的事情。小房间内讨论着大问题，一场关于未来中国前途的决定就在这里诞生了。最终，三人共同签署《长堤协议》。

还是要说下荷马·李这个神秘的人物。此人生于1876年，从小迷恋军事，但因为身体问题先后被西点军校、美国陆军拒绝，后来他进入斯坦福大学研读军事与政治。

别看荷马·李是个残疾人，但确实有常人无法比拟的军事天赋。他预感，太平洋将成为未来世界海洋霸权争夺的主战场，崛起中的日本、变革中的中国都会是不可忽视的重要力量。

1900年，富有冒险精神的荷马·李到了日本，与康有为结识，后帮康有为在广东训练勤王军。失败后，荷马·李跟随八国联军一同进入北京。再后来，荷马·李回到美国，在洛杉矶继续为康有为训练军队，也就是维新军。

誓言要帮助中国革命的荷马·李发现康有为人品较差，便又通过容闳结识了孙中山。在荷马·李看来，孙中山更具有革命领袖的魅力，是实现个人理想的最合格人选。

《长堤协议》签好后，3月14日，孙中山以同盟会总理的名义颁发给布思一张《中国同盟会驻国外全权财务代办委任状》。显然，孙中山随身携带了空白委任状，不仅提前盖好了同盟会与17个分部的大印，还有自己和17个分部理事长的签名。

布思的筹款是革命成功与否的关键。布思拉上自己的好友、同是银行家的艾伦一起行动，他们首先遍访了美国东部各大城市的银行、财团，这些银行、财团的巨头们与布思、艾伦的关系都非常好，对孙中山发动的中国革命也非常同情，但一提到借钱都纷纷摇头。

摩根公司是美国著名的财团，布思与艾伦多次拜访、游说，但人家咬死不借钱，整得布思与艾伦一点脾气都没有。

布思与艾伦努力了一年，尴尬万分的是，一分钱也没借到。原本满怀希望的孙中山，包括后来听说此事的黄兴，都对美国筹款抱有很大希望，但借款失败的消息传来，仍像一盆冷水兜头浇来。

其实，筹款失败的最关键原因，就是美国人对孙中山没有信心，对中国革命没有信心。

美国学者史扶邻形容孙中山为"西方化了的农民"，意思是，孙中山是农村出身，虽然接受了系统的西方教育，但农民还是农民，干不成大事。遗憾的是，这种严重的偏见逐渐成为美国主流的看法，似乎是白种人对黄种人的另一种歧视。美国总统罗斯福恰恰就是这样一个强烈的种族主义者。

尽管美国不待见孙中山，但孙中山的革命思想则全部来自美国。

1894年，孙中山在檀香山创立兴中会，兴中会的口号是"驱除鞑虏，恢复中国，创立合众政府。"所谓合众政府，就是仿照了"美利坚合众国"。孙中山承认，就是要将中国建成像美国一样的联邦制国家。

后来，孙中山在创立同盟会的时候，又有了"驱除鞑虏，恢复中华，创立民国，平均地权"的新纲领。这个纲领就是"三民主义"，即民族主义、民权主义、民生主义的早期形式。而这些全部来自林肯的一句名言，即"民之所有，民之所治，民之所享。此之谓民国也"。

孙中山还直白地说过："革命成功之日，效法美国，选举总统，废除专制，实行共和。"

孙中山能讲一口流利的英语，而且还信奉基督教，同时还非常"亲美"，但即使这样，美国主流还是不认可他。

孙中山五次游历美国，多次想见美国政府高层，但均遭拒绝。相反，梁启超、康有为都先后得到了罗斯福的接见。

1903年6月，梁启超拜见罗斯福与国务卿海约翰，海约翰更是与梁启超谈了两个小时。两年后，康有为也到了华盛顿，罗斯福两次亲切接见，给足了面子。

在这之间，孙中山也到了美国。1904年3月，孙中山抵达旧金山，恰逢溥伦带队参加圣路易斯博览会，保皇会便向移民局告密，说孙中山是骗子、乱党分子，会危及溥伦等人的安全。美国政府立即将孙中山拘捕，关了三个星期才释放。

那时的美国政府与华人，更多站在保皇会一边，大都反对中国革命。

但革命还是以不可阻挡之势来了。

1911年10月9日下午4时，汉口俄租界宝善里。共进会会长孙武正在秘密制造炸弹。不料，因操作不慎，炸弹爆炸。孙武被炸伤，血流满面。巨大的爆炸声立即引来了俄国警察，对现场展开包围、搜捕。

湖广总督瑞澂得知后，立即下令关闭城门，全城戒严，按花名册搜捕革命党，同时命令各处士兵上缴子弹。

潜伏在湖北新军中的6000余名革命军士兵跃跃欲试，革命军士兵集中的城外炮兵与城内工兵更是迫不及待。

革命党人已经闻到了死亡的气息，黑云压顶，令人窒息。

10月10日晚6时5分，城外辎重队士兵罗金玉打死郭姓排长，打响了武昌首义城外第一枪。听枪为号，辎重队三棚正目（班长）李鹏升在营房点火，各队迅速行动，边放野弹边焚烧马草、马房。混乱之际，李鹏升率领革命军直扑武胜门。

共进成员、工程八营正目熊秉坤在城内也动手了，他率领众士兵直接杀奔楚望台军械库。城内各标营的革命党人纷纷举事。

李鹏升部因城门紧闭进城受阻，从武胜门、大东门，再到通湘门，都未能进城。城内各营起义后，打开中和门，李鹏升部方才得以进城。熊秉坤与李鹏升会合，一起夺取了楚望台军械库。

面对士气高昂的革命军各部队，熊秉坤以革命军总代表的身份发布命令，将所有革命军士兵整编为"湖北革命军"，目标是攻占湖广总督署，实现武昌独立。

龟山茫茫，江水决决。夜晚的武昌城内，枪声大作，炮火连天。经过一昼夜的三次猛攻，10月11日清晨，湖广总督署被攻陷，瑞澂从打穿的围墙洞中狼狈逃出，躲藏在江边的一艘军舰中。

10月12日，革命军攻占汉阳、汉口，武汉三镇全部落入革命军手中。

武昌起义的胜利犹如一把利剑插入了清王朝的胸口。

中国武昌打响了辛亥革命第一枪，远在美国的孙中山正在四处筹款中。尽管孙中山不受美国待见，但孙中山的号召力在全世界，尤其是在日本的影响仍然非常大。据笔者不完全统计，辛亥革命前，"孙文革命股份有限公司"获利颇丰。在近二十年的时间，招兵买马，买武器、买弹药，办报纸、办杂志，领导班子世界各地游说、募捐，着实开销巨大，但收获也很多。

据测算，日本梅屋庄吉家族大概资助了孙中山3.5亿两白银。孙氏公司募集的经费确实就是一个天文数字，总额或可达10亿两，具体是多是少，或许很难说清。

北京时间10月10日，武昌炮火正隆。这个时间点正是美国时间10月9日，孙中山、黄云苏、张蔼蕴、赵昱等人正在美国分南北两路演说、筹款，孙中山和同盟会美洲支部长黄云苏负责北路。

事实上，在布思、艾伦等人筹款的同时，孙中山也在自己筹钱。1911年7月，孙中山在旧金山成立了美洲洪门筹饷局，专门为国内革命筹集经费。9月2日，孙中山和黄云苏正式踏上各地演说、筹款之旅。

一路奔波一路苦。从旧金山一路向东，当地时间10月9日，孙中山正好在西部犹他州小城奥格登。奥格登是铁路枢纽城市，由华工参与修建的太平洋铁路正好经过奥格登。奥格登的南边就是犹他州首府盐湖城，距离大约有64千米。

孙中山入住的是奥格登第25街194号的马里奥酒店，酒店刚开业不久，崭新的环境让孙中山疲惫的心情放松了很多。

9日傍晚，孙中山与黄云苏踏着夜色登上了开往科罗拉多州丹佛市的火车。奥格登距离丹佛大约824千米，按当时火车时速32千米计算，到达丹佛的时间是26小时后，此时已经将近10日午夜。

头戴礼帽，手提皮箱的孙中山和黄云苏悄悄走进了丹佛市第17街321号的布朗皇宫酒店。此时的孙中山仍是清廷的通缉犯，他把帽檐压得很低。今天的布朗皇宫酒店还保留着孙中山的签名，Y.S.Sun，这正是孙中山的英文名字Sun Yat-sen（孙逸仙）

奥格登与丹佛距离遥远，坐火车需要26个小时，而两地的酒店都留下了孙中山的登记信息，且分别是9日、10日。因此，据此推算，孙中山出行的时间都是在晚上。布朗皇宫酒店的登记簿上，孙中山的名字登记在最后，这也可证明，他到酒店的时间已经很晚。

孙中山一路的旅途很疲惫，心情也不好，他一觉就睡到了中午。当地时间10月11日11时许，孙中山与黄云苏准备去酒店餐厅吃午餐。在酒店回廊有一个小报馆，他买了一份报纸带到餐厅阅读。

刚坐下打开报纸，就发现一则大新闻，标题大字是"武昌已为革命党占领"。孙中山的心顿时咯噔一下，待仔细阅读后，发现是真的。

"我们胜利啦！我们胜利啦！武昌革命胜利了！"孙中山兴奋地用粤语大叫，他激动地与黄云苏抱在了一起。其他客人纷纷侧目，不知道这个男人突然犯了什么神经病。

在美籍历史学家唐德刚的《晚清七十年》一书中，孙中山正在丹佛一家饭馆打工刷盘子时，突然接到电报，得知武昌起义胜利的消息。这个说法非常流行，但这是错误的。

在《孙中山全集》中也证实了这点，第6卷中，孙中山回忆了自己的经历，"武昌起义之次夕，余适行抵美国哥罗拉多省之典华城"。"典华城"就是丹佛的粤语名。

另外，《孙中山年谱》中也有详细记载，"先生自述，是日十一时，到旅馆膳堂用餐后，从报上看到'武昌已为革命党占领'消息"。

当孙中山得知武昌起义胜利的时候，中国国内已经是10月12日凌晨2点左右。

武昌起义胜利的消息虽然让孙中山心潮澎湃，但他并没有立即回国，而是继续在美国东行。在孙中山看来，革命要想避免重蹈太平天国的覆辙，就必须要争取外交与资金的支持。

当地时间10月14日，《丹佛日报》刊登了孙中山演讲、募捐的广告，并配上了孙中山的大幅头像。

《丹佛日报》的编辑有点坏，在孙中山头像的上方，印着两行同等大小的通栏英文标题，中间用花纹隔开。一个标题是"Future Ruler of China Pays Denver a Visit"（中国未来的统治者到访丹佛），另一个标题是"Dynasty Offer $100,000 for Dr. Sen's Head"（朝廷悬赏10万美金买孙中山人头）。

在孙中山头像的左边是革命募捐演说的中文广告，标题是"请听演说"，正文是："公启者　本总堂实行光复主义特派孙文大哥黄云苏先生二位游埠发挥洪门宗旨定期　月　日　在　演说届时敬请汉族男女同胞到聆伟论　金山大埠致公总堂启"。日期与地址都是空白的，估计是时间、地点未定，剪下这个广告可以当作入场券使用。

报纸的下半部分，中间竖排几个非常醒目的中文大字，"美洲金山　致公总堂"，右边则是一则标题为"著名的革命领导人呼吁当地同胞捐款"的英文报道，大致内容是，"中国革命领袖孙逸仙经过对丹佛24小时的访问，于星期三晚上离开丹佛，他为了革命奔走于美国各地。他有时用孙文这个名字，但孙逸仙才是他的真名……虽然孙中山在丹佛只是短暂停留，但意义重大。"

最有意思的是，在孙中山头像的下方，还有一行英文小字，"DR. SUN YAT SEN. Who will become the first president of China if rebels win"（如果反叛者成功，孙中山很可能成为中国首任总统）。

《丹佛日报》的编辑不是一般的"坏"，真是费了一番心思。

孙中山并没有在丹佛多停留，10月12日晚就坐上了东行的火车。

10月15日，同盟会芝加哥分会热烈召开预祝中华民国成立大会，孙中山为大会提前拟好了公告。为了安全起见，他自己没有参加。武昌起义胜利后，孙中山成了瞩目的焦点，都知道他要当中国的总统，他必须谨慎、小心。

革命初现曙光，孙中山非常想得到美国政府的支持。10月18日，他再次致信美国国务卿诺克斯（Philander C. Knox）："前次我来华盛顿，很想拜见阁下，但未获晤面。现在敝人再度函请阁下给予一次密谈机会，如蒙应允，至为感激。"

孙中山希望能与诺克斯进行秘密会晤，但遭到了对方拒绝。这是孙中山第二次要求见诺克斯，上一次在5月21日，同样遭到了拒绝。

孙中山又想到了他的老朋友荷马·李，10月31日，孙中山给正在伦敦的荷马·李打电话。他告知了中国国内的革命形势，并向荷马·李保证，如果有足够的资金，自己绝对能把握住革命形势。

11月2日，孙中山从纽约乘船赴英国。

10月10日夜间，武昌城内枪声大作，在武汉的美国人第一时间将消息报告给了国内。11日凌晨1时，美国驻华使馆代办卫理接美国驻汉口总领事顾临的报告后，立即电告美国政府。上午8时，卫理再发电报，称武昌被革命军占领，并认为四川保路运动是武昌起义的导火索，而四川保路运动则是革命党人煽动、领导的。

美国人第一时间就给武昌起义定了性，而且态度明确，不支持革命军。

革命军为了避免列强的干涉，在起义时有意护送外国人出城，并保护各教会的资产。刚刚成立的湖北军政府还特别颁发了《刑赏令》，"保护租界者赏""伤害外人者斩"。

革命军在向列强示好，但美国不为所动。湖北军政府照会美国驻汉口总领事馆，希望美国承认湖北军政府，并保证不支持清政府。美国对此照会完全不予理睬。而清政府方面也同样照会了美国，希望美国能阻止革命军渡江，并出动军舰帮助协防长江。美国表示，只会保护租界，其他一概不理。

10月12日午夜时分，一封电报再次飞向太平洋彼岸。卫理认为，这次起义是自太平天国以来最为严重的一次叛乱，叛乱有组织、有领导，且外国人受到了悉心尊重。

美国人再次给出定性，武昌起义就是叛乱，是排满而非排外。诺克斯立即向总统塔夫脱进行汇报。美国为此做出决策，以护侨为主，严守中立政策。

当时在华的美国侨民，仅传教士就有1812人，涉及252个地区、802个教堂和93所高等学校。

10月14日，国务院远东司司长米勒起草对华政策备忘录，除了保护在华美国人外，正式提出保持严格的中立政策，并遵循各国的统一意见，反对外国的单方面干涉。

美国最怕日俄干涉中国事务，为此，塔夫脱致电日本政府，希望日本严守中立，如果要干涉，请先通知美国。日本明确表示了拒绝。

美国的中立政策，是列强采取的一贯做法。当年在太平天国爆发时，美国也同样选择中立。中立的好处就是看风向，两边都不得罪，哪边胜利再支持哪边。

列强的中立态度也让孙中山在海外筹款的计划屡屡落空。

孙中山到达英国后，与英国外务大臣展开了磋商，希望英国拒绝支持清廷，并制止日本援助清廷。得到英国同意后，孙中山又通过一位英国军火商向英国外相格雷呈送了自己与荷马·李共同签署的备忘录，希望英国、美国与中国革命军结盟，并借给自己100万英镑。条件是，在遵守自己命令的前提下，愿意将中国海军的指挥权交给英国军官。英国方面以中立为由，自然拒绝了孙中山。

在英国借款不成，孙中山再去法国，荷马·李也赶到了巴黎。两位朋友多日不见，此次武昌首义成功，二人都非常高兴。但在法国的筹款同样失败，孙中山还是碰了一鼻子灰。

没办法，11月24日，孙中山与荷马·李带着筹款的失落与革命成功的憧憬从法国马赛启程回中国。

当得知荷马·李和孙中山要回到中国时，美国在中国的官员指责荷马·李的行为违反了美国中立政策。

荷马·李大为恼火，他在美国资本控制的中国《大陆报》上发表声明，"我参加中国革命政府的行为是以个人名义参加，是以实行人道主义为宗旨。今日中国数万万人民正受虐于专制暴政之下，我岂有坐视不救、袖手旁观之理？我应中国革命的人民之邀，前来中国是在解脱他们于暴政之下而免沉沦。我是一个世界正义的拥护者。"

12月25日，孙中山与荷马·李抵达上海。几天后，1912年1月1日，二人从上海开赴南京，参加临时大总统就职典礼。

面对沿途如潮的欢迎公众，孙中山回想自己几十年的坎坷革命历程，内心百感交集。荷马·李似乎也有着同样的感受，自己一个不被美国各界认可的残疾人，竟然帮助孙中山干成了革命大业，心中同样是满满的激动与自豪。

此时，孙中山与荷马·李的心中也许有着同一个声音：梦想还是要有的，万一实现了呢。

就在孙中山在国外四处争取外交支持时，国内的共和政府也在积极争取着国际承认。

1911年11月15日，原中国驻美公使、共和政府临时外交代表伍廷芳以私人身份访问了美国报业大老板赫斯特，希望对方发挥影响力，促使各国承认共和政府，赫斯特表示了拒绝。

11月18日，湖北军政府外交司司长王正廷与美国驻汉口总领事顾临会晤，希望美国首先承认共和政府。顾临毫不顾忌其面子，直接拒绝。

一边拒绝承认共和政府，一边又希望清政府稳定局势，这是列强的真实想法，因为只有稳定的环境才能保证他们的在华利益。

政权激烈争夺之际，美国给出了明确的态度，支持实权人物——袁世凯。

在袁世凯被罢，赋闲在河南老家时，美国驻华公使嘉乐恒（J.Calhoun）第一个提出，尽快启用袁世凯，并给予他最大的权力。此建议得到列强一致赞同。

10月14日，袁世凯被清廷任命为湖广总督，专门负责镇压革命军。《大陆报》发表社论《时代宠儿袁世凯》，称"任何低于内阁的位置，都是与他的才干和成就不相称的"。显然，美国方面认为，袁世凯应该做内阁总理大臣。

火烧眉毛的清廷再次妥协，11月1日，任命袁世凯为内阁总理大臣。

孙中山革命需要钱，袁世凯给清政府续命也需要钱，他借机向列强提出：借钱！嘉乐恒电告美国国务院，希望借钱给袁世凯，支持他恢复中国秩序。但美国政府以中立为原则，一口回绝了。

支持袁世凯可以，但借钱不行，美国亮出了态度。

在中国命运抉择的特殊时期，孙中山与袁世凯被推上了历史舞台，两人都是左右中国命运的领袖人物，但美国对两人的态度截然不同。

除了认为孙中山是"西方化了的农民"外，美国的外交报告中还赤裸裸地称孙中山为"捣乱分子""叛逆""极端分子""理想主义者""非领袖人物"。

在否定孙中山的同时，美国也不认可革命。美国政府高层及驻华官员多次表示，虽然清政府公认不好，但革命党人更糟糕。

相反，美国普通民众对中国革命大都予以同情，而美国的媒体大都持否定态度。纽约《独立》周报发表评论："一个古老的中华帝国可以成为一个共和国家吗？这样一个历史悠久，习于墨守成规的帝国，难道可以四亿人口一日之间成为一个美国式的国家吗？"《环球商报》也认为不可能，评论说："美国人很难相信中国即将成为一个民主共和国，因为中国的皇帝是天子，与日同辉，在这样的观念之下，根本不存在共和制的土壤。"

美国的政客认为，照搬美国的民主共和这一套不适合中国人。美国政府高层则为中国的道路指明了方向——君主立宪制。

而最让美国忌惮的是，孙中山领导的革命具有明显的日本背景，这是美国人最不能接受的。

孙中山在流亡日本期间，结识了日本政府高层、财团、黑社会等众多头面人物，宫崎寅藏、犬养毅、梅屋庄吉、头山满等日本有影响的大佬都以各种形式支持着孙中山。孙中山海外筹款大部分也来自日本，培植孙中山这样的亲日势力，也是日本向中国渗透的一个重要环节。显然，美国人无法接受日本控制孙中山的事实。

从最现实的原则来看，兵权则是孙中山与袁世凯最大的区别，美国人自然会选择手握重兵与实权的袁世凯。

庚子年间，袁世凯斩杀拳民、保护外国侨民，继而参加东南互保。1905年，袁世凯又积极保护美货，这些都给美国人留下了非常好的印象。同时，袁世凯一直反对日本，这也是美国乐于看到的。

11月13日，袁世凯北上组阁。《泰晤士报》驻北京记者莫理循赫然发现，美国公使馆中文秘书丁家立早早就恭候在袁世凯的官邸，并向袁世凯转交了革命党人给摄政王载沣的一封信。莫理循打听到，信的大意是希望清帝退位，并给予优惠待遇。

美国又成为第一个促进南北议和的列强国家。

1912年1月1日，崭新的一天。

下午5时，在敢死队的护卫下，孙中山从上海抵达南京下关车站。在礼炮的轰鸣声与"共和万岁"的欢呼声中，孙中山乘车进入中华民国总统府。

总统府大堂装饰一新，背景是一幅巨大的中华民国地图，地图两侧斜挂着五色旗与十八星旗，两侧立柱悬挂"驱除鞑虏恢复中华""建立民国平均地权"条幅。

23时，中华民国临时大总统就职典礼正式举行，各界代表200余人参加。

孙中山身着大总统礼服，右手放于胸前，用广东普通话宣誓：

"倾覆满洲专制政府，巩固中华民国，图谋民生幸福，此国民之公意，文实遵之，以忠于国，为众服务。至专制政府既倒，国内无变乱，民国卓立于世界，为列邦公认，斯时，文当解临时大总统之职。谨以此誓于国民。中华民国元年元旦。孙文。"

在这场典礼中，美国人荷马·李受聘为孙中山的军事顾问。

2月15日，孙中山率领南京临时政府官员祭拜明太祖朱元璋墓，宣告中华光复。荷马·李成为唯一参加该活动的白人。

在回城的途中，荷马·李突然中风发作，头歪眼斜。刚刚聘请的军事顾问突然就废了，孙中山很痛心。后荷马·李被送回美国医治，11月1日，荷马·李病故，一代军事天才就此陨落。

新诞生的南京临时政府同样期待着美国的认可。

1月17日、19日，南京临时政府外交总长王宠惠两次致电美国政府，希望美国承认南京临时政府。2月初，孙中山与王宠惠再次致电美国政府，呼吁美国承认，美国人再次摇起了头。

2月3日，美国国务卿诺克斯再次阐述了美国中立原则："令人欣喜的是，无论皇室支持者还是共和分子，他们都保护外国人的生命和财产，因此，外国列强绝无干涉之必要。"

北面是清政府，南面是南京临时政府，两个对峙的南北政权很快分出胜负。2月12日，在袁世凯的威逼利诱下，清帝宣布退位。次日，孙中山兑现诺言，将临时大总统让于袁世凯。3月10日，袁世凯在北京宣誓就职中华民国第二任临时总统，改总统制为内阁制。

袁世凯再次向列强提出借钱的要求，即善后大借款。因投资修建湖广铁路而成立的四国银行集团（英国、法国、德国、美国）慷慨答应了，但前提是政府的收支必须要在列强的监督之下，袁世凯顿时犯难了。

日本、俄国一看有利可图，最终也挤了进来，四国银行集团变成六国银行集团，美国地位被削弱。

列强的操作是，钱可以借，但中华共和政体始终不承认，中国民国在这样的国际环境下熬过了一年。

1913年3月4日，托马斯·伍德罗·威尔逊（Thomas Woodrow Wilson）就任美国第28任总统。

威尔逊刚一上台，就宣布退出六国银行集团。3月18日，威尔逊在声明中表示，贷款的本身触犯了中国行政的独立，美国更希望中国自由发展，美国人民对这场革命表示深切同情。

其他列强原本想借着承认中国民国之机索要更多利益，如英国要西藏，俄国要外蒙古。美国不按套路出牌，直接震惊了其他列强，这下全傻眼了。

5月2日，美国驻华使馆代办卫理向袁世凯递交国书，正式承认中华民国。

美国再次走在了前面，第一个承认中华民国。

在美国的带动下，其他列强开始陆续承认中华民国，但各列强企图瓜分中国的野心仍在，唯独美国表示反对，尤其反对占领中国土地。

中华民国驻美国公使张荫棠这样评价美国："美国力抗瓜分，决不愿破坏道德占他国土地，而且中国已是共和国，与美国为同制度国家，尤宜互相扶持。"

伴随中华民国与美国的建交，两国关系又掀开了历史性的一页。

附　录

美国历任总统一览表（1789—1911）

任次	总统	任期	党派
第1任	乔治·华盛顿（George Washington）	1789—1797	无党派
第2任	约翰·亚当斯（John Adams）	1797—1801	联邦党
第3任	托马斯·杰斐逊（Thomas Jefferson）	1801—1809	民主共和党
第4任	詹姆斯·麦迪逊（James Madison）	1809—1817	民主共和党
第5任	詹姆斯·门罗（James Monroe）	1817—1825	民主共和党
第6任	约翰·昆西·亚当斯（John Quincy Adams）	1825—1829	民主共和党
第7任	安德鲁·杰克逊（Andrew Jackson）	1829—1837	民主党
第8任	马丁·范步伦（Martin Van Buren）	1837—1841	民主党
第9任	威廉·亨利·哈里森（William Henry Harrison）	1841	辉格党
第10任	约翰·泰勒（John Tyler）	1841—1845	辉格党
第11任	詹姆斯·诺克斯·波尔克（James Knox Polk）	1845—1849	民主党
第12任	扎卡里·泰勒（Zachary Taylor）	1849—1850	辉格党
第13任	米勒德·菲尔摩尔（Millard Fillmore）	1850—1853	辉格党
第14任	富兰克林·皮尔斯（Franklin Pierce）	1853—1857	民主党
第15任	詹姆斯·布坎南（James Buchanan）	1857—1861	民主党
第16任	亚伯拉罕·林肯（Abraham Lincoln）	1861—1865	共和党

续表

任次	总统	任期	党派
第17任	安德鲁·约翰逊（Andrew Johnson）	1865—1869	民主党
第18任	尤利西斯·辛普森·格兰特（Ulysses S.Grant）	1869—1877	共和党
第19任	拉瑟福特·伯查德·海斯（Rutherford B.Hayes）	1877—1881	共和党
第20任	詹姆斯·艾伯拉姆·加菲尔德（James A.Garfield）	1881	共和党
第21任	切斯特·艾伦·阿瑟（Chester A.Arthur）	1881—1885	共和党
第22任	格罗弗·克利夫兰（Grover Cleveland）	1885—1889	民主党
第23任	本杰明·哈里森（Benjamin Harrison）	1889—1893	共和党
第24任	格罗弗·克利夫兰（Grover Cleveland）	1893—1897	民主党
第25任	威廉·麦金莱（William Mckinley）	1897—1901	共和党
第26任	西奥多·罗斯福（Theodore Roosevelt）	1901—1909	共和党
第27任	威廉·霍华德·塔夫脱（William H.Taft）	1909—1913	共和党

历任中国驻美公使（1875—1911）

任次	公使	籍贯	任期
第1任	陈兰彬	正使，广东吴川人	1875—1882
	容闳	副使，广东香山人	
第2任	郑藻如	广东香山人	1882—1885
第3任	张荫桓	广东南海人	1885—1889
第4任	崔国因	安徽黄山人	1889—1893
第5任	杨儒	辽宁铁岭人	1893—1896
第6任	伍廷芳	广东新会人	1896—1902
第7任	梁诚	广东广州人	1902—1907
第8任	伍廷芳	广东新会人	1907—1909
第9任	张荫棠	广东新会人	1909—1911

历任美国驻华公使（1861—1911）

任次	公使	任期
第1任	蒲安臣（Anson Burlingame）	1861—1867
第2任	劳文罗斯（J.Ross Browne）	1868—1869
第3任	镂斐迪（Frederick F.Low）	1870—1873
第4任	艾汴敏（Benjamin P.Avery）	1874—1875
第5任	西华（George F.Seward）	1876—1880
第6任	安吉立（James B.Angell）	1880—1881
第7任	杨约翰（John Russell Young）	1882—1885
第8任	田贝（Charles Denby）	1885—1898
第9任	康格（Edwin H.Conger）	1899—1905
第10任	柔克义（William W.Rockhill）	1905—1910
第11任	嘉乐恒（William J.Calhoun）	1910—1911

中美大事记（1784—1911）

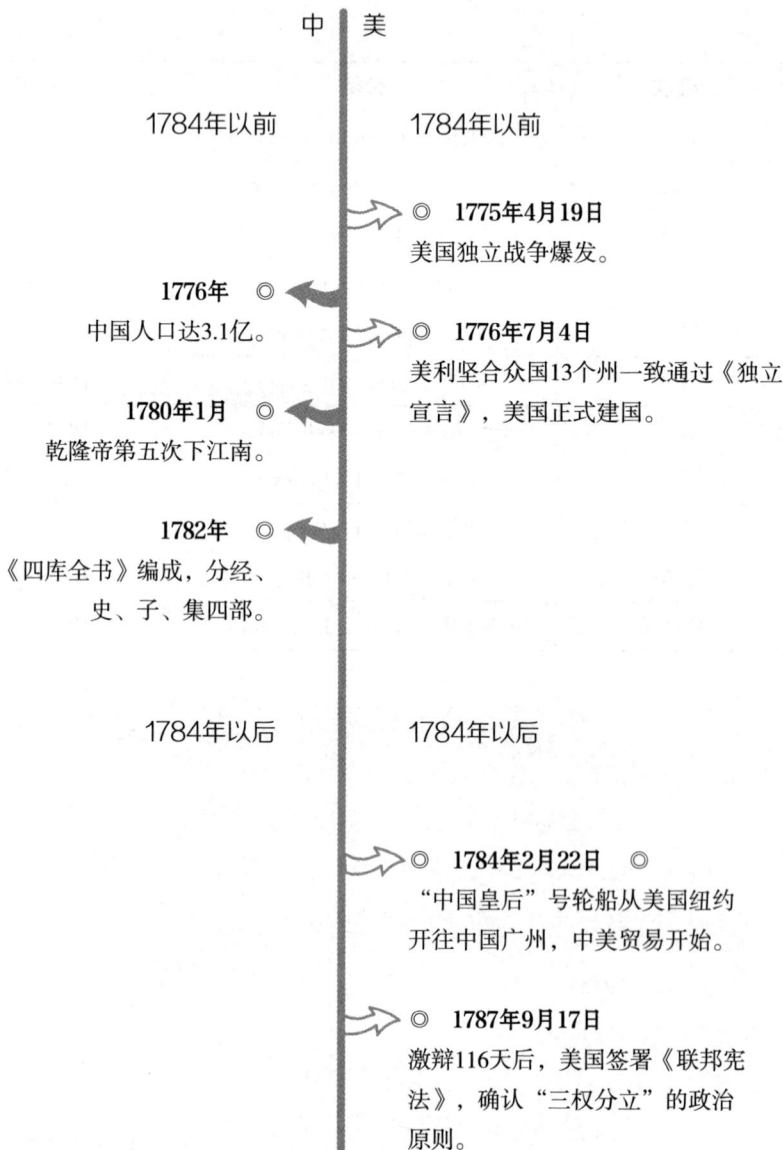

中　美

1784年以前　　　　1784年以前

◎ **1775年4月19日**
美国独立战争爆发。

1776年 ◎
中国人口达3.1亿。

◎ **1776年7月4日**
美利坚合众国13个州一致通过《独立宣言》，美国正式建国。

1780年1月 ◎
乾隆帝第五次下江南。

1782年 ◎
《四库全书》编成，分经、史、子、集四部。

1784年以后　　　　1784年以后

◎ **1784年2月22日** ◎
"中国皇后"号轮船从美国纽约开往中国广州，中美贸易开始。

◎ **1787年9月17日**
激辩116天后，美国签署《联邦宪法》，确认"三权分立"的政治原则。

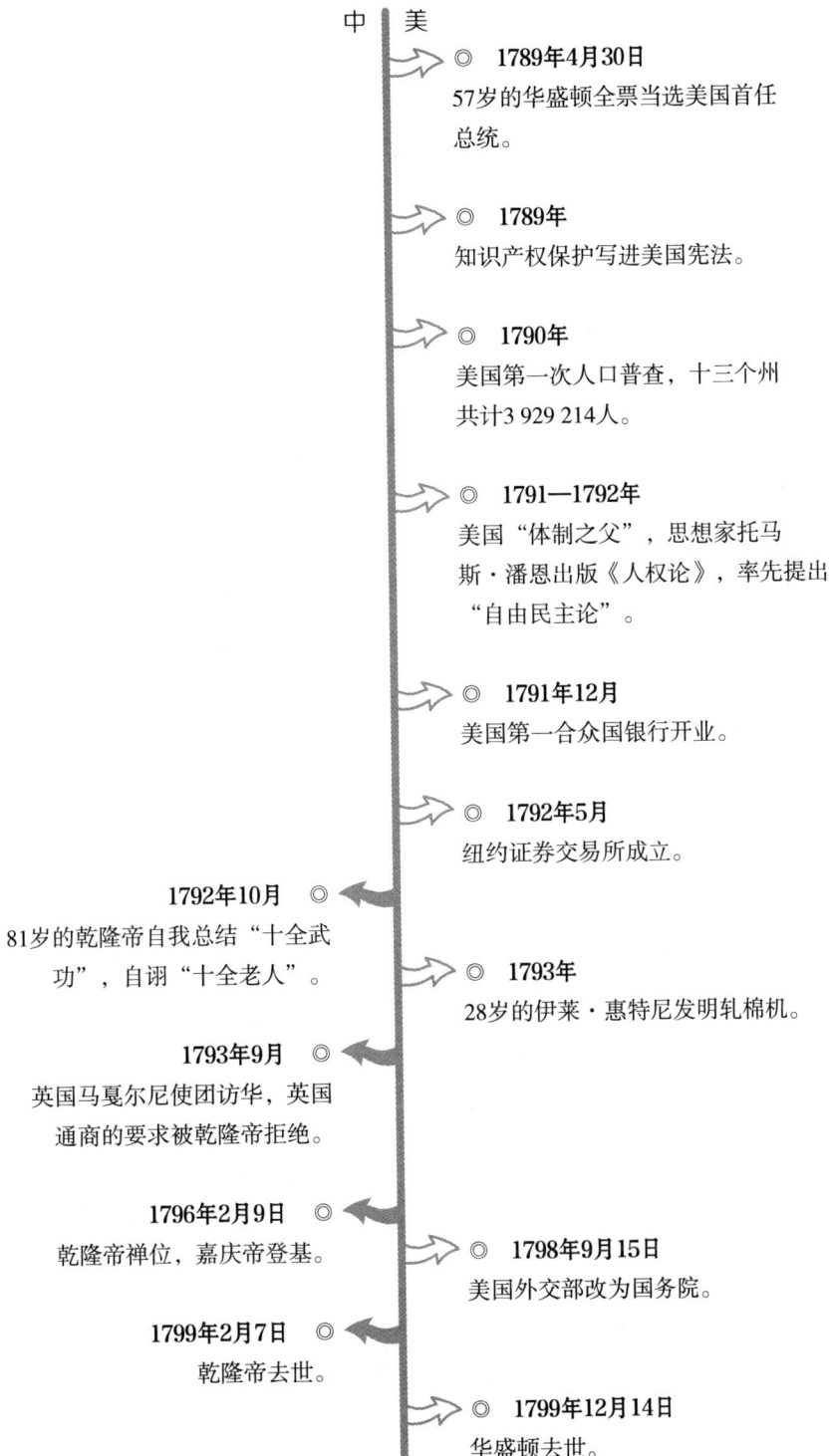

中　美

◎ **1789年4月30日**
57岁的华盛顿全票当选美国首任
总统。

◎ **1789年**
知识产权保护写进美国宪法。

◎ **1790年**
美国第一次人口普查，十三个州
共计3 929 214人。

◎ **1791—1792年**
美国"体制之父"，思想家托马
斯·潘恩出版《人权论》，率先提出
"自由民主论"。

◎ **1791年12月**
美国第一合众国银行开业。

◎ **1792年5月**
纽约证券交易所成立。

1792年10月 ◎
81岁的乾隆帝自我总结"十全武
功"，自诩"十全老人"。

◎ **1793年**
28岁的伊莱·惠特尼发明轧棉机。

1793年9月 ◎
英国马戛尔尼使团访华，英国
通商的要求被乾隆帝拒绝。

1796年2月9日 ◎
乾隆帝禅位，嘉庆帝登基。

◎ **1798年9月15日**
美国外交部改为国务院。

1799年2月7日 ◎
乾隆帝去世。

◎ **1799年12月14日**
华盛顿去世。

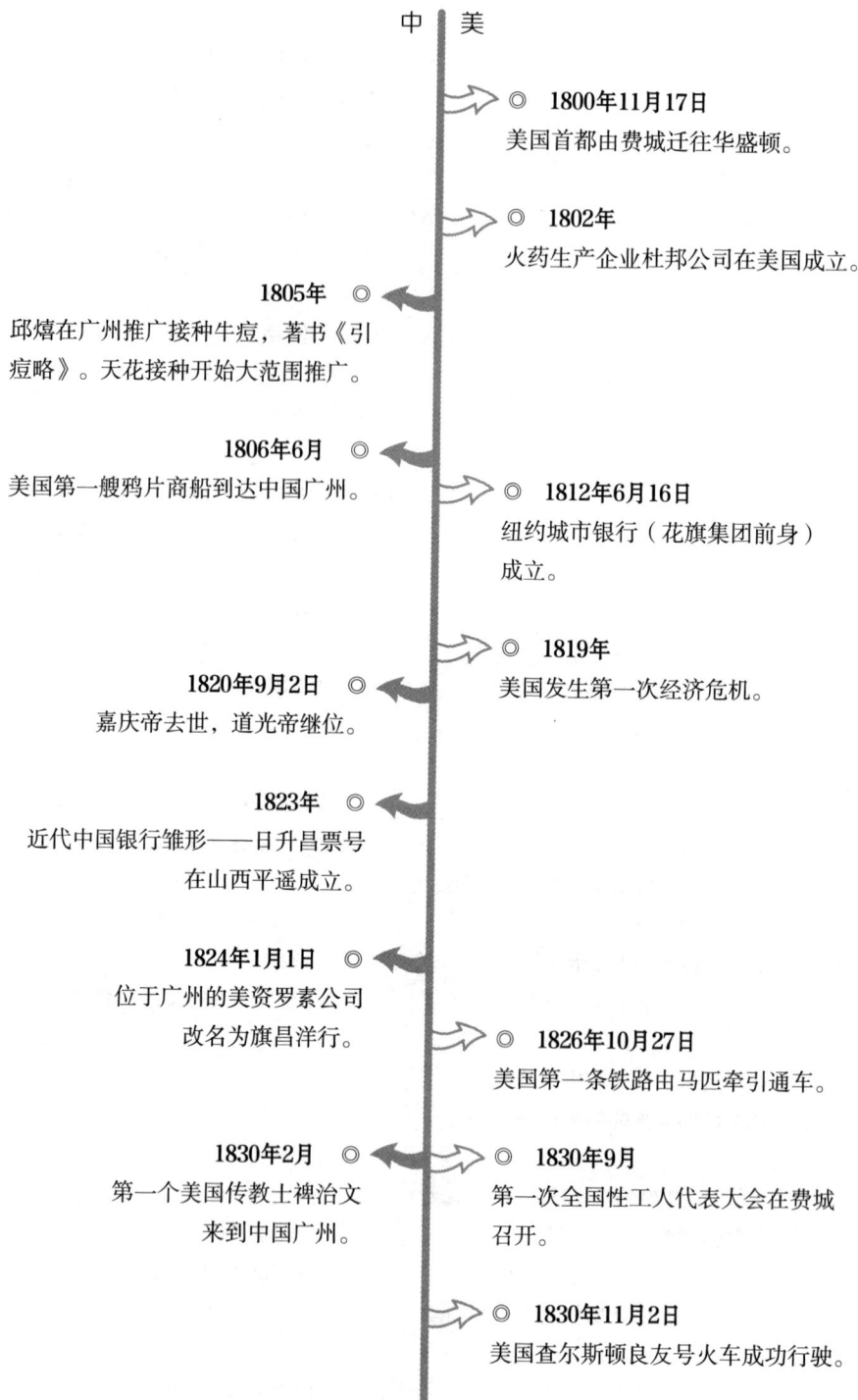

中　美

◎　1800年11月17日
美国首都由费城迁往华盛顿。

◎　1802年
火药生产企业杜邦公司在美国成立。

1805年　◎
邱熺在广州推广接种牛痘，著书《引
痘略》。天花接种开始大范围推广。

1806年6月　◎
美国第一艘鸦片商船到达中国广州。

◎　1812年6月16日
纽约城市银行（花旗集团前身）
成立。

◎　1819年
美国发生第一次经济危机。

1820年9月2日　◎
嘉庆帝去世，道光帝继位。

1823年　◎
近代中国银行雏形——日升昌票号
在山西平遥成立。

1824年1月1日　◎
位于广州的美资罗素公司
改名为旗昌洋行。

◎　1826年10月27日
美国第一条铁路由马匹牵引通车。

1830年2月　◎
第一个美国传教士裨治文
来到中国广州。

◎　1830年9月
第一次全国性工人代表大会在费城
召开。

◎　1830年11月2日
美国查尔斯顿良友号火车成功行驶。

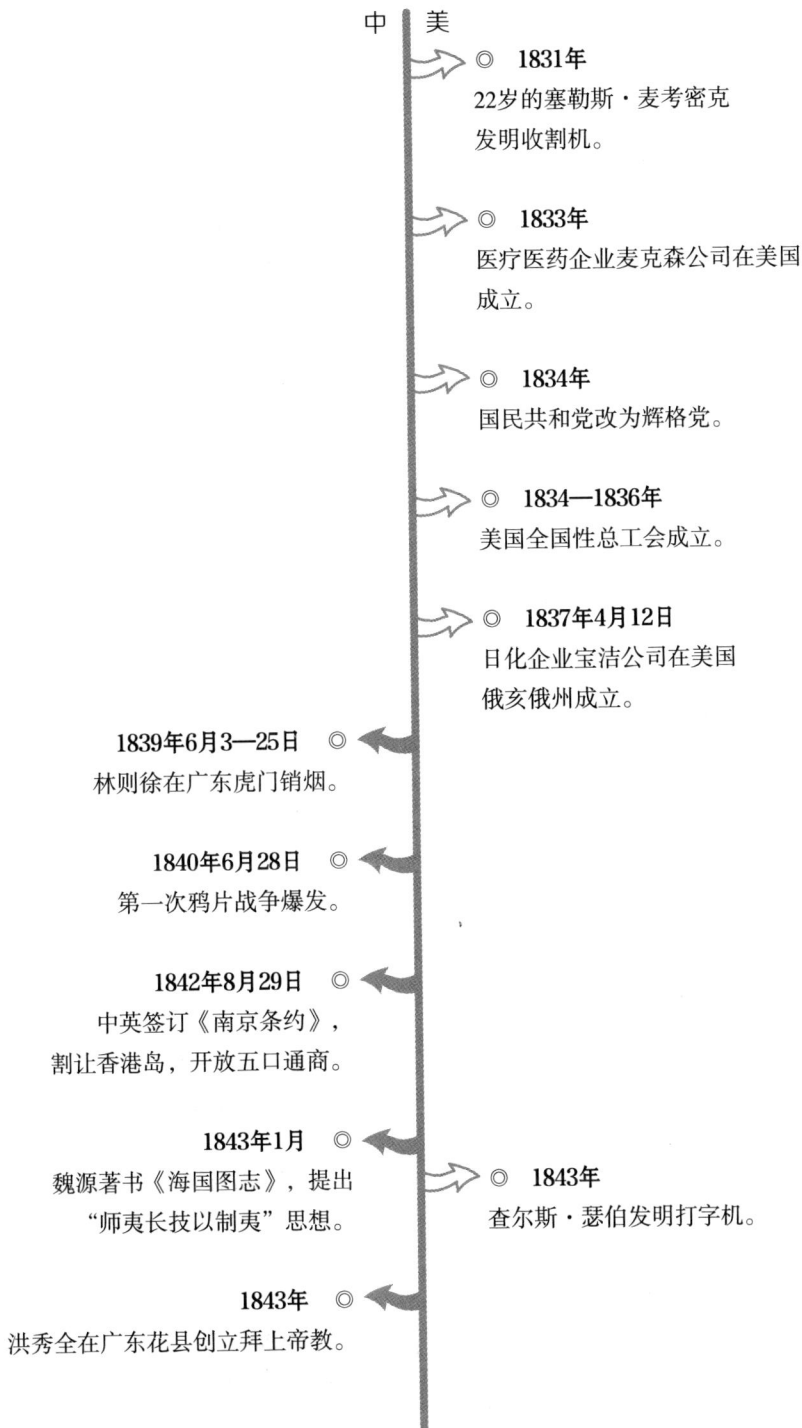

中 美

◎ **1831年**
22岁的塞勒斯·麦考密克
发明收割机。

◎ **1833年**
医疗医药企业麦克森公司在美国
成立。

◎ **1834年**
国民共和党改为辉格党。

◎ **1834—1836年**
美国全国性总工会成立。

◎ **1837年4月12日**
日化企业宝洁公司在美国
俄亥俄州成立。

1839年6月3—25日 ◎
林则徐在广东虎门销烟。

1840年6月28日 ◎
第一次鸦片战争爆发。

1842年8月29日 ◎
中英签订《南京条约》，
割让香港岛，开放五口通商。

1843年1月 ◎
魏源著书《海国图志》，提出
"师夷长技以制夷"思想。

◎ **1843年**
查尔斯·瑟伯发明打字机。

1843年 ◎
洪秀全在广东花县创立拜上帝教。

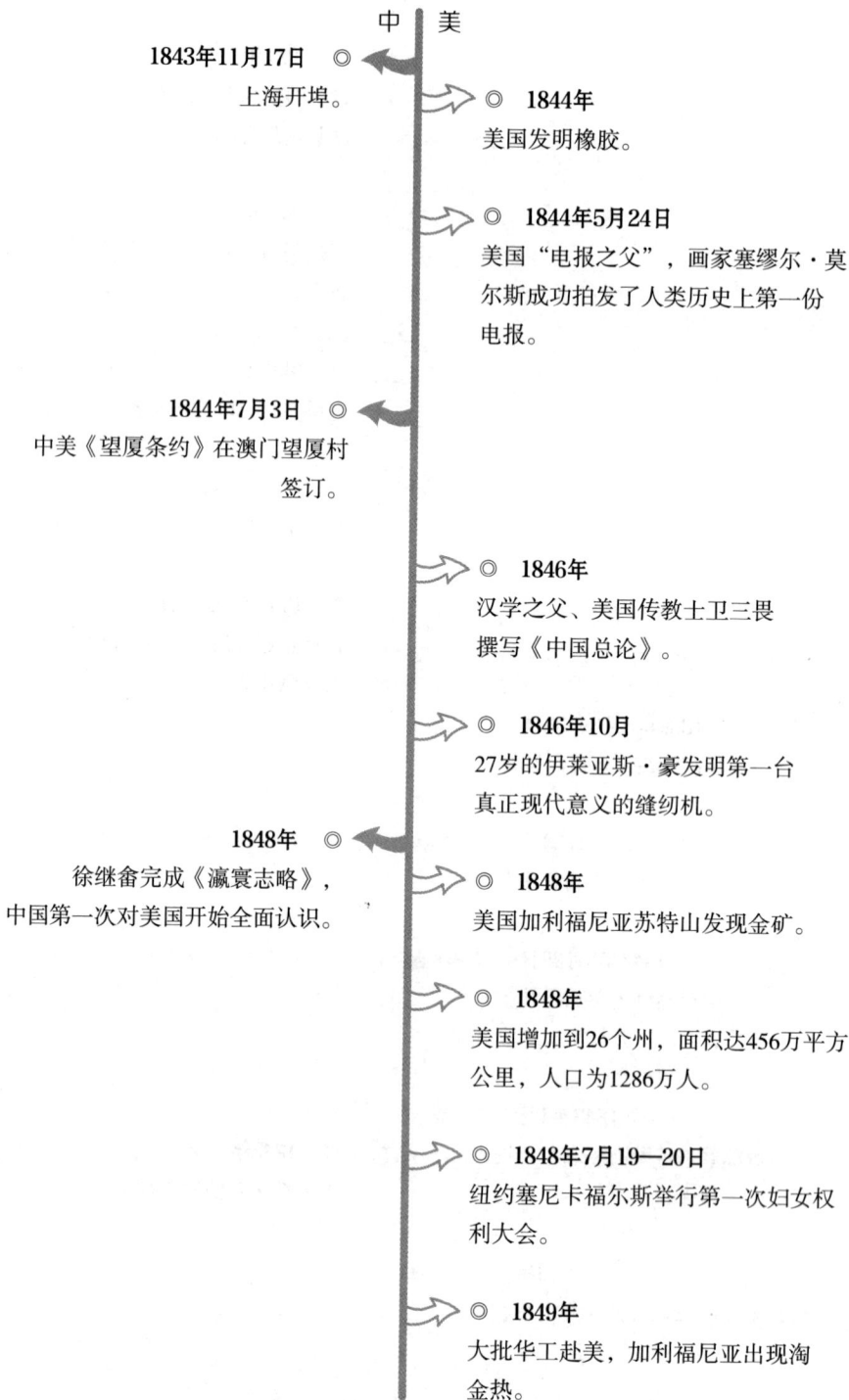

中　美

1843年11月17日 ◎
上海开埠。

◎ 1844年
美国发明橡胶。

◎ 1844年5月24日
美国"电报之父"，画家塞缪尔·莫
尔斯成功拍发了人类历史上第一份
电报。

1844年7月3日 ◎
中美《望厦条约》在澳门望厦村
签订。

◎ 1846年
汉学之父、美国传教士卫三畏
撰写《中国总论》。

◎ 1846年10月
27岁的伊莱亚斯·豪发明第一台
真正现代意义的缝纫机。

1848年 ◎
徐继畬完成《瀛寰志略》，
中国第一次对美国开始全面认识。

◎ 1848年
美国加利福尼亚苏特山发现金矿。

◎ 1848年
美国增加到26个州，面积达456万平方
公里，人口为1286万人。

◎ 1848年7月19—20日
纽约塞尼卡福尔斯举行第一次妇女权
利大会。

◎ 1849年
大批华工赴美，加利福尼亚出现淘
金热。

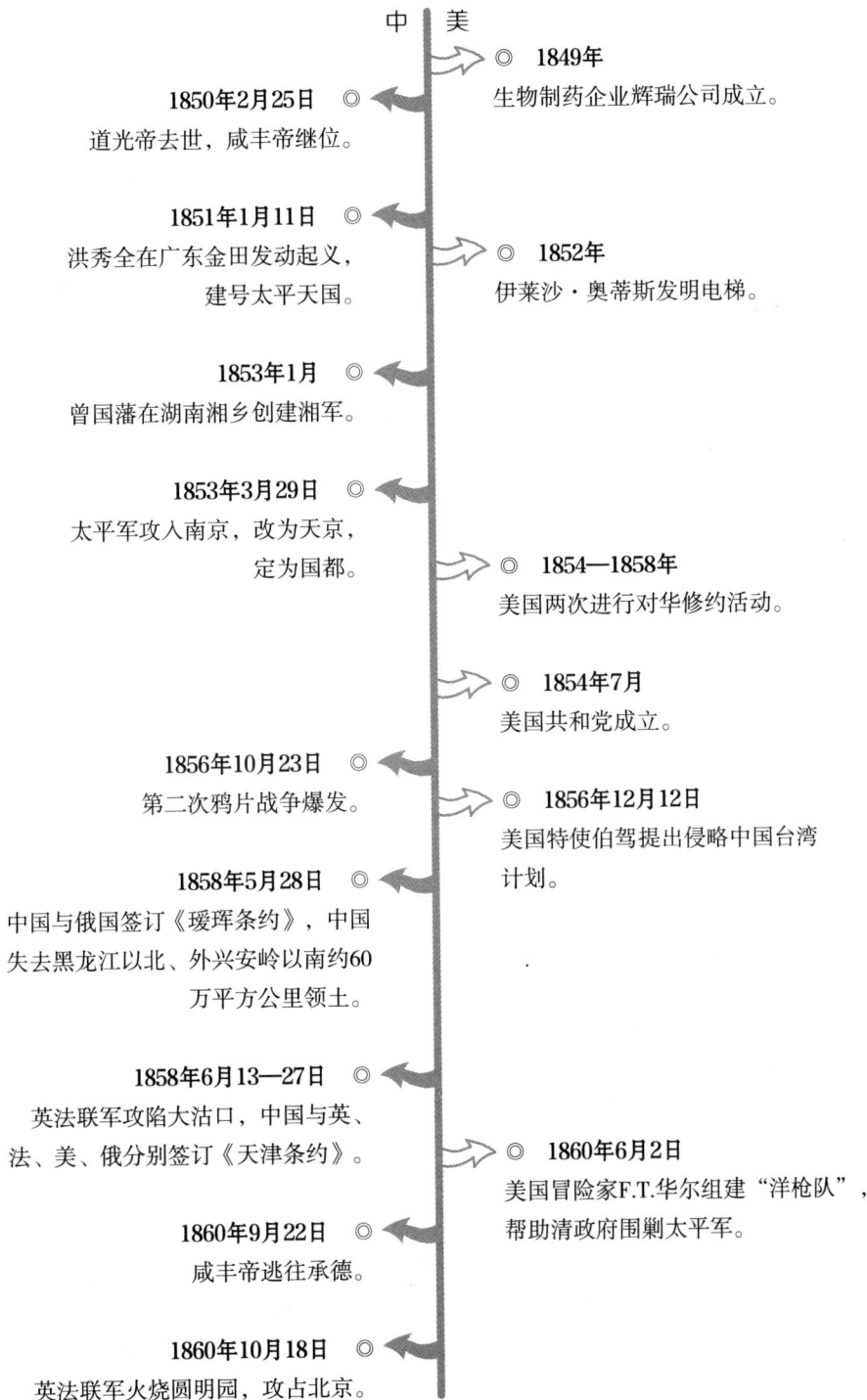

中　美

◎ **1849年**
生物制药企业辉瑞公司成立。

1850年2月25日 ◎
道光帝去世，咸丰帝继位。

1851年1月11日 ◎
洪秀全在广东金田发动起义，
建号太平天国。

◎ **1852年**
伊莱沙·奥蒂斯发明电梯。

1853年1月 ◎
曾国藩在湖南湘乡创建湘军。

1853年3月29日 ◎
太平军攻入南京，改为天京，
定为国都。

◎ **1854—1858年**
美国两次进行对华修约活动。

◎ **1854年7月**
美国共和党成立。

1856年10月23日 ◎
第二次鸦片战争爆发。

◎ **1856年12月12日**
美国特使伯驾提出侵略中国台湾
计划。

1858年5月28日 ◎
中国与俄国签订《瑷珲条约》，中国
失去黑龙江以北、外兴安岭以南约60
万平方公里领土。

1858年6月13—27日 ◎
英法联军攻陷大沽口，中国与英、
法、美、俄分别签订《天津条约》。

◎ **1860年6月2日**
美国冒险家F.T.华尔组建"洋枪队"，
帮助清政府围剿太平军。

1860年9月22日 ◎
咸丰帝逃往承德。

1860年10月18日 ◎
英法联军火烧圆明园，攻占北京。

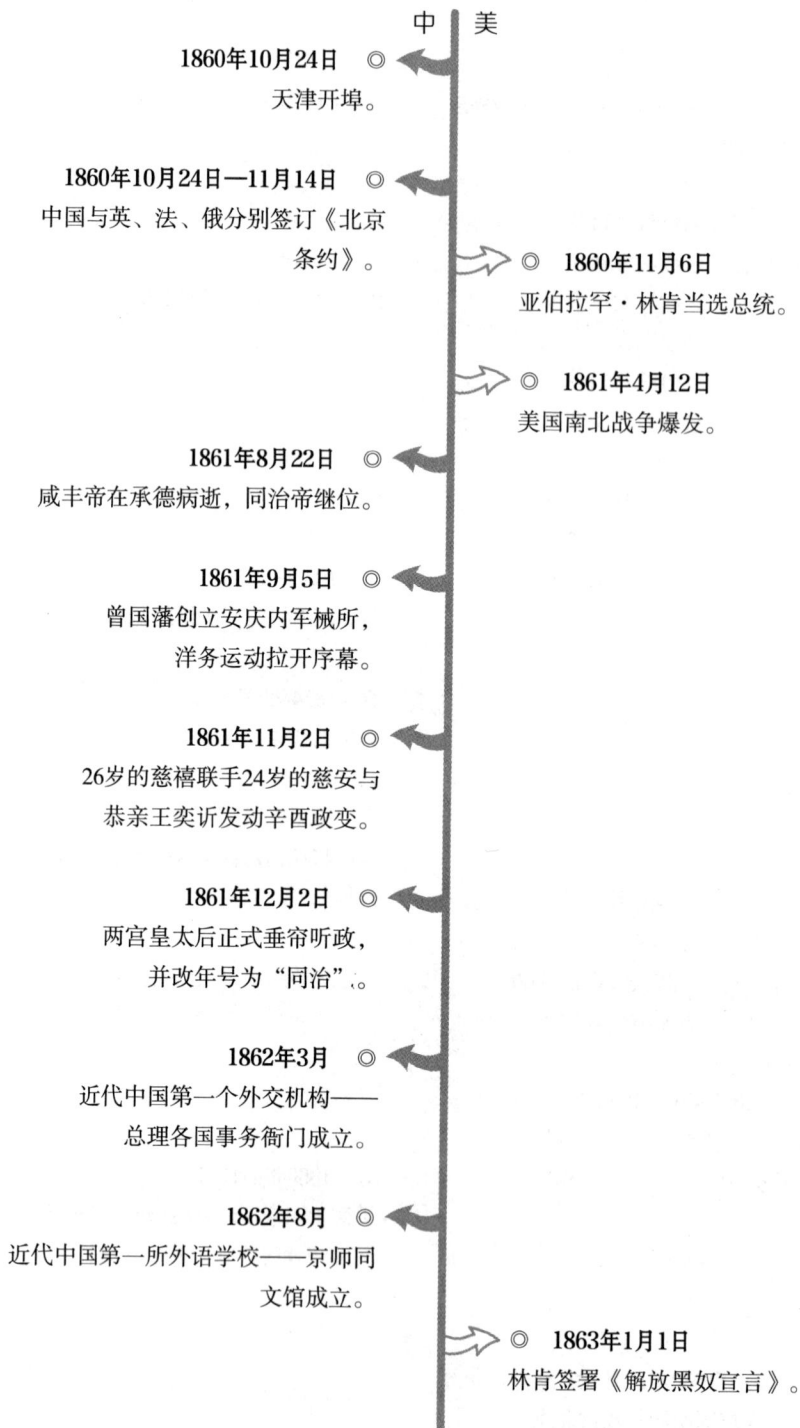

中 美

1860年10月24日 ◎
天津开埠。

1860年10月24日—11月14日 ◎
中国与英、法、俄分别签订《北京
条约》。

◎ **1860年11月6日**
亚伯拉罕·林肯当选总统。

◎ **1861年4月12日**
美国南北战争爆发。

1861年8月22日 ◎
咸丰帝在承德病逝，同治帝继位。

1861年9月5日 ◎
曾国藩创立安庆内军械所，
洋务运动拉开序幕。

1861年11月2日 ◎
26岁的慈禧联手24岁的慈安与
恭亲王奕诉发动辛酉政变。

1861年12月2日 ◎
两宫皇太后正式垂帘听政，
并改年号为"同治"。

1862年3月 ◎
近代中国第一个外交机构——
总理各国事务衙门成立。

1862年8月 ◎
近代中国第一所外语学校——京师同
文馆成立。

◎ **1863年1月1日**
林肯签署《解放黑奴宣言》。

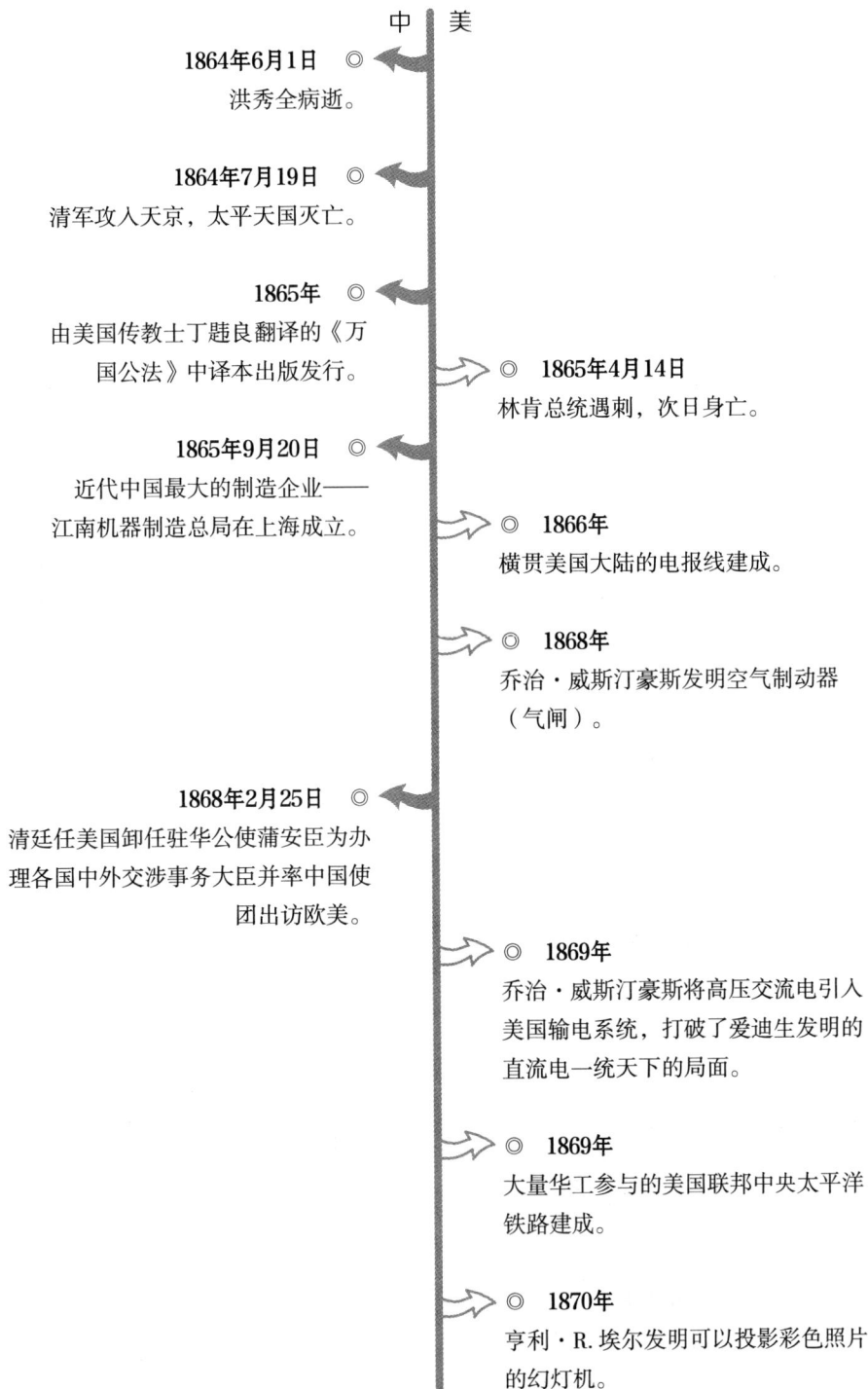

中　美

1864年6月1日 ◎
洪秀全病逝。

1864年7月19日 ◎
清军攻入天京，太平天国灭亡。

1865年 ◎
由美国传教士丁韪良翻译的《万
国公法》中译本出版发行。

◎ 1865年4月14日
林肯总统遇刺，次日身亡。

1865年9月20日 ◎
近代中国最大的制造企业——
江南机器制造总局在上海成立。

◎ 1866年
横贯美国大陆的电报线建成。

◎ 1868年
乔治·威斯汀豪斯发明空气制动器
（气闸）。

1868年2月25日 ◎
清廷任美国卸任驻华公使蒲安臣为办
理各国中外交涉事务大臣并率中国使
团出访欧美。

◎ 1869年
乔治·威斯汀豪斯将高压交流电引入
美国输电系统，打破了爱迪生发明的
直流电一统天下的局面。

◎ 1869年
大量华工参与的美国联邦中央太平洋
铁路建成。

◎ 1870年
亨利·R.埃尔发明可以投影彩色照片
的幻灯机。

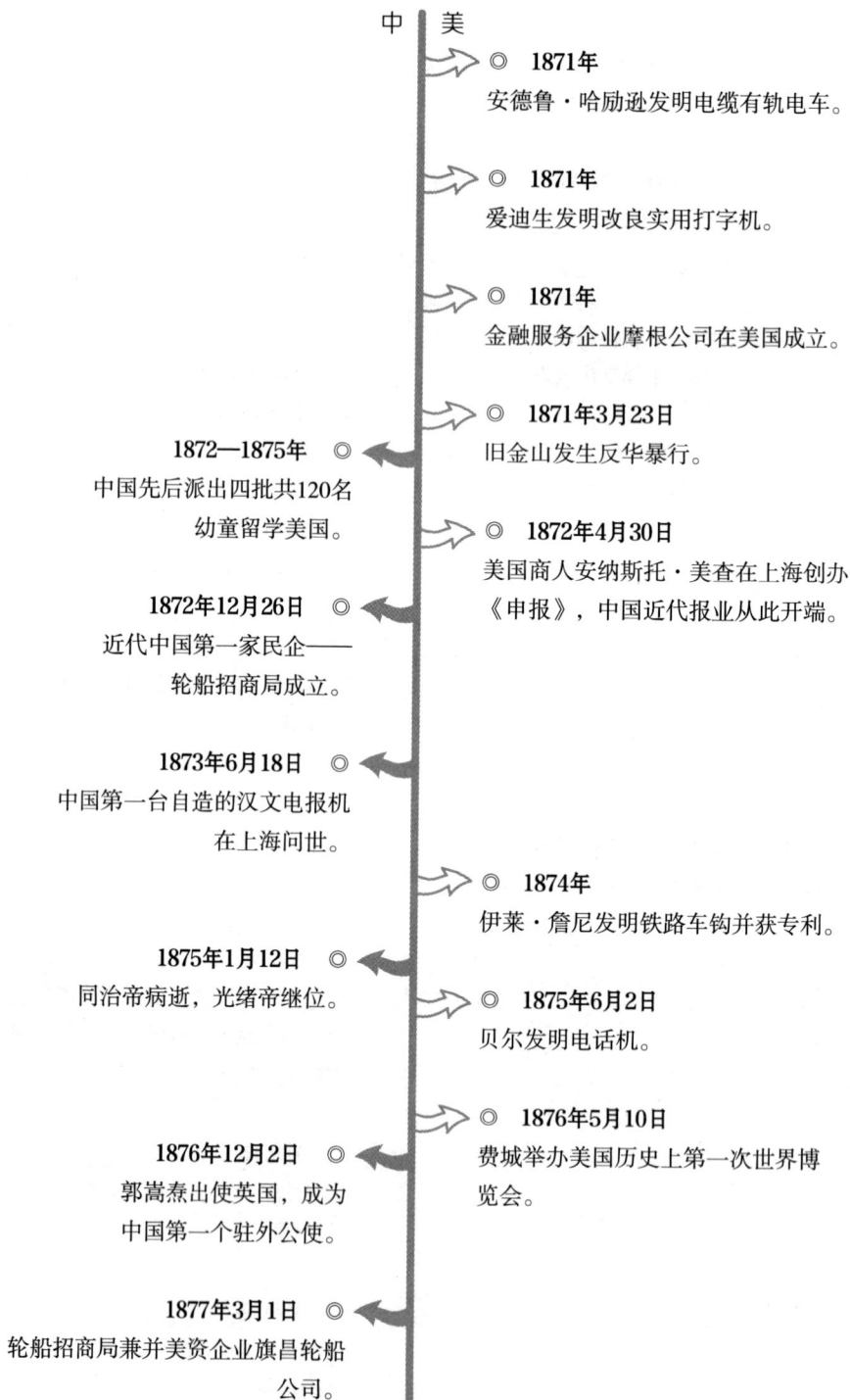

中　美

◎ **1871年**

安德鲁·哈励逊发明电缆有轨电车。

◎ **1871年**

爱迪生发明改良实用打字机。

◎ **1871年**

金融服务企业摩根公司在美国成立。

◎ **1871年3月23日**

旧金山发生反华暴行。

1872—1875年 ◎

中国先后派出四批共120名
幼童留学美国。

◎ **1872年4月30日**

美国商人安纳斯托·美查在上海创办
《申报》，中国近代报业从此开端。

1872年12月26日 ◎

近代中国第一家民企——
轮船招商局成立。

1873年6月18日 ◎

中国第一台自造的汉文电报机
在上海问世。

◎ **1874年**

伊莱·詹尼发明铁路车钩并获专利。

1875年1月12日 ◎

同治帝病逝，光绪帝继位。

◎ **1875年6月2日**

贝尔发明电话机。

◎ **1876年5月10日**

费城举办美国历史上第一次世界博
览会。

1876年12月2日 ◎

郭嵩焘出使英国，成为
中国第一个驻外公使。

1877年3月1日 ◎

轮船招商局兼并美资企业旗昌轮船
公司。

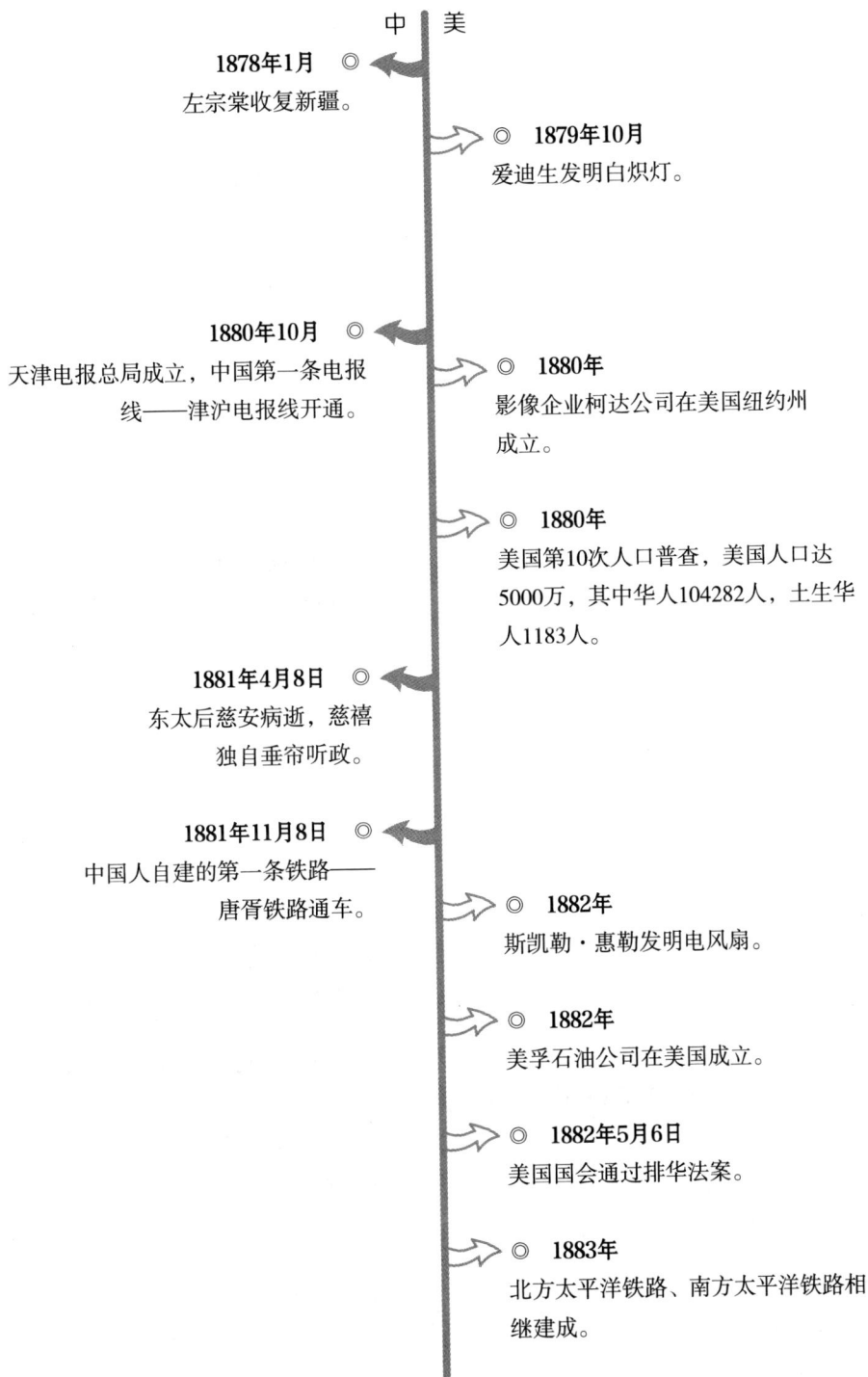

中 美

1878年1月
左宗棠收复新疆。

◎ **1879年10月**
爱迪生发明白炽灯。

1880年10月
天津电报总局成立，中国第一条电报
线——津沪电报线开通。

◎ **1880年**
影像企业柯达公司在美国纽约州
成立。

◎ **1880年**
美国第10次人口普查，美国人口达
5000万，其中华人104282人，土生华
人1183人。

1881年4月8日
东太后慈安病逝，慈禧
独自垂帘听政。

1881年11月8日
中国人自建的第一条铁路——
唐胥铁路通车。

◎ **1882年**
斯凯勒·惠勒发明电风扇。

◎ **1882年**
美孚石油公司在美国成立。

◎ **1882年5月6日**
美国国会通过排华法案。

◎ **1883年**
北方太平洋铁路、南方太平洋铁路相
继建成。

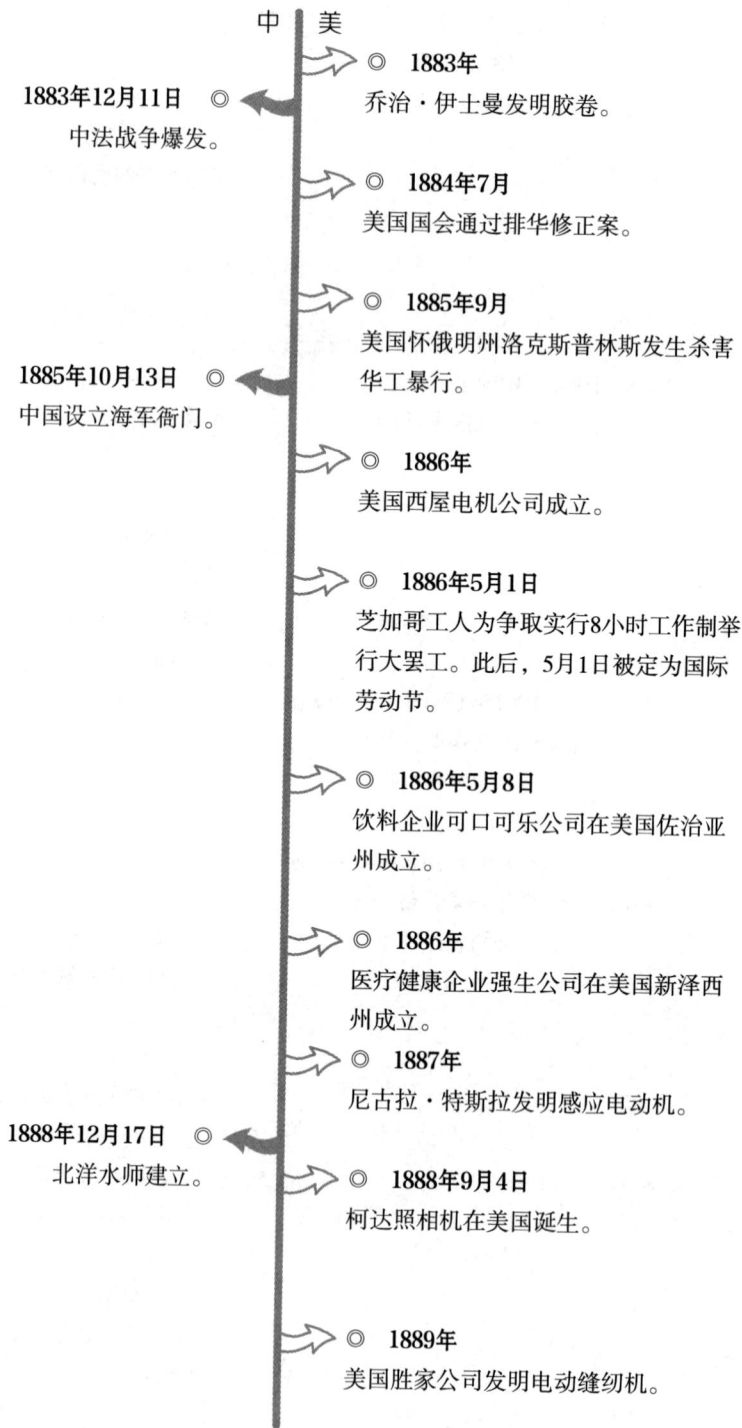

中　美

◎　**1883年**
乔治·伊士曼发明胶卷。

1883年12月11日 ◎
中法战争爆发。

◎　**1884年7月**
美国国会通过排华修正案。

◎　**1885年9月**
美国怀俄明州洛克斯普林斯发生杀害
华工暴行。

1885年10月13日 ◎
中国设立海军衙门。

◎　**1886年**
美国西屋电机公司成立。

◎　**1886年5月1日**
芝加哥工人为争取实行8小时工作制举
行大罢工。此后，5月1日被定为国际
劳动节。

◎　**1886年5月8日**
饮料企业可口可乐公司在美国佐治亚
州成立。

◎　**1886年**
医疗健康企业强生公司在美国新泽西
州成立。

◎　**1887年**
尼古拉·特斯拉发明感应电动机。

1888年12月17日 ◎
北洋水师建立。

◎　**1888年9月4日**
柯达照相机在美国诞生。

◎　**1889年**
美国胜家公司发明电动缝纫机。

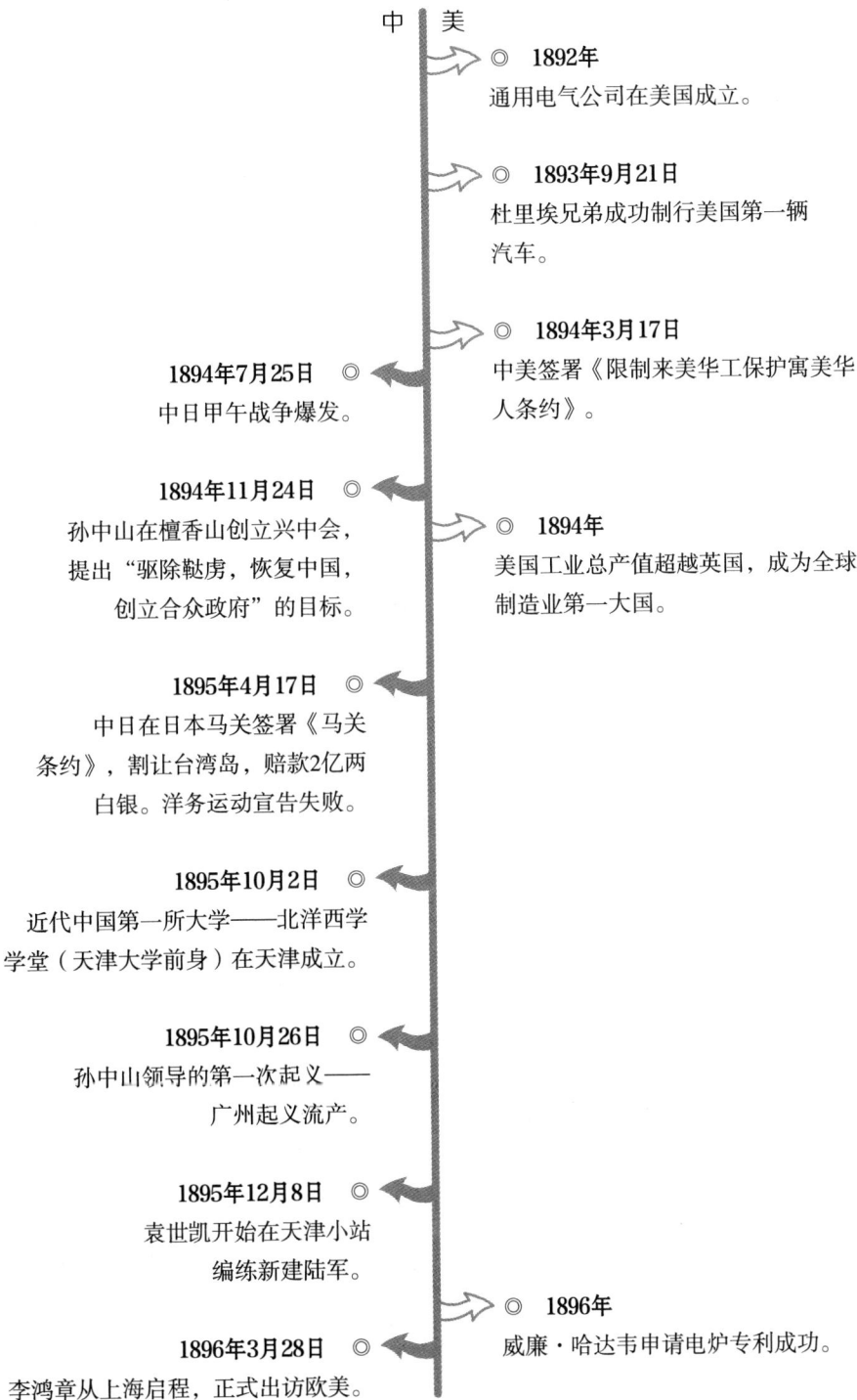

中　美

◎ **1892年**
通用电气公司在美国成立。

◎ **1893年9月21日**
杜里埃兄弟成功制行美国第一辆
汽车。

◎ **1894年3月17日**
中美签署《限制来美华工保护寓美华
人条约》。

1894年7月25日 ◎
中日甲午战争爆发。

1894年11月24日 ◎
孙中山在檀香山创立兴中会，
提出"驱除鞑虏，恢复中国，
创立合众政府"的目标。

◎ **1894年**
美国工业总产值超越英国，成为全球
制造业第一大国。

1895年4月17日 ◎
中日在日本马关签署《马关
条约》，割让台湾岛，赔款2亿两
白银。洋务运动宣告失败。

1895年10月2日 ◎
近代中国第一所大学——北洋西学
学堂（天津大学前身）在天津成立。

1895年10月26日 ◎
孙中山领导的第一次起义——
广州起义流产。

1895年12月8日 ◎
袁世凯开始在天津小站
编练新建陆军。

◎ **1896年**
威廉·哈达韦申请电炉专利成功。

1896年3月28日 ◎
李鸿章从上海启程，正式出访欧美。

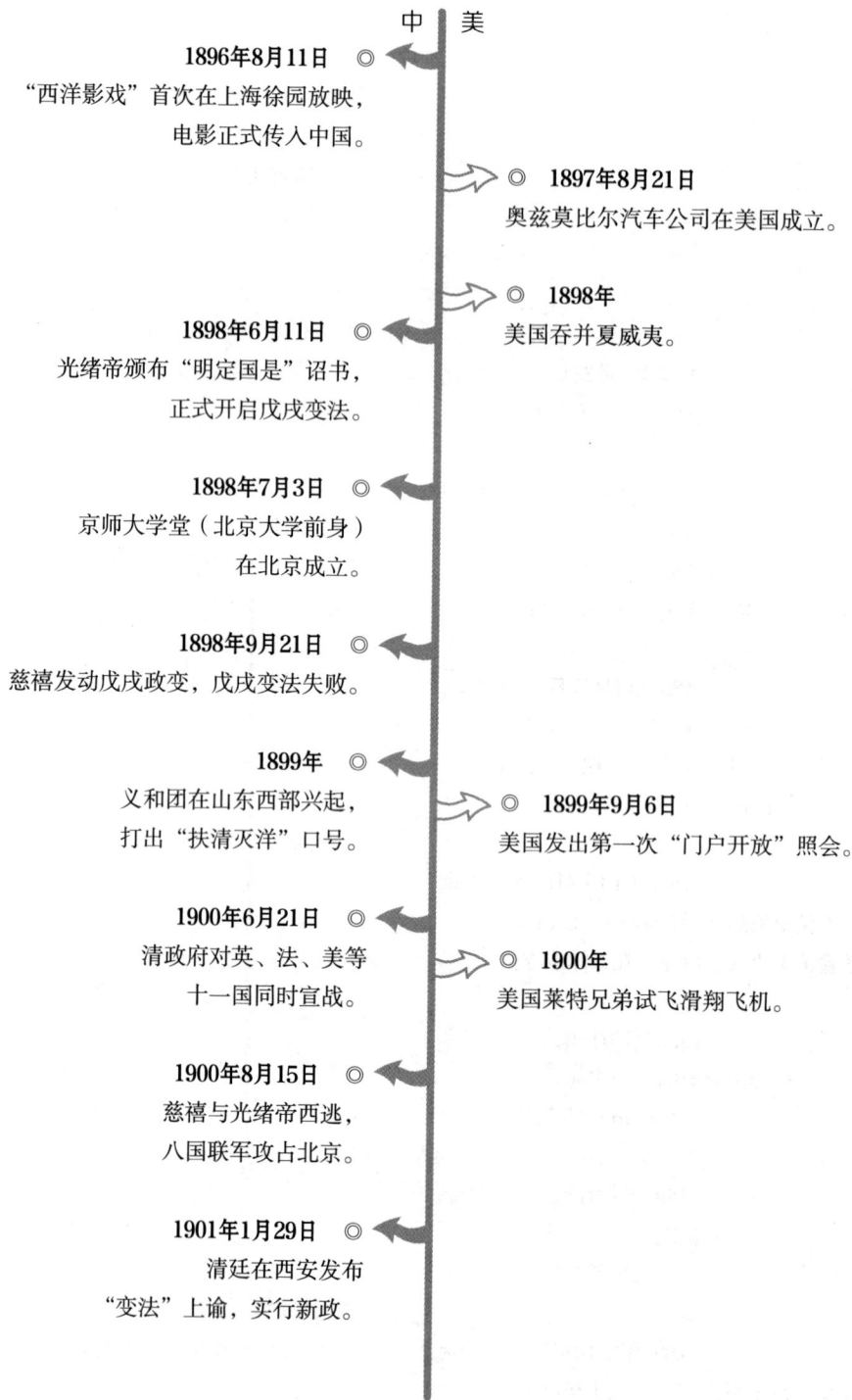

中　美

1896年8月11日 ◎
"西洋影戏"首次在上海徐园放映，
电影正式传入中国。

◎ 1897年8月21日
奥兹莫比尔汽车公司在美国成立。

◎ 1898年
美国吞并夏威夷。

1898年6月11日 ◎
光绪帝颁布"明定国是"诏书，
正式开启戊戌变法。

1898年7月3日 ◎
京师大学堂（北京大学前身）
在北京成立。

1898年9月21日 ◎
慈禧发动戊戌政变，戊戌变法失败。

1899年 ◎
义和团在山东西部兴起，
打出"扶清灭洋"口号。

◎ 1899年9月6日
美国发出第一次"门户开放"照会。

1900年6月21日 ◎
清政府对英、法、美等
十一国同时宣战。

◎ 1900年
美国莱特兄弟试飞滑翔飞机。

1900年8月15日 ◎
慈禧与光绪帝西逃，
八国联军攻占北京。

1901年1月29日 ◎
清廷在西安发布
"变法"上谕，实行新政。

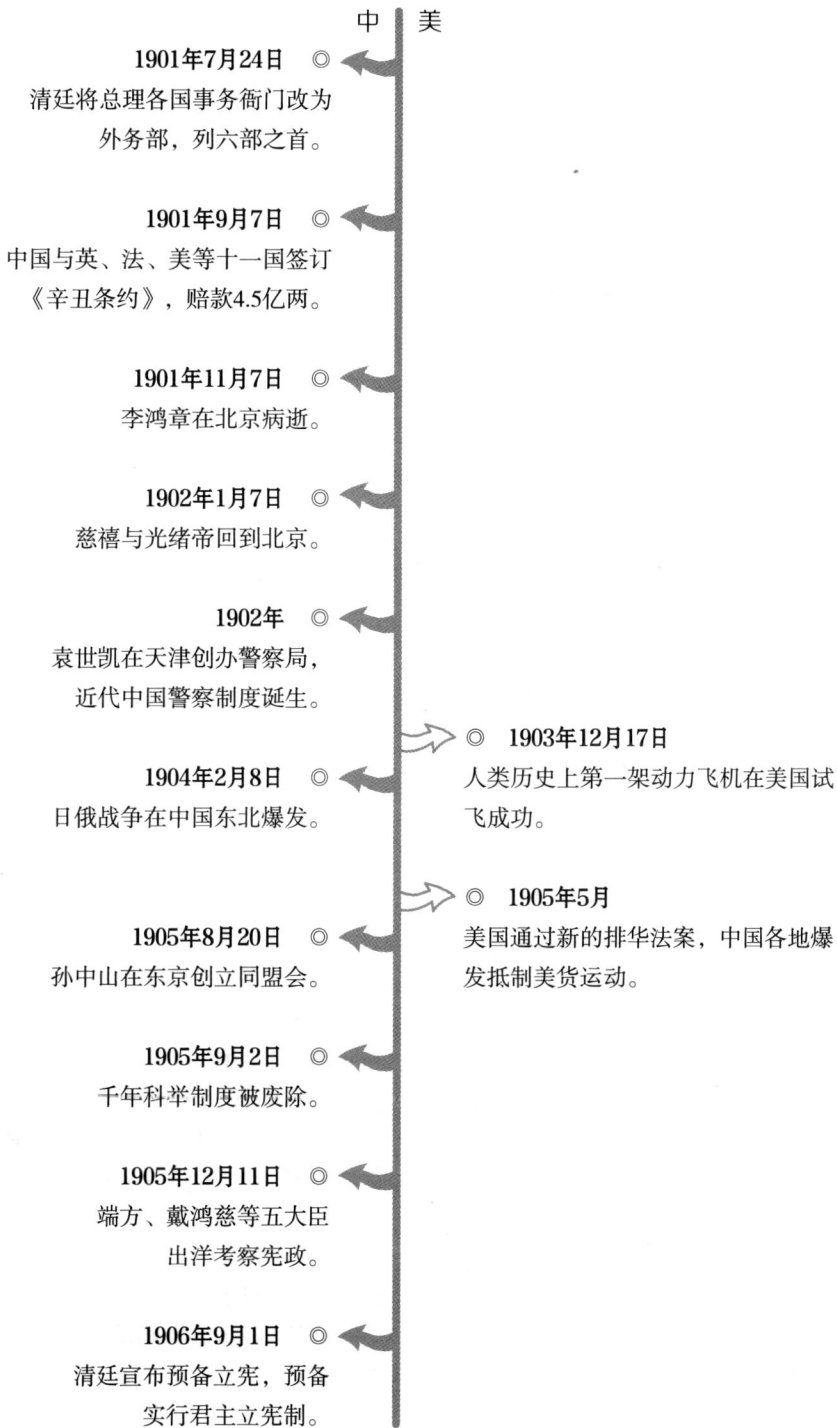

中　美

1901年7月24日 ◎
清廷将总理各国事务衙门改为
外务部，列六部之首。

1901年9月7日 ◎
中国与英、法、美等十一国签订
《辛丑条约》，赔款4.5亿两。

1901年11月7日 ◎
李鸿章在北京病逝。

1902年1月7日 ◎
慈禧与光绪帝回到北京。

1902年 ◎
袁世凯在天津创办警察局，
近代中国警察制度诞生。

◎ 1903年12月17日
人类历史上第一架动力飞机在美国试
飞成功。

1904年2月8日 ◎
日俄战争在中国东北爆发。

◎ 1905年5月
美国通过新的排华法案，中国各地爆
发抵制美货运动。

1905年8月20日 ◎
孙中山在东京创立同盟会。

1905年9月2日 ◎
千年科举制度被废除。

1905年12月11日 ◎
端方、戴鸿慈等五大臣
出洋考察宪政。

1906年9月1日 ◎
清廷宣布预备立宪，预备
实行君主立宪制。

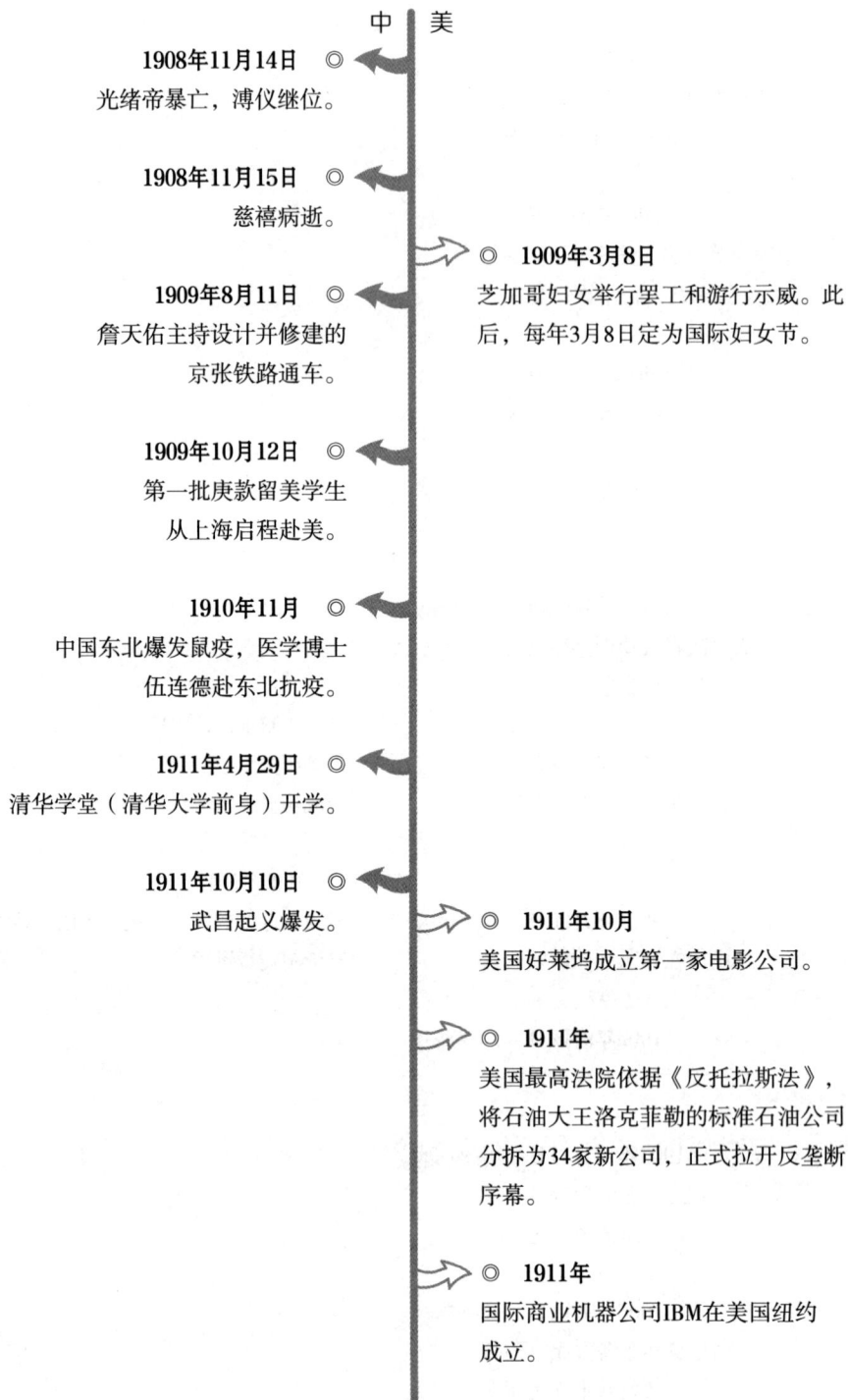

中　美

1908年11月14日 ◎
光绪帝暴亡，溥仪继位。

1908年11月15日 ◎
慈禧病逝。

◎ 1909年3月8日
芝加哥妇女举行罢工和游行示威。此
后，每年3月8日定为国际妇女节。

1909年8月11日 ◎
詹天佑主持设计并修建的
京张铁路通车。

1909年10月12日 ◎
第一批庚款留美学生
从上海启程赴美。

1910年11月 ◎
中国东北爆发鼠疫，医学博士
伍连德赴东北抗疫。

1911年4月29日 ◎
清华学堂（清华大学前身）开学。

1911年10月10日 ◎
武昌起义爆发。

◎ 1911年10月
美国好莱坞成立第一家电影公司。

◎ 1911年
美国最高法院依据《反托拉斯法》，
将石油大王洛克菲勒的标准石油公司
分拆为34家新公司，正式拉开反垄断
序幕。

◎ 1911年
国际商业机器公司IBM在美国纽约
成立。

参考文献

[1] 汪熙.汪熙论中美关系[M].上海：上海人民出版社，2019.

[2] 福森科.瓜分中国的斗争和美国的门户开放政策（1895–1900）[M].杨诗浩，译.北京：生活·读书·新知三联书店，1958.

[3] 天津社会科学院历史研究所.八国联军在天津[G].山东：齐鲁书社，1980.

[4] 何大进.晚清中美关系与社会变革：晚清美国传教士在华活动的历史考察[M].江西：江西人民出版社，1998.

[5] 杨玉圣.中国人的美国观：一个历史的考察[M].上海：复旦大学出版社，1996.

[6] 王开玺.清代的外交与外交礼仪之争（上）[M].北京：东方出版社，2017.

[7] 王开玺.清代的外交与外交礼仪之争（下）[M].北京：东方出版社，2017.

[8] 孔华润.美国对中国的反应：中美历史关系的剖析[M].张静尔，译.上海：复旦大学出版社，1997.

[9] 何大进.山姆大叔的中国梦[M].江西：江西高校出版社，1994.

[10] 王元崇.中美相遇：大国外交与晚清兴衰（1784–1911）[M].上海：文汇出版社，2021.

[11] 杨公素.晚清外交史[M].北京：北京大学出版社，1991.

[12] 卿汝楫.美国侵华史（第一卷）[M].北京：生活·读书·新知三联书店，1952.

[13] 卿汝楫.美国侵华史（第二卷）[M].北京：生活·读书·新知三联书店，1952.

[14] 天津社会科学院历史研究所.1901年美国对华外交档案：有关义和团运动暨《辛丑条约》谈判的文件[G].山东：齐鲁书社，1984.

[15] 姜智芹.美国的中国形象[M].北京：人民出版社，2010.

[16] 张庆松.美国百年排华内幕[M].上海：上海人民出版社，1998.

[17] 王雁."山东问题"与美国的门户开放政策[M].山东：山东人民出版社，2016.

[18] 王立新.美国传教士与晚清中国现代化[M].天津：天津人民出版社，2008.

[19] 黄安年.美国的崛起[M].北京：中国社会科学出版社，1992.

[20] 梁碧莹.龙与鹰：中美交往的历史考察[M].广东：广东人民出版社，2004.

[21] 萨拉·康格.北京信札：特别是关于慈禧太后和中国妇女[M].沈春蕾等，译.江苏：南京出版社，2006.

[22] 潮龙起.美国华人史（1848-1949）[M].山东：山东画报出版社，2010.

[23] 李庆余，任李明，戴红霞.美国外交传统及其缔造者[M].北京：商务印书馆，2010.

[24] 王冠华.寻求正义：1905-1906年的抵制美货运动[M].刘甜甜，译.江苏：江苏人民出版社，2008.

[25] 戈列里克.1898-1903年美国对满洲的政策与"门户开放"主义[M].高鸿志，译.黑龙江：黑龙江教育出版社，1991.

[26] 皮埃尔·辛加拉维鲁.万国天津：全球化历史的另类视角[M].郭可，译.北京：商务印书馆，2021.

[27] 马戈·塔夫脱·斯蒂弗，詹姆斯·塔夫脱·斯蒂弗.看东方：1905年美国政府代表团访华之行揭秘[M].沈弘，译.浙江：浙江大学出版社，2012.

[28] 格雷戈里·摩尔.1901-1909年的门户开放政策：西奥多·罗斯福与中国[M].赵嘉玉，译.江苏：江苏人民出版社，2021.

[29] 周宇清.清末民初中国人视域中的美国：基于中国现代化视角的观察与思考（1898-1929）[M].天津：天津人民出版社，2014.

[30] 何新华.威仪天下：清代外交礼仪及其变革[M].上海：上海社会科学院出版社，2011.

[31] 中国社会科学出版社.华侨与辛亥革命[M].北京：中国社会科学出版社，1981.

[32] 戴鸿慈.出使九国日记[M].湖南：湖南人民出版社，1982.

[33] 黄贤强.1905年抵制美货运动：中国城市抗争的研究[M].高俊，译.上海：上海辞书出版社，2010.

[34] 赵元任.从家乡到美国：赵元任早年回忆[M].上海：学林出版社，1997.

[35] 程新国.庚款留学百年[M].上海：东方出版中心，2005.

[36] 胡适.胡适留学日记[M].湖南：岳麓书社，2000.

[37] 方李邦琴.孙中山与少年中国：从美国当年的报纸看辛亥革命[G].北京：北京大学出版社，2012.

[38] 孙中山大元帅府纪念馆.孙中山先生与美国[G].广东：美国驻广州总领事馆新闻文化处，2013.

[39] 沈渭滨.孙中山与辛亥革命[M].上海：上海人民出版社，2016.

[40] 凯瑟琳·卡尔.美国女画师的清宫回忆[M].王和平，译.北京：故宫出版社，2011.

[41] 艾萨克·泰勒·黑德兰.慈禧和她的亲人们：美国人眼中的晚清宫廷[M].王婷婷，译.北京：新华出版社，2014.

[42] 向斯.垂帘听政：慈禧真相[M].北京：人民文学出版社，2014.

[43] 史景迁.太平天国[M].广西：广西师范大学出版社，2011.

[44] 方祖猷.晚清女权史[M].浙江：浙江大学出版社，2017.

[45] 张宏生.中美文化交流的先驱：戈鲲化的时代、生活与创作[M].江苏：凤凰出版社，2016.

[46] 赫伯特·克拉克·胡佛.冒险年代：美国总统胡佛自传[M].钱峰，译.上海：上海三联书店，2017.

[47] 郝雨凡.19世纪中叶美国在澳门的活动[M].北京：社会科学文献出版社，2016.

[48] 王晓秋，杨纪国.晚清中国人走向世界的一次盛举：1887年海外游历使研究[M].辽宁：辽宁师范大学出版社，2004.

[49] 利尔·莱博维茨，马修·米勒.幸运儿：晚清留美幼童的故事[M].李志毓，译.北京：文化发展出版社，2020.

[50] 井振武，天津市口述史研究会.留美幼童与天津[G].天津：天津人民出版社，2016.

[51] 王黎.美国外交理念、权力与秩序：从英国殖民地迈向世界强国[M].北京：世界知识出版社，2019.

[52] 金卫星.中美关系史纲（1784–2010）[M].安徽：合肥工业大学出版社，2014.

[53] 谭树林.美国传教士伯驾在华活动研究（1834–1857）[M].北京：群言出版社，2010.

[54] 爱德华・V. 吉利克.伯驾与中国的开放[M].董少新，译.广西：广西师范大学出版社，2019.

[55] 乔赛亚・昆西.山茂召少校日记及其生平：美国第一任驻广州领事[M].褚艳红，译.广西：广西师范大学出版社，2015.

[56] 徐国琦.中国人与美国人：一部共有的历史[M].尤卫群，译.四川：四川人民出版社，2019.

[57] 孔飞力.他者中的华人：中国近代移民史[M].李明欢，译.江苏：江苏人民出版社，2016.

[58] 王开玺.隔膜冲突与趋同[M].北京：北京师范大学出版社，1999.

[59] 梁碧莹.艰难的外交：晚清中国驻美公使研究[M].天津：天津古籍出版社，2004.

[60] 郑曦原.帝国的回忆：《纽约时报》晚清观察记（1854–1911）（上册）[G].北京：当代中国出版社，2016.

[61] 郑曦原.帝国的回忆：《纽约时报》晚清观察记（1854–1911）（下册）[G].北京：当代中国出版社，2016.

[62] 张文献.美国画报上的中国（1840–1911）[G].北京：北京大学出版社，2017.

[63] 吴煮冰.洋人撬动的中国[M].北京：中国画报出版社，2017.

[64] 李书纬.少年行：1840–1911晚清留学生历史现场[M].广东：广东人民出版社，2016.

[65] 约翰・海达德.中国传奇：美国人眼里的中国[M].何道宽，译.广东：花城出版社，2015.

[66] 约翰・海达德.初闯中国：美国对华贸易、条约、鸦片和救赎的故事[M].何道宽，译.广东：花城出版社，2015.

[67] 吴秀永.格兰特传[M].河北：河北人民出版社，1996.

[68] 傅祖熙，傅训成，傅训淳.傅云龙传[M].浙江：浙江古籍出版社，2003.

[69] 罗斯・怀尔德・莱恩.赫伯特・胡佛传[M].王少凯，译.辽宁：辽宁人民出版社，2018.

[70] 容闳.容闳自传：耶鲁中国人[M].王志通，左藤慧子，译注.江苏：江苏凤凰文

艺出版社，2018.

[71] 伊茂凡.黄遵宪传[M].北京：北京时代华文书局，2016.

[72] 哈洛·贾尔斯·昂格尔.华盛顿传[M].王金鹤，译.北京：中国人民大学出版
社，2017.

[73] 畏三卫.中国总论[M].河南：大象出版社，2013.

[74] 费正清.美国与中国（第4版）[M].张理京，译.北京：世界知识出版社，2002.

[75] 威廉·C.亨特.广州"番鬼"录[M].冯树铁，译.广东：广东人民出版社，1993.

[76] 乔舒亚·库珀·雷默等.中国形象：外国学者眼里的中国[M].北京：社会科学
文献出版社，2006.

[77] 周宁.天朝遥远：西方的中国形象研究（上、下）[M].北京：北京大学出版
社，2006.

[78] 文庆等.筹办夷务始末（道光朝第1—6册）[M].北京：中华书局，1964.

[79] 贾桢等.筹办夷务始末（咸丰朝第1—8册）[M].北京：中华书局，1978.

[80] 李书源.筹办夷务始末（同治朝第3册）[M].北京：中华书局，2008.

[81] 陶文钊，梁碧莹.美国与近现代中国[M].北京：中国社会科学出版社，1996.

[82] 钟书河.走向世界：近代中国知识分子考察西方的历史[M].北京：中华书局，
1985.

[83] 韩德.一种特殊关系的形成：1914年前的美国与中国[M].项立岭，林勇军，
译.上海：复旦大学出版社，1993.

[84] 吴景超.唐人街：共生与同化[M].天津：天津人民出版社，1991.

[85] 熊月之.西学东渐与晚清中国社会[M].上海：上海人民出版社，1994.

[86] 朱国宏.中国海外移民：一项国际迁移的历史研究[M].上海：复旦大学出版
社，1994.

[87] 阎广耀，方生.美国对华政策文件选编：从鸦片战争到第一次世界大战[G].北
京：人民出版社，1990.

[88] 朱士嘉.十九世纪美国侵华档案史料选辑（上、下）[G].北京：中华书局，
1959.

[89] 茅家琦.太平天国对外关系史[M].北京：人民出版社，1984.

[90] 李约翰.清帝逊位与列强（1908—1912）[M].孙瑞芹，陈泽宪，译.北京：中华

书局，1982.

[91] 袁丁.晚清侨务与中外交涉[M].陕西：西北大学出版社，1994.

[92] 鸽子.隐藏的宫廷档案：1906年光绪派大臣考察西方政治纪实[M].北京：民族
出版社，2000.

[93] 塞缪尔·亨廷顿.文明的冲突与世界秩序的重建[M].周琪，刘菲等，译.北京：
新华出版社，2002.

[94] 金卫星.从"门户开放"到世界贸易组织[M].江苏：苏州大学出版社，2001.

[95] 李育民.中国废约史[M].北京：中华书局，2005.

[96] 秦珊.美国威尔逊政府对华政策研究[M].北京：中国社会科学出版社，2005.

[97] 保罗·戈德曼.1898年的夏日：一个德国记者的中国观察[M].吴伟栗，译.北
京：人民文学出版社，2022.

[98] 道格拉斯·欧文.贸易的冲突：美国贸易政策200年[M].余江，刁琳琳，陆殷
莉，译.北京：中信出版集团，2019.

[99] 何道宽.冒险、冲撞、相识：美中关系史第一个一百年的故事[J].中国图书评
论，2015（11）：32-37.

[100] 雷晓宇.广州十三行传奇[J].中国企业家，2006（11）：102-105.

[101] 聂作平.夹缝中的奇葩：广州十三行富商伍秉鉴[J].同舟共进，2014（9）：
63-69.

[102] 方骏.近代列强对华经营鸦片始末[J].人文杂志，2000（4）：104-109.

[103] 凌兴珍.论鸦片战争前夕美国"具结"问题[J].西南民族大学学报（哲学社会
科学版），2000（11）：132-139.

[104] 许晓冬，王询.美国对华鸦片从走私到公开贸易的演变[J].贵州文史丛刊，
2015（2）：80-85.

[105] 赵金鹏.美国与鸦片战争：析鸦片战争时期美国的侵华活动[J].史学月刊，
1990（6）：51-57.

[106] 李守郡.浅谈美国早期对华鸦片贸易[J].历史档案，1983（2）：104-109.

[107] 吴布林，曹玉芹.鸦片战争时期美国对华"和平"政策经济原因分析：早
期中美贸易与中美关系研究系列之一[J].内蒙古民族大学学报（社会科学
版），2004（4）：12-14.

[108] 陈才俊.早期来华美国传教士与美国对华鸦片贸易政策[J].基督宗教研究，2010（0）：120-131.

[109] 何大进.早期英美对华鸦片贸易比较研究[J].史学月刊，1998（4）：50-54.

[110] 钟觉民.中国禁烟抗英斗争与美国的对华政策[J].邵阳师范高等专科学校学报，1999（4）：29-34.

[111] 李进.《望厦条约》为何规定禁止鸦片贸易[J].文史博览（理论），2013（3）：121-123.

[112] 盖广生."东方伽利略"与他的世界地理指南[J].海洋世界，2011（6）：22-25.

[113] 钟觉民.试探魏源将《瀛寰志略》中称颂乔治·华盛顿的重要内容舍而不录[J].邵阳学院学报，2005（10）：13-17.

[114] 田毅鹏.徐继畲研究的新收获[J].吉林师范学院学报，1996（11）：29-30.

[115] 严冰，陈永祥.从《瀛寰志略》看徐继畲的西洋观[J].湖南省社会主义学院学报，2006（2）：41-43.

[116] 张士欢.论徐继畲对魏源的学术批评[J].史学月刊，2009（10）：132-134.

[117] 王睿恒.美国与中国人的美国观（18世纪-1949年）[J].南京政治学院学报，2015（1）：97-105.

[118] 魏文青.徐继畲思想简论：兼论徐继畲与鸦片战争[J].理论与探索，1999（3）：17-19.

[119] 尤淑君.《出使条规》与蒲安臣使节团[J].清史研究，2013（2）：143-151.

[120] 邓云飞.蒲安臣与马克·吐温中国观的转变[J].西华师范大学学报（哲学社会科学版），2015（5）：22-28.

[121] 徐国琦.中美"共有历史"中的蒲安臣[J].读书，2017（3）：66-73.

[122] 肖璎.蒲安臣与美国对华"合作政策"[D].金华：浙江师范大学，2014.

[123] 邵雍.洪仁玕与西方传教士[J].上海师范大学学报（哲学社会科学版），2001（3）：46-51.

[124] 陈泽弘.洪秀全罗孝全关系研究[J].学术研究，2001（11）：90-95.

[125] 王庆成.洪秀全与罗孝全的早期关系（1847-1853）[J].近代史研究，1992（2）：1-28.

[126] 华晔.罗孝全访问太平天国[J].历史教学，1986（5）：41–42.

[127] 何大进.美国传教士与太平天国运动[J].广州师院学报（社会科学版），1998（8）：53–57.

[128] 曹雨.19世纪中叶赴美合同制华工与赊单制华工的比较[J].东南亚研究，2015（3）：97–102.

[129] 曹新群.美国政府华工政策的演变（1868–1894）[D].济南：山东大学，2007.

[130] 李中省.总理衙门与美洲华工[D].湘潭：湘潭大学，2012.

[131] 吴铁稳，梁彩玲.十九世纪中后期美国华工探析[J].怀化学院学报，2012（1）：58–60.

[132] 王瑛.格兰特调停中日琉球争端：李鸿章居间调处法的典型运用[J].云梦学刊，2010（6）：89–91.

[133] 杨敏.1879年美国前总统格兰特的中国之行：《字林西报》与《申报》相关报道比较[J].浙江档案，2014（4）：48–51.

[134] 李旭大.寻找格兰特将军[J].领导文萃，2007（10）：56–59.

[135] 杨令侠.一八七九年尤·格兰特的访华[J].历史教学，1983（9）：35–36.

[136] 屈春海.1908年美国舰队访华[J].中国档案，2008（11）：56–59.

[137] 梁碧莹.抵制与施压：1905年塔夫脱代表团访问粤港两地[J].中山大学学报（社会科学版），2014（3）：72–82.

[138] 李志龙，赵彤.从开滦走出的美国总统胡佛[J].档案天地，2009（11）：21–29.

[139] 周利成.胡佛发迹在中国[J].档案春秋，2008（1）：40–42.

[140] 商豫.胡佛当总统前在中国的一次诈骗[J].文史博览，2011（3）：44.

[141] 郭天祥.戈鲲化与中美跨文化交流[J].安徽史学，2007（4）：39–44.

[142] 施正宇.戈鲲化与早期美国汉语教学[J].对外汉语研究，2007（0）：170–178.

[143] 李杨帆.另一种孤独的先行者：戈鲲化在哈佛[J].世界知识，2006（22）：57–59.

[144] 袁丁.1901–1905年间中美关于华工禁约的交涉[J].中山大学学报（社会科学版），1994（3）：75–82.

[145] 向军.清末华侨与1905年抵制美货运动[J].理论月刊，2010（7）：61–63.

[146] 解建芸.清政府在抵制美货运动期间的对美外交[D].合肥：安徽大学，2014.

[147] 王嘉玮.晚清抵制外货运动研究[D].大连：辽宁师范大学，2018.

[148] 夏金娇.1905-1906年美国视域中的中国抵制美货问题：基于美国报纸的考察[D].贵阳：贵州师范大学，2018.

[149] 严冰.1905-1906年广东地区抵制美货运动研究[D].广州：广州大学，2007.

[150] 田会军.幼稚与重生：美国公理会在山西（1900-1919）[D].武汉：华中师范大学，2013.

[151] 王妍红.美国北长老会与晚清山东社会（1861-1911）[D].武汉：华中师范大学，2014.

[152] 杨楠.洋教与土民：义和团运动前后的华北公理会研究（1860-1911）[D].济南：山东大学，2018.

[153] 王妍红.近代美国北长老会在山东活动的历史考察[D].济南：山东师范大学，2009.

[154] 朱峰.宗教与外交：近代美国驻华公使柔克义的个案研究[J].宗教学研究，2017（2）：190-198.

[155] 戴海滨.《辛丑条约》谈判前后的中方"全权"问题 [J].历史研究，2018（4）：75-92.

[156] 肖立辉，李宝军.美国在辛丑条约谈判过程中的活动[J].渭南师范学院学报，2000（6）：48-52.

[157] 王刚.从枢臣、全权大臣、东南督抚的互动看《辛丑条约》的形成[J].历史教学（下半月刊），2017（11）：36-45.

[158] 吕晓青，艾虹.度势量力：《辛丑条约》谈判前李鸿章心路历程研究[J].唐山师范学院学报，2014（6）：67-70.

[159] 方勇.光绪帝与美国总统的"赔款"交往[J].文史天地，2008（3）：35-37.

[160] 郑金秋.威廉·柔克义在华活动探究[D].南京：南京师范大学，2017.

[161] 郑永福.美国公使夫人眼中的那拉氏：萨拉·康格九次觐见慈禧太后记[J].寻根，2009（3）：32-40.

[162] 裴婷婷.日俄战争前后美国东北亚政策的演变[D].哈尔滨：黑龙江大学，2012.

[163] 崔志海.日俄战争后美国政府对中国政局的观察和反应[J].史学月刊，2019（4）：38-51.

[164] 赵欣.日俄战争后英美两国对中国东北的经济渗透[J].中国社会经济史研究，2016（1）：60-69.

[165] 韦如愿.日俄战争时期美国的远东政策分析[J].产业与科技论坛，2019（19）：89-90.

[166] 安善花，金晓东.调停与求霸：从日俄战争看美国均势战略的设计与进路[J].延边大学学报（社会科学版），2020（2）：24-31.

[167] 郭黎鹏.中国驻美公使梁诚与日俄战争[J].历史教学问题，2021（1）：38-44.

[168] 崔志海.关于美国第一次退还部分庚款的几个问题[J].近代史研究，2004（1）：322-344.

[169] 吴小龙.美国第一次退还庚子赔款研究[D].北京：外交学院，2006.

[170] 徐建平.美国退还部分庚子赔款史实考[J].华东师范大学学报（哲学社会科学版），1998（2）：55-59.

[171] 张乐天.美国退还庚子赔款余额的决策过程[J].史林，1987（2）：75-84.

[172] 吴孟显，李丹.美国退还庚子赔款与中国近代教育的发展[J].南方职业教育学刊，2015（5）：80-84.

[173] 朱卫斌.试论美国庚款兴学：以西奥多·罗斯福与柔克义为中心[J].社会科学研究，2005（5）：19-24.

[174] 徐鲁航."庚款留学"在中国的主要影响[J].天津师大学报（社会科学版），1989（2）：54-60.

[175] 闻文.1909年首届庚款留美活动再探[D].宁波：宁波大学，2013.

[176] 罗建文.论清末出洋考察宪政[D].湘潭：湘潭大学，2008.

[177] 刘永峰.1910庚款留美班：我们已经回来，世界从此不同[J].看历史，2011（4）：10-19.

[178] 朱林林.从清华学堂的变迁看"庚款兴学"[J].濮阳职业技术学院学报，2013（5）：53-56.

[179] 李玉海.第二批庚款留美学生考选经过及相关问题[J].中国科技史杂志，2009（4）：482-486.

[180] 王广丽，雷大星，张耀平.庚款留学对中国近代教育影响的研究[J].教育教学论坛，2016（50）：234-235.

[181] 张影.庚子赔款与游美学务处：百年前的公派留学生们[J].留学，2019（23）：70-75.

[182] 周伟.浅议庚款留美生的影响：以康奈尔大学留学生为例[J].长春工业大学学报（高教研究版），2011（2）：101-103.

[183] 任梦楠，余子侠.清华学校时期女子"庚款"留美历史考析[J].山东高等教育，2019（3）：72-80.

[184] 陈琨.晚清时期美国"庚款兴学"政策研究[D].哈尔滨：黑龙江大学，2018.

[185] 陈丹.清末五大臣出洋与美国人的中国观：以美国报刊中戴鸿慈、端方使团为中心[J].华中国学，2013（0）：335-346.

[186] 程华.清末宪政的成就及宪政道路的反思[J].中国人民公安大学学报（社会科学版），2009（6）：134-143.

[187] 潘崇.清末五大臣出洋考察研究[D].天津：南开大学，2011.

[188] 宫凯.清末五大臣出洋考察成果缕析[D].开封：河南大学，2006.

[189] 黄艾禾.清末五大臣的中国形象[J].国学，2011（3）：17-20.

[190] 龙宪华.论美国宪政思想在清末的输入与阻隔[D].长沙：湖南大学，2006.

[191] 秦蓁.论满族亲贵对清末宪政改革的影响[D].北京：中央民族大学，2016.

[192] 李杨.国际视野下的孙中山与辛亥革命：从学习美国到"以俄为师"[J].孙中山宋庆龄文献与研究（第三辑），2011（12）：43-61.

[193] 陈宗海.美国对辛亥革命的态度研究[D].广州：广州大学，2018.

[194] 崔志海.美国政府对辛亥革命态度的原因分析[J].江海学刊，2008（5）：161-166.

[195] 尹全海.评辛亥革命时美国的"中立"政策[J].信阳师范学院学报（哲学社会科学版），1991（2）：29-34.

[196] 黄伟.孙中山与美国关系考析[J].郑州航空工业管理学院学报（社会科学版），2013（3）：59-61.

[197] 张静，金仁义.辛亥革命期间美国威尔逊政府的对华新政策[J].合肥教育学院学报，2001（1）：87-91.

[198] 吴翊君.晚清中国朝野对美国的认识[D].台北：台湾大学，1987.

[199] 裘伟廷.辛亥革命前夕的"中国红龙计划"[J].文史春秋，2016（7）：11-16.

[200] 沈卫红.武昌起义当天孙中山在丹佛？[N].南方周末，2016-12-01.

[201] 李卓华.晚清时期美国对华政策研究（1840-1911）[D].济南：山东师范大学，2006.

[202] 赵晓兰.从实力地位看美国"门户开放"政策的提出[J].历史教学问题，2000（6）：26-29.

后　记

　　新冠疫情的持续反复让人充满焦虑，本书的写作正是在这种背景下完成的。

　　2020年1月，我从以色列回来后，就开始正式准备写作的各种资料。美国的朋友听说我要写这本书，也帮助我搜索各种文献资料。有粉丝还从美国给我寄来了相关书籍，让我非常感动。

　　按说写作并不会受疫情影响，但我还有家庭，还有其他工作的事情要做。疫情彻底打乱了原有的生活、工作节奏，因此，本书的写作过程并不是连贯的。

　　查询英文文献资料也是一个难题。本人虽多次游历美国，也去过很多美国的图书馆、博物馆，但实地查阅资料的时间毕竟有限。更多时候，还是在网上查找美国各种档案资料库或是图书，这个难度同样不小。

　　疫情下写作的经历也非常难忘。或许这就是生活，这就是人生。

　　新冠病毒在不断变异，但写作的初心一直没有变。伴随疫情的无常反复，本书最终还是完成了，在此要感谢所有帮助过我的朋友、粉丝。

　　愿天下再也没有疫情！

著者

2023年10月